한국가스공사
송·배전담당(가)

Always **with you**

사람의 인연은 길에서 우연하게 만나거나
함께 살아가는 것만을 의미하지는 않습니다.
책을 펴내는 출판사와 그 책을 읽는 독자의 만남도 소중한 인연입니다.
SD에듀는 항상 독자의 마음을 헤아리기 위해 노력하고 있습니다.
늘 독자와 함께하겠습니다.

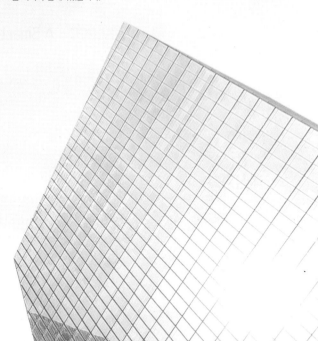

한국전력공사 이야기

미션

[전력수급 안정으로 국민경제 발전에 이바지]

KEPCO는 고품질 전력의 안정적인 공급과 차별화된 고객서비스 제공 및 글로벌 경쟁력 강화를 위해
노력하며, 끊임없는 도전과 혁신으로 미래 에너지산업을 이끌 글로벌 기업으로 도약합니다.

비전

[KEPCO - A Smart Energy Creator]

사람 중심의 깨끗하고 따뜻한 에너지

핵심가치

미래지향 (Future)	고객존중 (Respect)	신뢰소통 (Trust)	도전혁신 (Innovation)	사회적가치 (Social Value)
▼	▼	▼	▼	▼
우리는 먼저 미래를 준비하고 나아갑니다.	우리는 먼저 고객의 가치를 실천합니다.	우리는 소통을 통한 신뢰를 구축합니다.	우리는 먼저 변화와 혁신을 추구합니다.	우리는 먼저 사회와 환경을 생각합니다.

전형절차

지원서 접수 ▶ 필기전형 ▶ 실기전형 ▶ 종합면접 ▶ 신원조사 및 건강검진

한국전력공사 송·배전 담당(가)

직무능력 + 상식 + 모의고사 4회

+ 무료한국사특강

SD에듀
(주)시대고시기획

✿ 머리말

깨끗하고 안전한 에너지를 만들어가는 한국전력공사는 2023년에 송·배전담당(가) 신입사원을
채용할 예정이다. 한국전력공사의 채용절차는 「지원서 접수 ➡ 필기전형 ➡ 실기전형 ➡ 종합면접
➡ 신원조사 및 건강검진」 순서로 진행되며, 필기전형은 직무능력, 상식으로 진행된다. 직무능력은
전기기능사·전기공사산업기사·산업안전기사 수준으로 평가하며, 상식은 전력사업 및 한전상식과
한국사를 평가한다. 따라서 평가하는 과목에 대한 포괄적인 이해와 철저한 준비가 필요하다.

한국전력공사 송·배전담당(가) 필기시험 합격을 위해 SD에듀에서는 한국전력공사 송·배전담당
판매량 1위의 출간 경험을 토대로 다음과 같은 특징을 가진 도서를 출간하였다.

도서의 특징

❶ 기출복원문제를 통한 출제 유형 확인!
  - 2022년 주요 공기업 및 한국전력공사 전기 기출문제를 복원하여 출제 경향을 파악할 수 있도록 하였다.

❷ 한국전력공사 송·배전 필기시험 맞춤 기출예상문제로 실력 상승!
  - 필기시험 맞춤 핵심이론 & 기출예상문제를 수록하여 필기전형에 완벽히 대비할 수 있도록 하였다.
  - 전력사업 및 한전상식, 한국사 기출예상문제를 수록하여 상식까지 효과적으로 학습할 수 있도록 하였다.

❸ 최종점검 모의고사로 완벽한 실전 대비!
  - 철저한 분석을 통해 실제 유형과 유사한 최종점검 모의고사를 수록하여 자신의 실력을 점검할 수 있도록
    하였다.

❹ 다양한 콘텐츠로 최종합격까지!
  - 한국전력공사 송·배전 채용 가이드와 최신 면접 기출질문을 수록하여 채용을 준비하는 데 부족함이
    없도록 하였다.
  - 온라인 모의고사와 AI면접 응시 쿠폰을 무료로 제공하여 채용 전반을 대비할 수 있도록 하였다.

끝으로 본 도서를 통해 한국전력공사 송·배전 채용을 준비하는 모든 수험생 여러분이 합격의
기쁨을 누리기를 진심으로 기원한다.

NCS직무능력연구소 씀

🔖 지원자격

구분	주요 내용
연령	제한 없음[단, 한전 취업규칙에 따라 정년(만 60세) 이상인 자는 지원 불가]
병역	병역법 제76조에서 정한 병역의무 불이행 사실이 없는 자
신체조건	색맹이 아닌 자
필수자격	다음 자격을 모두 보유 시 지원 가능 ❶ 가공배전전공 이상 또는 지중배전전공 이상 ❷ 전기공사 산업기사 이상 또는 전기기능사 이상 ❸ 자동차 운전면허 1종 대형 ❹ 기중기운전기능사 또는 이동식크레인 및 고소작업대 조종자격 교육 이수
기타	한전 인사관리규정 제11조의 결격사유가 없는 자

● 한국전력공사 인사관리 규정 제11조(결격사유) ●

1. 피성년후견인 또는 피한정후견인
2. 파산 선고를 받고 복권되지 아니한 자
3. 금고 이상의 실형을 선고받고 그 집행이 종료되거나 집행을 받지 아니하기로 확정된 후 5년이 지나지 아니한 자
4. 금고 이상의 형을 선고받고 그 집행유예기간이 끝난 날로부터 2년이 지나지 아니한 자
5. 금고 이상의 형의 선고유예를 받은 경우에 그 선고유예 기간 중에 있는 자
6. 징계에 의하여 해임의 처분을 받은 때로부터 5년이 지나지 아니한 자
7. 법원의 판결 또는 법률에 의하여 자격이 상실 또는 정지된 자
8. 「공무원 또는 공공기관의 운영에 관한 법률」에서 정한 공공기관의 임직원으로 재직 중 직무와 관련하여 「형법」 제355조(횡령, 배임) 및 제356조(업무상의 횡령과 배임)에 규정된 죄를 범한 자로서 300만 원 이상의 벌금형을 선고받고 그 형이 확정된 후 2년이 지나지 아니한 자
9. 「병역법」 제76조에서 정한 병역의무 불이행자
10. 입사제출서류에 허위사실이 발견된 자
11. 일반건강검진을 실시하여 검진결과 1년을 초과하는 치료 또는 요양이 필요한 질병이 발견된 자
12. 「부패방지 및 국민권익위원회의 설치와 운영에 관한 법률」 제82조에 따른 비위면직자 등의 취업제한 적용을 받는 자
13. 공공기관에 부정한 방법으로 채용된 사실이 적발되어 채용이 취소된 날로부터 5년이 지나지 아니한 자
14. 「성폭력범죄의 처벌 등에 관한 특례법」 제2조에 규정된 죄를 범한 자로서 100만 원 이상의 벌금형을 선고받고 그 형이 확정된 후 3년이 지나지 아니한 자
15. 미성년자에 대하여 다음 각 목의 어느 하나에 해당하는 죄를 저질러 파면 · 해임되거나 형 또는 치료감호를 선고받아 그 형 또는 치료감호가 확정된 자(집행유예를 선고받은 후 그 집행유예기간이 경과한 자를 포함한다)
    가. 「성폭력범죄의 처벌 등에 관한 특례법」 제2조에 따른 성폭력 범죄
    나. 「아동 · 청소년의 성보호에 관한 법률」 제2조 제2호에 따른 아동 · 청소년대상 성범죄

🔖 전형별 세부 평가요소

구분	세부 평가내용
1차전형 (필기전형)	• [직무능력] 전기기능사 · 전기공사산업기사 · 산업안전산업기사 수준 • [상식] 전력사업 및 한전상식, 한국사 등
2차전형 (실기전형)	• [가공배전] 승주법, 저압형완철교체, 전선접속, 전선가선 · 애자교체기기조작, 　　　　　　 저압인류바인드 시공 • [지중배전] 지상변압기 운영, 지상개폐기 조작

❖ 위 채용안내는 2022년 하반기 채용공고를 기준으로 작성하였으므로 세부내용은 반드시 확정된 채용공고를 확인하시기 바랍니다.

주요 공기업 적중 문제

한국전력공사

증감률 유형

19 다음은 양파와 마늘의 재배에 관한 자료의 일부이다. 이에 대한 설명으로 적절하지 않은 것은?

〈연도별 양파 재배면적 조사 결과〉

(단위: ha, %)

구분	2019년	2020년(A)	2021년(B)	증감(C=B−A)	증감률(C/A)	비중
양파	18,015	19,896	19,538	−358	−1.8	100.0
조생종	2,013	2,990	2,796	−194	−6.5	14.3
중만생종	16,002	16,906	16,742	−164	−1.0	85.7

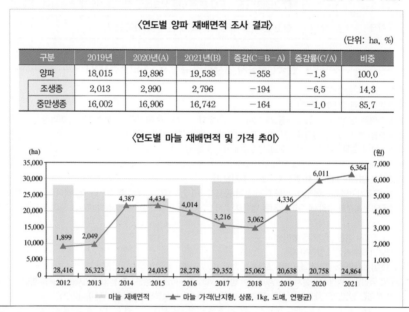

〈연도별 마늘 재배면적 및 가격 추이〉

할인 금액 유형

13 S회사는 18주년을 맞이해 기념행사를 하려고 한다. 이에 걸맞은 단체 티셔츠를 구매하려고 하는데, A회사는 60장 이상 구매 시 20% 할인이 되고 B회사는 할인이 안 된다고 한다. A회사에서 50장을 구매하고 B회사에서 90장을 구매했을 때 가격은 약 399,500원이고, A회사에서 100장을 구매하고 B회사에서 40장을 구매했을 때 가격은 약 400,000원이다. A회사와 B회사의 할인 전 티셔츠 가격은?

	A회사	B회사
①	3,950원	2,100원
②	3,900원	2,200원
③	3,850원	2,300원
④	3,800원	2,400원
⑤	3,750원	2,500원

원탁 배치 유형

14 서로 다른 직업을 가진 남자 2명과 여자 2명이 다음 〈조건〉에 맞게 원탁에 앉아있을 때, 설명으로 옳은 것은?

〈조건〉
- 네 사람의 직업은 각각 교사, 변호사, 자영업자, 의사이다.
- 네 사람은 각각 검은색 원피스, 파란색 자켓, 흰색 니트, 밤색 티셔츠를 입고 있으며, 이 중 검은색 원피스는 여자, 파란색 자켓은 남자가 입고 있다.
- 남자는 남자끼리, 여자는 여자끼리 인접해서 앉아 있다.
- 변호사는 흰색 니트를 입고 있다.
- 자영업자는 남자이다.
- 의사의 왼쪽 자리에 앉은 사람은 검은색 원피스를 입었다.
- 교사는 밤색 티셔츠를 입은 사람과 원탁을 사이에 두고 마주보고 있다.

① 교사와 의사는 원탁을 사이에 두고 마주보고 있다.
② 변호사는 남자이다.
③ 밤색 티셔츠를 입은 사람은 여자이다.
④ 의사는 파란색 자켓을 입고 있다.

참·거짓 논증 유형

15 신입사원인 수호, 민석, 종대는 임의의 순서로 검은색·갈색·흰색 책상에 이웃하여 앉아 있고, 커피·주스·콜라 중 한 가지씩 좋아한다. 또한, 기획·편집·디자인의 서로 다른 업무를 하고 있다. 이들에 대한 정보가 〈조건〉과 같을 때, 반드시 참인 것을 〈보기〉에서 모두 고르면?

조건
- 종대는 갈색 책상에 앉아 있다.
- 기획 담당과 디자인 담당은 서로 이웃해 있지 않다.
- 수호는 편집 담당과 이웃해 있다.
- 검은색 책상에 앉은 사람은 편집 업무를 담당한다.
- 디자인을 하는 사람은 커피를 좋아한다.
- 수호는 주스를 좋아한다.

보기
ㄱ. 종대는 커피를 좋아한다.
ㄴ. 민석이와 종대는 이웃해 있다.
ㄷ. 수호는 편집을 하지 않고, 민석이는 콜라를 좋아하지 않는다.
ㄹ. 민석이는 흰색 책상에 앉아 있다.
ㅁ. 수호는 기획 담당이다.

한국동서발전

풍력발전 키워드

※ 다음 글을 읽고, 이어지는 질문에 답하시오. [4~5]

(가) 인류가 바람을 에너지원으로 사용한 지 1만 년이 넘었고, 풍차는 수천 년 전부터 사용되었다. 풍력발전이 시작된 지도 100년이 넘었지만, 그동안 전력 생산비용이 저렴하고 사용하기 편리한 화력발전에 밀려 빛을 보지 못하다가 최근 온실가스 배출 등의 환경오염 문제를 해결하는 대안인 신재생에너지로 주목받고 있다.

(나) 풍력발전은 바람의 운동에너지를 회전에너지로 변환하고, 발전기를 통해 전기에너지를 얻는 기술로 공학자들은 계속적으로 높은 효율의 전기를 생산하기 위해 풍력발전시스템을 발전시켜 나가고 있다. 풍력발전시스템의 하나인 요우 시스템(Yaw System)은 바람에 따라 풍력발전기의 방향을 바꿔 회전날개가 항상 바람의 정면으로 향하게 하는 것이다. 또 다른 피치 시스템(Pitch System)은 비행기의 날개와 같이 바람에 따라 회전날개의 각도를 변화시킨다. 이 외에도 회전력을 잃지 않기 위해 직접 발전기에 연결하는 방식 등 다양한 방법을 활용한다. 또한 무게를 줄이면 높은 곳에 풍력발전기를 매달 수 있어 더욱 효율적인 발전이 가능해진다.

(다) 풍력발전기를 설치하는 위치도 중요하다. 풍력발전기의 출력은 풍속의 세제곱과 프로펠러 회전면적의 제곱에 비례한다. 풍속이 빠를수록, 프로펠러의 면적이 클수록 출력이 높아지는 것이다. 지상에서는 바람이 빠르지 않고, 바람도 일정하게 불지 않아 풍력발전의 출력을 높이는 데 한계가 있다. 따라서 풍력발전기는 최대 풍속이 아닌 최빈 풍속에 맞춰 설계된다. 이러한 한계를 극복하기 위해 고고도(High Altitude)의 하늘에 풍력발전기를 설치하려는 노력이 계속되고 있다.

(라) 그렇다면 어떻게 고고도풍(High Altitude Wind)을 이용할까? 방법은 비행선, 연 등에 발전기를 달아 하늘에 띄우는 것이다. 캐나다의 한 회사는 헬륨 가스 비행선에 발전기를 달아 공중에 떠 있는 발전기를 판매하고 있다. 이 발전기는 비행선에 있는 발전기가 바람에 의해 풍선이 회전하도록 만들어져 있으며, 회전하는 풍선이 발전기와 연결되어 있어 전기를 생산할 수 있다. 또 다른 회사는 이보다 작은 비행선 수십 대를 연결하여 바다 위에 띄우는 방식을 고안하고

근로복지공단

산재 키워드

| 01 | 직업기초능력

※ 다음은 출퇴근재해의 첫 산재인정에 대한 근로복지공단의 보도자료이다. 글을 읽고 이어지는 질문에 답하시오. [1~2]

〈출퇴근재해, 산재인정 첫 사례 나왔다〉

근로복지공단(이사장 심경우)은 출퇴근재해 보호 범위 확대 후 퇴근길에 사고를 당한 노동자 A씨에 대하여 1월 9일 최초로 산재 승인하였다고 밝혔다. 이는 1월 1일부터 '통상적인 경로와 방법으로 출퇴근하는 중 발생한 사고'도 산재로 인정하는 산재보험법을 시행한 후 산재 요양이 승인된 첫 사례이다.

출퇴근재해로 산재 승인된 A씨는 대구시 달성군 소재 직물 제조업체에 다니는 노동자이다. A씨는 1월 4일 오전 8시 5분경 밤새 야간작업을 마치고 퇴근을 위해 평소와 같이 버스를 타러 버스정류장으로 가던 중 돌부리에 걸려 넘어지면서 오른쪽 팔이 골절되는 사고를 당하였고, 이로 인해 우측 요골머리 폐쇄성 골절 등을 진단받아 병원에 입원하였다.

산재요양신청서는 A씨가 입원치료를 받고 있는 의료기관에서 대신 근로복지공단에 제출해 주었다. 이후 근로복지공단의 재해조사 결과 A씨의 사고경위가 통상적인 경로와 방법에 의한 출퇴근재해에 해당하는 것을 확인하고 곧바로 산재 승인한 것이다.

근로복지공단은 노동자 A씨가 요양 중인 의료기관을 방문하여 조속한 쾌유를 기원하면서 산재 요양 중 애로사항 등을 청취하였다. 노동자 A씨는 "퇴근 중 사고로 입원하면서 근로를 할 수 없게 되어 힘든 상황이었으나 출퇴근재해 산재보상 도입으로 산재가 인정됨으로써 치료에 전념할 수 있게 되어 무척 다행이라 생각한다."면서 하루라도 빨리 건강을 회복하여 복직하

합격 선배들이 알려주는
한국전력공사 송·배전담당 합격기

"포기하지 않고 최선을 다해서!"

안녕하세요. 한국전력공사 배전담당에 합격하여 드디어 합격후기를 작성하게 되었습니다. 저는 관련 전공을 했기 때문에 대학생 때부터 한국전력공사에 관심이 있었습니다. 하지만 막연하게 시작했기에 수험 생활에서 실패와 절망을 반복했습니다. 그래서 이 합격이 더 크고 기쁘게 다가오는 것 같습니다. 감사한 마음으로 수험 생활에 조금이나마 도움이 되고자 몇 줄 적어보겠습니다.

우선 가장 중요하다고 생각하는 것은 필기전형입니다. 그중에서도 직무능력이 중요하다고 생각합니다. 저는 전기기능사와 전기공사산업기사, 그리고 산업안전산업기사 수준의 내용을 반복해서 읽고 외웠습니다. 그리고 전력사업과 한전상식, 한국사도 틈틈이 시간을 내어 공부했습니다. 사실 어디에서 어떻게 나올지 모르는 한전상식이 가장 막막했습니다. 그러다 SD에듀에서 나온 한국전력공사 송·배전 기본서가 있다는 것을 알았고, 한전상식도 수록되어 있어 바로 구입해 공부했습니다. 또한, 한국전력공사 홈페이지에도 수시로 들어가 관련 자료들을 찾아 읽어봤습니다.

대학교를 졸업하고 취업 준비를 하면서 불안함은 점점 커지고, 포기해야 하나 싶었던 순간에 이렇게 합격하게 되어 다행스럽기도 합니다. 불안하다고 서두르기보다는 포기하지 않고 최선을 다하면 반드시 합격할 수 있을 것이라 생각합니다. 이 글을 읽으시는 모든 분들이 취업 성공의 기쁨을 누리시기를 바랍니다!

도서 200% 활용하기

 최신 기출복원문제로 출제 경향 파악

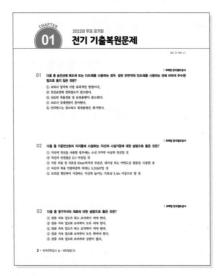

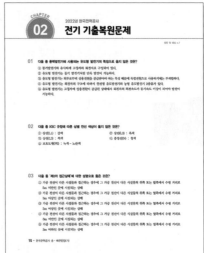

- 2022년 주요 공기업 및 한국전력공사 전기 기출문제를 복원하여 최신 출제 유형에 대비할 수 있도록 하였다.

 직무능력 + 상식 기출예상문제로 빈틈없는 학습

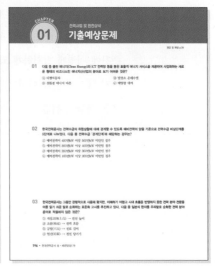

- 직무능력 핵심이론 및 기출예상문제를 수록하여 필기전형에 필요한 지식을 체계적으로 학습할 수 있도록 하였다.
- 전력사업 및 한전상식, 한국사 기출예상문제를 수록하여 상식까지 완벽하게 대비할 수 있도록 하였다.

03 최종점검 모의고사 + OMR을 활용한 실전 연습

- 실제 시험과 유사한 최종점검 모의고사와 OMR 답안카드를 수록하여 실제로 시험을 보는 것처럼 최종 마무리 연습을 할 수 있도록 하였다.
- 모바일 OMR 답안채점 / 성적분석 서비스를 통해 필기전형에 완벽히 대비할 수 있도록 하였다.

04 인성검사부터 면접까지 한 권으로 최종 마무리

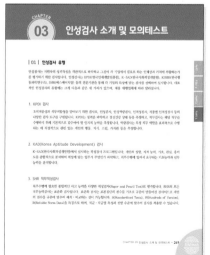

- 인성검사 모의테스트를 통해 인성검사 유형 및 문항을 확인할 수 있도록 하였다.
- 한국전력공사 관련 뉴스&이슈와 예상 면접 질문을 통해 실제 면접에서 나오는 질문을 미리 파악하고 연습할 수 있도록 하였다.

뉴스&이슈

한국전력공사,
저탄소 산업단지 표준모델 만든다

2022.12.07.(수)

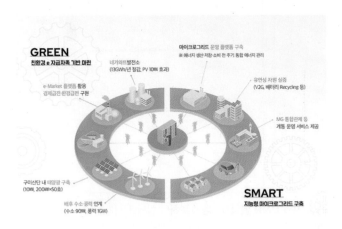

한국전력(대표이사 사장 정승일)은 12월 7일(수) 경북 구미시 코오롱인더스트리에서 산업통상자원부 장영진 차관, 경상북도 이달희 경제부지사 등이 참석한 가운데 『구미 저탄소 대표모델 산단 지정 기념식』을 개최하였다. 이번 행사는 지난 11월 정부에서 발표한 '산업단지 혁신 종합대책'의 일환으로, 산업단지의 저탄소 전환을 위한 민간과 공공부문의 연대와 협력을 강화하기 위해 시행되었다. 구미 국가산업단지에 신재생 클러스터를 구축해 RE100 기업이 활용할 수 있도록 친환경 에너지 생태계를 조성할 계획이며, 이를 위해 정부-지자체-민간 업무협력을 위한 MOU를 체결하였다.

한전은 올해 구미 국가산업단지 『에너지 자급자족 인프라 구축 및 운영 사업』의 주관기업으로 선정되었으며, 2024년까지 신재생 기반 마이크로그리드 표준모델을 구축할 예정이다.

정승일 한전 사장은 기념사에서 "저탄소 대표모델 산업단지를 모범적으로 구축함으로써, 대한민국 제조업의 핵심 거점인 산업단지가 더욱 혁신적이고, 역동적인 산업 공간으로 변화되는 계기가 될 수 있도록 정부, 지방자치단체, 민간의 연대와 협력을 바란다."라고 전하였다.

Keyword

마이크로그리드 : 기존의 발전소를 대신하여 분산에너지자원(DER)을 활용한 소규모 발전설비를 전력 수요자의 인근 지역에 설치하여 지역사회의 전력 공급을 전력회사로부터 줄이고 자체 전력망 내에서 전력을 충당하는 시스템이다.

예상 면접 질문

• 마이크로그리드의 정의에 대해 설명해 보시오.
• 마이크로그리드 시스템 확충을 위해 필요한 기술은 어떤 것이 있는지 설명해 보시오.

한국전력공사,
에너지 위기 극복을 위한 겨울철 에너지 절약 동참 호소

2022.11.14.(월)

한국전력(대표이사 사장 정승일)은 전력그룹사(한수원 및 발전5사)와 합동으로 11월 14일(월) 서울, 부산 등 7개 대도시와 세종시의 역사, 번화가 등 유동인구가 많은 지역에서 대대적인 대국민 에너지 절약 가두 캠페인을 시행하였다.

한전은 국제 에너지 위기로 촉발된 전례 없는 대규모 적자상황을 타개하기 위하여 경영 효율화, 연료비 절감, 출자 지분 및 부동산 매각, 사옥 에너지 절감 등 고강도 자구노력을 추진하고 있다. 정부도 이러한 비상상황을 헤쳐 나가기 위하여 다양한 에너지 절약과 수요효율 제고 대책을 추진하고 있는 상황으로, 국가적 역량을 결집하여 슬기롭게 에너지 위기를 극복하기 위해서는 범국민적 에너지 절약 동참이 절실한 상황이다.

이번 캠페인을 통하여 정부가 겨울철 에너지 사용량 10% 절감을 목표로 추진 중인 '에너지다이어트 10' 실천방안을 제공하여, 가정·상점에서 국민들이 에너지를 절약할 수 있도록 홍보하였다. 겨울철 실내온도 18~20℃ 유지, 전기 난방기 사용 자제, 사용하지 않는 방의 조명 끄기, 에너지 소비효율등급이 높은 가전제품 사용하기 등 일상생활 속에서 쉽게 실천할 수 있는 방안을 제시하였다.

Keyword

에너지다이어트 10 : 국제 에너지 위기에 대비하기 위해 겨울철 에너지 사용량을 10% 줄이는 구체적인 실천방안으로 10월 18일부터 모든 공공기관에서 시행되고 있다.

예상 면접 질문

- 에너지다이어트 10의 실천 방안에 대해 말해 보시오.
- 냉난방으로 인한 전력피크를 해소하는 방법에 대해 말해 보시오.

뉴스&이슈

한국전력공사,
온실가스 육불화황 대용량 분해 및 무해화 시스템 준공

2022.09.01.(목)

한국전력(대표이사 사장 정승일)은 기후위기 대응과 국가의 탄소중립 실현을 위해 육불화황 대신 지구온난화 지수가 낮은 친환경 가스를 사용하는 전력설비로 대체해 나갈 계획이다. 한전은 9월 1일 전력연구원에서 전력설비에 사용 중인 육불화황(SF)을 분해 및 무해화하기 위한 실증설비의 준공식을 개최하였다.

'황'과 '불소'의 화합물인 육불화황은 절연성능이 우수하여 개폐기 등 전력설비의 절연가스로 사용되고 있으나 지구온난화에 미치는 영향이 이산화탄소의 23,900배에 달하는 대표적 온실가스이다. EU에서는 2014년부터 F-Gas의 총량규제를 시행 중이고 F-Gas를 사용한 신기기의 개발을 금지하고 있으며, 31년부터는 F-Gas가 적용된 신규기기의 도입을 금지할 예정이다.

한전은 친환경 전력설비로 대체하는 과정에서 발생하는 육불화황의 처리를 위해 20년부터 육불화황 분해기술 연구개발에 착수하여 고농도의 육불화황을 1,000℃ 이상의 고온으로 열분해하고, 이때 발생하는 유해물질을 냉각·중화하여 무해화하는 기술을 자체 개발하였다. 이번 실증설비를 활용하여 24년부터 전력설비에서 발생하는 육불화황을 처리할 예정이며, 이를 통해 온실가스 배출을 줄이고자 한다. 김숙철 한전 기술혁신본부장은 "탄소중립은 선택이 아닌 필수로서 한전이 보유한 육불화황 처리기술을 전력산업 분야뿐만 아니라 철도 등 다른 산업 분야까지 확대할 계획"이라며 "국가의 탄소중립 목표 실현에 기여할 수 있는 주요 기술로 자리 잡을 수 있기를 희망한다."라고 밝혔다.

Keyword

F-Gas(Fluorinated Gases) : 6대 온난화 물질 중 불소(F)를 구성원소로 한 육불화황(SF), 과불화탄소(PFCs), 수소불화탄소(HFCs)의 통칭으로 대표적인 온실가스인 이산화탄소보다 지구온난화지수가 월등히 높다.

예상 면접 질문

• F-Gas의 의미에 대해 말해 보시오.
• 발전소에서 온실가스 배출을 줄이기 위한 방법에 대해 말해 보시오.

한국전력공사,
발전회사와 함께 「발전 빅데이터 플레이스」 구축

2022.07.04.(월)

한국전력(대표이사 사장 정승일, 이하 한전)은 7월 4일 한전 전력연구원에서 「발전 빅데이터 플레이스 개소식」을 개최하였다. 이 날 개소한 발전 빅데이터 플레이스는, 발전소를 운영하는 과정에서 생성되는 연료 연소정보, 설비 고장 정보 등 약 10만 종에 달하는 방대한 발전소 운영데이터를 저장하는 '데이터 호수(Data lake)'이다. 발전 빅데이터 플레이스는 한전이 전력분야 디지털화를 통한 설비 운영효율 제고와 탄소중립 실현 견인을 위해 발전자회사와 공동으로 구축하고 있는 '지능형 디지털 발전소' 구현에 핵심적인 시스템으로서, 데이터를 수집·저장하는 빅데이터 플랫폼과 저장된 데이터의 가공·분석 기능을 지원하는 클라우드 플랫폼으로 구성된다.

발전 빅데이터 플레이스에 축적되는 데이터를 활용할 경우 발전소 설비운영 업무 효율화는 물론, 국가적 측면에서도 새로운 데이터 비즈니스 창출의 기회가 확대될 것으로 예상된다. 정승일 사장은 기념사를 통해, "발전 빅데이터 플레이스에 축적되는 데이터의 규모는 연간 210 테라바이트(TB)에 달하여 2000년 무렵 미국 의회도서관에 소장된 정보량의 21배에 해당한다."라며 "이 데이터를 민간에 개방하게 되면 미래 전력산업을 이끌어갈 혁신기업들의 성장을 지원하여 풍요로운 전력산업 생태계 조성에 기여할 수 있을 것으로 기대한다."라고 밝혔다.

Keyword

지능형 디지털 발전소(IDPP; Intelligent Digital Power Plant) : AI와 빅데이터 분석을 통해 발전소의 운전 및 정비 데이터를 관리하여 설비의 상태를 사전에 예측하는 스마트 발전소 시스템으로 고장을 사전에 예방하고, 발전 효율을 비약적으로 높일 수 있다.

예상 면접 질문

• 지능형 디지털 발전소에 접목된 기술은 어떤 것이 있는지 말해 보시오.
• 발전과 ICT기술의 접목사례에 대해 설명해 보시오.

이 책의 차례

Add+ 특별부록

┃ 코레일 한국철도공사

01 다음 중 송전선에 복도체 또는 다도체를 사용하는 경우, 같은 단면적의 단도체를 사용하는 것에 비하여 우수한 점으로 옳지 않은 것은?

① 코로나 방지에 가장 효과적인 방법이다.
② 전선표면의 전위경도가 감소한다.
③ 선로의 허용전류 및 송전용량이 감소한다.
④ 코로나 임계전압이 증가한다.
⑤ 인덕턴스는 감소하고 정전용량은 증가한다.

┃ 코레일 한국철도공사

02 다음 중 가공전선로의 지지물에 시설하는 지선의 시설기준에 대한 설명으로 옳은 것은?

① 지선에 연선을 사용할 경우에는 소선 3가닥 이상의 연선일 것
② 지선의 안전율은 2.0 이상일 것
③ 지중 부분 및 지표상 50cm까지의 부분은 내식성 또는 아연도금 철봉을 사용할 것
④ 지선의 허용 인장하중의 최저는 5.31kN일 것
⑤ 도로를 횡단하여 시설하는 지선의 높이는 지표상 5.5m 이상으로 할 것

┃ 코레일 한국철도공사

03 다음 중 영구자석의 재료에 대한 설명으로 옳은 것은?

① 잔류 자속 밀도가 작고 보자력이 커야 한다.
② 잔류 자속 밀도와 보자력이 모두 커야 한다.
③ 잔류 자속 밀도가 작고 보자력이 커야 한다.
④ 잔류 자속 밀도와 보자력이 모두 작아야 한다.
⑤ 잔류 자속 밀도와 보자력과 상관이 없다.

04 무한장 직선 전류에 의한 자계는 전류에서의 거리에 대하여 무엇의 형태로 감소하는가?

① 쌍곡선
② 원
③ 직선
④ 포물선
⑤ 타원

05 가공전선로의 경간 200m, 전선의 자체무게 2kg/m, 인장하중 5,000kg, 안전율 2인 경우, 전선의 이도는 몇 m인가?

① 4m
② 5m
③ 6m
④ 7m
⑤ 8m

06 다음 중 직류 발전기의 전기자 반작용에 의하여 나타나는 현상으로 옳지 않은 것은?

① 코일이 자극의 중심축에 있을 때도 브러시 사이에 전압을 유기시켜 불꽃을 발생시킨다.
② 직류 전압이 감소한다.
③ 자기저항을 크게 한다.
④ 주자속을 감속시켜 유도 전압을 감소시킨다.
⑤ 주자속 분포를 찌그러뜨려 중성축을 고정시킨다.

07 3,000kW, 역률 75%(늦음)부하에 전력을 공급하고 있는 변전소에 콘덴서를 설치하여 역률을 93%로 향상시키고 자 한다. 필요한 전력용 콘덴서의 용량은 약 몇 kVA인가?

① 1,340kVA
② 1,460kVA
③ 1,570kVA
④ 1,680kVA
⑤ 1,790kVA

08 무한장 직선 도체가 있다. 이 도체로부터 수직으로 0.1m 떨어진 점의 자계의 세기가 150AT/m이다. 이 도체로부터 수직으로 0.3m 떨어진 점의 자계의 세기는 몇 AT/m인가?

① 20AT/m   ② 30AT/m
③ 40AT/m   ④ 50AT/m
⑤ 60AT/m

09 어떤 전기설비로 역률 0.8, 용량 200kVA인 3상 평형유도부하가 사용되고 있다. 이 부하에 병렬로 전력용 콘덴서를 설치하여 합성역률을 0.95로 개선하고자 할 경우 필요한 전력용 콘덴서의 용량은 약 몇 kVA인가?

① 57kVA   ② 62kVA
③ 67kVA   ④ 72kVA
⑤ 77kVA

10 구 내부의 전하량이 Q[C]일 때, 전속수는 몇 개인가?

① Q ② $\dfrac{Q}{\varepsilon_0}$

③ $\dfrac{Q}{\varepsilon}$ ④ 0

⑤ 4π

11 다음 중 역률 개선으로 얻을 수 있는 효과로 옳지 않은 것은?

① 전압변동률 감소
② 변압기 및 배전선의 부하 부담 증가
③ 설비 투자비 경감
④ 전압 안정으로 생산성 증가
⑤ 전기요금 경감

12 다음 중 전계의 세기 $E = 2x^3 i + 3yz j + x^2 yz^2 k$의 div E 값은?

① $2x^2 + 3y + 2x^2 yz^2$

② $3x^2 + 3yz + 2x^2 y^2$

③ $6x^2 + 3z + 2x^2 yz$

④ $3x^2 + 6z + 3x^2 yz$

13 점전하 $Q_1 = 1C$, $Q_2 = 10C$이고, 두 점전하 간 작용하는 힘의 크기가 9N일 때, 두 점전하 간의 거리는 몇 m인가?

① $10^2 m$

② $10^3 m$

③ $10^4 m$

④ $10^5 m$

14 반지름이 a[m]이고, N=2회의 원형코일에 I[A]의 전류가 흐를 때 그 코일의 중심점에서의 자계의 세기[AT/m]는?

① $\dfrac{I}{a}$[AT/m]

② $\dfrac{I}{\pi a}$[AT/m]

③ $\dfrac{I}{2a}$[AT/m]

④ $\dfrac{I}{2\pi a}$[AT/m]

15 반지름 25mm의 강심 알루미늄 연선으로 구성된 완전 연가 된 3상 1회선 송전선로가 있다. 각 상간의 등가 선간거리가 5,000mm라고 할 때, 이 선로의 작용인덕턴스는 약 몇 mH/km인가?

① 0.5mH/km

② 0.7mH/km

③ 0.9mH/km

④ 1.1mH/km

16 세 변의 저항 $R_a = R_b = R_c = 30\,\Omega$ 인 평형 3상 △회로를 등가 Y결선으로 환산하면 각 상의 저항은 몇 Ω 이 되는가?

① $30\,\Omega$

② $15\,\Omega$

③ $10\,\Omega$

④ $6\,\Omega$

17 $\epsilon_1 > \epsilon_2$ 의 두 유전체의 경계면에 전계가 수직으로 입사할 때, 경계면에 작용하는 힘은?

① $f = \dfrac{1}{2}\left(\dfrac{1}{\epsilon_1} - \dfrac{1}{\epsilon_2}\right)D^2$ 의 힘이 ϵ_1 에서 ϵ_2 로 작용한다.

② $f = \dfrac{1}{2}\left(\dfrac{1}{\epsilon_2} - \dfrac{1}{\epsilon_1}\right)D^2$ 의 힘이 ϵ_1 에서 ϵ_2 로 작용한다.

③ $f = \dfrac{1}{2}\left(\dfrac{1}{\epsilon_1} - \dfrac{1}{\epsilon_2}\right)E^2$ 의 힘이 ϵ_2 에서 ϵ_1 로 작용한다.

④ $f = \dfrac{1}{2}\left(\dfrac{1}{\epsilon_2} - \dfrac{1}{\epsilon_1}\right)E^2$ 의 힘이 ϵ_1 에서 ϵ_2 로 작용한다.

18 교류전류 $i_1 = 40\sqrt{2}\sin\left(\omega t + \dfrac{\pi}{3}\right)$A, $i_2 = 20\sqrt{2}\sin\left(\omega t - \dfrac{\pi}{6}\right)$A의 합성전류를 복소수로 표시하면?

① $37.32 + j24.64$

② $37.32 - j24.64$

③ $24.64 - j37.32$

④ $24.64 + j37.32$

19 화력발전소에서 1톤의 석탄으로 발생할 수 있는 전력량이 약 3,900kWh일 때, 이 발전소의 종합효율은 몇 %인가?(단, 석탄의 발열량은 5,000kcal/kg이다)

① 약 57%

② 약 60%

③ 약 64%

④ 약 67%

20 대전류, 고전압의 전기량을 제어할 수 있는 양방향 자기소호형 소자로서, 게이트에 전류를 흘리면 그 상황에서 어느 방향이건 전압이 높은 쪽에서 낮은 쪽으로 도통하는 반도체 소자는 무엇인가?

① GTO
② SCS
③ SSS
④ TRIAC

21 연간 전력량이 E[kWh]이고, 연간 최대전력이 W[kW]일 때, 연 부하율은?

① $\dfrac{E}{W} \times 100$

② $\dfrac{W}{E} \times 100$

③ $\dfrac{E}{8,760\,W} \times 100$

④ $\dfrac{8,760\,W}{E} \times 100$

22 최대 눈금이 50V인 직류 전압계가 있다. 이 전압계를 사용하여 100V의 전압을 측정하려면, 배율기의 저항은 몇 Ω을 사용하여야 하는가?(단, 전압계의 내부 저항은 $5,000\,\Omega$이다)

① $1,000\,\Omega$
② $2,500\,\Omega$
③ $5,000\,\Omega$
④ $10,000\,\Omega$

23 쌍극자 모멘트가 M[C·m]인 전기 쌍극자에 의한 임의이 점 P의 전계의 크기는 전기 쌍극자의 중심에서 축방향과 점 P를 잇는 선분 사이의 각 θ가 몇 도일 때 최대가 되는가?

① 0°
② 30°
③ 60°
④ 90°

24 다음 중 인덕터에 축적된 자기 에너지를 스위치 개방 시 전원으로 되돌리기 위한 다이오드는?

① 발광 다이오드　　　　　　　　　　　② 바이패스 다이오드

③ 포토 다이오드　　　　　　　　　　　④ 역류방지 다이오드

25 다음 중 동기기의 과도 안정도를 증가시키는 방법이 아닌 것은?

① 동기화 리액턴스를 크게 할 것

② 회전자의 플라이 휠 효과를 크게 할 것

③ 발전기 조속기의 동작을 신속하게 할 것

④ 동기 탈조 계전기를 사용할 것

26 다음 중 상이한 매질의 경계면에서 전자파가 만족해야할 조건이 아닌 것은?(단, 경계면은 두 개의 무손실 매질 사이이다)

① 경계면의 양측에서 전계의 접선성분은 같다.

② 경계면의 양측에서 전속밀도의 법선성분은 같다.

③ 경계면의 양측에서 자계의 접선성분은 같다.

④ 경계면의 양측에서 자속밀도의 접선성분은 같다.

27 자기장 속의 도체에서 자기장의 직각방향으로 전류가 흐를 때, 자기장과 전류의 수직으로 전위차가 발생하는 현상은?

① 홀 효과　　　　　　　　　　　　　　② 조셉슨 효과

③ 펠티에 효과　　　　　　　　　　　　④ 볼타 효과

28 4극 10HP, 380V, 60Hz의 3상 권선형 유도 전동기가 40kg · m의 부하를 걸고 슬립 3%로 회전하고 있다. 여기에 1.2Ω의 저항 3개를 Y결선으로 하여 2차에 삽입하니 회전속도가 1,530rpm이 되었다. 2차 권선의 저항은 몇 Ω인가?

① 0.01Ω ② 0.1Ω

③ 0.3Ω ④ 0.5Ω

29 다음 중 평형상태에서 도체의 전하분포와 전계에 관한 성질로 옳지 않은 것은?

① 도체 내부의 전계의 세기는 0이다.

② 도체 표면에서의 전하밀도는 곡률이 클수록 높다.

③ 대전된 도체의 전하는 도체 표면에만 존재한다.

④ 대전된 도체 표면의 각 점의 전기력선은 표면에 수평이다.

30 그림과 같은 회로에서 $E_1 = 110$V, $E_2 = 120$V, $R_1 = 1\Omega$, $R_2 = 2\Omega$이고, a, b단자에 5Ω의 R_3을 접속하였을 때, a, b간의 전압 V_{ab}는 얼마인가?

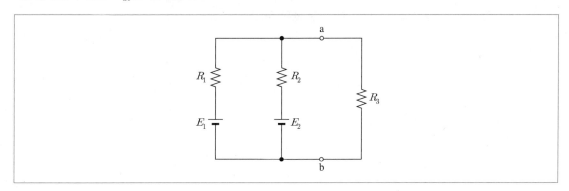

① 80V   ② 100V

③ 110V   ④ 130V

정답 및 해설 p.9

01 다음 중 풍력발전기에 사용되는 유도형 발전기의 특징으로 옳지 않은 것은?

① 동기발전기와 유사하게 고정자와 회전자로 구성되어 있다.
② 유도형 발전기는 동기 발전기처럼 단독 발전이 가능하다.
③ 유도형 발전기는 외부로부터 상용전원을 공급받아야 하는 특성 때문에 독립전원으로 사용하기에는 부적합하다.
④ 유도형 발전기는 회전자의 구조에 따라서 권선형 유도발전기와 농형 유도발전기 2종류가 있다.
⑤ 유도형 발전기는 고정자에 상용전원이 공급된 상태에서 회전자의 회전속도가 동기속도 이상이 되어야 발전이 가능하다.

02 다음 중 KEC 규정에 따른 상별 전선 색상이 옳지 않은 것은?

① 상선(L1) : 갈색
② 상선(L2) : 흑색
③ 상선(L3) : 적색
④ 중성선(N) : 청색
⑤ 보호도체(PE) : 녹색 – 노란색

03 다음 중 '제2차 접근상태'에 대한 설명으로 옳은 것은?

① 가공 전선이 다른 시설물과 접근하는 경우에 그 가공 전선이 다른 시설물의 위쪽 또는 옆쪽에서 수평 거리로 5m 미만인 곳에 시설되는 상태
② 가공 전선이 다른 시설물과 접근하는 경우에 그 가공 전선이 다른 시설물의 위쪽 또는 옆쪽에서 수평 거리로 3m 이상인 곳에 시설되는 상태
③ 가공 전선이 다른 시설물과 접근하는 경우에 그 가공 전선이 다른 시설물의 위쪽 또는 옆쪽에서 수평 거리로 5m 이상인 곳에 시설되는 상태
④ 가공 전선이 다른 시설물과 접근하는 경우에 그 가공 전선이 다른 시설물의 위쪽 또는 옆쪽에서 수평 거리로 3m 미만인 곳에 시설되는 상태
⑤ 가공 전선이 다른 시설물과 접근하는 경우에 그 가공 전선이 다른 시설물의 위쪽 또는 옆쪽에서 수평 거리로 3m 이하인 곳에 시설되는 상태

04 다음 중 나트륨(Na)의 물성으로 옳지 않은 것은?

① 나트륨은 물에 넣으면 격렬하게 반응한다.
② 나트륨의 불꽃 색상은 노란색이다.
③ 나트륨의 원자량은 32이다.
④ 나트륨의 원자번호는 11번이다.
⑤ 나트륨의 밀도는 $0.968g/cm^3$이다.

05 다음 중 제시된 기호가 나타내는 수전설비로 옳은 것은?

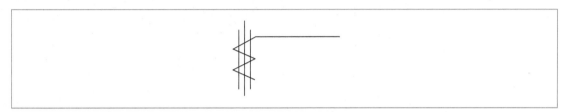

① CT(계기용 변류기)   ② PT(계기용 변압기)
③ OCR(과전류 계전기)   ④ OVR(과전압 계전기)
⑤ ZCT(영상 변류기)

06 다음 중 단락비가 큰 경우의 특징으로 옳지 않은 것은?

① 계자 기자력과 전기자 반작용이 크다.
② 안정도가 높다.
③ 선로의 충전용량이 크다.
④ 돌극형 철기계이다.
⑤ 철손이 커서 효율이 떨어진다.

07 비투자율(μ_s)이 400인 환상 철심 내의 평균 자계의 세기(H)가 2,000AT/m일 때, 철심 주의 자화의 세기는?

① $0.3Wb/m^2$ ② $0.7Wb/m^2$
③ $1.0Wb/m^2$ ④ $1.5Wb/m^2$
⑤ $1.8Wb/m^2$

08 다음 중 선로 임피던스 Z송수전단 양쪽에 어드미턴스가 Y인 T형 회로의 4단자 정수에서 B와 D의 값이 바르게 연결된 것은?

$$B \qquad\qquad D$$

① $\quad 1+\dfrac{ZY}{2} \qquad\qquad Z\left(1+\dfrac{ZY}{4}\right)$

② $\quad 1+\dfrac{ZY}{2} \qquad\qquad Z\left(1+\dfrac{ZY}{2}\right)$

③ $\quad Z\left(1+\dfrac{ZY}{4}\right) \qquad\qquad Z$

④ $\quad Z\left(1+\dfrac{ZY}{4}\right) \qquad\qquad 1+\dfrac{ZY}{2}$

⑤ $\quad Z\left(1+\dfrac{ZY}{4}\right) \qquad\qquad 1+\dfrac{ZY}{4}$

09 다음 중 EMS에 대한 설명으로 옳지 않은 것은?

① EMS는 적용 대상에 따라 빌딩전용, 공장전용, 주택전용 등으로 구분된다.
② EMS는 전력 등 에너지 흐름에 대한 모니터링이 가능하다.
③ EMS는 일반적으로 에너지 정보시스템, 에너지 제어시스템, 에너지관리 공통기반시스템 등 3종류의 서브시스템으로 구성된다.
④ EMS는 신재생에너지나 ESS를 제어할 수 있다.
⑤ EMS는 초기 설치비용이 적다.

10 점전하에 의한 전위가 함수 $V=\dfrac{10}{x^2+y^2}$ 일 때 점$(2,\ 1)$에서의 전위 경도는?(단, V의 단위는 $[V]$, $(x,\ y)$의 단위는 $[m]$이다)

① $\dfrac{5}{4}(i+2k)[V/m]$　　　　　　② $\dfrac{4}{5}(2i+j)[V/m]$

③ $\dfrac{5}{4}(i+2j)[V/m]$　　　　　　④ $-\dfrac{4}{5}(2i+j)[V/m]$

⑤ $-\dfrac{5}{4}(2i+j)[V/m]$

11 자유공간 내에서 전장이 $E = (\sin x a_x + \cos x a_y)e^{-y}$로 주어졌을 때, 전하밀도 ρ는?

① e^y

② e^{-y}

③ 0

④ $\cos x e^{-y}$

⑤ $\sin x e^y$

12 다음 중 반원구의 입체각으로 옳은 것은?

① π

② $\dfrac{1}{2\pi}$

③ 2π

④ 4π

⑤ $\dfrac{1}{4\pi}$

13 전계와 자계의 요소를 서로 대칭되게 나타내었을 때, 전계에서 전기 2중층을 자계에서는 무엇이라 하는가?

① 판자석

② 소자석

③ 자기쌍극자

④ 자기력

⑤ 강자석

14 직류전동기의 속도 제어법 중에 보조 전동기가 별도로 필요하며, 정부하 시 광범위한 속도 제어가 가능한 속도 제어법은?

① 일그너 제어방식

② 워드 레너드 제어방식

③ 직·병렬 제어방식

④ 2차 저항 제어법

⑤ 계자 제어법

15 다음 중 변전소의 설치 위치 조건으로 옳지 않은 것은?

① 변전소 앞 절연구간에서 전기철도차량의 타행운행을 제한하는 곳
② 수전선로의 길이가 최소화 되도록 하며 전력수급이 용이한 곳
③ 기기와 시설 자재의 운반이 용이한 곳
④ 공해, 염해, 및 각종 재해의 영향이 적거나 없는 곳
⑤ 전기철도망건설계획 등 연장급전을 고려한 곳

16 다음 중 소호리엑터 접지 방식을 채택한 전선로의 공칭전압은 얼마인가?

① 765kV　　　　　　　　　　　② 345kV
③ 154kV　　　　　　　　　　　④ 66kV
⑤ 22.9kV

17 다음 중 하천의 유량이 적을 때 사용하는 직접 유량 측정방법은?

① 언측법　　　　　　　　　　　② 수위 관측법
③ 염분법　　　　　　　　　　　④ 부표법
⑤ 피토관법

18 가로의 길이가 10m, 세로의 길이 30m, 높이가 3m인 사무실에 27W 형광등 1개의 광속이 3,800lm인 형광등 기구를 시설하여 300lx의 평균 조도를 얻고자 할 때, 필요한 형광등 기구 수는 약 몇 개인가?(단, 조명율이 0.5, 보수율은 0.8이며 기구 수는 소수점 첫째 자리에서 올림한다)

① 55개　　　　　　　　　　　② 60개
③ 65개　　　　　　　　　　　④ 70개
⑤ 75개

19 다음 중 $f(t)=\sin t+2\cos t$를 라플라스 변환한 것으로 옳은 것은?

① $\dfrac{2s-1}{(s+1)^2}$

② $\dfrac{2s+1}{(s+1)^2}$

③ $\dfrac{2s}{(s+1)^2}$

④ $\dfrac{2s}{s^2+1}$

⑤ $\dfrac{2s+1}{s^2+1}$

20 출력 30kW, 6극 50Hz인 권선형 유도 전동기의 전부하 회전자가 950rpm이라고 한다. 같은 부하 토크로 2차 저항 r_2를 3배로 하면 회전속도는 몇 rpm인가?

① 780rpm

② 805rpm

③ 820rpm

④ 835rpm

⑤ 850rpm

21 다음 중 고압 가공전선로의 지지물로서 사용하는 목주의 안전율과 말구 지름이 바르게 연결된 것은?

① 안전율 1.0 이상, 말구 지름 0.08m 이상일 것

② 안전율 1.2 이상, 말구 지름 0.10m 이상일 것

③ 안전율 1.3 이상, 말구 지름 0.12m 이상일 것

④ 안전율 1.5 이상, 말구 지름 0.15m 이상일 것

⑤ 안전율 2.0 이상, 말구 지름 0.18m 이상일 것

22 다음 중 고압 알칼리축전지의 공칭전압으로 옳은 것은?

① 0.8V

② 1.0V

③ 1.2V

④ 1.5V

⑤ 2.0V

23 다음 중 옥내에 시설하는 저압전선으로 나전선을 절대로 사용할 수 없는 경우는?

① 애자사용공사에 의하여 전개된 곳에 전기로용 전선을 시설하는 경우
② 유희용 전차에 전기를 공급하기 위하여 접촉 전선을 시설하는 경우
③ 버스덕트공사에 의하여 시설하는 경우
④ 합성수지관공사 의하여 시설하는 경우
⑤ 라이팅덕트공사에 의하여 시설하는 경우

24 다음 중 단권변압기의 특징으로 옳지 않은 것은?

① 전압강하, 전압변동률이 작다.
② 임피던스가 작기 때문에 철손, 동손이 작아 효율이 좋다.
③ 임피던스가 커서 단락전류가 작다.
④ 누설자속이 작고 기계기구를 소형화할 수 있다.
⑤ 1, 2차 회로가 전기적으로 절연이 어렵다.

25 송전선로의 일반회로정수가 A=0.7, B=j190, D=0.9라면, C의 값은?

① $-j1.95 \times 10^{-4}$　　　　　　　② $-j1.95 \times 10^{-3}$
③ $j1.95 \times 10^{-2}$　　　　　　　④ $j1.95 \times 10^{-3}$
⑤ $j1.95 \times 10^{-4}$

PART 1

직무능력

| 01 | 벡터의 해석

벡터의 내적(스칼라곱)	$\vec{A} \cdot \vec{B} = |\vec{A}||\vec{B}|\cos\theta$ $(i \cdot i = j \cdot j = k \cdot k = |i||i|\cos 0° = 1, \ i \cdot j = j \cdot k = k \cdot i = |i||j| = 0)$
벡터의 외적(벡터곱)	$\vec{A} \times \vec{B} = |\vec{A}||\vec{B}|\sin\theta$ $(i \times i = j \times j = k \times k = 0, \ i \times j = k, \ j \times k = i, \ k \times i = j)$
미분연산자	$\nabla = \dfrac{\partial}{\partial x}i + \dfrac{\partial}{\partial y}j + \dfrac{\partial}{\partial z}k$ (∇ : Nabla, 미분연산자)
스칼라 함수의 기울기	전위경도 $\nabla V = \dfrac{\partial V}{\partial x}i + \dfrac{\partial V}{\partial y}j + \dfrac{\partial V}{\partial z}k$ (벡터)
벡터의 발산	$\text{div}\,A = \nabla \cdot \vec{A} = \dfrac{\partial A_x}{\partial x} + \dfrac{\partial A_y}{\partial y} + \dfrac{\partial A_z}{\partial z}$ (스칼라)
벡터의 회전	$\text{rot}\,A = \nabla \times \vec{A} = \left(\dfrac{\partial A_z}{\partial y} - \dfrac{\partial A_y}{\partial z}\right)i + \left(\dfrac{\partial A_x}{\partial z} - \dfrac{\partial A_z}{\partial x}\right)j + \left(\dfrac{\partial A_y}{\partial x} - \dfrac{\partial A_x}{\partial y}\right)k$ (벡터)
스토크스(Stokes)의 정리	선(l) 적분 → 면(s) 적분 $\oint E \cdot dl = \displaystyle\int_s \text{rot}E \cdot ds$
(가우스)발산의 정리	면(s) 적분 → 체적(v) 적분 $\oint E \cdot ds = \displaystyle\int_v \div E \cdot dv$
라플라시안(Laplacian)	$\nabla^2 V = \dfrac{\partial^2 V}{\partial x^2} + \dfrac{\partial^2 V}{\partial y^2} + \dfrac{\partial^2 V}{\partial z^2}$ (스칼라) ※ $\nabla \times \nabla f = 0$

| 02 | 진공 중의 정전계

(1) 쿨롱의 법칙

$$F = \frac{Q_1 Q_2}{4\pi\varepsilon_0 r^2} = 9 \times 10^9 \times \frac{Q_1 Q_2}{r^2} \, [\text{N}]$$

※ Q : 전하량[C], r : 거리[m], ε_0(진공 유전율)$= 8.855 \times 10^{-12}$ F/m

(2) 전계의 세기

① 단위 점전하($+1$C)와 전하 사이에 미치는 쿨롱의 힘

$$E = \frac{Q}{4\pi\varepsilon_0 r^2} \, [\text{V/m}] = 9 \times 10^9 \cdot \frac{Q}{r^2}$$

② 전계의 세기 단위 표시

$$E = \frac{F}{Q} \, [\text{V/m}] \ (단위 : [\text{N/C}] = \left[\frac{\text{N} \cdot \text{m}}{\text{C} \cdot \text{m}}\right] = \left[\frac{\text{J}}{\text{C} \cdot \text{m}}\right] = [\text{V/m}])$$

> ※ **전계의 세기가 0이 되는 지점**
> - 두 개의 점전하의 극성이 동일한 경우 : 두 전하의 사이
> - 두 개의 점전하의 극성이 서로 다른 경우 : 두 전하의 외곽 부분(전하의 절댓값이 작은 값의 외측)에 존재

(3) 전기력선의 성질

① 전기력선의 방향은 전계의 방향과 같다.
② 전기력선의 밀도는 전계의 세기와 같다($\because$ 가우스의 법칙).
③ 전기력선은 전위가 높은 곳에서 낮은 곳으로, ($+$)에서 ($-$)로 이동한다.
④ 전하가 없는 곳에서 발생하지만 소멸이 없다(연속적).
⑤ 단위전하에서는 $\frac{1}{\varepsilon_0} = 3\pi \times 10^9$ 6개의 전기력선이 출입한다.
⑥ 전기력선은 자신만으로 폐곡선을 이루지 않는다.
⑦ 두 개의 전기력선은 서로 교차하지 않는다(전계가 0이 아닌 곳).
⑧ 전기력선은 등전위면과 수직 교차한다.

(4) 전기력선 방정식

$$\frac{dx}{E_x} = \frac{dy}{E_y} = \frac{dz}{E_z}$$

① $V = x^2 + y^2$ (전기력선 방정식 : $y = Ax$ 형태)
② $V = x^2 - y^2$ (전기력선 방정식 : $xy = A$ 형태)

(5) 전계의 세기 구하는 방법 : 가우스의 법칙 이용

$$\oint E \cdot ds = \frac{Q}{\varepsilon_0}, \ E = \frac{Q}{\varepsilon_0 S} = \frac{\sigma}{\varepsilon_0}$$

① 구도체(점전하)

   ㉠ 표면($r > a$) : $E = \dfrac{Q}{4\pi\varepsilon_0 r^2}$

   ㉡ 내부($r < a$)

     • 일반조항 : $E = 0$

     • 강제조항(내부에 전하가 균일분포) : $E = \dfrac{rQ}{4\pi\varepsilon_0 a^3}$

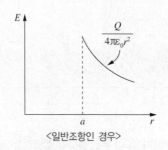
<일반조항인 경우>

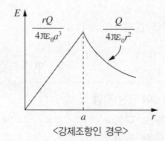
<강제조항인 경우>

② 축 대칭(선전하밀도 : $\lambda[\mathrm{C/m}]$, 원통)

   ㉠ 표면($r > a$) : $E = \dfrac{\lambda}{2\pi\varepsilon_0 r}$

   ㉡ 내부($r < a$)

     • 일반조항 : $E = 0$

     • 강제조항(내부에 균일분포) : $E = \dfrac{r\lambda}{2\pi\varepsilon_0 a^2}$

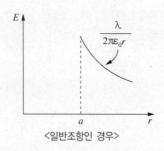
<일반조항인 경우>

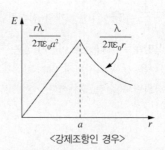
<강제조항인 경우>

③ 무한평면 : $E = \dfrac{\sigma}{2\varepsilon_0}$ (내부 $E = 0$)

   ※ 면전하밀도 : $\sigma[\mathrm{C/m^2}]$

④ 표면에 전하분포(표면전하밀도)

$$E = \frac{\sigma}{\varepsilon_0} \ (\text{내부 } E = 0)$$

⑤ 푸아송의 방정식

   ㉠ $\operatorname{div} E = \dfrac{\rho}{\varepsilon_0}$ (가우스의 미분형)

   ㉡ $\nabla^2 V = -\dfrac{\rho}{\varepsilon_0}$ (푸아송의 방정식)

      ※ ρ : 체적전하밀도$[C/m^3]$

   ㉢ $\nabla^2 V = 0$ (라플라스 방정식, 전하밀도 $\rho = 0$일 때)

(6) 전기쌍극자

$M = Q \cdot \delta [C \cdot m]$ (쌍극자의 모멘트)

※ 미소전하 $\pm Q[C]$, 미소거리 δ 떨어져서 배치

① 전기쌍극자의 전위

$$V = \frac{M}{4\pi\varepsilon_0 r^2}\cos\theta\,[V]$$

$[\theta = 0°(최대),\ 90°(최소)]$

② 전기쌍극자의 전계

$$E = \frac{M}{4\pi\varepsilon_0 r^3}\sqrt{1 + 3\cos^2\theta}\,[V/m]$$

$[\theta = 0°(최대),\ 90°(최소)]$

(7) 정전응력(면적당 힘)

$$f = \frac{\sigma^2}{2\varepsilon_0} = \frac{1}{2}\varepsilon_0 E^2 = \frac{D^2}{2\varepsilon_0}[N/m^2]$$

(8) 전기이중층

① 이중층의 세기 : $M = \sigma \cdot \delta [C/m]$

② 이중층의 전위 : $V_P = \dfrac{M}{4\pi\varepsilon_0}\omega\,[V]$

    ※ 입체각 $\omega = 2\pi(1-\cos\theta)$

| 03 | 진공 중의 도체계

(1) 전위계수와 용량계수

① 전위계수 P

㉠ 도체의 크기, 주위 매질, 배치상태의 영향을 받음

㉡ $P = \dfrac{V}{Q}[\text{V/C}] = [1/\text{F}] = [\text{daraf}]$

㉢ P_{rr}, $P_{ss} > 0$

㉣ P_{rs}, $P_{sr} \geq 0$

㉤ $P_{rs} = P_{sr}$

㉥ $P_{rr} \geq P_{rs}$

> ※ 정전차폐의 경우
> - $P_{11} = P_{21}$: 도체 2가 도체 1 속에 있음(도체 1이 도체 2를 감싸고 있음)
> - $P_{bc} = 0$: 도체 b와 도체 c 사이의 유도계수는 0이므로 타 도체에 의해 정전차폐가 되어 있음

② 용량계수와 유도계수

㉠ 용량계수 : q_{rr}, $q_{ss} > 0$

㉡ 유도계수 : q_{rs}, $q_{sr} \leq 0$

㉢ $q_{rs} = q_{sr}$

㉣ $q_{rr} = -(q_{r1} + q_{r2} + \cdots + q_{rn})$

(2) 정전 용량

① 구도체 : $C = 4\pi\varepsilon_0 a[\text{F}]$ (a는 반지름)

② 동심구 : $C = \dfrac{4\pi\varepsilon_0 ab}{b-a}[\text{F}]$ (단, a, b는 반지름, $a < b$)

③ 동축케이블(원통) : $C = \dfrac{2\pi\varepsilon_0}{\ln\dfrac{b}{a}}[\text{F/m}]$ (단, a, b는 반지름, $a < b$)

④ 평행왕복도선 : $C = \dfrac{\pi\varepsilon_0}{\ln\dfrac{d}{a}}[\text{F/m}]$ (a는 반지름, d는 두 원의 중심 간의 거리)

⑤ 평행판 콘덴서 : $C = \dfrac{\varepsilon_0 S}{d}[\text{F}]$

(3) 정전 에너지

$$W = \frac{1}{2}QV = \frac{1}{2}CV^2[\text{V}] \text{ (충전 중, } V\text{는 일정함)} = \frac{Q^2}{2C}[\text{J}] \text{ (충전 후, } Q\text{는 일정함)}$$

(4) 콘덴서 연결

① 직렬연결 : $C_0 = \dfrac{C_1 C_2}{C_1 + C_2}$

> ※ 콘덴서의 파괴 순서
> - 내압이 같은 경우 : 정전 용량이 적은 콘덴서부터 파괴
> - 내압이 다른 경우 : 총전하량이 적은 콘덴서부터 파괴

② 병렬연결 : $C_0 = C_1 + C_2$

> ※ 일반적인 콘덴서의 연결법 : 병렬연결
> - $V = \dfrac{C_1 V_1 + C_2 V_2}{C_1 + C_2}$

| 04 | 유전체

(1) 분극의 세기

유전체의 단위 체적당 모멘트를 뜻함

$$P = \varepsilon_0 (\varepsilon_S - 1) E = \left(1 - \dfrac{1}{\varepsilon_s}\right) D \, [\text{C/m}^2]$$

(2) 전속밀도

$$D = \varepsilon_0 \varepsilon_S E = \varepsilon_0 E + \varepsilon_0 (\varepsilon_S - 1) E = \varepsilon_0 E + P \, [\text{C/m}^2]$$

(3) 비유전율(ϵ_S)과의 관계

① 전하량이 일정한 경우(힘, 전계, 전위는 감소)

㉠ 힘 : $F = \dfrac{1}{\varepsilon_S} F_0$

㉡ 전계 : $E = \dfrac{1}{\varepsilon_S} E_0$

㉢ 전위 : $V = \dfrac{1}{\varepsilon_S} V_0$

㉣ 전기력선수 : $N = \dfrac{1}{\varepsilon_S} N_0$

② 전위가 일정한 경우(전속밀도, 총전하량 증가)
  ㉠ 전속밀도 : $D = \varepsilon_S D_0$
  ㉡ 총전하량 : $Q = \varepsilon_S Q_0$
③ 항상 성립하는 경우(비유전율에 항상 비례)
  정전 용량 : $C = \varepsilon_S C_0$

(4) 경계조건
① 경계조건(굴절법칙)
  ㉠ 전속밀도의 법선성분 : $D_1 \cos\theta_1 = D_2 \cos\theta_2$, $\varepsilon_1 E_1 \cos\theta_1 = \varepsilon_2 E_2 \cos\theta_2$
  ㉡ 전계의 접선성분 : $E_1 \sin\theta_1 = E_2 \sin\theta_2$
  ㉢ 경계조건 : $\dfrac{\tan\theta_1}{\tan\theta_2} = \dfrac{\varepsilon_1}{\varepsilon_2}$
  ㉣ $\varepsilon_1 > \varepsilon_2$일 경우 $\theta_1 > \theta_2$
② 맥스웰 응력 : 유전체의 경계면에 작용하는 힘은 유전율이 큰 쪽에서 작은 쪽으로 발생
  ⇒ 수직 : 인장응력, 수평 : 압축응력
  ㉠ 수직으로 입사$(\theta = 0°)$, $E = 0$, $D = D_1 = D_2$, $f = \dfrac{1}{2}\left(\dfrac{1}{\varepsilon_2} - \dfrac{1}{\varepsilon_1}\right)D^2 \,[\text{N/m}^2]$
  ㉡ 평형으로 입사$(\theta = 90°)$, $D = 0$, $E = E_1 = E_2$, $f = \dfrac{1}{2}(\varepsilon_1 - \varepsilon_2)E^2 \,[\text{N/m}^2]$

(5) 패러데이관의 특징
① 패러데이관 내의 전속선 수는 일정함
② 패러데이관 양단의 정·부의 단위전하가 있음
③ 진전하가 없는 점에서는 패러데이관은 연속적임
④ 패러데이관의 밀도는 전속밀도와 같음
⑤ 패러데이관 수와 전속선 수는 같음

(6) 분극의 종류
① 전자분극 : 단결정 매질에서 전자운과 핵의 상대적인 변위
② 이온분극 : 화합물에서 (+)이온과 (−)이온의 상대적 변위
③ 쌍극자분극 : 유극성 분자가 전계 방향에 의해 재배열한 분극
④ 원자분극 : 원자가 전계에 의하여 이동해서 생기는 분극

| 05 | 전기영상법

(1) 영상전하법

① **평면도체와 점전하** : 평면도체로부터 거리가 d[m]인 곳에 점전하 Q[C]가 있는 경우

       ㉠ 영상전하 $Q' = -Q$[C]

       ㉡ 평면과 점전하 사이의 힘 $F = -\dfrac{Q'Q}{4\pi\varepsilon_0 (2d)^2} = -\dfrac{Q^2}{16\pi\varepsilon_0 d^2}$ [N]

② **평면도체와 선전하** : 평면도체와 h[m] 떨어진 평행한 무한장 직선도체에 ρ[C/m]의 선전하가 주어졌을 때, 직선도

       체의 단위 길이당 받는 힘 $F = -\rho E = -\rho \cdot \dfrac{\rho}{2\pi\varepsilon_0 (2h)} = -\dfrac{\rho^2}{4\pi\varepsilon_0 h}$ [N/m]

(2) 접지도체구

반지름 a의 접지도체구의 중심으로부터 거리가 $d(>a)$인 점에 점전하 Q[C]가 있는 경우

① 영상전하의 크기 : $Q' = -\dfrac{a}{d} Q$

② 영상전하의 위치 : $b = \dfrac{a^2}{d}$

③ 접지도체구와 점전하 사이에 작용하는 힘 : $F = -\dfrac{d^2 Q^2}{4\pi\varepsilon_0 (d^2 - a^2)^2}$

| 06 | 전류

(1) 전류밀도

① $i = \dfrac{I}{S} = env$

     ※ $e = 1.602 \times 10^{-19}$C : 전자의 전하량, n[개/m³] : 전자의 개수, v[m/s] : 전자의 이동속도

② $i = kE$[A/m²] (k : 도전율) : 옴의 법칙 미분형

③ $\operatorname{div} i = 0$: 전류의 연속성(키르히호프 법칙 미분형)

(2) 저항 : $R = \rho\dfrac{l}{S}$[Ω]

$$\left(C = \frac{\varepsilon S}{l} \rightarrow RC = \rho\frac{l}{S} \cdot \frac{\varepsilon S}{l} = \rho\varepsilon, \ R = \frac{\rho\varepsilon}{C} \right)$$

※ 저항온도계수 : 도체의 온도가 상승하면 저항은 증가함
- 0℃ → t[℃] : $R_t = R_0[1 + \alpha_0 t]$
- t[℃] → T[℃] : $R_T = R_t[1 + \alpha_t(T - t)]$

| 07 | 진공 중의 정자계

(1) 정전계와 전자계의 비교

정전계	전자계
• 전하 : $Q[\mathrm{C}]$	• 자하(자극의 세기) : $m[\mathrm{Wb}]$
• 진공의 유전율 : $\varepsilon_0 = 8.855 \times 10^{-12}\,\mathrm{F/m}$	• 진공의 투자율 : $\mu_0 = 4\pi \times 10^{-7}\,\mathrm{H/m}$
• 쿨롱의 법칙 : $F = \dfrac{Q_1 Q_2}{4\pi\varepsilon_0 r^2} = 9 \times 10^9 \cdot \dfrac{Q_1 Q_2}{r^2}[\mathrm{N}]$	• 쿨롱의 법칙 : $F = \dfrac{m_1 m_2}{4\pi\mu_0 r^2} = 6.33 \times 10^4 \cdot \dfrac{m_1 m_2}{r^2}[\mathrm{N}]$
• 전계의 세기 : $E = \dfrac{Q}{4\pi\varepsilon_0 r^2} = 9 \times 10^9 \cdot \dfrac{Q}{r^2}[\mathrm{V/m}]$	• 자계의 세기 : $H = \dfrac{m}{4\pi\mu_0 r^2} = 6.33 \times 10^4 \cdot \dfrac{m}{r^2}[\mathrm{AT/m}]$
• 전위 : $V = \dfrac{Q}{4\pi\varepsilon_0 r}[\mathrm{V}]$	• 자위 : $u = \dfrac{m}{4\pi\mu_0 r}[\mathrm{AT}]$
• 전속밀도 : $D = \varepsilon E[\mathrm{C/m^2}]$	• 자속밀도 : $B = \mu H[\mathrm{Wb \cdot m^2}]$
• 전기력선수 : $N = \dfrac{Q}{\varepsilon_0 \varepsilon_s}$	• 자기력선수 : $S = \dfrac{m}{\mu_0 \mu_s}$
• 분극의 세기 : $P = \varepsilon_0(\varepsilon_S - 1)E = \left(1 - \dfrac{1}{\varepsilon_s}\right)D$	• 자화의 세기 : $J = \mu_0(\mu_S - 1)H = \left(1 - \dfrac{1}{\mu_s}\right)B$
• 전기쌍극자 : $V = \dfrac{M}{4\pi\varepsilon_0 r^2}\cos\theta$, $E = \dfrac{M}{4\pi\varepsilon_0 r^3}\sqrt{1 + 3\cos^2\theta}$	• 자기쌍극자 : $U = \dfrac{M}{4\pi\mu_0 r^2}\cos\theta$, $H = \dfrac{M}{4\pi\mu_0 r^3}\sqrt{1 + 3\cos^2\theta}$
$[\theta = 0°(최대), 90°(최소)]$	$[\theta = 0°(최대), 90°(최소)]$
※ 쌍극자모멘트 : $M = Q \cdot \delta[\mathrm{C \cdot m}]$	※ 쌍극자모멘트 : $M = m \cdot \delta[\mathrm{Wb \cdot m}]$
• 전기이중층 : $V = \dfrac{M}{4\pi\varepsilon_0}\omega[\mathrm{V}]$	• 판자석(자기이중층) : $U = \dfrac{M}{4\pi\mu_0}\omega[\mathrm{AT}]$
• 경계조건	• 경계조건
– 전계의 접선성분 : $E_1\sin\theta_1 = E_2\sin\theta_2$	– 자계의 접선성분 : $H_1\sin\theta_1 = H_2\sin\theta_2$
– 전속밀도의 법선성분 : $D_1\cos\theta_1 = D_2\cos\theta_2$	– 자속밀도의 법선성분 : $B_1\cos\theta_1 = B_2\cos\theta_2$
– 경계조건 : $\dfrac{\tan\theta_1}{\tan\theta_2} = \dfrac{\epsilon_1}{\epsilon_2}$	– 경계조건 : $\dfrac{\tan\theta_1}{\tan\theta_2} = \dfrac{\mu_1}{\mu_2}$

(2) 전류에 의한 자계의 세기

① 원형 전류의 중심(원형 코일에 전류가 흐를 때)

$$H_0 = \frac{NI}{2a}[\mathrm{AT/m}]$$

② 무한장 직선(원통도체)

반지름 a인 원통도체의 전류에 의한 자계

㉠ 외부$(r > a)$: $H = \dfrac{I}{2\pi r}[\mathrm{AT/m}]$

㉡ 내부$(r < a)$: $H = \dfrac{rI}{2\pi a^2}[\mathrm{AT/m}]$

※ 전류가 표면에만 분포된 경우 $H = 0$

③ 유한장 직선(직선도체)

$$H = \frac{I}{4\pi r}(\sin\theta_1 + \sin\theta_2)[\mathrm{AT/m}]$$

④ 환상 솔레노이드

    ㉠ 내부 : $H = \dfrac{NI}{2\pi r}$ [AT/m] (N : 권수)

    ㉡ 외부 : $H = 0$

⑤ 무한장 솔레노이드

    ㉠ 내부 : $H = nI$ [AT/m] (n : [m]당 권수)

    ㉡ 외부 : $H = 0$

⑥ 자계 내에서 전류 도체가 받는 힘(전동기)

    $F = BIl\sin\theta$ [N] (플레밍의 왼손법칙)

⑦ 전하가 평등자계 내를 이동할 때의 유기기전력(발전기)

    $e = (v \times B)l = vBl\sin\theta$ [V] (플레밍의 오른손법칙)

⑧ 회전력(토크)

    ㉠ 자성체에 의한 토크

        $T = M \times H = MH\sin\theta = mlH\sin\theta$ [N·m]

    ㉡ 도체의 회전에 의한 토크

        $T = NBSI\cos\theta$ [N/m]

⑨ 평행도선 사이에 작용하는 힘

    $F = \dfrac{\mu_0 I_1 I_2}{2\pi r} = \dfrac{2I_1 I_2}{r} \times 10^{-7}$ N/m

    ㉠ 같은 방향 : 흡인력 발생

    ㉡ 반대 방향 : 반발력 발생

⑩ 하전입자에 작용하는 힘(로렌츠의 힘)

    $F = q[E + (v \times B)]$ [N]

⑪ 판자석

    ㉠ 점 P에서의 자위 : $U_P = \dfrac{M}{4\pi\mu_0}\omega$ [AT]

    ㉡ 판자석의 세기 : $M = \sigma$ [Wb/m^2] $\times \delta$ [m]

| 08 | 자성체와 자기회로

(1) 자성체

자계 내에 놓았을 때 자석화되는 물질

(2) 자화의 세기

$$J = \mu_0(\mu_S - 1)H = \chi H = \left(1 - \frac{1}{\mu_S}\right)B = \frac{M}{v}\,[\text{Wb/m}^2]$$

(단, 자기모멘트 $M = m\delta\,[\text{Wb} \cdot \text{m}]$)

(3) 자속밀도

$$B = \mu H + J\,[\text{Wb/m}^2]$$

(4) 경계조건

① $H_1\sin\theta_1 = H_2\sin\theta_2$ (자계의 접선성분)

② $B_1\cos\theta_1 = B_2\cos\theta_2$ (자속밀도의 법선성분)

③ 굴절의 법칙 : $\dfrac{\tan\theta_2}{\tan\theta_1} = \dfrac{\mu_2}{\mu_1}$

　※ $\mu_1 > \mu_2$일 때, $\theta_1 > \theta_2$, $B_1 > B_2$, $H_1 < H_2$

(5) 자기저항

$$R_m = \frac{l}{\mu S} = \frac{\ni}{\phi} = \frac{F_m}{\phi}\,[\text{AT/Wb}]$$

※ $F_m = NI = R_m\phi$ (기자력)

(6) 자기회로의 옴의 법칙

$$\phi = \frac{F}{R_m} = BS = \frac{\mu SNI}{l}\,[\text{Wb}]\ (자속)$$

(7) 자계 에너지밀도

$$W_m = \frac{1}{2}\mu H^2 = \frac{B^2}{2\mu} = \frac{1}{2}HB[\text{J/m}^3][\text{N/m}^2]$$

| 09 | 전자유도

(1) 패러데이의 전자유도법칙

① $e = -N\dfrac{d\phi}{dt}$ [V], $\phi = \phi_m \sin\omega t$

② $e = \omega N\phi_m \sin\left(\omega t - \dfrac{\pi}{2}\right)$

※ 기전력의 위상은 자속의 위상보다 $90°$ 늦음

(2) 전자유도법칙의 미분형과 적분형

① 적분형 : $e = \oint_c E \cdot dl = -\dfrac{d}{dt}\int_s B \cdot dS = -\dfrac{d\phi}{dt}$ [V]

② 미분형 : $\mathrm{rot}\,E = -\dfrac{dB}{dt}$

(3) 표피효과

① 표피효과 : 도선의 중심부로 갈수록 전류밀도가 적어지는 현상

② 침투깊이 : $\delta = \sqrt{\dfrac{2}{\omega\mu k}} = \sqrt{\dfrac{1}{\pi f \mu k}}$

※ 침투깊이가 작을수록(f, μ, k가 클수록) 표피효과가 커짐($w = 2\pi f$)

| 10 | 인덕턴스

(1) 자기인덕턴스와 상호인덕턴스

① 자기인덕턴스 : $L_1 = \dfrac{N_1^{\,2}}{R_m}$, $L_2 = \dfrac{N_2^{\,2}}{R_m}$

② 상호인덕턴스 : $M = \dfrac{N_1 N_2}{R_m}$

(2) 유기기전력

$e = -L\dfrac{dI}{dt} = -N\dfrac{d\phi}{dt}$ [V], $LI = N\phi$ (단자전압 : $v_L = L\dfrac{dI}{dt}$ [V])

(3) 상호인덕턴스

$M = k\sqrt{L_1 L_2}$ (M : 상호인덕턴스[H], k : 결합계수, L_1, L_2 : 자기인덕턴스[H])

(4) 인덕턴스 계산

① 환상 솔레노이드 : $L = \dfrac{\mu S N^2}{l}$ [H] (S : 단면적[m²], l : 길이[m], N : 권수)

② 무한장 솔레노이드 : $L = \mu \pi a^2 N^2 = \mu S N^2$ [H/m]

③ 원통도체의 내부 인덕턴스 : $L = \dfrac{\mu}{8\pi}$ [H/m] $= \dfrac{\mu l}{8\pi}$ [H]

④ 동축 케이블 : $L = \dfrac{\mu_1}{2\pi} \ln \dfrac{b}{a} + \dfrac{\mu_2}{8\pi}$ [H/m]

⑤ 평행 왕복도선 : $L = \dfrac{\mu_1}{\pi} \ln \dfrac{d}{a} + \dfrac{\mu_2}{4\pi}$ [H/m]

(5) 합성인덕턴스

① 상호인덕턴스가 없는 경우

  ㉠ 직렬접속 : $L = L_1 + L_2$ (자속과 같은 방향)

  ㉡ 병렬접속 : $L = \dfrac{L_1 L_2}{L_1 + L_2}$ (자속의 반대 방향)

② 상호인덕턴스가 있는 경우

  ㉠ 직렬접속

    • $L = L_1 + L_2 + 2M$ (자속과 같은 방향)

    • $L = L_1 + L_2 - 2M$ (자속의 반대 방향)

  ㉡ 병렬접속

    • $L = \dfrac{L_1 L_2 - M^2}{L_1 + L_2 - 2M}$ (자속과 같은 방향)

    • $L = \dfrac{L_1 L_2 - M^2}{L_1 + L_2 + 2M}$ (자속의 반대 방향)

(6) 자기에너지

$$W = \frac{1}{2} L I^2 \text{[J]} = \frac{1}{2} L_1 I_1^2 + \frac{1}{2} L_2 I_2^2 \pm M I_1 I_2 \text{[J]}$$

| 11 | 전자계

(1) 변위전류밀도

시간적으로 변화하는 전속밀도에 의한 전류

$$i_d = \frac{I}{S} = \frac{\partial D}{\partial t} = \varepsilon \frac{\partial E}{\partial t} [\text{A/m}^2] \ (D : \text{전속밀도})$$

(2) 맥스웰(Maxwell) 방정식

$$\text{rot}\, E = -\frac{\partial B}{\partial t}, \ \text{rot}\, H = \varepsilon \frac{\partial E}{\partial t} + kE$$

$$\text{div}\, D = \rho, \ \text{div}\, B = 0$$

(3) 고유(파동, 특성)임피던스

$$Z_0 = \frac{E}{H} = \sqrt{\frac{\mu}{\varepsilon}} = \sqrt{\frac{\mu_0}{\varepsilon_0}} \sqrt{\frac{\mu_s}{\varepsilon_s}} = 377 \sqrt{\frac{\mu_s}{\varepsilon_s}} [\Omega]$$

① 전송회로 특성임피던스

$$Z_0 = \frac{V}{I} = \sqrt{\frac{Z}{Y}} = \sqrt{\frac{R + j\omega L}{G + j\omega C}} \fallingdotseq \sqrt{\frac{L}{C}} [\Omega]$$

② 동축케이블의 특성임피던스

$$Z_0 = \sqrt{\frac{\mu}{\varepsilon}} \cdot \frac{1}{2\pi} \ln \frac{b}{a} = 138 \sqrt{\frac{\mu_s}{\varepsilon_s}} \log \frac{b}{a} [\Omega]$$

(4) 전파(위상) 속도

$$v = \frac{1}{\sqrt{LC}} = \frac{1}{\sqrt{\varepsilon\mu}} = \frac{3 \times 10^8}{\sqrt{\varepsilon_s \mu_s}} [\text{m/s}]$$

(5) 파장

$$\lambda = \frac{C}{f} = \frac{1}{f\sqrt{\mu\varepsilon}} [\text{m}] \ (C : \text{광속})$$

(6) 포인팅 벡터(방사 벡터)

$$P = E \times H = EH\sin\theta = EH\sin 90° = EH[\text{w/m}^2]$$

| 01 | 전선로

(1) 송전 방식

① 직류 송전의 특징

㉠ 서로 다른 주파수로 비동기 송전 가능

㉡ 리액턴스가 없으므로 리액턴스 강하가 없으며, 안정도가 높고 송전효율이 좋음

㉢ 유전체 손실과 연피 손실이 없음

㉣ 표피효과 또는 근접효과가 없어 실효저항의 증대가 없음

㉤ 절연 레벨을 낮출 수 있음

㉥ 직류·교류 변환 장치가 필요하며 설비비가 비쌈

㉦ 전류의 차단 및 전압의 변성이 어려움

② 교류 송전의 특징

㉠ 전압의 승압, 강압이 용이

㉡ 회전자계를 얻기 쉬움

㉢ 전 계통을 일관되게 운용 가능

(2) 전선

① 전선의 구비조건

㉠ 도전율, 기계적 강도, 내구성, 내식성이 커야 한다.

㉡ 중량이 가볍고, 밀도가 작아야 한다.

㉢ 가선 공사, 유연성(가공성)이 용이해야 한다.

㉣ 가격이 저렴해야 한다.

   ※ 경제적인 전선의 굵기 선정 : 허용전류, 전압 강하, 기계적 강도, 전선의 길이

② 연선

㉠ 소선의 총수 $N = 3n(n+1)+1$

㉡ 연선의 바깥지름 $D = (2n+1)d\,[\mathrm{mm}]$ (d : 소선의 지름)

㉢ 연선의 단면적 $A = \dfrac{1}{4}\pi d^2 \times N\,[\mathrm{mm}^2]$ (N : 소선의 총수)

③ 진동과 도약

㉠ 진동 : 가볍고 긴 선로 및 풍압에 의해 발생

 • 가벼운 강심 알루미늄선(ACSR)은 경동선에 비해 진동이 심함

 • 방지법 : 댐퍼, 아머로드 설치, 특수 클램프 채용 등

ⓛ 도약 : 전선에 쌓인 빙설이 떨어지면 처진 전선이 도약하여 혼촉(단락)이 발생할 가능성이 높음(Off-set 방식으로 방지)

④ 이도 및 전선의 길이

㉠ 이도(Dip) : $D = \dfrac{WS^2}{8T}$ [m] (W : 전선의 중량[kg/m], S : 경간[m], T : 수평장력)

㉡ 전선의 실제 길이 : $L = S + \dfrac{8D^2}{3S}$ [m]

⑤ 온도 변화 시 이도($D_1 \rightarrow D_2$)

$D_2 = \sqrt{D_1^2 \pm \dfrac{3}{8} atS^2}$ [m] (t : 온도차[℃], a : 온도계수)

⑥ 전선의 합성하중

$W = \sqrt{(W_c + W_i)^2 + W_w^2}$ [kg/m]

[W_c : 전선하중(수직하중), W_i : 빙설하중(수직하중), W_w : 풍압하중(수평하중)]

(3) 애자(Insulator)

① 기능 : 전선을 절연하여 지지물과의 고정 간격 유지

② 애자가 갖추어야 할 조건

㉠ 절연내력이 커야 한다.

㉡ 절연 저항이 커야 한다(누설 전류가 적을 것).

㉢ 기계적 강도가 커야 한다.

㉣ 온도 급변에 견디고 습기를 흡수하지 않아야 한다.

③ 전압부담

㉠ 최대 : 전선에 가장 가까운 애자

㉡ 최소 : 철탑(접지측)에서 1/3 또는 전선에서 2/3 위치에 있는 애자

④ 애자의 연효율(연능률)

$\eta = \dfrac{V_n}{nV_1} \times 100$ (V_n : 애자련의 전체 섬락전압, n : 애자의 개수, V_1 : 애자 1개의 섬락전압)

⑤ 전압별 현수애자의 수

전압(kV)	22.9	66	154	345	765
애자 수(개)	2~3	4~6	9~11	19~23	약 40

⑥ 애자련 보호 대책 : 소호환(Arcing Ring), 소호각(Arcing Horn)

㉠ 섬락(뇌섬락, 역섬락) 시 애자련 보호

㉡ 애자련의 전압 분포 개선

(4) 지지물

① 종류 : 목주, 철주, 콘크리트주(배전용), 철탑(송전용)

② 철탑의 종류

   ㉠ 직선형 : 수평각도 3° 이내(A형)

   ㉡ 각도형 : 수평각도 3 ~ 20° 이내(B형), 수평각도 20 ~ 30° 이내(C형)

   ㉢ 인류형 : 가섭선을 인류하는 장소에 사용(D형)

   ㉣ 내장형 : 수평각도 30° 초과 또는 불균형 장력이 심한 장소에 사용(E형)

   ㉤ 보강형 : 불균형 장력에 대해 $\dfrac{1}{6}$ 을 더 견딜 수 있게 한 철탑

| 02 | 선로정수와 코로나

(1) 선로정수

① 인덕턴스

   ㉠ 단도체 : $L = 0.05 + 0.4605 \log_{10} \dfrac{D}{r}$ [mH/km] (D : 선간 거리, r : 전선의 반지름)

   ㉡ 다도체 : $L = \dfrac{0.05}{n} + 0.4605 \log_{10} \dfrac{D}{r_e}$ [mH/km] ($r_e = \sqrt[n]{r \cdot s^{n-1}}$)

   ㉢ 작용인덕턴스 : (자기인덕턴스)+(상호인덕턴스)

② 정전 용량

   ㉠ 정전 용량

     • 단도체 : $C = \dfrac{0.02413}{\log_{10} \dfrac{D}{r}}$ [μF/km]

     • 다도체 : $C = \dfrac{0.02413}{\log_{10} \dfrac{D}{r_e}}$ [μF/km]

   ㉡ 작용 정전 용량(1선당)=(대지 정전 용량)+(상호 정전 용량)

     • 단상 2선식 : $C = C_s + 2C_m$

     • 3상 3선식 : $C = C_s + 3C_m$

> ※ **연가(Transposition)**
> • 목적 : 선로정수 평형
> • 효과 : 선로정수 평형, 정전 유도 장해 방지, 직렬 공진에 의한 이상 전압 상승 방지

   ㉢ 충전전류 : $I_c = 2\pi f C_w \dfrac{V}{\sqrt{3}}$ [A] (C_w : 작용 정전 용량)

(2) 코로나

전선 주위 공기의 부분적인 절연 파괴가 일어나 빛과 소리가 발생하는 현상

① 임계전압

$$E = 24.3m_0m_1\delta d\log_{10}\frac{D}{r}\,[\text{kV}]$$

[m_0 : 전선의 표면 상태(단선 : 1, 연선 : 0.8), m_1 : 날씨 계수(맑은 날 : 1, 우천 시 : 0.8), δ : 상대공기밀도 $\left(\dfrac{0.386b}{273+t}\right) \rightarrow b$: 기압, t : 온도, d : 전선의 지름, r : 전선의 반지름, D : 선간 거리]

② 코로나의 영향과 대책

영향	• 통신선의 유도 장해 • 코로나 손실 → 송전 손실 → 송전효율 저하 • 코로나 잡음 및 소음 • 오존(O_3)에 의한 전선의 부식 • 소호 리액터에 대한 영향(소호 불능의 원인) • 진행파의 파고값 감소
대책	• 전선의 지름을 크게 한다. • 복도체(다도체)를 사용한다.

③ 코로나 손실(Peek식)

$$P_c = (f+25)\sqrt{\frac{d}{2D}}\,(E-E_0)^2 \times 10^{-5}\,[\text{kW/km/line}]$$

(δ : 상대공기밀도, f : 주파수, D : 선간 거리, d : 전선의 지름, E_0 : 코로나 임계전압, E : 전선의 대지전압)

| 03 | 송전 선로 특성값 계산

(1) 단거리 송전 선로(50km 이하)

임피던스 Z 존재, 어드미턴스 Y는 무시, 집중 정수 회로

① 3상 송전전압 : $V_S = V_R + \sqrt{3}\,I(R\cos\theta + X\sin\theta)[\text{V}]$

② 단상 송전전압 : $E_S = E_R + I(R\cos\theta + X\sin\theta)[\text{V}]$

③ 전압 강하

    ㉠ $1\phi(E=V)$: 단상

$$e = E_s - E_r = V_s - V_r = RI\cos\theta + IX\sin\theta = I(R\cos\theta + X\sin\theta)$$

    ㉡ $3\phi(V=\sqrt{3}\,E)$: 3상

$$e = E_s - E_r = I(R\cos\theta + X\sin\theta) = \sqrt{3}\,E_s - \sqrt{3}\,E_r$$
$$= V_s - V_r = \sqrt{3}\,I(R\cos\theta + X\sin\theta)$$
$$= \frac{P}{V_r}(R + X\tan\theta)$$

④ 전압 강하율

$$\varepsilon = \frac{V_s - V_r}{V_r} \times 100$$
$$= \frac{e}{V_r} \times 100$$
$$= \frac{P}{V_r^{\,2}}(R + X\tan\theta) \times 100$$

⑤ 전압 변동률

$$\delta = \frac{V_{r_0} - V_r}{V_r} \times 100 \ (V_{r_0} : \text{무부하 수전단 전압}, \ V_r : \text{수전단 전압})$$

⑥ 전력 손실(선로 손실)

$$P_l = 3I^2 R = 3\left(\frac{P}{\sqrt{3}\,V\cos\theta}\right)^2 R \ \left(R = \rho\frac{l}{A}\right)$$
$$= 3\frac{P^2 R}{3V^2\cos^2\theta} = \frac{P^2 R}{V^2\cos^2\theta} = \frac{P^2 \rho l}{V^2\cos^2\theta\,A}$$

⑦ 전력 손실률

$$K = \frac{P_l}{P} \times 100 = \frac{\dfrac{P^2 R}{V^2\cos^2\theta}}{P} \times 100 = \frac{PR}{V^2\cos^2\theta} \times 100$$

(2) 중거리 송전 선로(50 ~ 100km)

Z, Y 존재, 4단자 정수에 의하여 해석, 집중 정수 회로

① 4단자 정수

$$\begin{bmatrix} E_s \\ I_s \end{bmatrix} = \begin{bmatrix} A\ B \\ C\ D \end{bmatrix} \begin{bmatrix} E_r \\ I_r \end{bmatrix} = \begin{matrix} AE_r + BI_r \\ CE_r + DI_r \end{matrix}$$

$$E_s = AE_r + BI_r$$

$$I_s = CE_r + DI_r$$

② T형 회로와 π형 회로의 4단자 정수값

구분		T형	π형
A	$\left.\dfrac{E_s}{E_r}\right\|_{I_r=0}$	$A = 1 + \dfrac{ZY}{2}$	$A = 1 + \dfrac{ZY}{2}$
B	$\left.\dfrac{E_s}{I_r}\right\|_{V_r=0}$	$B = Z\left(1 + \dfrac{ZY}{4}\right)$	$B = Z$
C	$\left.\dfrac{E_s}{E_r}\right\|_{I_r=0}$	$C = Y$	$C = Y\left(1 + \dfrac{ZY}{4}\right)$
D	$\left.\dfrac{E_s}{I_r}\right\|_{V_r=0}$	$D = 1 + \dfrac{ZY}{2}$	$D = 1 + \dfrac{ZY}{2}$

(3) 장거리 송전 선로(100km 초과)

분포 정수 회로(어느 위치에서 보아도 특성임피던스가 같은 회로)

① 특성(파동)임피던스 : 거리와 무관

$$Z_0 = \sqrt{\dfrac{Z}{Y}} \fallingdotseq \sqrt{\dfrac{L}{C}} = 138\log\dfrac{D}{r}[\Omega] \quad (Z : \text{단락 임피던스}, \ Y : \text{개방 어드미턴스})$$

② 전파 정수

$$\gamma = \sqrt{ZY} = \sqrt{(R+jwL)(G+jwC)} = \alpha + j\beta \quad (\alpha : \text{감쇠정수}, \ \beta : \text{위상정수})$$

③ 전파 속도

$$v = \dfrac{\omega}{\beta} = \dfrac{1}{\sqrt{LC}} = 3 \times 10^5 \text{km/s} = 3 \times 10^8 \text{m/s}$$

| 04 | 안정도

(1) 의미

전력 계통에서 상호협조하에 동기 이탈하지 않고 안정되게 운전할 수 있는 정도

(2) 종류

① 정태 안정도 : 부하를 서서히 증가시켜 계속해서 어느 정도 안정하게 송전할 수 있는 능력
② 동태 안정도 : 고속 자동 전압 조정기(AVR)나 조속기 등으로 전류를 제어할 경우의 정태 안정도
③ 과도 안정도 : 부하 급변 시나 사고 시에도 어느 정도 안정하게 송전을 계속할 수 있는 능력

(3) 안정도 향상 대책

① 직렬 리액턴스를 작게 한다(발전기나 변압기 리액턴스를 작게, 병행회선수를 늘리거나 복도체 또는 다도체 방식 사용, 직렬 콘덴서 삽입).
② 전압 변동을 작게 한다(단락비를 크게, 속응 여자 방식 채택, 중간 조상 방식 채택, 계통 연계).
③ 고장 구간을 신속히 차단한다(적당한 중성점 접지 방식 채용, 고속 재폐로 방식 채용, 차단기 고속화).
④ 고장 시 발전기 입출력의 불평형을 작게 한다.

(4) 전력원선도

① 전력원선도 작성 시 필요한 것 : 송·수전단 전압, 일반회로 정수(A, B, C, D)
② 원선도 반지름 : $\rho = \dfrac{V_S V_R}{B}$ (V_S : 송전단 전압, V_R : 수전단 전압, B : 리액턴스)
③ 알 수 있는 것 : 최대 출력, 조상 설비 용량, 4단자 정수에 의한 손실, 선로 손실과 송전 효율, 선로의 일반회로 정수
④ 알 수 없는 것 : 과도 안정 극한 전력, 코로나 손실

(5) 조상 설비

① 동기조상기 : 무부하로 운전하는 동기전동기
  ㉠ 과여자 운전 : 콘덴서로 작용, 진상
  ㉡ 부족 여자 운전 : 리액터로 작용, 지상
  ㉢ 증설이 어려움, 손실 최대(회전기)
② 콘덴서 : 충전전류, 90° 앞선 전류, 진상전류

직렬 콘덴서	병렬 콘덴서
$e = \sqrt{3}\,I(R\cos\theta + X\sin\theta)$ $X = X_L - X_C$ 전압 강하 보상	역률 개선

(6) 송전 용량

① 고유부하법 : $P = \dfrac{V^2}{Z_0} = \dfrac{V^2}{\sqrt{\dfrac{L}{C}}}$ [MW/회선] (V : 수전단 전압, Z_0 : 선로의 특성임피던스)

② 용량계수법 : $P = k\dfrac{V_r{}^2}{l}$ [kW] (k : 용량계수, l : 송전거리[km], V_r : 수전단 전압[kV])

③ 리액턴스법

$$P = \dfrac{V_s V_r}{X}\sin\delta \text{[MW]}, \text{ 보통 } 30 \sim 40° \text{ 운영}$$

(δ : 송·수전단 전압의 상차각, V_s : 송전단 전압[kV], V_r : 수전단 전압[kV], X : 리액턴스)

(7) 경제적인 송전 전압의 결정(Still의 식)

$$V_S = 5.5\sqrt{0.6l + \dfrac{P}{100}}\text{ [kV]} \quad (l : \text{송전 거리[km]}, \ P : \text{송전 전력[kW]})$$

| 05 | 고장계산

(1) 옴[Ω]법

① 단락전류 : $I_S = \dfrac{E}{Z} = \dfrac{E}{\sqrt{R^2 + X^2}}$ [A]

② 단락용량 : $P_S = 3EI_S = \sqrt{3}\,VI_S$ [VA]

(2) 단위법

① $\%Z = \dfrac{I_n Z}{E} \times 100 = \dfrac{PZ}{10V^2}$ [%]

② 단락전류 : $I_S = \dfrac{100}{\%Z}I_n$ [A]

③ 단락용량 : $P_S = \dfrac{100}{\%Z}P_n$ [MVA] (P_n : 기준용량)

(3) 대칭좌표법

불평형전압 또는 불평형전류를 3상(영상분, 정상분, 역상분)으로 나누어 계산

① 대칭좌표법

ㄱ 대칭 성분

- 영상분 : $V_0 = \dfrac{1}{3}(V_a + V_b + V_c)$

- 정상분 : $V_1 = \dfrac{1}{3}(V_a + aV_b + a^2V_c)$

- 역상분 : $V_2 = \dfrac{1}{3}(V_a + a^2V_b + aV_c)$

ㄴ 각상 성분

- $V_a = (V_0 + V_1 + V_2)$
- $V_b = (V_0 + a^2V_1 + aV_2)$
- $V_c = (V_0 + aV_1 + a^2V_2)$

② 교류 발전기 기본 공식

$V_0 = -Z_0 I_0,\ V_1 = E_a - Z_1 I_1,\ V_2 = -Z_2 I_2$

③ 1선 지락사고

ㄱ 대칭분 : $I_0 = I_1 = I_2$

ㄴ 지락전류 : $I_g = 3I_0 = \dfrac{3E_a}{Z_0 + Z_1 + Z_2}$

④ 기기별 임피던스의 관계

ㄱ 변압기 : $Z_0 = Z_1 = Z_2$

ㄴ 송전 선로 : $Z_0 > Z_1 = Z_2$

| 06 | 중성점 접지 방식

(1) 중성점 접지 방식

① 비접지 방식(3.3kV, 6.6kV)

㉠ 저전압 단거리, △ - △ 결선을 많이 사용

㉡ 1상 고장 시 V - V 결선 가능(고장 중 운전 가능)

㉢ 1선 지락 시 전위는 $\sqrt{3}$ 배 상승

② 직접접지 방식(154kV, 345kV, 745kV)

㉠ 유효접지 방식 : 1선 지락 사고 시 전압 상승이 상규 대지전압의 1.3배 이하가 되도록 하는 접지 방식

㉡ 직접접지 방식의 장·단점

- 장점 : 전위 상승 최소, 단절연·저감 절연 가능, 지락전류 검출 쉬움(지락보호 계전기 동작 확실), 피뢰기효과 증가

- 단점 : 지락전류가 저역률 대전류이므로 과도 안정도 저하, 인접 통신선의 유도 장해 큼, 대용량 차단기, 차단기 동작 빈번해 수명 경감

③ 저항접지 방식

㉠ 고저항접지($100 \sim 1{,}000\,\Omega$)

㉡ 저저항접지($30\,\Omega$)

④ 소호 리액터 방식[병렬 공진 이용 → 전류(지락전류) 최소, 66kV]

㉠ 소호 리액터 크기

- $X_L = \dfrac{1}{3wCs} - \dfrac{X_t}{3}[\Omega]$ (X_t : 변압기의 리액턴스)

- $L_L = \dfrac{1}{3w^2 C_S}[\mathrm{H}]$

㉡ 소호 리액터 용량(3선 일괄의 대지 충전 용량)

$$Q_L = E \times I_L = E \times \frac{E}{wL} = \frac{E^2}{wL} = 3wC_s E^2 \times 10^{-3}\,\mathrm{kVA}$$

㉢ 합조도(과보상)

구분	공진식	공진 정도	합조도
$I_L > I_C$	$w_L < \dfrac{1}{3wC_S}$	과보상(10%)	+
$I_L = I_C$	$w_L = \dfrac{1}{3wC_S}$	완전 공진	0
$I_L < I_C$	$w_L > \dfrac{1}{3wC_S}$	부족 보상	-

⑤ 소호 리액터 접지 장·단점

㉠ 장점 : 지락전류 최소, 지락 아크 소멸, 과도 안정도 최대, 고장 중 운전 가능, 유도장해 최소

㉡ 단점 : 1선 지락 시 건전상의 전위 상승 최대($\sqrt{3}$ 배 이상), 보호 계전기 동작 불확실, 고가 설비

| 07 | 이상전압

(1) 이상전압

① 내부 이상전압 : 직격뢰, 유도뢰를 제외한 나머지

　　㉠ 개폐 이상전압 : 무부하 충전전류 개로 시 가장 큼, 무부하 송전 선로의 개폐, 전력용 변압기 개폐, 고장전류 차단

　　㉡ 1선 지락 사고 시 건전상의 대지전위 상승

　　㉢ 잔류전압에 의한 전위 상승

　　㉣ 경(무)부하 시 페란티 현상에 의한 전위 상승

② 외부 이상전압

　　㉠ 원인 : 직격뢰, 유도뢰, 다른 송전선로와의 혼촉사고 및 유도

　　㉡ 방호 대책

　　　• 피뢰기 : 기계 기구 보호(변압기 보호설비)

　　　• 가공지선 : 직격뢰, 유도뢰 차폐, 일반적으로 45° 이하 설계

　　　• 매설지선 : 역섬락 방지(철탑저항을 작게)

③ 파형

　　㉠ 표준 충격파 : $1.2 \times 50 \mu s$

　　㉡ 내부·외부 이상전압은 파두장, 파미장 모두 다름

④ 반사와 투과계수

　　㉠ 반사계수 $\beta = \dfrac{Z_2 - Z_1}{Z_2 + Z_1}$ (무반사조건 : $Z_1 = Z_2$)

　　㉡ 투과계수 $r = \dfrac{2Z_2}{Z_2 + Z_1}$

(2) 피뢰기(L.A) : 변압기 보호

① 구성 : 특성 요소, 직렬 갭

　　㉠ 직렬 갭 : 이상전압 시 대지로 방전, 속류 차단

　　㉡ 특성 요소 : 임피던스 성분 이용, 방전전류 크기 제한

　　㉢ 실드링 : 전·자기적 충격 완화

② 피뢰기 정격전압

　　㉠ 속류를 차단하는 교류 최고 전압

　　㉡ 직접접지 계통 : 0.8~1.0배

　　㉢ 저항 또는 소호 리액터접지 계통 : 1.4~1.6배

③ 피뢰기 제한전압(절연 협조의 기본)

　　㉠ 피뢰기 동작 중 단자전압의 파고값

　　㉡ 뇌전류 방전 시 직렬 갭 양단에 나타나는 교류 최고 전압

　　㉢ 피뢰기가 처리하고 남는 전압

ⓔ (제한전압)=(이상전압 투과전압)-(피뢰기가 처리한 전압)

$$e_a = e_3 - V = \left(\frac{2Z_2}{Z_2 + Z_1} \right) e_i - \left(\frac{Z_2 \cdot Z_1}{Z_2 + Z_1} \right) i_a$$

④ 구비조건
    ㉠ 제한전압이 낮아야 한다.
    ㉡ 속류 차단 능력이 우수해야 한다.
    ㉢ 충격 방전개시전압이 낮아야 한다.
    ⓔ 상용 주파 방전개시전압이 높아야 한다.

⑤ 절연 협조 : 피뢰기의 제한전압< 변압기의 기준충격 절연강도(BIL)< 부싱, 차단기< 선로애자(피뢰기의 제1보호대상 : 변압기)

⑥ 절연체계
    ㉠ 내뢰 : 견디도록 설계
    ㉡ 외뢰 : 피뢰장치로 보호 및 절연

(3) 단로기(DS)

① 부하 차단 및 개폐 불가
② 선로 기기의 접속 변경
③ 기기를 선로로부터 완전 개방
④ 무부하 선로의 개폐
⑤ 차단기 앞에 직렬 시설(선로 개폐유무 확인 가능)

(4) 차단기(Breaker)

① 목적
    ㉠ 정상 시 부하전류 안전하게 통전
    ㉡ 사고 시 전로를 차단하여 기기나 계통 보호

② 동작 책무
    ㉠ 일반용
        • 갑호 : O-1분-CO-3분-CO
        • 을호 : CO-15초-CO
    ㉡ 고속도 재투입용 : O-t초-CO-1분-CO

③ 차단 시간
    ㉠ 트립코일 여자로부터 소호까지의 시간
    ㉡ 개극 시간과 아크 시간의 합(3~8Hz)

④ 차단 용량(3상)

$$P_S = \sqrt{3} \times (정격전압) \times (정격차단전류) \ (단락 용량, \ P_S = \frac{100}{\%Z} P_n [\mathrm{MVA}])$$

⑤ 차단기 트립 방식
　　㉠ 전압 트립 방식
　　㉡ 콘덴서 트립 방식
　　㉢ CT 트립 방식
　　㉣ 부족전압 트립 방식
⑥ 인터록(Interlock) : 차단기가 열려 있어야 단로기 조작 가능
⑦ 차단기 종류(소호매질에 따른 분류)

종류	특징	소호매질
공기차단기 (ABB)	• 소음이 큼 • 공기압축설비 필요($10 \sim 20kg/cm^2$)	압축 공기
가스차단기 (GCB)	• 밀폐 구조이므로 소음이 없음(공기차단기와 비교했을 때 장점) • 공기의 $2 \sim 3$배 정도의 절연내력을 가짐 • 소호능력 우수(공기의 $100 \sim 200$배) • 무색, 무취, 무독성, 난연성(불활성) • 154kV, 345kV	SF_6
유입차단기 (OCB)	• 방음 설비 불필요 • 부싱 변류기 사용 가능 • 화재 위험이 있음	절연유
자기차단기 (MBB)	• 보수 및 점검 용이 • 전류 절단에 의한 과전압이 발생하지 않음 • 고유 주파수에 차단 능력이 좌우되지 않음	전자력
진공차단기 (VCB)	• 소내 공급용 회로(6kV급) • 차단 시간이 짧고 폭발음이 없음 • 고유 주파수에 차단 능력이 좌우되지 않음	진공
기중차단기 (ACB)	• 소형, 저압용 차단기	대기

(5) 보호 계전기(Relay)

① 보호 계전기의 구비조건
　　㉠ 열적, 기계적으로 견고해야 한다.
　　㉡ 감도가 예민해야 한다.
　　㉢ 시간 지연이 적어야 한다.
　　㉣ 후비 보호 능력이 있어야 한다.

② 보호 계전기의 종류

선로 보호용	• 거리 계전기(임피던스 계전기, Ohm 계전기, Mho 계전기)
	  – 전압, 전류를 입력량으로 함수값 이하가 되면 동작
	  – 기억 작용(고장 후에도 고장 전 전압을 잠시 유지)
	• 지락 계전기
	  – 선택접지 계전기(병렬 2회선, 다회선)
	  – 지락 방향 계전기

발전기 · 변압기 보호용	• 과전류 계전기(OCR) • 부흐홀츠 계전기(변압기 보호) – 변압기와 콘서베이터 연결관 도중에 설치 • 차동 계전기(양쪽 전류차에 의해 동작) • 비율차동 계전기

③ 시한특성

  ㉠ 순한시 계전기 : 최소 동작전류 이상의 전류가 흐르면 즉시 동작, 고속도 계전기(0.5 ~ 2Cycle)

  ㉡ 정한시 계전기 : 동작전류의 크기에 관계없이 일정시간에 동작

  ㉢ 반한시 계전기 : 동작전류가 적을 때는 동작시간이 길고 동작전류가 클 때는 동작시간이 짧음

  ㉣ 반한시성 정한시 계전기 : 반한시 · 정한시 계전기의 특성을 모두 가지고 있음

(6) 계기용 변압기(P.T)

① 고전압을 저전압으로 변성

② 2차 전압 110V

③ 계측기(전압계, 주파수계, 파이롯 램프)나 계전기 전원

④ 종류

  ㉠ 전자형

    • 전자유도 원리

    • 오차가 적고 특성이 우수

    • 절연강도가 적음(66kV급 이하)

  ㉡ 콘덴서형

    • 콘덴서의 분압회로

    • 오차가 크고 절연강도가 큼(154kV급 이하)

⑤ 점검 시 : 2차측 개방(2차측 과전류에 대한 보호)

(7) 변류기(C.T)

① 대전류를 소전류로 변성

② 2차 전류 5A

③ 계측기(전류계)의 전원 공급, 전류 측정

④ 종류

  권선형, 관통형, 건식, 몰드형, 유입형, 영상

⑤ 점검 시 : 2차측 단락(2차측 절연보호)

| 08 | 유도장해

(1) 전자유도장해

영상전류(I_0), 상호인덕턴스에 의해

$$E_m = jwMl(I_0) = jwMlI_g[\text{V}]$$

(2) 정전유도장해

영상전압(E_0), 상호 정전 용량에 의해

① 전력선과 통신선 이격 거리가 동일한 경우

정전유도전압 $E_S = \dfrac{C_m}{C_m + C_s}E_0[\text{V}]$ (C_m : 상호 정전 용량, C_s : 통신선의 대지 정전 용량)

② 전력선과 통신선 이격 거리가 다른 경우

$$E_S = \frac{\sqrt{C_a(C_a - C_b) + C_b(C_b - C_c) + C_c(C_c - C_a)}}{C_a + C_b + C_c + C_s} \times E_0[\text{V}]$$

> ※ **완전 연가 시**($C_a = C_b = C_c = C$)
>
> $E_s = \dfrac{3C_0}{3C_0 + C}E_0$

(3) 유도장해 방지대책

전력선 측	통신선 측
① 연가를 한다.	① 교차 시 수직 교차하게 한다.
② 소호 리액터접지 방식을 사용한다. → 지락전류 소멸	② 연피케이블, 배류 코일을 설치한다.
③ 고속도 차단기를 설치한다.	③ 절연 변압기 시설을 강화한다.
④ 이격 거리를 크게 한다.	④ 피뢰기를 시설한다.
⑤ 차폐선을 설치한다(30 ~ 50% 경감, 전력선측에 가깝게 시설).	⑤ 소호 리액터접지 방식을 사용한다.
⑥ 지중 전선로를 설치한다.	
⑦ 상호인덕턴스를 작게 한다.	

| 09 | 배전공학

(1) 배전 방식

① 가지식(수지상식)

 ㉠ 전압 변동률이 큼 → 플리커 현상 발생

 ㉡ 전압 강하 및 전력 손실이 큼

 ㉢ 고장 범위가 넓고(정전 파급이 큼), 신뢰도가 낮음

 ㉣ 설비가 간단하며, 부하증설이 용이하므로 경제적임

 ㉤ 농어촌 지역 등 부하가 적은 지역에 적절함

② 루프식(환상식)

 ㉠ 가지식에 비해 전압 강하 및 전력손실이 적고, 플리커 현상 감소

 ㉡ 설비비가 높음

③ 저압 뱅킹 방식

 ㉠ 전압 강하와 전력손실이 적음

 ㉡ 변압기의 동량 감소, 저압선 동량 감소

 ㉢ 플리커 현상 감소

 ㉣ 부하의 증설 용이

 ㉤ 변압기의 용량 저감

 ㉥ 캐스케이딩현상 발생 : 저압선의 일부 고장으로 건전한 변압기의 일부 또는 전부가 차단되는 현상이 발생

  → 대책 : 뱅킹 퓨즈(구분 퓨즈) 사용

 ㉦ 부하가 밀집된 시가지 계통에서 사용

④ 저압 네트워크 방식

 ㉠ 무정전 공급 방식, 공급 신뢰도가 가장 좋음

 ㉡ 공급 신뢰도가 가장 좋고 변전소의 수를 줄일 수 있음

 ㉢ 전압 강하, 전력손실이 적음

 ㉣ 부하 증가 대응력이 우수

 ㉤ 설비비가 높음

 ㉥ 인축의 접지 사고 가능성이 있음

 ㉦ 고장 시 고장전류 역류가 발생

  → 대책 : 네트워크 프로텍터(저압용 차단기, 저압용 퓨즈, 전력 방향 계전기)

(2) 방식별 비교

종별	전력	손실	1선당 공급전력 비교	1선당 공급전력 비교	소요전 선량(중량비)
$1\phi2W$	$P=VI\cos\theta$	$2I^2R$	$1/2P$	1	1
$1\phi3W$	$P=2VI\cos\theta$		$2/3P$	1.33	$3/8=0.375$
$3\phi3W$	$P=\sqrt{3}\ VI\cos\theta$	$3I^2R$	$\sqrt{3}/3P$	1.15	$3/4=0.75$
$3\phi4W$	$P=3VI\cos\theta$		$3/4P$	1.5	$1/3=0.33$

> ※ 단상 3선식의 특징
> - 전선 소모량이 단상 2선식에 비해 37.5%(경제적) 적음
> - 110V / 220V 두 종의 전원을 사용
> - 전압의 불평형 → 저압 밸런서의 설치
>   - 여자 임피던스가 크고, 누설 임피던스가 작음
>   - 권수비가 1 : 1인 단권 변압기
> - 단상 2선식에 비해 효율이 높고 전압 강하가 적음
> - 조건 및 특성
>   - 변압기 2차측 1단자 제2종 접지 공사
>   - 개폐기는 동시 동작형
>   - 중성선에 퓨즈 설치 금지 → 저압 밸런서 설치(단선 시 전압 불평형 방지)

(3) 말단 집중 부하와 분산 분포 부하의 비교

구분	전압 강하	전력 손실
말단 집중 부하	$I \cdot R$	$I^2 \cdot R$
분산 분포 부하	$\dfrac{1}{2}I \cdot R$	$\dfrac{1}{3}I^2 \cdot R$

| 10 | 배전계산

(1) 부하율(F) : $\dfrac{(평균\ 전력)}{(최대\ 전력)}\times100$

※ $[손실계수(H)]=\dfrac{(평균\ 전력손실)}{(최대\ 전력손실)}\times100$

① 배전선의 손실계수(H)와 부하율(F)의 관계

$0\leq F^2 \leq H \leq F \leq 1$

② $H=\alpha F+(1-\alpha)F^2$ (α : 보통 $0.2\sim0.5$)

(2) 수용률 : $\dfrac{(최대 전력)}{(설비 용량)} \times 100$

(3) 부등률(전기 기구의 동시 사용 정도) : $\dfrac{(개별 최대수용 전력의 합)}{(합성 최대 전력)} \geq 1$(단독 수용가일 때, 부등률=1)

① (변압기 용량)$=\dfrac{[최대\ 전력(kW)]}{(역률)}[kVA]$

㉠ 단일 부하인 경우

$$T_r = \dfrac{(설비\ 용량) \times (수용률)}{(역률)}$$

㉡ 여러 부하인 경우

$$T_r = \dfrac{\sum[(설비\ 용량) \times (수용률)]}{(역률) \times (부등률)}$$

② 역률 개선용 콘덴서의 용량

$$Q_C = P(\tan\theta_1 - \tan\theta_2) = P\left(\dfrac{\sin\theta_1}{\cos\theta_1} - \dfrac{\sin\theta_2}{\cos\theta_2}\right)$$

(Q_C : 콘덴서 용량[kVA], P : 부하 전력[kW], $\cos\theta_1$: 개선 전 역률, $\cos\theta_2$: 개선 후 역률)

※ **역률 개선의 장점**

- 전력손실 경감$\left(P_l \propto \dfrac{1}{\cos^2\theta}\right)$
- 전기요금 절감
- 설비 용량 여유분
- 전압 강하 경감

---

(4) 전력 조류(Power Flow) 계산

모선	기지량	미지량
Swing모선 (Slack모선)	• 모선 전압 V • 위상각 θ	• 유효 전력 P • 무효 전력 Q
발전기모선	• 유효 전력 P • 모선 전압 V	• 무효 전력 Q • 위상각 θ
부하모선	• 유효 전력 P • 무효 전력 Q	• 모선 전압 V • 위상각 θ

| 11 | 수력발전

(1) 수력발전

물의 위치에너지를 이용하여 수차(기계 에너지)를 회전시켜 전기를 얻어내는 방식

① 취수 방식 : 수로식, 댐식, 댐수로식, 유역 변경식

② 유량을 얻는 방식 : 유입식, 조정지식, 저수지식, 양수식, 조력식

(2) 정수력학

① 물의 압력 : 1기압, 온도 4℃, 비중 1.0 기준

$$1m^3 = 1ton/m^3 = 1,000kg/m^3 = 1g/cm^3 = w(물의 단위체적당 중량)$$

② 수두 : 물이 가지는 에너지를 높이로 환산

  ㉠ 위치에너지 → 위치수두 : $H[m]$

  ㉡ 압력에너지($P[kg/m^2]$) → 압력수두

$$H_P = \frac{P[kg/m^2]}{w[kg/m^3]} = \frac{P}{1,000}[m]$$

  ㉢ 운동(속도)에너지($v[m/sec]$) → 속도수두

$$H_v = \frac{v^2}{2g}[m], \ g[m/sec^2] = 9.8 : 중력가속도$$

  ㉣ 물의 분사속도 $v = \sqrt{2gH}\,[m/sec]$

  ㉤ 총수두 : $H + H_p + H_v = H + \dfrac{P}{1,000} + \dfrac{v^2}{2g}$

(3) 동수력학

① 연속의 정리

유량 $Q = AV[m^3/sec]$, $Q = AV[m^3/sec]$, $Q = A_1 V_1 = A_2 V_2$(연속의 정리)

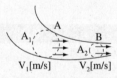

② 베르누이의 정리(에너지 불변의 법칙)

$$H_2, \ P_2, \ V_2 \ \rightarrow \ H_2 + \frac{P}{W_2} + \frac{V_2^{\,2}}{2g}$$

$$H_1, \ P_1, \ V_1 \ \rightarrow \ H_1 + \frac{P_1}{W} + \frac{V_1^{\,2}}{2g}$$

기준

$$H_1 + \frac{P_1}{1,000} + \frac{v_1^2}{2g} = H_2 + \frac{P_2}{1,000} + \frac{v_2^2}{2g} = k = H[m](총수두) \ (단, \ k는 상수)$$

③ 토리첼리의 정리(수조 → 분출속도)

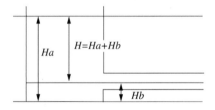

(조건) $P_a = P_b = P$(대기압), $V_a = 0$(정지된 물)

$$\frac{v_b^2}{2g} = H_a - H_b = H \ \rightarrow \ v_b^2 = 2gH$$

∴ 분출속도 $v = c\sqrt{2gH}$ [c : 유속계수(0.95 ~ 0.99)]

(4) 수력발전소의 출력
① 이론상 출력 $P = 9.8QH$[kW]
② 실제상 출력 $P = 9.8QH\eta_t\eta_G = 9.8QH\eta$[kW]

(5) 댐의 종류 및 그 부속설비
① 댐의 종류
  ㉠ 콘크리트댐(중력댐 : 댐 자체의 무게로 물의 압력을 견디는 방식) : 댐에 미치는 모든 힘의 합력이 댐 저부의
    중앙 $\frac{1}{3}$ 지점에 작용하도록 설계
  ㉡ 아치댐 : 기초와 양안이 튼튼하고 댐 하부 양쪽이 견고한 암반 등으로 구성된 곳에 적합
  ㉢ 중공댐 : 댐 내부를 조금씩 비워둔 댐으로 가장 경제적임
  ㉣ 록필댐 : 암석으로 축조(중심코어), 소양강댐, 홍수 시 붕괴 우려가 있으나, 콘크리트댐에 비해 경제적임
② 댐의 부속설비
  ㉠ 여수로 : 여분의 물을 배출시키기 위한 수문
  ㉡ 배사문 : 상류에서 흘러 내려온 토사 등을 제거하기 위한 수문
  ㉢ 어도 : 물고기 통로
  ㉣ 유목로 : 목재 등을 유하시키는 설비

(6) 수문
댐의 수위와 유량 조절, 토사 등을 제거하기 위해 댐의 상부에 설치하는 설비
① 슬루스 게이트(슬라이딩 게이트) : 상하로 조절, 소형 수문에 사용하며, 마찰이 큼
② 롤러 게이트 : 롤러를 부착해 마찰이 감소하며, 대형 수문에 적합
③ 스토니 게이트 : 사다리형의 롤러로 마찰이 현저히 감소하며, 대형 수문에 적합
④ 롤링 게이트 : 원통형의 강판 수문으로 돌, 자갈 등이 많은 험준한 지역에 적합
⑤ 테인터 게이트 : 반달형의 수문으로 체인으로 감아올려 개폐
⑥ 스톱로그 : 수문의 점검, 수리 시 일시적으로 물을 막기 위해 사용

(7) 취수구 및 수로

① **취수구(제수문)** : 하천의 물을 수로에 유입시키기 위한 설비(유량 조절)
② **수로** : 취수구에서 나온 물을 수조에 도입하기 위한 설비(도수로)

ⓐ 침사지 : 토사 등을 침전시켜 배제하기 위한 설비
ⓑ 스크린 : 각종 부유물 등을 제거하기 위한 설비

(8) 수조(Tank) : 도수로와 수압관을 연결

① **수조의 역할**

ⓐ 발전소 부하변동에 따른 유량조절, 부유물의 최종적인 제거
ⓑ 최대 수량 1~2분 정도의 저장능력

② **수조의 종류**

ⓐ 수조(상수조, 무압수조) : 무압수로(구배 $\dfrac{1}{1,000} \sim \dfrac{1}{1,500}$)와 연결

ⓑ 조압수조 : 유압수로(구배 $\dfrac{1}{300} \sim \dfrac{1}{400}$)와 연결

→ 부하 변동 시 발생하는 수격작용을 완화, 흡수하여 수압철관을 보호
• 단동조압수조 : 수조의 높이만을 증가시킨 수조
• 차동조압수조 : 라이저(Riser)라는 상승관을 가진 수조, 부하 변동에 신속한 대응, 고가
• 수실조압수조 : 수조의 상・하부 측면에 수실을 가진 수조, 저수지의 이용수심이 클 경우 사용
• 단동포트수조 : 포트(제수공)를 통해 물의 마찰을 증가시키는 수조

(9) 수압관로

① 수조에서 수차까지의 도수 설비, 관내 유속 3~5m/sec
② 수압관 두께 $t = \dfrac{PD}{2\sigma\eta} + \alpha$ (P : 수압, D : 수압관 직경, σ : 허용응력, η : 접합효율, α : 여유 두께)

(10) 수차

물의 속도 에너지를 기계 에너지로 변환한다.
① **펠턴 수차(충동 수차)** : 노즐의 분사물이 버킷에 충돌하여 이 충동력으로 러너가 회전하는 수차

ⓐ 300m 이상의 고낙차
ⓑ 니들밸브(존슨밸브) : 유량을 자동 조절하여 회전속도 조절(고낙차 대수량 이용)
ⓒ 전향장치(디플렉터) : 수격작용(수압관내의 압력이 급상승하는 현상) 방지

② **반동 수차** : 압력과 속도에너지를 가지고 있는 유수를 러너에 작용시켜 반동력으로 회전하는 수차(물의 운동에너지와 반발력 이용)

ⓐ 프란시스 수차(10~300m, 중낙차)
ⓑ 프로펠러 수차 : 러너날개 고정, 효율 최저, 80m 이하의 저낙차(특유속도 최대)
ⓒ 카프란 수차 : 이상적인 수차(효율 최대), 무구속 속도가 최대
ⓓ 튜블러(원통형) 수차 : 10m 정도 저낙차, 조력발전용

⑩ 부속설비
- 차실 : 수류를 안내날개에 유도
- 안내날개 : 수차의 속도 조절
- 러너 : 동력 발생 부분
- 흡출관 : 날개를 통과한 유량을 배출하는 관, 낙차를 높이는 목적. 흡출수두

(11) 수차특성 및 조속기

① 수차의 특유속도(N_s) : 실제수차와 기하학적으로 비례하는 수차를 낙하 1m의 높이에서 운전시켜 출력 1kW를 발생시키기 위한 1분간의 회전수

$$N_s = N\frac{P^{\frac{1}{2}}}{H^{\frac{5}{4}}}[\text{rpm}]$$

② 수차의 낙차 변화에 의한 특성 변화

㉠ 회전수 : $\dfrac{N_2}{N_1} = \left(\dfrac{H_2}{H_1}\right)^{\frac{1}{2}}$

㉡ 유량 : $\dfrac{Q_2}{Q_1} = \left(\dfrac{H_2}{H_1}\right)^{\frac{1}{2}}$

㉢ 출력 : $\dfrac{P_2}{P_1} = \left(\dfrac{H_2}{H_1}\right)^{\frac{3}{2}}$

③ 캐비테이션(공동현상) : 유체가 빠른 속도로 진행 시에 러너 날개에 진공이 발생하는 현상

㉠ 영향 : 수차의 금속부분이 부식, 진동과 소음 발생, 출력과 효율의 저하

㉡ 방지대책
- 수차의 특유속도를 너무 높게 취하지 말 것, 흡출관을 사용하지 않는다.
- 침식에 강한 재료를 사용한다.
- 과도하게 운전하지 않는다(과부하 운전 방지).

④ 조속기 : 부하 변동에 따라서 유량을 자동으로 가감하여 속도를 일정하게 해주는 장치

㉠ 평속기(스피더) : 수차의 속도 편차 검출

㉡ 배압밸브 : 유압조정

㉢ 서보모터 : 니들밸브나 안내날개 개폐

㉣ 복원기구 : 니들밸브나 안내날개의 진동 방지

㉤ 조속기 동작 순서 : 평속기 → 배압밸브 → 서보 모터 → 복원기구

| 12 | 화력발전

(1) 열역학

① 열량 계산

열량 $Q = 0.24Pt = cm\theta$ [cal][BTU]

(출력 $P = I^2 R$[W], 시간 t[sec], 질량 m[g], 온도변화 θ)

② 물과 증기 가열

㉠ 액체열(현열) : 물체의 온도를 상승시키기 위한 열

㉡ 증발열(잠열) : 증발(기화)시키는 데 필요한 열, 539kcal

㉢ 습증기 : 수분이 있는 증기

㉣ 건조포화증기 : 수분이 없는 완전한 증기

㉤ 과열증기 : 건조포화증기를 계속 가열하여 온도와 체적만 증가시킨 증기

③ 엔탈피와 엔트로피

㉠ 엔탈피 : 증기 1kg이 보유한 열량[kcal/kg] (액체열과 증발열의 합)

㉡ 엔트로피$\left(S = \dfrac{dQ}{T}\right)$: 절대 온도에 대한 열량 변화

(2) 화력발전의 열사이클

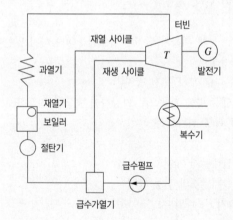

① 랭킨 사이클 : 가장 기본적인 사이클

② 재생 사이클 : 터빈의 중도에서 증기를 뽑아내어(추기) 급수를 예열하는 사이클(복수기의 소형화, 저압터빈의 소형화)

③ 재열 사이클 : 터빈에서 팽창된 증기가 포화상태에 가까워졌을 때 이 증기를 보일러로 되돌려보내 가열하는 방식 (터빈 날개의 부식 방지, 열효율 향상)

④ 재생·재열 사이클 : 가장 열효율이 좋은 사이클, 대용량발전소에 채용

⑤ 카르노 사이클 : 가장 이상적인 사이클

(3) 보일러의 부속설비

① 과열기 : 포화증기를 과열증기로 만들어 증기터빈에 공급하기 위한 설비
② 재열기 : 고압 터빈 내에서 팽창된 증기를 다시 재가열하는 설비
③ 절탄기 : 배기가스의 여열을 이용하여 보일러 급수를 예열하는 여열회수장치(연료 절약)
④ 공기예열기 : 연도가스의 나머지 여열을 이용하여 연소용 공기를 예열하는 장치, 연료 소모량 감소, 연도의 맨끝에 시설

(4) 터빈(배기 사용 방법에 의한 분류)

① 복수터빈 : 일반적, 열을 복수기에서 회수(열손실이 큼)
② 추기터빈 : 터빈의 배기 일부는 복수, 나머지는 추기하여 다른 목적으로 이용되는 것으로 추기 복수형, 추기 배압형이 있음
③ 배압터빈 : 터빈의 배기 전부를 다른 곳으로 보내 사용하는 것(복수기가 필요 없음)

(5) 복수기

터빈에서 나오는 배기를 물로 전환시키는 설비, 열손실이 가장 크다.
① 혼합 복수기(분사 복수기) : 냉각 수관을 설치하여 터빈의 배기증기와 직접 접촉시켜 냉각
② 표면 복수기 : 금속벽의 열전도를 이용

(6) 급수장치

① 급수펌프 : 보일러에 급수를 보내주는 펌프
② 보일러 급수의 불순물에 의한 장해
    ㉠ Ca, Mg 함유 : 스케일(Scale)현상, 캐리오버현상 발생
      • 스케일(Scale)현상 : Ca, Mg 등이 관벽에 녹아 부착되어 층을 이루는 현상으로 열효율 저하, 보일러 용량 감소, 절연면의 열전도 저하, 수관 내의 급수 순환 방해, 과열에 의해 관벽 파손
      • 캐리오버현상 : 보일러 급수 중의 불순물이 증기 속에 혼입되어 터빈날개 등에 부착되는 현상
    ㉡ 슬러지 : 석축물이 생기지 않고 내부에 퇴적된 것
    ㉢ 가성 취하(알칼리 취하) : 산성인 용수에 너무 많은 알칼리를 투입하여 생기는 현상, 보일러 수관벽 부식, 균열 발생
③ 급수 처리 : 원수 → 응집침전조 → 여과기 → 연와조 → 증발기 → 순수

(7) 화력발전소의 효율

$$\eta_G = \frac{860\,W}{mH} \times 100 \;\; (H : 발열량[\text{kcal/kg}], \;\; m : 연료량[\text{kg}], \;\; W : 전력량[\text{kWh}])$$

| 13 | 원자력 발전

(1) 원자력 발전

원자의 핵분열을 이용하여 에너지를 얻어내는 방식

① 핵분열 연쇄반응

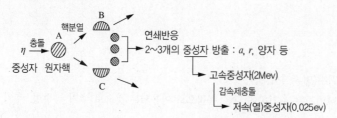

② 핵분열 중성자 에너지

질량 결손 에너지 $W = mc^2 [J]$ (m : 질량[kg], $c = 3 \times 10^8$ m/s)

※ 질량 결손 발생 : (분열 전 질량 A) > (질량 B) + (질량 C) + [질량 결손(에너지 손실)]

③ 원자력 발전용 핵 연료 : $_{92}U^{235}$, $_{92}U^{238}$, $_{94}Pu^{239}$, $_{94}Pu^{241}$

(2) 원자로의 구성

① 감속재 : 중성자의 속도를 감속시키는 역할, 고속 중성자를 열중성자까지 감속시키는 역할. 감속재로써는 중성자 흡수가 적고 감속효과가 큰 것이 좋으며, H_2O(경수), D_2O(중수), C(흑연), BeO(산화베릴륨) 등이 사용된다.

② 제어재 : 중성자의 밀도를 조절하여 원자로의 출력 조정. 중성자를 잘 흡수하는 물질인 B(붕소), Cd(카드뮴), Hf(하프늄) 등이 사용된다.

③ 냉각재 : 원자로 내의 열을 외부로 운반하는 역할. H_2O(경수), D_2O(중수), CO_2(탄산가스), He(헬륨), 액체 Na 등이 사용된다.

④ 반사재 : 원자로 밖으로 나오려는 중성자를 노안으로 되돌리는 역할. 즉, 중성자의 손실을 감소시키는 역할, H_2O(경수), D_2O(중수), C(흑연), BeO(산화베릴륨) 등이 사용된다.

⑤ 차폐재 : 방사능(중성자, γ선)이 외부로 나가는 것을 차폐하는 역할. Pb(납), 콘크리트 등이 사용된다.

(3) 원자력 발전소의 종류

① 비등수형(BWR) : 원자로 내에서 바로 증기를 발생시켜 직접터빈에 공급하는 방식

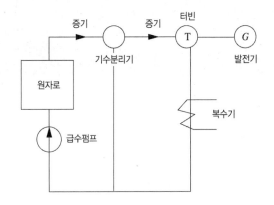

- ㉠ 핵연료 : 저농축 우라늄
- ㉡ 감속재·냉각재 : H_2O(경수)
- ㉢ 특징
  - 기수분리기 사용(물과 증기 분리)
  - 방사능을 포함한 증기 우려
  - 미국 GE사에서 개발, 우리나라에서는 사용하지 않는다.
- ② **가압수형(PWR)** : 원자로 내에서의 압력을 매우 높여 물의 비등을 억제함으로써 2차측에 설치한 증기 발생기를 통하여 증기를 발생시켜 터빈에 공급하는 방식

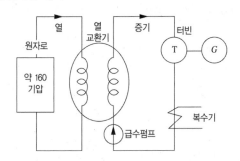

- ㉠ 가압 경수형 원자로
  - 경수 감속, 경수 냉각
  - 울진, 영광, 고리
  - 핵연료 : 저농축 우라늄
  - 감속재·냉각재 : H_2O(경수)
- ㉡ 가압 중수형 원자로
  - 중수 감속, 중수 냉각
  - 월성
  - 핵연료 : 천연 우라늄
  - 감속재·냉각재 : D_2O(중수)
  - 캐나다 개발(CANDUR)
  - 특징
    - 열교환기 필요
    - 원자로·열교환기 : 보일러 역할

CHAPTER 03 전기기기

| 01 | 직류기

(1) 직류 발전기의 구조

① **전기자**(전기자 철심 및 전기자 권선) : 자속 ϕ를 끊어 기전력 발생

　㉠ 권선(코일) : 유기전력 발생

　㉡ 철심 : $0.35 \sim 0.5$mm

　　• 규소강판 : 히스테리시스손 감소

　　• 성층철심 : 와류손 감소

② **계자**(Field) : 자속 ϕ를 발생

　㉠ 자속을 공급

　㉡ 계자철심, 계철, 계자권선

③ **정류자**(Commutator) : 교류를 직류로 변환

　㉠ 정류자 편수 : $K = \dfrac{u}{2}S$

　㉡ 정류자 편간 위상차 : $\theta = \dfrac{2\pi}{K}$

　㉢ 정류자편 평균전압 : $e_a = \dfrac{PE}{K}$

　㉣ 정류주기 : $T_c = \dfrac{b-\delta}{v_c}$[sec] $\left(v_c = \pi Dn = \dfrac{\pi DN}{60} \right)$

　　[b : 브러시 두께, δ : 절연물의 두께, v_c : 전기자 주변속도, P : 극수, E : 유기기전력, u : 슬롯 내부 코일변수,

　　S : 슬롯(홈) 수]

④ **브러시**(Brush) : 외부회로와 내부회로를 연결

　㉠ 구비조건

　　• 기계적 강도가 커야 한다.

　　• 내열성이 커야 한다.

　　• 전기저항이 작아야 한다.

　　• 적당한 접촉저항을 가져야 한다.

　㉡ 종류

　　• 탄소 브러시 : 접촉저항이 크기 때문에 직류기에 사용

　　• 흑연질 브러시

　　　- 전기 흑연질 브러시 : 대부분의 전기 기계에 사용

　　　- 금속 흑연질 브러시 : 전기 분해 등의 저전압 대전류용 기기에 사용

　　• 설치압력 : $0.15 \sim 0.25$kg/cm^2 (단, 전차용 전동기 $0.35 \sim 0.45$kg/cm^2)

(2) 직류기 전기자 권선법 : 고상권, 폐로권, 이층권

> ※ 중권과 파권 비교
>
> | 비교항목 | 단중 중권 | 단중 파권 |
> |---|---|---|
> | 전기자의 병렬회로수 | P(mP) | 2(2m) |
> | 브러시 수 | P | 2 |
> | 용도 | 저전압, 대전류 | 고전압, 소전류 |
> | 균압접속 | 4극 이상, 균압환 필요 | 불필요 |

(3) 유기기전력

$$E = \frac{P}{a}\phi Z \frac{N}{60} = K\phi N \ (K = \frac{PZ}{60a})$$

(a : 병렬회로수, P : 극수, ϕ : 자속[Wb], N : 회전속도[rpm], Z : 총도체수[(전슬롯수)×(한슬롯 내 도체수)])

(4) 전기자 반작용

전기자도체의 전류에 의해 발생된 자속이 계자 자속에 영향을 주는 현상

① 현상

  ㉠ 편자작용

    • 감자작용 : 전기자 기자력이 계자 기자력에 반대 방향으로 작용하여 자속이 감소하는 현상

      − δ(전기각)=(기하각)×$\frac{P}{2}$

      − (매극당 감자 기자력)=$\frac{I_a}{a} \times \frac{z}{2p} \times \frac{2\alpha}{180}$

    • 교차자화작용 : 전기자 기자력이 계자 기자력에 수직 방향으로 작용하여 자속분포가 일그러지는 현상

      − (매극당 교차 기자력)=$\frac{I_a}{a} \times \frac{z}{2p} \times \frac{\beta}{180}$ (단, $\beta = 180 - 2\alpha$)

  ㉡ 중성축 이동 – 보극이 없는 직류기는 브러시를 이동

    • 발전기 : 회전 방향

    • 전동기 : 회전 반대 방향

  ㉢ 국부적으로 섬락 발생, 공극의 자속분포 불균형으로 섬락(불꽃) 발생

② 방지책

  ㉠ 보극, 보상권선 설치한다(전기자 전류와 반대 방향).

  ㉡ 계자 기자력을 크게한다.

  ㉢ 자기 저항을 크게한다.

③ 영향 : 자속 감소

  ㉠ 발전기 : $E\downarrow$, $V\downarrow$, $P\downarrow$

  ㉡ 전동기 : $N\uparrow$, $T\downarrow$

(5) 정류

- 전기자 코일이 브러시에 단락된 후 브러시를 지날 때 전류의 방향이 바뀌는 것

- 리액턴스전압 : $e_L = L \cdot \dfrac{di}{dt} = L \cdot \dfrac{2I_c}{T_c}$ [V]

① 종류

  ㉠ 직선정류(이상적인 정류) : 불꽃 없는 정류

  ㉡ 정현파정류 : 불꽃 없는 정류

  ㉢ 부족정류 : 브러시 뒤편에 불꽃(정류말기)

  ㉣ 과정류 : 브러시 앞면에 불꽃(정류초기)

> ※ 불꽃 없는 정류
> - 저항정류 : 탄소 브러시 사용하여 단락전류 제한
> - 전압정류 : 보극을 설치하여 평균 리액턴스전압 상쇄

② 방지책

  ㉠ 보극과 탄소 브러시를 설치한다.

  ㉡ 평균 리액턴스전압을 줄인다.

  ㉢ 정류주기를 길게 한다.

  ㉣ 회전속도를 적게 한다.

  ㉤ 인덕턴스를 작게 한다(단절권 채용).

(6) 발전기의 종류

① 타여자 발전기

  ㉠ 잔류 자기가 없어도 발전 가능

  ㉡ 운전 중 회전 방향 반대 : (+), (−) 극성이 반대로 되어 발전 가능

  ㉢ $E = V + I_a R_a + e_a + e_b,\ I_a = I$

② 분권 발전기

  ㉠ 잔류 자기가 없으면 발전 불가능

  ㉡ 운전 중 회전 방향 반대 → 발전 불가능

  ㉢ 운전 중 서서히 단락하면 → 소전류 발생

  ㉣ $E = V + I_a R_a + e_a + e_b,\ I_a = I + I_f$

③ 직권 발전기

  ㉠ 운전 중 회전 방향 반대 → 발전 불가능

  ㉡ 무부하 시 자기 여자로 전압을 확립할 수 없음

  ㉢ $E = V + I_a(R_a + R_s) + e_a + e_b,\ I_a = I_f = I$

④ 복권(외복권) 발전기

  ㉠ 분권 발전기 사용 : 직권 계자 권선 단락(Short)

  ㉡ 직권 발전기 사용 : 분권 계자 권선 개방(Open)

  ㉢ $E = V + I_a(R_a + R_s) + e_a + e_b,\ I_a = I + I_f$

(7) 직류 발전기의 특성

① 무부하 포화곡선 : $E-I_f$(유기기전력과 계자전류) 관계 곡선

② 부하 포화곡선 : $V-I_f$(단자전압과 계자전류)관계 곡선

③ 자여자 발전기의 전압 확립 조건

    ㉠ 무부하곡선이 자기 포화곡선에 있어야 한다.

    ㉡ 잔류 자기가 있어야 한다.

    ㉢ 임계저항이 계자저항보다 커야 한다.

    ㉣ 회전 방향이 잔류 자기를 강화하는 방향이어야 한다.

       ※ 회전 방향이 반대이면 잔류 자기가 소멸하여 발전하지 않는다.

(8) 전압 변동률

$$\varepsilon = \frac{V_0 - V}{V} \times 100 = \frac{E - V}{V} \times 100 = \frac{I_a R_a}{V} \times 100$$

+	$V_0 > V$	타여자, 분권
−	$V_0 < V$	직권, 과복권
0	$V_0 = V$	평복권

(9) 직류 발전기의 병렬 운전

① 조건

    ㉠ 극성과 단자전압이 일치(용량 임의)해야 한다.

    ㉡ 외부특성이 수하 특성이어야 한다.

    ㉢ 용량이 다를 경우 부하전류로 나타낸 외부특성 곡선이 거의 일치해야 한다.

      → 용량에 비례하여 부하분담이 이루어진다.

    ㉣ 용량이 같은 경우, 외부특성 곡선이 일치해야 한다.

    ㉤ 병렬 운전 시 직권, 과복권 균압 모선이 필요하다.

② 병렬 운전식

    $V = E_1 - I_1 R_1 = E_2 - I_2 R_2$

    $I = I_1 + I_2$

③ 부하분담

    ㉠ 유기기전력이 큰 쪽이 부하분담이 큼

    ㉡ 유기기전력이 같으면 전기자 저항에 반비례함

    ㉢ 용량이 다르고, 나머지가 같으면 용량에 비례함

(10) 직류 전동기

① 발전기 원리 : 플레밍의 오른손법칙

전동기 원리 : 플레밍의 왼손법칙

② 역기전력 : $E = \dfrac{P}{a} Z\phi \dfrac{N}{60} = K\phi N = V - I_a R_a$

③ 회전속도 : $n = \dfrac{E}{K\phi} = K \cdot \dfrac{V - I_a R_a}{\phi}$ [rps]

④ 토크 : $T = \dfrac{P}{w} = \dfrac{PZ\phi I_a}{2\pi a} = K\phi I_a$ [N·m]

$T = \dfrac{1}{9.8} \times \dfrac{P_m}{\omega} = 0.975 \dfrac{P_m}{N}$ [kg·m]

$T = 0.975 \dfrac{P_m}{N} = 0.975 \dfrac{E \cdot I_a}{N}$ [kg·m] $= 9.55 \dfrac{P_m}{N}$ [N·m]

⑤ 직류 전동기의 종류

종류	전동기의 특징
타여자	• (+), (−) 극성을 반대로 접속하면 → 회전 방향이 반대 • 정속도 전동기
분권	• 정속도 특성의 전동기 • 위험 상태 → 정격전압, 무여자 상태 • (+), (−) 극성을 반대로 접속하면 → 회전 방향이 불변 • $T \propto I \propto \dfrac{1}{N}$
직권	• 변속도 전동기(전동차에 적합) • 부하에 따라 속도가 심하게 변함 • (+), (−) 극성을 반대로 접속하면 → 회전 방향이 불변 • 위험 상태 → 정격전압, 무부하 상태 • $T \propto I^2 \propto \dfrac{1}{N^2}$

(11) 직류 전동기 속도 제어

$n = K' \dfrac{V - I_a R_a}{\phi}$ (단, K' : 기계정수)

종류	특징
전압 제어	• 광범위 속도 제어 가능 • 워드 레오나드 방식[광범위한 속도 조정(1 : 20), 효율양호] • 일그너 방식(부하가 급변하는 곳, 플라이휠효과 이용, 제철용 압연기) • 정토크 제어
계자 제어	• 세밀하고 안정된 속도 제어 • 효율은 양호하나 정류 불량 • 정출력 가변속도 제어
저항 제어	• 좁은 속도 조절 범위 • 효율 저하

(12) 직류 전동기 제동

① 발전 제동 : 전동기 전기자회로를 전원에서 차단하는 동시에 계속 회전하고 있는 전동기를 발전기로 동작시켜 이때 발생되는 전기자의 역기전력을 전기자에 병렬 접속된 외부 저항에서 열로 소비하여 제동하는 방식

② 회생 제동 : 전동기의 전원을 접속한 상태에서 전동기에 유기되는 역기전력을 전원전압보다 크게하여 이때 발생하는 전력을 전원 속에 반환하여 제동하는 방식

③ 역전 제동(플러깅) : 전동기를 전원에 접속한 채로 전기자의 접속을 반대로 바꾸어 회전 방향과 반대의 토크를 발생시켜, 급정지시키는 방법

(13) 직류기의 손실과 효율

① 고정손(무부하손) : 철손(히스테리시스손, 와류손), 기계손(베어링손, 마찰손, 풍손)

② 부하손(가변손) : 동손(전기자동손, 계자동손), 표유부하손

③ 총손실 : (철손)+(기계손)+(동손)+(표유부하손)

④ 최대 효율조건 : (부하손)=(고정손)

⑤ 실측효율

$$\eta = \frac{(출력)}{(입력)} \times 100$$

⑥ 규약효율

㉠ 발전기 : $\eta = \dfrac{(출력)}{(입력)} = \dfrac{(출력)}{(출력)+(손실)} \times 100$

㉡ 전동기 : $\eta = \dfrac{(출력)}{(입력)} = \dfrac{(입력)-(손실)}{(입력)} \times 100$

(14) 절연물의 최고 허용온도

절연 재료	Y	A	E	B	F	H	C
최고허용온도(단위 : ℃)	90	105	120	130	155	180	180 초과

(15) 직류 전동기의 토크 측정, 시험

① 전동기의 토크 측정 : 보조발전기법, 프로니 브레이크법, 전기 동력계법

② 온도 시험

㉠ 실부하법

㉡ 반환부하법 : 홉킨스법, 블론델법, 카프법

안심Touch

| 02 | 동기기

(1) 동기 발전기의 구조 및 원리

① 동기속도 : $N_s = \dfrac{120f}{P}[\text{rpm}]$ (단, P : 극수)

② 코일의 유기기전력 : $E = 4.44f\phi\omega k_\omega[\text{V}]$

③ 동기 발전기 : 회전 계자형
    ㉠ 계자는 기계적으로 튼튼하고 구조가 간단하여 회전에 유리함
    ㉡ 계자는 소요 전력이 적음
    ㉢ 절연이 용이함
    ㉣ 전기자는 Y결선으로 복잡하며, 고압을 유기함

④ 동기 발전기 : Y결선
    ㉠ 중성점을 접지할 수 있어 이상전압의 대책 용이

    ㉡ 코일의 유기전압이 $\dfrac{1}{\sqrt{3}}$ 배 감소하므로 절연 용이

    ㉢ 제3고파에 의한 순환 전류가 흐르지 않음

⑤ 수소 냉각 방식의 특징(대용량 기기)

    ㉠ 비중이 공기의 7%로 풍손이 공기의 $\dfrac{1}{10}$로 경감

    ㉡ 열전도도가 좋고 비열(공기의 약 14배)이 커서 냉각 효과가 큼
    ㉢ 절연물의 산화가 없으므로 절연물의 수명이 길어짐
    ㉣ 소음이 적고 코로나 발생이 적음
    ㉤ 발전기 출력이 약 25% 정도 증가
    ㉥ 단점 : 수소는 공기와 혼합하면 폭발 우려(안전장치 필요)가 있으며, 설비비용 높음

(2) 전기자 권선법

① 분포권 : 매극 매상의 도체를 각각의 슬롯에 분포시켜 감아주는 권선법
    ㉠ 고조파 제거에 의한 파형을 개선
    ㉡ 누설 리액턴스를 감소
    ㉢ 집중권에 비해 유기기전력이 K_d배로 감소

    ㉣ 매극 매상의 슬롯수 : $q = \dfrac{(총슬롯수)}{(상수) \times (극수)}$

    ㉤ 분포권 계수 : $K_d = \dfrac{\sin\dfrac{\pi}{2m}}{q\sin\dfrac{\pi}{2mq}}$

② 단절권 : 코일 간격을 극간격보다 작게 하는 권선법
    ㉠ 고조파 제거에 의한 파형을 개선
    ㉡ 코일의 길이, 동량이 절약
    ㉢ 전절권에 비해 유기기전력이 K_v배로 감소

② 단절비율 : $\beta = \dfrac{(코일간격)}{(극간격)} = \dfrac{(코일피치)}{(극피치)} = \dfrac{[코일간격(슬롯)]}{(전슬롯수) \div (극수)}$

⑩ 단절권계수 : $K_v = \sin\dfrac{\beta\pi}{2}$

(3) 동기기의 전기자 반작용

① 횡축 반작용(교차자화작용) : R부하, 전기자 전류가 유기기전력과 동위상, 크기 : $I\cos\theta$, 일종의 감자작용

② 직축 반작용(발전기 : 전동기는 반대)

　㉠ 감자작용 : L부하, 지상전류, 전기자전류가 유기기전력보다 위상이 $\dfrac{\pi}{2}$ 뒤질 때

　㉡ 증자작용 : C부하, 진상전류, 전기자전류가 유기기전력보다 위상이 $\dfrac{\pi}{2}$ 앞설 때

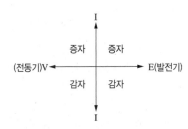

(4) 동기 발전기의 출력

① 비돌극형

$$P_s = \dfrac{EV}{x_s}\sin\delta \ (\delta = 90°에서 \ 최대 \ 출력)$$

② 돌극형

$$P_s = \dfrac{EV}{x_s}\sin\delta + \dfrac{V^2(x_d - x_q)}{2x_d x_q}\sin\delta \ (\delta = 60°에서 \ 최대 \ 출력, \ 직축반작용 \ x_d > 횡축반작용 \ x_q)$$

(5) 동기기의 동기 임피던스

철심이 포화상태이고 정격 전압일 때 임피던스

$Z_s = r_a + jx_s = x_s = x_a + x_l$

[x_s : 동기 리액턴스, x_a : 전기자 반작용 리액턴스(지속단락전류 제한), x_l : 전기자 누설 리액턴스{순간(돌발)단락전류 제한}]

(6) 동기 발전기의 특성

① 동기 임피던스

$$Z_s = \frac{E}{I_s} = \frac{V/\sqrt{3}}{I_s} [\Omega]$$

② % 동기 임피던스

㉠ $Z_s' = \dfrac{I_n Z_s}{E} \times 100 = \dfrac{P_n Z_s}{V^2} \times 100 = \dfrac{I_n}{I_s} \times 100$

㉡ % 동기 임피던스[PU]

$$Z_s' = \frac{1}{K_s} = \frac{P_n Z_s}{V^2} = \frac{I_n}{I_s} [\text{PU}]$$

③ 단락비 : 무부하 포화곡선, 3상 단락곡선

㉠ $K_s = \dfrac{(\text{정격전압을 유기하는 데 필요한 여자전류})}{(\text{정격전류와 같은 단락전류를 유기하는 데 필요한 여자전류})} = \dfrac{I_s}{I_n} = \dfrac{1}{Z_s'} [\text{PU}]$

㉡ 단락비가 큰 경우

- 동기 임피던스, 전압 변동률, 전기자 반작용, 효율이 적음
- 출력, 선로의 충전 용량, 계자 기자력, 공극, 단락전류가 큼
- 안정도 좋음, 중량이 무겁고 가격이 비쌈

㉢ 단락비 작은 기계 : 동기계, 터빈 발전기($K_s = 0.6 \sim 1.0$)

㉣ 단락비 큰 기계 : 철기계, 수차 발전기($K_s = 0.9 \sim 1.2$)

(7) 동기 발전기 자기 여자작용

발전기 단자에 장거리 선로가 연결되어 있을 때 무부하 시 선로의 충전전류에 의해 단자전압이 상승하여 절연이 파괴되는 현상

> ※ **동기 발전기 자기 여자 방지책**
> - 수전단에 리액턴스가 큰 변압기를 사용한다.
> - 발전기를 2대 이상 병렬 운전을 한다.
> - 동기조상기에 부족여자 방식을 사용한다.
> - 단락비가 큰 기계를 사용한다.

(8) 전압 변동률

$$\epsilon = \frac{E-V}{V} \times 100$$

① 용량부하의 경우($-$) : $E < V$

② 유도부하의 경우($+$) : $E > V$

(9) 동기 발전기의 동기 병렬 운전

① 병렬 운전 조건

기전력의 크기가 같을 것	무효순환전류(무효횡류)	$I_C = \dfrac{E_a - E_b}{2Z_s} = \dfrac{E_C}{2Z_S}$
기전력의 위상이 같을 것	동기화전류(유효횡류)	$I_{cs} = \dfrac{E}{Z_s}\sin\dfrac{\delta}{2}$
기전력의 주파수가 같을 것	난조발생	–
기전력의 파형이 같을 것	고주파 무효순환전류	–
기전력의 상회전 방향이 같을 것 (3상)		–

② 수수전력 $P_s = \dfrac{E^2}{2Z_s}\sin\delta$, 동기화력 $P_s = \dfrac{E^2}{2Z_s}\cos\delta$

(10) 난조(Hunting)

발전기의 부하가 급변하는 경우 회전자속도가 동기속도를 중심으로 진동하는 현상

① 원인

    ㉠ 원동기의 조속기 감도가 너무 예민할 때

    ㉡ 전기자저항이 너무 클 때

    ㉢ 부하의 급변

    ㉣ 원동기 토크에 고조파가 포함될 때

    ㉤ 관성모멘트가 작을 때

② 방지책

    ㉠ 계자의 자극면에 제동 권선을 설치한다.

    ㉡ 관성모멘트를 크게 → 플라이휠을 설치한다.

    ㉢ 조속기의 감도를 너무 예민하지 않도록 한다.

    ㉣ 고조파의 제거 → 단절권, 분포권을 설치한다.

③ 제동 권선의 역할

    ㉠ 난조 방지

    ㉡ 기동 토크 발생

    ㉢ 파형개선과 이상전압 방지

    ㉣ 유도기의 농형 권선과 같은 역할

(11) 동기 전동기

① 특징
  - ㉠ 정속도 전동기
  - ㉡ 기동이 어려움(설비비가 고가)
  - ㉢ 역률 1.0으로 조정할 수 있으며, 진상과 지상전류의 연속 공급 가능(동기조상기)
  - ㉣ 저속도 대용량의 전동기 → 대형 송풍기, 압축기, 압연기, 분쇄기

② 동기 전동기 기동법
  - ㉠ 자기 기동법 : 제동 권선을 이용
  - ㉡ 기동 전동기법 : 유도 전동기(2극 적계)를 기동 전동기로 사용

③ 안정도 증진법
  - ㉠ 정상 리액턴스는 적고, 영상과 역상 임피던스는 크게 한다.
  - ㉡ 플라이휠 효과와 반지름을 크게 하여 관성 모멘트를 크게 한다.
  - ㉢ 조속기 동작을 신속하게 한다.
  - ㉣ 단락비가 큰 기계(철기계, 수차형) 사용한다.
  - ㉤ 속응 여자 방식을 채용한다.

④ 위상 특성 곡선(V곡선) : $I_a - I_f$ 관계 곡선(P는 일정), P : 출력, 계자전류의 변화에 대한 전기자전류의 변화를 나타낸 곡선
  - ㉠ 과여자 : 앞선 역률(진상), 전기자전류 증가, C
  - ㉡ 부족여자 : 늦은 역률(지상), 전기자전류 증가, L

⑤ 토크 특성

  ㉠ $P = EI_a = w\tau = 2\pi \dfrac{N_s}{60}\tau$

  ㉡ $\tau = 9.55 \dfrac{P_0}{N_s}[\text{N} \cdot \text{m}] = 0.975 \dfrac{P_0}{N_s}[\text{kg} \cdot \text{m}]$

  ㉢ $P_0 = 1.026 N_s \tau [\text{W}]$, $P_0 \propto \tau$ [(동기 와트)=(토크)]

| 03 | 변압기

(1) 변압기의 유기기전력과 권수비

① $E_1 = 4.44 f N_1 \phi_m [\text{V}], \quad E_2 = 4.44 f N_2 \phi_m [\text{V}]$

② 권수비

$$a = \frac{E_1}{E_2} = \frac{V_1}{V_2} = \frac{I_2}{I_1} = \frac{N_1}{N_2} = \sqrt{\frac{Z_1}{Z_2}} = \sqrt{\frac{R_1}{R_2}}$$

(2) 변압기의 구조

① 분류

내철형, 외철형, 권철심형

② 냉각 방식에 따른 분류

건식자냉식, 건식풍냉식, 유입자냉식(주상변압기), 유입풍냉식, 유입수냉식, 유입송유식

③ 변압기 절연유의 구비조건

㉠ 절연내력이 커야 한다.

㉡ 점도가 적고 비열이 커서 냉각효과가 커야 한다.

㉢ 인화점은 높고, 응고점은 낮아야 한다.

㉣ 고온에서 산화하지 않고, 침전물이 생기지 않아야 한다.

④ 변압기의 호흡작용

㉠ 외기의 온도 변화, 부하의 변화에 따라 내부기름의 온도가 변화

㉡ 기름과 대기압 사이에 차가 생겨 공기가 출입하는 작용

> ※ **절연열화**
>
> 변압기의 호흡작용으로 절연유의 절연내력이 저하하고 냉각효과가 감소하며 침전물이 생기는 현상
>
> ※ **절연열화 방지책**
> - 콘서베이터 설치
> - 질소 봉입 방식
> - 흡착제 방식

(3) 변압기의 등가회로

※ **2차를 1차로 환산한 등가회로**

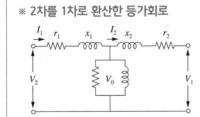

① $V_2{'} = V_1 = aV_2$

② $I_2{'} = I_1 = \dfrac{I_2}{a}$

③ $Z_2{'} = \dfrac{V_2{'}}{I_2{'}} = \dfrac{aV_2}{\dfrac{I_2}{a}} = a^2 \dfrac{V_2}{I_2} = a^2 Z_2$ (단, $r_2{'} = a^2 r_2$, $x_2{'} = a^2 x_2$)

④ 2차를 1차로 환산한 임피던스

$Z_{21} = r_{21} + jx_{21} = (r_1 + a^2 r_2) = (x_1 + a^2 x_2)$

(4) 백분율 강하

① % 저항 강하

$$p = \frac{I_{1n} r_{21}}{V_{1n}} \times 100 = \frac{I_{2n} r_{12}}{V_{2n}} \times 100$$

$$= \frac{I_{1n} r_{21}}{V_{1n}} \times \frac{I_{1n}}{I_{1n}} = \frac{I_{1n}^2 r_{21}}{V_{1n} I_{1n}} \times 100$$

$$= \frac{P_s}{P_n} \times 100$$

② % 리액턴스 강하

$$q = \frac{I_{1n} \chi_{21}}{V_{1n}} \times 100 = \frac{I_{2n} \chi_{21}}{V_{2n}} \times 100$$

③ % 임피던스 강하

$$Z = \frac{I_{1n} Z_{21}}{V_{1n}} \times 100 = \frac{V_{1S}}{V_{1n}} \times 100 = \frac{I_{1n}(r_{21} + jx_{21})}{V_{1n}} \times 100 = \frac{I_n}{I_s} \times 100$$

(P_n : 변압기 용량, P_s : 임피던스 와트(동손), V_{1S} : 임피던스 전압, I_n : 정격전류, I_s : 단락 전류)

㉠ 임피던스 전압($V_{1s} = I_{1n} \cdot Z_{21}$)

• 정격전류가 흐를 때 변압기 내 임피던스 전압 강하

• 변압기 2차측을 단락한 상태에서 1차 측에 정격전류(I_{1n})가 흐르도록 1차 측에 인가하는 전압

㉡ 임피던스 와트($P_s = I_{1n}^2 \cdot r_{21}$) : 임피던스 전압을 인가한 상태에서 발생하는 와트(동손)

(5) 전압 변동률

① $\epsilon = p\cos\theta + q\sin\theta$(지상)

$\epsilon = p\cos\theta - q\sin\theta$(진상)

② 최대 전압 변동률과 역률

㉠ $\cos\theta = 1 : \epsilon = \rho$

㉡ $\cos\theta \neq 1$

• 최대 전압 변동률 $\epsilon_{\max} = Z = \sqrt{p^2 + q^2}$

• 최대 전압 변동률일 때 역률 $\cos\theta_{\max} = \dfrac{p}{Z} = \dfrac{p}{\sqrt{p^2 + q^2}}$

(6) 변압기의 결선

① △ - △ 결선

㉠ 1, 2차 전압에 위상차가 없음, 상전류는 선전류의 $\dfrac{1}{\sqrt{3}}$ 배

㉡ 제3고조파 여자전류가 통로를 가지게 되므로 기전력은 사인파전압을 유기함

㉢ 변압기 외부에 제3고조파가 발생하지 않으므로 통신선의 유도장해가 없음

㉣ 변압기 1대 고장 시 V - V 결선으로 변경하여 3상 전력 공급이 가능

㉤ 비접지 방식이므로 이상전압 및 지락 사고에 대한 보호가 어려움

㉥ 선간전압과 상전압이 같으므로 고압인 경우 절연이 어려움

② Y - Y 결선 특징

㉠ 1, 2차 전압에 위상차가 없음

㉡ 중성점을 접지할 수 있으므로 이상전압으로부터 변압기를 보호할 수 있음

㉢ 상전압이 선간전압의 $\dfrac{1}{\sqrt{3}}$ 배이므로 절연이 용이하여 고전압에 유리

㉣ 중성점 접지 시 접지선을 통해 제3고조파가 흐르므로 통신선에 유도장해가 발생

㉤ 보호 계전기 동작이 확실함

㉥ 역 V 결선 운전이 가능

③ △ - Y 결선(승압용), Y - △ 결선(강압용)

㉠ Y 결선으로 중성점을 접지할 수 있으므로 이상전압으로부터 변압기를 보호할 수 있음

㉡ △ 결선에 의한 여자전류의 제3고조파 통로가 형성되므로 기전력의 파형이 사인파가 됨

㉢ △ - Y는 송전단에 Y - △는 수전단에 설치

㉣ 1, 2차 전압 및 전류 간에는 30°의 위상차가 발생

㉤ 1대 고장 시 송전 불가능

④ V - V 결선

㉠ 출력 $P_V = \sqrt{3} \, P_1$

㉡ 4대의 경우 출력 $P_V = 2\sqrt{3} \, P_1$

㉢ (이용률) $= \dfrac{\sqrt{3} \, P_1}{2 P_1} \times 100 ≒ 86.6\%$

㉣ (출력비) $= \dfrac{\sqrt{3} \, P_1}{3 P_1} \times 100 ≒ 57.7\%$

⑤ 상수의 변환

㉠ 3상 → 2상 변환

• Scott 결선(T 결선)

－ 이용률 : 86.6%

－ T좌 변압기의 권수비 : $a_T = \dfrac{\sqrt{3}}{2} \times a$

• Meyer 결선

• Wood Bridge 결선

ⓛ 3상 → 6상 변환
- Fork 결선
- 2중 성형 결선
- 환상 결선, 대각 결선, 2중 △ 결선, 2중 Y 결선

(7) 병렬 운전

① 병렬 운전 조건

ⓐ 극성, 권수비, 1, 2차 정격전압이 같아야 한다(용량은 무관).

ⓑ 각 변압기의 저항과 리액턴스비가 같아야 한다.

ⓒ 부하분담 시 용량에 비례하고 임피던스 강하에는 반비례해야 한다.

ⓓ 상회전 방향과 각 변위가 같아야 한다(3ϕ 변압기).

가능	불가능
Y - Y와 Y - Y	Y - Y와 Y - △
Y - △와 Y - △	Y - △와 △ - △
Y - △와 △ - Y	△ - Y와 Y - Y
△ - △와 △ - △	△ - △와 △ - Y
△ - Y와 △ - Y	-
△ - △와 Y - Y	-

② 부하분담

ⓐ $\dfrac{I_a}{I_b} = \dfrac{I_A}{I_B} \times \dfrac{\%Z_b}{\%Z_a}$

분담전류는 정격전류에 비례하고 누설 임피던스에 반비례

ⓑ $\dfrac{P_a}{P_b} = \dfrac{P_A}{P_B} \times \dfrac{\%Z_b}{\%Z_a}$

분담 용량은 정격 용량에 비례하고 누설 임피던스에 반비례

- I_a : A기 분담전류, I_A : A기 정격전류, P_a : A기 분담 용량, P_A : A기 정격 용량
- I_b : B기 분담전류, I_B : B기 정격전류, P_b : B기 분담 용량, P_B : B기 정격 용량

(8) 특수 변압기

① 단권 변압기

ⓐ 특징

- 코일 권수 절약
- 손실이 적음
- 효율이 좋음
- 누설 리액턴스가 작음
- 1차와 2차 절연이 어려움
- 단락전류가 큼
- 고압용, 대용량에 적절

ⓛ $\dfrac{V_h}{V_l} = \dfrac{N_1 + N_2}{N_1} = 1 + \dfrac{N_2}{N_1}$,

$V_h = \left(1 + \dfrac{1}{a}\right)V_l = \left(1 + \dfrac{N_2}{N_1}\right)V_l$

ⓒ 부하 용량(2차 출력) : $W = V_h I_2$

ⓔ 자기 용량(변압기 용량) : $\omega = e I_2 = (V_h - V_l)I_2$

ⓜ $\dfrac{(\text{자기 용량})}{(\text{부하 용량})} = \dfrac{V_h - V_l}{V_h}$

구분	단상	Y결선	△결선	V결선
자기 용량 부하 용량	$\dfrac{V_h - V_l}{V_h}$	$\dfrac{V_h - V_l}{V_h}$	$\dfrac{V_h^2 - V_l^2}{\sqrt{3}\,V_h V_l}$	$\dfrac{2}{\sqrt{3}} \cdot \left(\dfrac{V_h - V_l}{V_h}\right)$

② 누설 변압기
  ⓐ 수하특성(정전류 특성)
  ⓑ 전압 변동이 큼
  ⓒ 누설 리액턴스가 큼
  ⓓ 용도 : 용접용 변압기

③ 3상 변압기(내철형, 외철형)
  ⓐ 사용 철심양이 감소하여 철손이 감소하므로 효율이 좋음
  ⓑ 값이 싸고 설치 면적이 작음
  ⓒ Y, △ 결선을 변압기 외함 내에서 하므로 부싱 절약
  ⓓ 단상 변압기로의 사용이 불가능(각 권선마다 독립된 자기 회로가 없기 때문)
  ⓔ 1상만 고장이 발생하여도 사용할 수 없고 보수가 어려움

④ 3권선 변압기
  ⓐ Y - Y - △ 결선을 하여 제3고조파를 제거 가능
  ⓑ 조상 설비를 시설하여 송전선의 전압과 역률을 조정 가능
  ⓒ 발전소에서 소내용 전력공급이 가능

⑤ 계기용 변압기(PT)
  ⓐ 고전압을 저전압으로 변성, 2차측 정격전압(110V)
  ⓑ 2차측 단락 금지

⑥ 계기용 변류기(CT)
  ⓐ 대전류를 소전류로 변성, 2차 정격전류(5A)
  ⓑ CT 점검 시 2차측 단락(2차측 개방 금지) : 2차측 절연보호, 2차측에 고압 유기되는 것을 방지

⑦ 변압기 보호 계전기
  ⓐ 전기적인 보호장치 : 차동 계전기, 비율차동 계전기
  ⓑ 기계적인 보호장치 : 부흐홀츠 계전기, 서든프레서(압력 계전기), 유위계, 유온계
    ※ 부흐홀츠 계전기 : 변압기 내부 고장 검출, 수소 검출
    ※ 콘서베이터 : 변압기 절연유의 열화 방지

(9) 변압기의 손실 및 효율

① 손실 : [무부하손(무부하시험)] + [부하손(단락시험)]
  ㉠ 동손(부하손)
  ㉡ 철손 : 히스테리시스손, 와류손

② 변압기 효율
  ㉠ 전부하 효율

$$\eta = \frac{P_n \cos\theta}{P_n \cos\theta + P_i + P_c} \times 100$$

  ㉡ $\frac{1}{m}$ 부하 시 효율

$$\eta_{\frac{1}{m}} = \frac{\frac{1}{m} P_n \cos\theta}{\frac{1}{m} P_n \cos\theta + P_i + \left(\frac{1}{m}\right)^2 P_c} \times 100$$

  ㉢ 최대 효율 조건
  • 전부하 시 : $P_i = P_c$ (철손 : 동손 = 1 : 1)

  • $\frac{1}{m}$ 부하 시 : $P_i = \left(\frac{1}{m}\right)^2 P_c$, $\frac{1}{m} = \sqrt{\frac{P_i}{P_c}}$ [(철손) : (동손) = 1 : 2]

  • 최대 효율 : $\eta_{\max} = \dfrac{\frac{1}{m} P_n \cos\theta}{\frac{1}{m} P_n \cos\theta + 2P_i} \times 100$

  • 전일 효율 : $\eta_{day} = \dfrac{(24시간\ 출력\ 전력량)}{(24시간\ 입력\ 전력량)} \times 100$

  ㉣ 일정시간 운전 시의 최대 효율 조건
  $24P_i = \Sigma h P_c$: 전부하 운전 시간이 짧은 경우 철손을 작게 한다.

(10) 변압기의 시험

① 권선의 저항 측정 시험
② 단락 시험 → 임피던스 전압, 임피던스 와트(동손) 측정
③ 무부하 시험 → 여자전류, 철손 측정

| 04 | 유도기

(1) 유도 전동기의 사용 이유 및 특징

① 유도 전동기 사용 이유

- ㉠ 전원 획득이 쉬움
- ㉡ 구조가 간단하고, 값이 싸며, 튼튼함
- ㉢ 취급이 용이함
- ㉣ 부하 변화에 대하여 거의 정속도 특성을 가짐

② 농형과 권선형의 비교

농형	• 구조가 간단, 보수가 용이 • 효율이 좋음 • 속도 조정이 곤란 • 기동 토크가 작아 대형이 되면 기동이 곤란
권선형	• 중형과 대형에 많이 사용 • 기동이 쉽고, 속도 조정이 용이

(2) 슬립

전동기 전부하에 있어서 속도 감소의 동기속도에 대한 비율

① 슬립 : $s = \dfrac{N_s - N}{N_s} \times 100$

② 상대속도 : $sN_s = N_s - N$

③ 회전자속도(전동기속도) : $N = (1-s)N_s[\text{rpm}] = (1-s)\dfrac{120f}{p}[\text{rpm}]$

- ㉠ 유도 전동기 : $0 < S < 1$
- ㉡ 유도 제동기 : $0 < S < 0$

(3) 정지 시와 회전 시 비교

정지 시	회전 시
E_2	$E_{2s} = sE_2$
f_2	$f_{2s} = sf_2$
I_2	$I_{2s} = \dfrac{E_{2s}}{Z_{2s}} = \dfrac{sE_2}{\sqrt{r_2{}^2 + (sx_2)^2}} = \dfrac{E_2}{\sqrt{(\dfrac{r_2}{s})^2 + x_2^2}}$

(4) 유도 전동기 전력변환

① 전력변환 관계식 : $P_2 : P_{c2} : P_0 = 1 : s : (1-s)$

$\bigcirc$ $P_{c2} = sP_2$

$\bigcirc$ $P_0 = (1-s)P_2$

$\bigcirc$ $P_{c2} = \dfrac{s}{1-s}P_0$

② 2차 효율 $\eta = \dfrac{P_0}{P_2} = 1-s = \dfrac{N}{N_S} = \dfrac{w}{w_0}$

(5) 유도 전동기의 토크 특성, 토크와 슬립의 관계

① $T = \dfrac{P_2}{W_s} = \dfrac{P_2}{2\pi \dfrac{N_2}{60}} = \dfrac{P_2}{\dfrac{2\pi}{60} \times \dfrac{120f}{p}} = \dfrac{P_2}{\dfrac{4\pi f}{p}}$

$\quad = 9.55 \dfrac{P_2}{N_s}[\text{N} \cdot \text{m}] = 0.975 \dfrac{P_2}{N_s}[\text{kg} \cdot \text{m}]$

② $T = \dfrac{P_0}{W} = \dfrac{P_0}{2\pi \dfrac{N}{60}} = \dfrac{P_0}{\dfrac{2\pi}{60}(1-s)N_s}$

$\quad = \dfrac{P_0}{\dfrac{2\pi}{60}(1-s) \times \dfrac{120f}{p}} = \dfrac{P_0}{(1-s)\dfrac{4\pi f}{p}}$

$\quad = 9.55 \dfrac{P_0}{N}[\text{N} \cdot \text{m}] = 0.975 \dfrac{P_0}{N}[\text{kg} \cdot \text{m}]$

③ 최대 토크슬립

$\quad s_t = \dfrac{r_2}{x_2}$

④ 최대 토크

$T = \dfrac{P_2}{\omega_s} = \dfrac{m_2}{\omega_s} E_2 I_2 \cos\theta_2$

$\quad = KE_2 \times \dfrac{sE_2}{\sqrt{r_2{}^2 + (sx_2)^2}} \times \dfrac{r_2}{\sqrt{r_2{}^2 + (sx_2)^2}}$

$\quad = K \dfrac{sE_2{}^2 \cdot r_2}{r_2{}^2 + (sx_2)^2}$

$\bigcirc$ $T \propto V^2$ [토크는 공급전압의 제곱(자승)에 비례]

$\bigcirc$ $S \propto \dfrac{1}{V^2}$

(6) 비례 추이의 원리 : 권선형 유도전동기

① 비례 추이의 특징

㉠ 최대 토크 $\left(\tau_{\max} = K\dfrac{E_2^{\,2}}{2x_2}\right)$ 는 불변, 최대 토크의 발생 슬립은 변화

㉡ 기동전류는 감소, 기동 토크는 증가

② $\dfrac{r_2}{s} = \dfrac{r_2 + R}{s'}$ (s : 전부하 슬립, s' : 기동슬립, R : 2차 외부저항)

③ 기동 시 전부하 토크와 같은 토크로 기동하기 위한 외부저항

$$R = \frac{1-s}{s}r_2$$

④ 기동 시 최대 토크과 같은 토크로 기동하기 위한 외부저항

$$R = \frac{1-s_t}{s_t}r_2 = \sqrt{r_1^2 + (x_1 + x_2')^2} - r_2' \fallingdotseq (x_1 + x_2') - r_2'\,[\Omega]$$

⑤ 비례 추이할 수 없는 것 : 출력, 2차 효율, 2차 동손

(7) Heyland 원선도

① 원선도 작성에 필요한 시험

㉠ 저항 측정

㉡ 무부하(개방) 시험 : 철손, 여자전류

㉢ 구속(단락) 시험 : 동손, 임피던스 전압, 단락전류

② 원선도에서 구할 수 없는 것 : 기계적 출력, 기계손

(8) 유도 전동기의 기동법 및 속도제어법

① 기동법

농형 유도 전동기	• 전전압 기동(직입기동) : 5HP 이하(3,7kW) • Y − △ 기동(5 ~ 15kW)급 : 전류 1/3배, 전압 $\dfrac{1}{\sqrt{3}}$ 배 • 기동 보상기법 : 단권 변압기 사용 감전압기동 • 리액터기동법(콘도르파법)
권선형 유도 전동기	• 2차 저항 기동법 → 비례 추이 이용 • 게르게스법

② 속도제어법

농형
유도 전동기
	• 주파수 변환법
	    – 역률이 양호하며 연속적인 속도 제어가 되지만, 전용 전원이 필요
	    – 인견·방직 공장의 포트모터, 선박의 전기추진기
	• 극수 변환법
	• 전압 제어법 : 공극 전압의 크기를 조절하여 속도 제어

권선형 유도 전동기	• 2차 저항법
	  – 토크의 비례 추이를 이용
	  – 2차 회로에 저항을 삽입 토크에 대한 슬립 S를 바꾸어 속도 제어
	• 2차 여자법
	  – 회전자 기전력과 같은 주파수 전압을 인가하여 속도 제어
	  – 고효율로 광범위한 속도 제어
	• 종속접속법
	
	  – 직렬종속법 : $N = \dfrac{120}{P_1 + P_2} f$
	
	  – 차동종속법 : $N = \dfrac{120}{P_1 - P_2} f$
	
	  – 병렬종속법 : $N = 2 \times \dfrac{120}{P_1 + P_2} f$

(9) 단상 유도 전동기

① 종류(기동 토크가 큰 순서)

반발 기동형 > 반발 유도형 > 콘덴서 기동형 > 분상 기동형 > 셰이딩 코일형 > 모노사이클릭형

② 단상 유도 전동기의 특징

㉠ 교번자계가 발생

㉡ 기동 시 기동 토크가 존재하지 않으므로 기동 장치가 필요

㉢ 슬립이 0이 되기 전에 토크는 미리 0이 됨

㉣ 2차 저항이 증가되면 최대 토크는 감소(비례 추이할 수 없음)

㉤ 2차 저항값이 어느 일정값 이상이 되면 토크는 부(−)가 됨

(10) 유도 전압 조정기(유도 전동기와 변압기 원리를 이용한 전압 조정기)

종류	단상 유도 전압 조정기	3상 유도 전압 조정기
전압 조정 범위	$(V_1 - E_2) \sim (V_1 + E_2)$	$\sqrt{3}(V_1 - E_2) \sim \sqrt{3}(V_1 + E_2)$
조정 정격 용량 [kVA]	$P_2 = E_2 I_2 \times 10^{-3}$	$P_2 = \sqrt{3} E_2 I_2 \times 10^{-3}$
정격 출력(부하) [kVA]	$P = V_2 I_2 \times 10^{-3}$	$P = \sqrt{3} V_2 I_2 \times 10^{-3}$
특징	• 교번자계 이용 • 입력과 출력 위상차 없음 • 단락 권선 필요	• 회전자계 이용 • 입력과 출력 위상차 있음 • 단락 권선 필요 없음

※ 단락 권선의 역할

누설 리액턴스에 의한 2차 전압 강하 방지

※ 3상 유도 전압 조정기 위상차 해결 → 대각유도전압 조정기

(11) 특수 유도 전동기

① 2중 농형 : 기동 토크가 크고, 기동 전류가 작으며(기동 특성 우수), 열이 많고 효율이 낮음
  ㉠ 바깥 권선(기동 권선) : R(大), X(小)
  ㉡ 안쪽 권선(운전 권선) : R(小), X(大)
② 딥 슬롯 : 효율, 역률이 좋고 구조가 간단함

(12) 유도 전동기의 시험

① 부하 시험
  ㉠ 다이나모 메터
  ㉡ 프로니 브레이크
  ㉢ 와전류 제동기
② 슬립 측정
  ㉠ DC(직류) 밀리볼트계법
  ㉡ 수화기법
  ㉢ 스트로보스코프법
  ㉣ 회전계법

| 05 | 정류기

(1) 회전 변류기

① 전압비 : $\dfrac{E_a}{E_d} = \dfrac{1}{\sqrt{2}}\sin\dfrac{\pi}{m}$ (단, m : 상수)

② 전류비 : $\dfrac{I_a}{I_d} = \dfrac{2\sqrt{2}}{m \cdot \cos\theta}$

③ 전압 조정법

  ㉠ 직렬 리액터에 의한 방법

  ㉡ 유도전압 조정기에 의한 방법

  ㉢ 동기 승압기에 의한 방법

  ㉣ 부하 시 전압조정 변압기에 의한 방법

④ 난조(운전 중 부하 급변 시 새로운 부하각 중심으로 진동하는 현상)

  ㉠ 발생 원인

    • 브러시 위치가 전기적 중성축과 뒤질 때

    • 직류측 부하가 급변할 때

    • 역률이 나쁠 때

    • 교류측 전원 주파수의 주기적으로 변화할 때

    • 전기자회로의 저항이 리액턴스에 비해 클 때

  ㉡ 난조의 방지법

    • 제동 권선의 작용을 강하게 한다.

    • 전기자저항에 비해 리액턴스를 크게 한다.

    • 전기 각도와 기하 각도의 차를 작게 한다.

(2) 수은 정류기

① 전압비 : $\dfrac{E_d}{E} = \dfrac{\sqrt{2}\,E\sin\dfrac{\pi}{m}}{\dfrac{\pi}{m}}$

② 전류비 : $\dfrac{I_a}{I_d} = \dfrac{1}{\sqrt{m}}$

③ 이상현상

  ㉠ 역호 : 음극에 대하여 부전위로 있는 양극에 어떠한 원인에 의해 음극점이 형성되어 정류기의 밸브작용이 상실되는 현상

    • 역호의 원인

      − 과전압, 과전류

      − 증기 밀도 과대

      − 양극 재료의 불량 및 불순물 부착

- 역호 방지책
  - 과열, 과냉을 피한다.
  - 과부하를 피한다.
  - 진공도를 높인다.
- ⓛ 실호 : 격자전압이 임계전압보다 正의 값이 되었을 때는 완전하게 아크를 점호하며 이 기능이 상실되어 양극의 점호에 실패하는 현상
- ⓒ 통호 : 양극에 음극점이 형성되어도 완전히 저지하여 전류를 통과시키지 않는 작용(제어격자)의 고장현상

(3) 다이오드 정류회로

구분	단상반파	단상전파	3상반파	3상전파
직류전압(E_d)	$0.45E$	$0.9E$	$1.17E$	$1.35E$
정류효율	40.6%	81.2%	96.5%	99.8%
맥동률	121%	48%	17%	4%

(4) 사이리스터 정류회로

> ※ 단방향성 : SCR(3), GTO(3), SCS(4), LASCR(3)
> ※ 양방향성 : SSS(2), TRIAC(3), DIAC(2)

① SCR(역저지 3단자)의 특성
  - ㉠ 역방향 내전압이 크고, 전압 강하가 낮음
  - ㉡ Turn On 조건
    - 양극과 음극 간에 브레이크 오버전압 이상의 전압을 인가한다.
    - 게이트에 래칭전류 이상의 전류를 인가한다.
  - ㉢ Turn Off 조건 : 애노드의 극성을 부(−)로 한다.
  - ㉣ 래칭전류 : 사이리스터가 Turn On하기 시작하는 순전류
  - ㉤ 이온 소멸시간이 짧음
② SCR의 위상 제어(제어각 > 역률각)
  - ㉠ 단상 반파 정류 회로

$$E_d = 0.45E\left(\frac{1+\cos\alpha}{2}\right)$$

  - ㉡ 단상 전파 정류회로
    - 저항만의 부하 : $E_d = 0.45E(1+\cos\alpha)$, $(1+\cos\alpha)$: 제어율
    - 유도성 부하 : $E_d = 0.9E\cos\alpha$, $\cos\alpha$: 격자율
  - ㉢ 3상 반파 정류회로

$$E_d = \frac{3\sqrt{6}}{2\pi}E\cos\alpha = 1.17E\cos\alpha$$

  - ㉣ 3상 전파 정류회로

$$E_d = \frac{6\sqrt{2}}{2\pi}E\cos\alpha = 1.35E\cos\alpha$$

(5) 사이클로 컨버터

AC 전력을 증폭(제어 정류기를 사용한 주파수 변환기)

(6) 쵸퍼

DC 전력을 증폭

(7) 교류 정류자기(정류자 전동기)

① 원리 : 직류 전동기에 전류 인가

② 분류

　㉠ 단상

　　• 직권

　　　－ 반발 전동기

　　　　ⓐ 브러시를 단락시켜 브러시 이동으로 기동 토크, 속도 제어

　　　　ⓑ 종류 : 아트킨손형, 톰슨형, 데리형

　　　－ 단상 직권 정류자 전동기(만능 전동기, 직·교류 양용)

　　　　ⓐ 종류 : 직권형, 직렬보상형, 유도보상형

　　　　ⓑ 특징

　　　　　㉮ 성층 철심, 역률 및 정류 개선을 위해 약계자, 강전기자형으로 함

　　　　　㉯ 역률 개선을 위해 보상권선 설치

　　　　　㉰ 회전속도를 증가시킬수록 역률 개선

　　• 분권 : 현재 상용화되지 않음

　㉡ 3상

　　• 직권 : 3상 직권 정류자 전동기 → 중간 변압기로 사용

　　　－ 효율 최대 : 동기속도

　　　－ 역률 최대 : 동기속도 이상

　　• 분권 : 3상 분권 정류자 전동기 → 시라게 전동기(브러시 이동으로 속도 제어 가능)

> ※ 교류 분권 정류자 전동기
> 　정속도 전동기 & 교류 가변 속도 전동기

회로이론

| 01 | 직류회로

(1) 전기회로에 필요한 기본적인 전기량 요약

구분	기호	단위	기본식	
			직류	교류
전하량	Q, q	C	$Q = I \cdot t$	$q = \displaystyle\int i\ dt$
전류	I, i	A	$I = \dfrac{Q}{t}$	$i = \dfrac{dq}{dt}$
전압	V, v	V	$V = \dfrac{W}{Q}$	$v = \dfrac{dw}{dq}$
전력	P, p	W(J/s)	$P = VI$	$p = vi$

※ 전지의 연결 : $E = rI + V = I(r + R)$

① 직렬
ㄱ 기전력 n배 : nE
ㄴ 내부저항 n배 : nr

② 병렬
ㄱ 기전력 : E
ㄴ 내부저항 : $\dfrac{r}{m}$

(2) 직·병렬회로 요약

직렬회로(전압분배)	병렬회로(전류분배)
$R_0 = R_1 + R_2$	$R_0 = \dfrac{R_1 R_2}{R_1 + R_2}$
$V_1 = R_1 I = \dfrac{R_1}{R_1 + R_2} V$	$I_1 = \dfrac{V}{R_1} = \dfrac{R_2}{R_1 + R_2} I$
$V_2 = R_2 I = \dfrac{R_2}{R_1 + R_2} V$	$I_2 = \dfrac{V}{R_2} = \dfrac{R_1}{R_1 + R_2} I$

| 02 | 교류회로

(1) 교류의 표시

① 순시값 : $i(t) = I_m \sin(\omega t + \theta)$[A] [(순시값)=(최댓값) $\sin(\omega t + $위상$)$]

② 평균값 : $I_{av} = \dfrac{1}{T}\displaystyle\int_0^T |\,i(t)\,|\,dt = \dfrac{1}{\frac{T}{2}}\displaystyle\int_0^{\frac{T}{2}} i(t)dt$

③ 실횻값 : $I = \sqrt{\dfrac{1}{T}\displaystyle\int_0^T i^2 dt} = \sqrt{(1주기\ 동안의\ i^2의\ 평균)}$

(2) 교류의 페이저 표시

① 정현파 교류를 크기와 위상으로 표시 : $v = v_m \sin(\omega t + \theta)$

② 페이저 표시 : $V = \dfrac{v_m}{\sqrt{2}} \angle\,\theta$

(3) 각 파형의 실횻값 및 평균값

구분	파형	실횻값	평균값
정현파	$i(t)$	$\dfrac{I_m}{\sqrt{2}}$	$\dfrac{2}{\pi}I_m$
정현전파	$i(t)$	$\dfrac{I_m}{\sqrt{2}}$	$\dfrac{2}{\pi}I_m$
정현반파	$i(t)$	$\dfrac{I_m}{2}$	$\dfrac{1}{\pi}I_m$
삼각파	$i(t)$	$\dfrac{I_m}{\sqrt{3}}$	$\dfrac{I_m}{2}$
톱니파	$i(t)$	$\dfrac{I_m}{\sqrt{3}}$	$\dfrac{I_m}{2}$
구형파	$i(t)$	I_m	I_m
구형반파	$i(t)$	$\dfrac{I_m}{\sqrt{2}}$	$\dfrac{I_m}{2}$

(4) 파고율과 파형률

    ① 파고율(Crest Factor) : $\dfrac{(최댓값)}{(실횻값)}$ (실횻값의 분모값 → 반파정류가 가장 큼)

    ② 파형률(Form Factor) : $\dfrac{(실횻값)}{(평균값)}$

| 03 | 기본 교류회로

(1) R, L, C(단일소자)

    ① 저항 R

        ㉠ 전압, 전류 동위상

        ㉡ $Z = R$

    ② 인덕턴스 L

        ㉠ 전압이 전류보다 위상 90° 앞섬(유도성)

        ㉡ $Z = j\omega L$

        ㉢ $V_L = L\dfrac{di}{dt}$, $i = \dfrac{1}{L}\displaystyle\int V_L dt$ (전류 급격히 변화 ×)

    ③ 커패시턴스 C

        ㉠ 전류가 전압보다 위상 90° 앞섬(용량성)

        ㉡ $Z = 1/j\omega C$

        ㉢ $i = C\dfrac{dv}{dt}$, $v = \dfrac{1}{C}\displaystyle\int i \, dt$ (전압 급격히 변화 ×)

(2) R－L－C 직렬회로

회로명	특징
R－L 직렬회로	• 임피던스 : $Z = R + j\omega L = R + jX_L$ 　－ 크기 : $Z = \sqrt{R^2 + X_L{}^2} = \sqrt{R^2 + (\omega L)^2}$ 　－ 위상 : $\theta = \tan^{-1}\dfrac{\omega L}{R}$ • $V = V_R + V_L$
R－C 직렬회로	• 임피던스 $Z = R - j\dfrac{1}{\omega C} = R - jX_C$ 　－ 크기 : $Z = \sqrt{R^2 + X_C{}^2} = \sqrt{R^2 + \left(\dfrac{1}{\omega C}\right)^2}$ 　－ 위상 : $\theta = -\tan^{-1}\dfrac{1}{\omega CR}$ • $V = V_R + V_C$
R－L－C 직렬회로	• 임피던스 $Z = R + j(X_L - X_C) = R + j\left(\omega L - \dfrac{1}{\omega C}\right)$ 　－ 크기 : $Z = \sqrt{R^2 + (X_L - X_C)^2} = \sqrt{R^2 + \left(\omega L - \dfrac{1}{\omega C}\right)^2}$ 　－ 위상 : $\theta = \tan^{-1}\dfrac{\left(\omega L - \dfrac{1}{\omega C}\right)}{R}$ • $V = V_R + V_L + V_C$

(3) R－L－C 병렬회로

회로명	특징
R－L 병렬회로	• 어드미턴스 : $Y = \dfrac{1}{R} - j\dfrac{1}{X_L} = \dfrac{1}{R} - j\dfrac{1}{\omega L}$ 　－ 크기 : $Y = \sqrt{\left(\dfrac{1}{R}\right)^2 + \left(\dfrac{1}{\omega L}\right)^2}$ 　－ 위상 : $\theta = -\tan^{-1}\dfrac{R}{\omega L}$ • $I = I_R + I_L$
R－C 병렬회로	• 어드미턴스 : $Y = \dfrac{1}{R} + j\dfrac{1}{X_C} = \dfrac{1}{R} + j\omega C$ 　－ 크기 : $Y = \sqrt{\left(\dfrac{1}{R}\right)^2 + \left(\dfrac{1}{X_C}\right)^2} = \sqrt{\left(\dfrac{1}{R}\right)^2 + (\omega C)^2}$ 　－ 위상 : $\theta = \tan^{-1}\omega CR$ • $I = I_R + I_C$
R－L－C 병렬회로	• 어드미턴스 : $Y = \dfrac{1}{R} + j\left(\omega C - \dfrac{1}{\omega L}\right)$ 　－ 크기 : $Y = \sqrt{\left(\dfrac{1}{R}\right)^2 + \left(\omega C - \dfrac{1}{\omega L}\right)^2}$ 　－ 위상 : $\theta = \tan^{-1}R\left(\omega C - \dfrac{1}{\omega L}\right)$ • $I = I_R + I_L + I_C$

(4) 공진회로

구분	직렬공진	병렬공진(반공진)
공진조건	$\omega_r L = \dfrac{1}{\omega_r C}$	$\omega_r C = \dfrac{1}{\omega_r L}$
공진주파수	$f_r = \dfrac{1}{2\pi\sqrt{LC}}$	$f_r = \dfrac{1}{2\pi\sqrt{LC}}$
임피던스	최소	최대
전류	최대	최소

> ※ 일반적인 병렬공진회로(R – L직렬, C병렬)
>
> - $Y = \dfrac{R}{R^2 + (wL)^2} = \dfrac{CR}{L}$
> - $f_r = \dfrac{1}{2\pi}\sqrt{\dfrac{1}{LC} - \left(\dfrac{R}{L}\right)^2}$

(5) 선택도(첨예도)

① 직렬공진 : $Q = \dfrac{1}{R}\sqrt{\dfrac{L}{C}}$

② 병렬공진 : $Q = R\sqrt{\dfrac{C}{L}}$

| 04 | 교류 전력

(1) 단상 교류 전력

저항	유효 전력 소비 전력 평균 전력	$P = VI\cos\theta = P_a\cos\theta = I^2 R = \dfrac{V^2}{R} = GV^2\,[\text{W}]$
리액턴스	무효 전력	$P_r = VI\sin\theta = P_a\sin\theta = I^2 X = \dfrac{V^2}{X} = BV^2\,[\text{Var}]$
임피던스	피상 전력	$P_a = VI = I^2 Z = \dfrac{V^2}{Z} = YV^2\,[\text{VA}]$

(2) 교류 전력 측정

구분	역률	유효 전력
3전압 계법	$\cos\theta = \dfrac{V_1^{\,2} - V_2^{\,2} - V_3^{\,2}}{2V_2 V_3}$	$P = \dfrac{1}{2R}(V_1^{\,2} - V_2^{\,2} - V_3^{\,2})$
3전류 계법	$\cos\theta = \dfrac{I_1^{\,2} - I_2^{\,2} - I_3^{\,2}}{2I_2 I_3}$	$P = \dfrac{R}{2}(I_1^{\,2} - I_2^{\,2} - I_3^{\,2})$

(3) 최대 전력 전달조건

① (내부저항)=(부하저항) : $R_L = R_g \rightarrow P_{\max} = \dfrac{V^2}{4R}$

② (내부리액턴스)=(부하저항) : $X = R_L \rightarrow P_{\max} = \dfrac{V^2}{2R} = \dfrac{V^2}{2X}$

③ (내부임피던스의 공액)=(부하임피던스) : $Z_g^* = Z_L \rightarrow P_{\max} = \dfrac{V^2}{4R}$

(4) 역률 개선 콘덴서 용량

$Q_c = P(\tan\theta_1 - \tan\theta_2)[\text{kVA}]$

| 05 | 상호유도 결합회로

(1) 상호인덕턴스와 결합계수

① $M = k\sqrt{L_1 L_2}$

② 결합계수 $k = \dfrac{M}{\sqrt{L_1 L_2}}$

ⓐ $k = 1$: 완전결합(이상결합)

ⓑ $k = 0$: 미결합

(2) 인덕턴스 접속

구분	직렬접속	병렬접속
가동접속	$L_0 = L_1 + L_2 + 2M$	$L_0 = \dfrac{L_1 L_2 - M^2}{L_1 + L_2 - 2M}$
차동접속	$L_0 = L_1 + L_2 - 2M$	$L_0 = \dfrac{L_1 L_2 - M^2}{L_1 + L_2 + 2M}$

(3) 이상 변압기

권수비 : $a = \dfrac{N_1}{N_2} = \dfrac{E_1}{E_2} = \dfrac{I_2}{I_1} = \sqrt{\dfrac{Z_1}{Z_2}}$

| 06 | 벡터 궤적

(1) 임피던스 궤적과 어드미턴스 궤적

    ① 임피던스 궤적

        ㉠ $Z = R + jX$

        ㉡ R(저항)과 X(리액턴스)를 가변

        ㉢ 전압 궤적

    ② 어드미턴스 궤적

        ㉠ 임피던스 궤적의 역궤적(Inverse Locus Diagram)

        ㉡ 전류 궤적

(2) 회로별 궤적의 정리

구분	임피던스 궤적	어드미턴스 궤적
$R-L$ 직렬	가변하는 축에 평행한 반직선 벡터 궤적(1상한)	가변하지 않는 축에 원점이 위치한 반원 벡터 궤적(4상한)
$R-C$ 직렬	가변하는 축에 평행한 반직선 벡터 궤적(4상한)	가변하지 않는 축에 원점이 위치한 반원 벡터 궤적(1상한)
$R-L$ 병렬	가변하지 않는 축에 원점이 위치한 반원 벡터 궤적(1상한)	가변하는 축에 평행한 반직선 벡터 궤적(4상한)
$R-C$ 병렬	가변하지 않는 축에 원점이 위치한 반원 벡터 궤적(4상한)	가변하는 축에 평행한 반직선 벡터 궤적(1상한)

| 07 | 선형회로망

(1) 전압원 : 내부저항 0(단락)

    전류원 : 내부저항 ∞

(2) 회로망의 기본 해석법

    ① 지로 해석법(Branch Analysis)

        ㉠ 지로전류 선정

        ㉡ 접속점에 K.C.L 적용

        ㉢ 망로(Mesh)에 K.V.L 적용

        ㉣ 연립방정식 해법

    ② 폐로 해석법(Loop Analysis, Mesh Analysis)

        ㉠ 망로(Mesh)전류 선정

        ㉡ 망로(Mesh)에 K.V.L 적용

          • 자기망로의 저항 : 자기저항(Self Resistance)

          • 이웃 망로와 걸쳐있는 저항 : 상호저항(Mutual Resistance)

        ㉢ 연립방정식 해법

    ③ 절점 해석법(Node Analysis)

        ㉠ 기준절점 및 기준전위(Reference Potential) 선정

        ㉡ 절점에 K.C.L 적용

        ㉢ 연립방정식 해법

(3) 회로망의 여러 정리

① **중첩의 정리**(Principle of Superposition) → 선형회로

　㉠ 다수의 독립 전압원 및 전류원을 포함하는 회로

　㉡ 어떤 지로에 흐르는 전류는 각각 전원이 단독으로 존재할 때 그 지로에 흐르는 전류의 대수합과 같다는 원리

　㉢ 전압원은 단락(Short), 전류원은 개방(Open)시켜 전류의 특성 파악

② **테브난의 정리**(Thevenin's Theorem) : 전압과 전류의 비례관계를 나타낸다.

　㉠ 등가 전압원의 원리

　㉡ 임의의 회로망에 대한 개방 단자전압이 V_0, 부하측 개방단자 a, b에서 회로망 방향으로 본 합성임피던스가
　　 Z_0인 경우의 회로는 V_0에 하나의 임피던스가 부하임피던스 Z_L과 직렬로 연결된 회로와 같다는 원리

※ **테브난 등가회로 구성**

- 회로에서 부하저항 RL을 분리
- 개방단자 a, b에 나타나는 전압 : 테브난전압(V_{TH})
- 전압원 단락, 전류원 개방 후 개방단자에서 본 임피던스 : 테브난 임피던스(Z_{TH})

※ **테브난 등가회로**

- 테브난 전압 $V_{TH} = \dfrac{R_2}{R_1 + R_2} \times V_0 \text{[V]}$

- 테브난 등가저항 $R_{TH} = R_3 + \dfrac{R_1 R_2}{R_1 + R_2} \text{[}\Omega\text{]}$

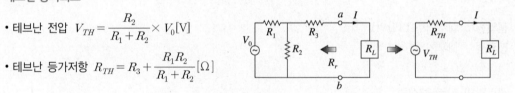

---

③ 노튼의 정리
  ㉠ 등가 전류원의 정리
  ㉡ 전원을 포함하고 있는 회로망에서 임의의 두 단자 a, b를 단락했을 때 부하 측 개방단자 a, b에서 회로망 방향
    으로 본 개방단 임피던스를 R_N라 할 경우 단자 a, b에 대하여 하나의 전류원 I_N에 하나의 임피던스 R_N가
    병렬로 연결된 회로와 같다는 원리

※ **노튼의 등가회로 구성**
  • 회로에서 부하저항 R_L을 분리
  • 절점 a, b를 단락시켜 단락점에 흐르는 전류 : 노튼의 전류원(I_N)
  • 전압원 단락, 전류원 개방 후 개방단자에서 본 임피던스 : 노튼의 임피던스(R_L)

※ **노튼 등가회로**

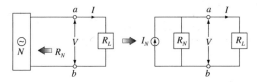

※ **전원의 변환(테브난의 회로와 노튼의 회로 상호 등가변환)**

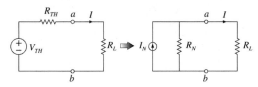

$$V_{TH} = I_N R_N, \ \ I_N = \frac{V_{TH}}{R_{TH}}, \ \ R_{TH} = R_N$$

안심Touch

④ 밀만의 정리(Millman's Theorem)
  ㉠ 내부임피던스를 갖는 여러 개의 전압원이 병렬로 접속되어 있을 때 그 병렬 접속점에 나타나는 합성전압
  ㉡ 각각의 전원을 단락했을 때 흐르는 전류의 대수합을 각각의 전원의 내부임피던스의 대수합으로 나눈 것과 같다는 원리

$$V_{ab} = \frac{\dfrac{E_1}{Z_1} + \dfrac{E_2}{Z_2} + \cdots + \dfrac{E_n}{Z_n}}{\dfrac{1}{Z_1} + \dfrac{1}{Z_2} + \cdots + \dfrac{1}{Z_n}} = \frac{I_1 + I_2 + \cdots + I_n}{Y_1 + Y_2 + \cdots + Y_n} = \frac{Y_1 E_1 + Y_2 E_2 + \cdots + Y_n E_n}{Y_1 + Y_2 + \cdots + Y_n}$$

※ 밀만의 회로

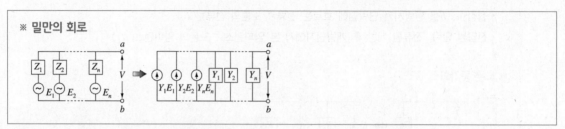

⑤ 가역의 정리, 상반의 정리(Reciprocity Theorem)
  ㉠ 임의의 선형 수동 회로망에서 회로망의 한 지로에 전원 전압을 삽입
  ㉡ 다른 임의의 지로에 흐르는 전류는 후자의 지로에 동일한 전압 전원을 삽입할 때 전자의 지로에 흐르는 전류와 동일하다는 원리

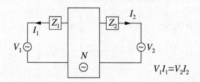

⑥ 쌍대회로

원회로	쌍대	변환회로
직렬회로	⇔	병렬회로
전압원 V	⇔	전류원 I
저항 R	⇔	컨덕턴스 G
인덕턴스 L	⇔	정전용량 C
리액턴스 X	⇔	서셉턴스 B
개방회로	⇔	단락회로
Y형	⇔	△형
키르히호프(전압법칙)	⇔	키르히호프(전류법칙)
폐로 방정식	⇔	절점 방정식
테브난의 정리	⇔	노튼의 정리

| 08 | 대칭 3상 교류

(1) Y ↔ △ 회로의 상호 변환

Y → △ 변환	△ → Y 변환
$Z_{ab} = \dfrac{Z_aZ_b + Z_bZ_c + Z_cZ_a}{Z_c} \, [\Omega]$	$Z_a = \dfrac{Z_{ab}Z_{ca}}{Z_{ab} + Z_{bc} + Z_{ca}} \, [\Omega]$
$Z_{bc} = \dfrac{Z_aZ_b + Z_bZ_c + Z_cZ_a}{Z_a} \, [\Omega]$	$Z_b = \dfrac{Z_{ab}Z_{bc}}{Z_{ab} + Z_{bc} + Z_{ca}} \, [\Omega]$
$Z_{ca} = \dfrac{Z_aZ_b + Z_bZ_c + Z_cZ_a}{Z_b} \, [\Omega]$	$Z_c = \dfrac{Z_{bc}Z_{ca}}{Z_{ab} + Z_{bc} + Z_{ca}} \, [\Omega]$

> ※ 저항, 선전류, 소비 전력(C는 반대)
> - Y → △ 변환 : 3배
> - △ → Y 변환 : $\dfrac{1}{3}$ 배

(2) Y, △ 회로의 특징(대칭 3상)

Y 결선 특징	△ 결선 특징
• $V_l = \sqrt{3}\, V_p \angle 30°$ • $I_l = I_p$	• $V_l = V_p$ • $I_l = \sqrt{3}\, I_p \angle -30°$

(3) 3상 전력 계산

유효전력	$P = 3V_pI_p\cos\theta = \sqrt{3}\, V_lI_l\cos\theta = 3I_p^{\,2}R\,[\mathrm{W}]$
무효전력	$P_r = 3V_pI_p\sin\theta = \sqrt{3}\, V_lI_l\sin\theta = 3I_p^{\,2}X\,[\mathrm{Var}]$
피상전력	$P_a = 3V_pI_p = \sqrt{3}\, V_lI_l = 3I_p^{\,2}Z\,[\mathrm{VA}]$

> ※ 주의
> - 3상 회로의 모든 계산은 상(Phase)을 기준으로 계산하는 것이 일반적임
> - 임피던스는 각 상에 있는 것으로 계산
> - 부하에 주는 전압은 대부분 선간전압임

(4) 2전력계법

① $P = W_1 + W_2$

② $P_r = \sqrt{3}\,(W_1 - W_2)$

③ $P_a = 2\sqrt{W_1^{\,2} + W_2^{\,2} - W_1W_2}$

④ $\cos\theta = \dfrac{P}{P_a} = \dfrac{W_1 + W_2}{2\sqrt{W_1^{\,2} + W_2^{\,2} - W_1W_2}}$

(5) **대칭전류** : 원형 회전자계 형성

  비대칭전류 : 타원 회전자계 형성

(6) **V 결선**

  ① 출력 : $P = \sqrt{3}\ VI\cos\theta\,[\text{W}]$

  ② 변압기 이용률 : $P = \dfrac{\sqrt{3}\ VI\cos\theta}{2\ VI\cos\theta} = 0.866$

  ③ 출력비 : $P = \dfrac{\sqrt{3}\ VI\cos\theta}{3\ VI\cos\theta} = 0.577$

| 09 | 대칭좌표법

(1) **불평형회로의 해석**

대칭성분을 이용한 각 상 표현	각 상을 이용한 대칭분 표현
$\begin{bmatrix} V_a \\ V_b \\ V_c \end{bmatrix} = \begin{bmatrix} 1 & 1 & 1 \\ 1 & a^2 & a \\ 1 & a & a^2 \end{bmatrix} \begin{bmatrix} V_0 \\ V_1 \\ V_2 \end{bmatrix}$	$\begin{bmatrix} V_0 \\ V_1 \\ V_2 \end{bmatrix} = \dfrac{1}{3} \begin{bmatrix} 1 & 1 & 1 \\ 1 & a & a^2 \\ 1 & a^2 & a \end{bmatrix} \begin{bmatrix} V_a \\ V_b \\ V_c \end{bmatrix}$

(2) **불평형률** : $\dfrac{[\text{역상분}(V_2)]}{[\text{정상분}(V_1)]}$

(3) **교류 발전기 기본식**

  ① $V_0 = -Z_0 I_0$

  ② $V_1 = E_a - Z_1 I_1$

  ③ $V_2 = -Z_2 I_2$

| 10 | 비정현파 교류

(1) 비정현파의 푸리에 변환

(비정현파 교류)=(직류분)+(기본파)+(고조파)

① 비정현파 : $f(t) = a_0 + \sum_{n=0}^{\infty} a_n \cos nwt + \sum_{n=0}^{\infty} b_n \sin nwt$

② 직류분 : $a_0 = \frac{1}{2\pi} \int_0^{2\pi} f(wt) d(wt)$

③ cos항 : $a_n = \frac{1}{\pi} \int_0^{2\pi} f(wt) \cos nwt d(wt)$

④ sin항 : $b_n = \frac{1}{\pi} \int_0^{2\pi} f(wt) \sin nwt d(wt)$

(2) 여러 파형의 푸리에 변환

기함수, 정현대칭 원점대칭	sin항 (n : 정수)	$f(t) = -f(-t)$ $a_0 = 0,\ a_n = 0$ $f(t) = \sum_{n=1}^{\infty} b_n \sin nwt$
우함수, 여현대칭 Y축대칭	a_0, cos항 (n : 정수)	$f(t) = f(-t)$ $b_n = 0$ $f(t) = a_0 + \sum_{n=1}^{\infty} a_n \cos nwt$
구형파 / 삼각파 반파대칭	sin항과 cos항 (n : 홀수항)	$f(t) = -f(t+\pi)$ $a_0 = 0$ $f(t) = \sum_{n=1}^{\infty} a_n \cos nwt + \sum_{n=1}^{\infty} b_n \sin nwt$ ($n=1,\ 3,\ 5,\ \cdots,\ 2n-1$)

(3) 비정현파의 실횻값 → 직류분 존재

$$V_{r.m.s} = \sqrt{V_0^{\,2} + V_1^{\,2} + V_2^{\,2} + \cdots + V_n^{\,2}}$$

(4) 왜형률 → 직류분 없음

$$(\text{왜형률}) = \frac{(\text{전고조파의 실횻값})}{(\text{기본파의 실횻값})} = \frac{\sqrt{V_2^{\,2} + V_3^{\,2} + \cdots + V_n^{\,2}}}{V_1}$$

(5) 비정현파의 전력

① 유효 전력 : $P = V_0 I_0 + \displaystyle\sum_{n=1}^{\infty} V_n I_n \cos\theta_n [\text{W}]$

② 무효 전력 : $P_r = \displaystyle\sum_{n=1}^{\infty} V_n I_n \sin\theta_n [\text{VAR}]$

③ 피상 전력 : $P_a = VI [\text{VA}]$

(6) 비정현파의 임피던스

R − L 직렬회로
$Z_1 = R + j\ wL = \sqrt{R^2 + (wL)^2}$
$\vdots$
$Z_n = R + j\ nwL = \sqrt{R^2 + (nwL)^2}$

R − C 직렬회로
$Z_1 = R - j\dfrac{1}{wC} = \sqrt{R^2 + \left(\dfrac{1}{wC}\right)^2}$
$\vdots$
$Z_n = R - j\dfrac{1}{nwC} = \sqrt{R^2 + \left(\dfrac{1}{nwC}\right)^2}$

R − L − C 직렬회로
$Z_1 = R + j\left(wL - \dfrac{1}{wC}\right) = \sqrt{R^2 + \left(wL - \dfrac{1}{wC}\right)^2}$
$\vdots$
$Z_n = R + j\left(nwL - \dfrac{1}{nwC}\right) = \sqrt{R^2 + \left(nwL - \dfrac{1}{nwC}\right)^2}$

※ $I_3 (3\text{고조파}) = \dfrac{V_3 (3\text{고조파})}{Z_3 (3\text{고조파})}$

| 11 | 2단자망

(1) 구동점 임피던스($s = jw$)

① $R \rightarrow Z_R(s) = R$

② $L \rightarrow Z_L(s) = jwL = sL$

③ $C \rightarrow Z_c(s) = \dfrac{1}{jwC} = \dfrac{1}{sC}$

> ※ $Z(s) = \dfrac{Q(s)}{P(s)}$
>
> • $Q(s) = 0$, $Z(s) = 0$, 단락 → 영점
>
> • $P(s) = 0$ (특성근), $Z(s) = \infty$, 개방 → 극점

(2) 정저항회로

주파수에 관계없는 일정한 저항 → 주파수에 무관한 회로

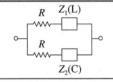

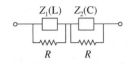

$$\therefore R = \sqrt{\dfrac{L}{C}} \, [\Omega]$$

(3) 역회로

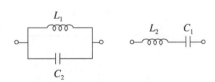

① 직렬 ↔ 병렬

② $R \leftrightarrow G$

③ $L \leftrightarrow C$

(1) 4단자망 회로

임피던스 파라미터
$V_1 = Z_{11}I_1 + Z_{12}I_2$ $V_2 = Z_{21}I_1 + Z_{22}I_2$
$Z_{11} = \dfrac{A}{C}$, $Z_{12} = Z_{21} = \dfrac{1}{C}$, $Z_{22} = \dfrac{D}{C}$
어드미턴스 파라미터
$I_1 = Y_{11}V_1 + Y_{12}V_2$ $I_2 = Y_{21}V_1 + Y_{22}V_2$
$Y_{11} = \dfrac{D}{B}$, $Y_{12} = Y_{21} = -\dfrac{1}{B}$, $Y_{22} = \dfrac{A}{B}$
전송 파라미터(ABCD 파라미터)
$V_1 = AV_2 + BI_2$ $I_1 = CV_2 + DI_2$
$\begin{vmatrix} A & B \\ C & D \end{vmatrix} = AD - BC = 1$

(2) 영상 임피던스와 전달 함수

영상 임피던스 Z_{01}, Z_{02}	$Z_{01} = \sqrt{\dfrac{AB}{CD}}\,[\Omega]$, $Z_{02} = \sqrt{\dfrac{DB}{CA}}\,[\Omega]$
영상 임피던스 Z_{01}, Z_{02}의 관계	$Z_{01}Z_{02} = \dfrac{B}{C}$, $\dfrac{Z_{01}}{Z_{02}} = \dfrac{A}{D}$
영상 전달 함수	$\theta = \log_e(\sqrt{AD} + \sqrt{BC}) = \cosh^{-1}\sqrt{AD} = \sinh^{-1}\sqrt{BC}$

| 13 | 분포정수회로

(1) 분포정수회로

① 직렬 임피던스 : $Z = R + j\omega L$

② 병렬 어드미턴스 : $Y = G + j\omega C$

③ 특성임피던스 : $Z_0 = \sqrt{\dfrac{Z}{Y}} = \sqrt{\dfrac{R + j\omega L}{G + j\omega C}}$

④ 전파정수 : $\gamma = \sqrt{ZY} = \sqrt{(R + j\omega L)(G + j\omega C)} = \alpha + j\beta$ (α : 감쇠정수, β : 위상정수)

(2) 무손실 선로와 무왜형 선로

구분	무손실 선로	무왜형 선로
조건	$R = G = 0$	$RC = LG$
특성임피던스	$Z_0 = \sqrt{\dfrac{Z}{Y}} = \sqrt{\dfrac{L}{C}}$	$Z_0 = \sqrt{\dfrac{Z}{Y}} = \sqrt{\dfrac{L}{C}}$
전파정수	$\gamma = \sqrt{ZY}$ $\alpha = 0$ $\beta = w\sqrt{LC}[\text{rad/m}]$ $[\text{rad/km}]$	$\gamma = \sqrt{ZY}$ $\alpha = \sqrt{RG}$ $\beta = \omega\sqrt{LC}[\text{rad/m}]$ $[\text{rad/km}]$
위상속도	$v = \dfrac{\omega}{\beta} = \dfrac{\omega}{\omega\sqrt{LC}} = \dfrac{1}{\sqrt{LC}}$	$v = \dfrac{\omega}{\beta} = \dfrac{\omega}{\omega\sqrt{LC}} = \dfrac{1}{\sqrt{LC}}$

(3) 반사계수와 투과계수

① 반사계수 : $\dfrac{(반사파)}{(입사파)} = \dfrac{Z_L - Z_0}{Z_L + Z_0} = \dfrac{Z_2 - Z_1}{Z_2 + Z_1}$

② 투과계수 : $\dfrac{(투과파)}{(입사파)} = \dfrac{2Z_L}{Z_0 + Z_L} = \dfrac{2Z_2}{Z_1 + Z_2}$

③ 정재파비 : $\dfrac{1 + |\rho|}{1 - |\rho|}$ (ρ : 반사계수)

| 14 | 과도현상

(1) R − L 직렬회로

R − L 직렬회로	직류 기전력 인가 시(S/W On)	직류 기전력 인가 시(S/W Off)
전류 $i(t)$	$i(t) = \dfrac{E}{R}\left(1 - e^{-\frac{R}{L}t}\right)$	$i(t) = \dfrac{E}{R}e^{-\frac{R}{L}t}$
특성근	$P = -\dfrac{R}{L}$	$P = -\dfrac{R}{L}$
시정수	$\tau = \dfrac{L}{R}\,[\sec]$	$\tau = \dfrac{L}{R}\,[\sec]$
V_R	$V_R = E\left(1 - e^{-\frac{R}{L}t}\right)[\mathrm{V}]$	−
V_L	$V_L = Ee^{-\frac{R}{L}t}[\mathrm{V}]$	−

(2) R − C 직렬회로

R − C 직렬회로	직류 기전력 인가 시(S/W On)	직류 기전력 인가 시(S/W Off)
전하 $q(t)$	$q(t) = CE\left(1 - e^{-\frac{1}{RC}t}\right)$	$q(t) = CEe^{-\frac{1}{RC}t}$
전류 $i(t)$	$i = \dfrac{E}{R}e^{-\frac{1}{RC}t}[\mathrm{A}]$ (충전)	$i = -\dfrac{E}{R}e^{-\frac{1}{RC}t}[\mathrm{A}]$ (방전)
특성근	$P = -\dfrac{1}{RC}$	$P = -\dfrac{1}{RC}$
시정수	$\tau = RC[\sec]$	$\tau = RC[\sec]$
V_R	$V_R = Ee^{-\frac{1}{RC}t}[\mathrm{V}]$	−
V_c	$V_c = E\left(1 - e^{-\frac{1}{RC}t}\right)[\mathrm{V}]$	−

(3) R − L − C 직렬회로

구분	특성	응답곡선
과제동(비진동적)	• $R > 2\sqrt{\dfrac{L}{C}}$ • 서로 다른 두 실근	
임계 제동	• $R = 2\sqrt{\dfrac{L}{C}}$ • 중근	
부족 제동(진동적)	• $R < 2\sqrt{\dfrac{L}{C}}$ • 서로 다른 두 허근	

(4) L-C 직렬회로

① $i = \dfrac{E}{\sqrt{\dfrac{L}{C}}}\sin\dfrac{1}{\sqrt{LC}}t\,[\mathrm{A}] \rightarrow$ 불변의 진동전류

② $V_L = L\dfrac{di}{dt} = E\cos\dfrac{1}{\sqrt{LC}}t\,[\mathrm{V}] \rightarrow$ 최소 : $-E$, 최대 : E

③ $V_C = E - V_L = E\left(1 - \cos\dfrac{1}{\sqrt{LC}}t\right)[\mathrm{V}] \rightarrow$ 최소 : 0, 최대 : $2E$

(5) 과도상태

① 과도상태가 나타나지 않는 위상각 : $\theta = \tan^{-1}\dfrac{X}{R}$

② 과도상태가 나타나지 않는 R값 : $R = \sqrt{\dfrac{L}{C}}$

　　※ 과도현상은 시정수가 클수록 오래 지속된다.

| 01 | 자동제어 시스템

1. 제어 시스템의 분류

① 개루프 시스템 : 구조간단, 오차발생
② 폐루프 시스템(피드백 시스템)
　㉠ 오차저감
　㉡ 구조가 복잡
　㉢ 입출력 비교장치
　㉣ 출력 측정 센서

2. 피드백 제어 시스템의 기본구성

① 구성요소 용어 정리

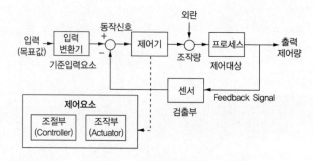

㉠ 목표값 : 입력값, 설정값
㉡ 기준입력요소 : 설정부, 목표값에 비례하는 기준입력 신호를 발생
㉢ 동작신호 : 제어요소에 가해지는 신호
㉣ 제어요소 : 동작신호를 조작량으로 변환, 조절부와 조작부로 구성
㉤ 검출부 : 출력을 검출하는 장치(센서)
㉥ 제어량 : 출력값
㉦ 실제 계산 요령

시스템	목표값	조작량	제어량
온도 제어	25[℃]	연료조정	온도
속도 제어	60[km/h]	기름의 양 조정	속도

② 피드백 제어계의 특징
　ㄱ 정확성 증가(오차 감소)
　ㄴ 시스템의 특성 변화에 대한 입력 대 출력비의 감도 감소
　ㄷ 비선형성과 왜형에 대한 효과의 감소
　ㄹ 시스템의 전체 이득 감소
　ㅁ 대역폭 증가
　ㅂ 필요장치
　　• 입력과 출력을 비교하는 장치
　　• 출력을 검출하는 센서

3. 제어 시스템의 분류

① **목표값에 의한 분류** : 입력에 의한 분류
　ㄱ 정치 제어 : 시간에 관계없이 값이 일정한 제어(연속 압연기)
　ㄴ 추치 제어 : 시간에 따라 값이 변화하는 제어
　　• 추종 제어 : 목표값이 임의의 시간적 변화(대공포, 레이더)
　　• 프로그램 제어 : 미리 정해진 신호에 따라 동작(무인제어), (무인열차, 엘리베이터, 무인자판기)
　　• 비율 제어 : 입력이 변화해도 그것과 항상 일정한 비례관계 유지(배터리, 연소가스와 공기혼합)
② **제어량에 의한 분류**
　ㄱ 서보기구(Servomechanism) : 기계적인 변위량(위치, 방향, 자세, 거리, 각도 등)
　ㄴ 프로세서 제어(Process Control) : 공업공정의 상태량, 외란 억제(밀도, 농도, 온도, 압력, 유량, 습도 등)
　ㄷ 자동조정 (Auto Regulating) : 전기적, 기계적 신호(속도, 전위, 전류, 힘, 주파수, 장력 등)
③ **동작에 의한 분류**
　ㄱ 연속 제어
　　• 비례 제어(P제어) : 잔류 편차(Off Set) 발생
　　• 비례·적분 제어(PI제어) : 잔류 편차 제거, 정상상태 개선, 간헐현상
　　• 비례·미분 제어(PD제어) : 속응성 향상, 진동억제(과도상태 개선)
　　• 비례·미분·적분 제어(PID제어) : 속응성 향상, 잔류편차 제거
　ㄴ 불연속 제어 : 간헐현상 발생
　　• 샘플링 제어
　　• ON-OFF 제어(2위치 제어계)

| 02 | 라플라스 변환

1. 라플라스 변환

$$F(s) = \mathcal{L}\left[f(t)\right] = \int_0^\infty f(t)e^{-st}dt \text{ (단, } t = 0 \text{ 이전 시점은 없다고 본다)}$$

[라플라스 변환표]

함수 종류	$f(t)$	$F(s)$
단위임펄스 함수	$\delta(t)$	1
단위계단 함수	$u(t)$	$\dfrac{1}{s}$
단위램프 함수	t	$\dfrac{1}{s^2}$
	t^n	$\dfrac{n!}{s^{n+1}}$
정현(여현)파 함수	$\sin wt$	$\dfrac{w}{s^2+w^2}$
	$\cos wt$	$\dfrac{s}{s^2+w^2}$
지수 감쇠 함수	e^{-at}	$\dfrac{1}{s+a}$
쌍곡선 함수	$\sinh wt$	$\dfrac{w}{s^2-w^2}$
	$\cosh wt$	$\dfrac{s}{s^2-w^2}$

2. 라플라스의 성질

선형 정리
$\mathcal{L}\left[af_1(t) + bf_1(t)\right] = aF_1(s) + bF_2(s)$

시간추이 정리
$\mathcal{L}\left[f(t-a)\right] = e^{-as}F(s)$

복소추이 정리
$\mathcal{L}\left[e^{-at}f(t)\right] = F(s+a)$

복소 미분 정리
$\mathcal{L}\left[t^n f(t)\right] = (-1)^n \dfrac{d^n}{ds^n}F(s)$

실미분 정리

$$\mathcal{L}\left[\frac{d^n}{dt^n}f(t)\right] = s^n F(s) - s^{n-1}f(0+) - s^{n-2}f'(0+) - \cdots - s^0 f^{n-1}(0+) = s^n F(s) - \sum_{k=1}^{n} s^{n-k}f^{k-1}(0+)$$

실적분 정리

$$\mathcal{L}\int\int\cdots\int f(t)dt^n = \frac{1}{s^n}F(s) + \frac{1}{s^n}f^{(-1)}(0+) + \cdots + \frac{1}{s^2}f^{(-n+1)}(0+) + \frac{1}{s}f^{(-n)}(0+)$$

※ 만약 모든 초깃값이 0이면 $\mathcal{L}\int\int\cdots\int f(t)dt^n = \frac{1}{s^n}F(s)$

초깃값 정리

$$\lim_{t \to 0}f(t) = \lim_{s \to \infty}sF(s)$$

최종값 정리

$$\lim_{t \to \infty}f(t) = \lim_{s \to 0}sF(s)$$

PART 1
PART 2
PART 3
PART 4

3. 역라플라스 변환

$$\mathcal{L}^{-1}[F(s)] = f(t)$$

① 라플라스 변환표를 이용하는 방법
② 라플라스 변환된 함수가 유리수인 경우
   ㉠ 분모가 인수분해 되는 경우 : 부분분수 전개 방식
     • 실수단근
     • 중근(중복근)
     • 중복근＋실수단근
   ㉡ 분모가 인수분해 되지 않는 경우 : 완전제곱형

| 03 | 전달 함수

1. 전달 함수

모든 초깃값을 0으로 했을 경우 입력에 대한 출력의 라플라스 변환 비(임펄스 응답의 라플라스 변환)

$$G(s) = \frac{C(s)}{R(s)}$$

2. 각 제어요소의 전달 함수

비례요소(증폭기, 저항)	$G(s) = K$
적분요소(캐패시터)	$G(s) = \dfrac{K}{s}$
미분요소(인덕턴스)	$G(s) = Ks$
1차 지연요소	$G(s) = \dfrac{K}{1 + Ts}$ T : 시정수(목표값에 63.2[%]에 도달하는 시간)
2차 지연요소	$G(s) = \dfrac{w_n{}^2}{s^2 + 2\delta w_n s + w_n{}^2}$ δ : 제동비, ω_n : 고유 각주파수 • $\delta = 0$: 무제동 　　　　　　　 • $0 < \delta < 1$: 부족 제동 • $\delta = 1$: 임계 제동 　　　　　　　 • $\delta > 1$: 과제동
부동작 시간(Dead Time)요소	$G(s) = e^{-Ts}$ T : 지연 시간

3. 물리계의 각 대응 관계

전기계	직선운동계	회전운동계
전하 : $Q[\mathrm{C}]$	위치(변위) : $x[\mathrm{m}]$	각변위 : $\theta[\mathrm{rad}]$
전류 : $I[\mathrm{A}]$	속도 : $v[\mathrm{m/s}]$	각속도 : $\omega[\mathrm{rad/s}]$
전압 : $E[\mathrm{V}]$	힘 : $F[\mathrm{N}]$	토크 : $\tau[\mathrm{N \cdot m}]$
저항 : $R[\Omega]$	점성마찰 : $B[\mathrm{N/m/s}]$	회전마찰 : $B[\mathrm{N \cdot m/rad/s}]$
인덕턴스 : $L[\mathrm{H}]$	질량 : $M[\mathrm{kg \cdot s^2/m}]$	관성능률 : $J[\mathrm{kg \cdot m^2}]$
정전 용량 : $C[\mathrm{F}]$	탄성계수 : $K[\mathrm{N/m}]$	비틀림강도 : $K[\mathrm{N \cdot m/rad}]$

4. 물리적 시스템

① 전기 계통

$$G(s) = \frac{I(s)}{E(s)} = \frac{1}{R + Ls + \dfrac{1}{Cs}} = \frac{Cs}{RCs + LCs^2 + 1}$$

② 직선운동

$$G(s) = \frac{Y(s)}{F(s)} = \frac{1}{Ms^2 + Bs + K}$$

③ 회전운동

$$G(s) = \frac{\theta(s)}{T(s)} = \frac{1}{Js^2 + Bs + K}$$

| 04 | 블록 선도와 신호흐름 선도

1. 블록 선도와 신호흐름 선도 비교

항목	블록 선도	신호흐름 선도
전달 함수	블럭	표기
신호의 흐름	화살표	
입·출력 변수	표기	마디(Node)
신호의 가합점	가합점 표기	가합점 표기 ×

2. 각각에서의 전달 함수(이득)

① 블록 선도에서의 전달 함수

$$G(s) = \frac{\Sigma G}{1 - \Sigma L_1 + \Sigma L_2}$$

(L_1 : 각각의 모든 폐루프 이득의 합, L_2 : 서로 접촉하지 않는 2개의 폐루프 이득의 곱의 합, ΣG : 각각의 전향 경로의 합)

② 신호흐름 선도에서의 전달 함수 : Mason의 정리

$$M = \frac{y_{out}}{y_{in}} = \sum_{k=1}^{N} \frac{M_k \triangle_k}{\triangle}$$

[M_k : 전향 경로의 이득, $\triangle = 1 - \sum_m P_{m1} + \sum P_{m2} - \sum_m P_{m3} + \cdots$,

P_{mr} : r개 접촉 루프의 가능한 m번째 조합의 이득 곱,

$\triangle$: 1 - (각각의 모든 루프 이득의 합) + (2개의 비접촉 루프의 가능한 모든 조합의 이득 곱의 합) - (3개의 …) + …,

$\triangle k$: k번째 전향 경로와 접촉하지 않는 신호흐름 선도 부분에 대한 $\triangle$값]

| 05 | 자동제어계의 시간영역 해석

1. 시간응답 : (과도응답) + (정상응답)

2. 과도응답을 위한 시험입력

임펄스응답	$r(t) = s(t) \rightarrow R(s) = 1$	$C(t) = \mathcal{L}^{-1}[C(s)] = \mathcal{L}^{-1}[G(s)]$
계단응답 인디셜응답 (단위 계단 입력)	$r(t) = u(t) \rightarrow R(s) = \frac{1}{s}$	$C(t) = \mathcal{L}^{-1}[C(s)] = \mathcal{L}^{-1}[G(s) \cdot \frac{1}{s}]$
경사응답 램프응답	$r(t) = t \cdot u(t) \rightarrow R(s) = \frac{1}{s^2}$	$C(t) = \mathcal{L}^{-1}[C(s)] = \mathcal{L}^{-1}[G(s) \frac{1}{s^2}]$

안심Touch

3. 과도응답 명세

① 오버슈트 : 목표값을 초과한 양(안정성의 척도)

② 최대 오버슈트 : 과도상태 중 계단 입력을 초과하여 나타나는 출력의 최대 편차량

③ 백분율 오버슈트 : $\dfrac{(최대\ 오버슈트)}{(최종\ 목표값)} \times 100[\%]$

④ 지연 시간(시간 늦음) : 정상값의 50[%]에 도달하는 시간

⑤ 상승 시간(입상 시간) : 정상값의 10 ~ 90[%]에 도달하는 시간, 속응성 판단 기준

⑥ 정정 시간(정착 시간) : 응답의 최종값의 허용 범위가 2 ~ 5[%] 내에 안정되기까지 요하는 시간

⑦ 감쇠비 : 과도응답의 소멸되는 정도를 나타내는 양

- $(감쇠비) = \dfrac{(제2오버슈트)}{(최대\ 오버슈트)}$

4. 자동제어계의 과도응답

① 특성방정식

　㉠ 폐루프 전달 함수의 분모를 0으로 놓은 식

$$G(s) = \frac{C(s)}{R(s)} = \frac{G(s)}{1 + G(s)H(s)}$$

　㉡ $F(s) = 1 + G(s)H(s) = 0$: 특성방정식,

$$(특성근) = K\frac{(s + Z_1)(s + Z_2) + \cdots + (s + Z_n)}{(s + P_1)(s + P_2) + \cdots + (s + P_n)}$$

　㉢ 전달 함수에서의 영점과 극점

- 영점(Zero) : $C(s) = 0$, $F(s)$의 값을 0으로 하는 s의 모든 값, 표시 : ○
- 극점(Pole) : $R(s) = 0$, $F(s)$의 값을 ∞로 하는 s의 모든 값, 표시 : ×

② 특성방정식의 근(극점)의 위치와 과도응답

　㉠ 극점이 좌반면 실수근

$$G(s) = \frac{1}{s + a} \rightarrow g(t) = e^{-at} \text{ (수렴)}$$

　㉡ 극점이 우반면 실수근

$$G(s) = \frac{1}{s - a} \rightarrow g(t) = e^{at} \text{ (발산)}$$

　㉢ 극점이 허수축

$$G(s) = \frac{a}{s^2 + a^2} \rightarrow g(t) = \sin at \text{ (진동)}$$

　㉣ 극점이 좌반면 실·허근

$$G(s) = \frac{b}{(s + a)^2 + b^2}$$

$$\rightarrow g(t) = e^{-at}\sin bt \text{ (수렴)}$$

ⓜ 극점이 우반면 실·허근

$$G(s) = \frac{b}{(s-a)^2 + b^2}$$

$\rightarrow g(t) = e^{at}\sin bt$ (발산)

③ 2차 제어 시스템의 과도응답

$$G(s) = \frac{C(s)}{R(s)} = \frac{{\omega_n}^2}{s^2 + 2\delta\omega_n s + {\omega_n}^2} \quad [\delta : \text{제동비(감쇠비)}, \ \omega_n : \text{고유 각주파수}]$$

㉠ 특성방정식 : $s^2 + 2\delta\omega_n s + {\omega_n}^2 = 0$

㉡ 특성근 : $s_1, \ s_2 = -\delta\omega_n \pm \omega_n\sqrt{\delta^2 - 1}$

  • $\delta > 1$(과제동) : $s_1, \ s_2 = -\delta\omega_n \pm \omega_n\sqrt{\delta^2 - 1} \rightarrow$ 비진동

  • $\delta = 1$(임계 제동) : $s_1, \ s_2 = -\omega_n$

  • $0 < \delta < 1$(부족 제동) : $s_1, \ s_2 = -\delta\omega_n \pm j\omega_n\sqrt{1 - \delta^2} \rightarrow$ 감쇠진동

  • $\delta = 0$(무제동) : $s_1, \ s_2 = \pm j\omega_n \rightarrow$ 무한진동 또는 완전진동

④ 정상응답 : 정상상태 오차

㉠ 오차 : $E(s) = \dfrac{s}{1 + G(s)}R(s)$

㉡ 정상상태 오차 : $e_{ss} = \lim\limits_{t \to \infty} e(t) = \lim\limits_{s \to 0} sE(s)$

㉢ 시스템의 형 : $G(s)H(s) = k\dfrac{(s + Z_1)(s + Z_2)\cdots t(s + Z_{n-a})}{s^l(s + P_1)(s + P_2)\cdots t(s + P_{n-b})} \rightarrow G(s)H(s) = \dfrac{k}{s^l}$

  • $l = 0 \rightarrow$ 0형 제어계

  • $l = 1 \rightarrow$ 1형 제어계

  • $l = 2 \rightarrow$ 2형 제어계

제어계	편차상수 K_p, K_v, K_a	정상위치편차(계단 입력)	정상속도편차(램프 입력)	정상가속도편차(포물선 입력)
0형	K 0 0	$e_{ss} = \dfrac{R}{1 + K_p}$	$e_{ss} = \infty$	$e_{ss} = \infty$
1형	∞ K 0	$e_{ss} = 0$	$e_{ss} = \dfrac{R}{K_v}$	$e_{ss} = \infty$
2형	∞ ∞ K	$e_{ss} = 0$	$e_{ss} = 0$	$e_{ss} = \dfrac{R}{K_v}$
3형	∞ ∞ ∞	$e_{ss} = 0$	$e_{ss} = 0$	$e_{ss} = 0$

  • 정상위치편차상수 : $K_p = \lim\limits_{s \to 0} G(s)$

  • 정상속도편차상수 : $K_v = \lim\limits_{s \to 0} sG(s)$

  • 정상가속도편차상수 : $K_a = \lim\limits_{s \to 0} s^2 G(s)$

⑤ 감도 : 시스템을 구성하는 한 요소의 특성 변화가 전체 시스템의 특성 변화에 미치는 영향의 정도

$$S_K^T = \frac{K}{T}\frac{dT}{dK} \quad (T : \text{전달 함수})$$

| 06 | 자동제어계의 주파수영역 해석

1. 주파수 응답에 필요한 입력 : 정현파 입력

2. 주파수 전달 함수 : $G(s) \rightarrow G(j\omega)$

① 주파수 전달 함수 이득 : 주파수 전달 함수의 크기 $g = |G(j\omega)|$
② 주파수 전달 함수의 위상 : 주파수 전달 함수의 편각 $\theta = \angle\, G(j\omega)$

3. 벡터 궤적

주파수 전달 함수의 w가 $0 \sim \infty$ 까지 변화하였을 때의 $G(jw)$의 크기와 위상각의 변화를 극좌표에 그린 궤적(간략화 나이퀴스트)

비례요소 $G(s) = K$	$G(j\omega) = K$
크기	$\|G(j\omega)\| = K$
위상	$\theta = 0°$
미분요소 $G(s) = S$	$G(j\omega) = j\omega$
크기	$\|G(j\omega)\| = \omega$
위상	$\theta = 90°$
적분요소 $G(s) = \dfrac{1}{s}$	$G(j\omega) = -j\dfrac{1}{\omega}$
크기	$\|G(j\omega)\| = \dfrac{1}{\omega}$
위상	$\theta = -90°$
1차 지연요소 $G(s) = \dfrac{1}{1+sT}$	$G(j\omega) = \dfrac{1}{1+j\omega T}$
크기	$\|G(j\omega)\| = \dfrac{1}{\sqrt{1+(\omega T)^2}}$
위상	$\theta = -\tan^{-1}\omega T$
2차 지연요소 $G(s) = \dfrac{{\omega_n}^2}{s^2 + 2\delta\omega_n s + {\omega_n}^2}$	$G(j\omega) = \dfrac{{\omega_n}^2}{s^2 + 2\delta\omega_n \omega + {\omega_n}^2}$
크기	$\|G(j\omega)\| = \dfrac{1}{(1-\lambda)^2 + (2\delta\lambda)^2}$
위상	$\theta = \tan^{-1}\dfrac{2\delta\lambda}{1-\lambda^2}$
부동작 시간요소 $G(s) = e^{-Ts}$	$G(j\omega) = e^{-j\omega\tau}$
크기	$\|G(j\omega)\| = 1$
위상	$\theta = -\tan^{-1}\dfrac{\sin\omega\tau}{\cos\omega\tau} = -\omega\tau$

4. 보드 선도

① 이득 선도 : 횡축에 주파수와 종축에 이득값[dB]으로 그린 그림

$g = 20\log_{10}|G(j\omega)|\,[\text{dB}]$

② 위상 선도 : 횡축에 주파수와 종축에 위상값[°]으로 그린 그림

$\theta = \angle\,G(j\omega)\,[\text{deg}]$

> ※ **절점주파수** : 「(실수부)=(허수부)」를 만족하는 주파수 ω(보드 선도에서의 굴곡점)

요소	크기	위상
비례요소 $G(s) = K$	$g = 20\log K\,[\text{dB}]$	$\theta = 0°$
미분요소 $G(s) = s$	$g = 20\log\omega\,[\text{dB}]$	$\theta = 90°$
적분요소 $G(s) = \dfrac{1}{s}$	$g = -20\log\omega\,[\text{dB}]$	$\theta = -90°$
1차 지연요소 $G(s) = \dfrac{1}{1+sT}$	$g = 20\log_{10}\dfrac{1}{\sqrt{1+(\omega T)^2}}\,[\text{dB}]$	$\theta = -\tan^{-1}\omega T$

| 07 | 제어계의 안정도

1. 안정도

① 절대 안정도 : 안정, 불안정, 임계
  ㉠ 특성방정식의 근의 위치
  ㉡ Routh-Hurwitz 안정도 판별법
② 상대 안정도 : 여유(Margine)
  ㉠ Bode 선도
  ㉡ 나이퀴스트 선도
  ㉢ 근궤적

2. 특성방정식의 근(극점)의 위치에 따른 안정도

① 좌반면 : 안정상태
② 우반면 : 불안정상태
③ 허수축 : 임계상태

3. Routh-Hurwitz 안정도 판별법

① 전제조건
- ㉠ 모든 계수의 부호가 (+)로 동일할 것
- ㉡ 모든 차수가 존재할 것
- ㉢ 계수 중 어느 하나라도 0이 아닐 것

② 루스표의 제 1열의 모든 값의 부호가 변하지 않을 것 : 제 1열의 부호가 변하는 수만큼의 특성근이 우반부에 존재

4. 나이퀴스트 판별법

① 시스템의 주파수응답에 관한 정보를 줌
② 시스템의 안정을 개선하는 방법에 대한 정보를 줌
③ 안정성을 판별하는 동시에 안정도를 지시해 줌
④ 안정 조건 : 시계 방향, 반시계 방향 모두 안쪽에 $(-1, j0)$이 있으면 불안정
⑤ 이득 여유 : $G_M = 20\log\dfrac{1}{|G(j\omega)H(j\omega)|}[\text{dB}]$
⑥ 위상 여유 : $\theta_M = 180° - \theta°$

5. 보드 선도에서 안정계의 조건

① 안정 조건 : 이득곡선 0[dB]선과 교차하는 점에서의 위상차가 $-180°$보다 크고 위상곡선의 위상각이 $-180°$일 경우에 이득 값이 음$(-)$
- ㉠ 위상 여유 $\theta_m > 0°$
- ㉡ 이득 여유 $g_m > 0$
- ㉢ 이득 교점 주파수 > 위상 교점 주파수

② 보드 선도의 약점 : 우반면에 극점 존재 시 판정 불능

6. 보상

① 진상보상 : 응답의 속응성(과도특성) 개선, 위상 여유 증가, 공진 첨두값 감소
② 지상보상 : 정상특성 개선, 편차 감소

| 08 | 근궤적법

1. 근궤적

개루프 전달 함수의 이득정수 K를 $0 \sim \infty$ 까지 변화시킬 때의 특성근(특성방정식의 근의 움직임으로 시스템의 안정도 판별)

2. 근궤적 작도법

① 근궤적의 출발점($K=0$)

　　$G(s)H(s)$의 극점으로부터 출발

② 근궤적의 종착점($K=\infty$)

　　근궤적은 $G(s)H(s)$의 영점에 종착

③ 근궤적의 개수

　　㉠ $Z>P$: $N=Z$

　　㉡ $Z<P$: $N=P$

④ 근궤적은 실수축에 관하여 대칭

⑤ 근궤적의 점근선

　　㉠ 점근선의 각도 : $\alpha_k = \dfrac{(2k+1)\pi}{P-Z}$ $(k=0,\ 1,\ 2,\ \cdots)$

　　㉡ 점근선의 교차점 : $\delta = \dfrac{\Sigma\{G(s)H(s)\text{의 극점}\} - \Sigma\{G(s)H(s)\text{의 영점}\}}{P-Z}$

⑥ 근궤적의 범위 : 실축상의 극과 영점의 총수가 홀수이면 그 구간에 존재(홀수 구간의 좌측)

⑦ 근궤적과 허수축과의 교차점 : Routh-Hurwitz 안정도 판별법 이용

⑧ 실축상에서의 분지점(이탈점) : $\dfrac{dk(\sigma)}{d\sigma}=0$

| 09 | 상태공간법

1. 상태방정식 : 시스템의 특성을 일련의 1차미분방정식으로 표현한 식

① 상태방정식 : $x(t) = Ax(t) + Bu(t)$ (A : 상태행렬, B : 입력)

② 출력방정식 : $y(t) = Cx(t) + Du(t)$ (C : 출력, D : 외란)

③ 특성방정식 : $|sI-A|=0$

2. 천이행렬 : 시스템의 초기상태에 의한 응답, 영입력응답(입력=0)

① 일반식

　　㉠ $\phi(t) = \mathcal{L}^{-1}\{[SI-A]^{-1}\}$

　　㉡ $\phi(t) = e^{At}x(0)$

② 천이행렬의 성질

　　㉠ $\phi(0) = I$

　　㉡ $\phi(t-t_0) = \phi(t_0-t_1)\phi(t_1-t_0)$

　　㉢ $\phi(t+\tau) = \phi(t)\phi(\tau)$

　　㉣ $\phi^{-1}(t) = \phi(-t)$

　　㉤ $(\phi(t))^k = \phi(kt)$

| 10 | Z 변환

1. Z 변환

$$Z = \sum_{n=0}^{\infty} f(t)^n Z^{-n}$$

2. 기본 함수의 Z 변환$[F^*(S) \to F(Z)]$

① 라플라스 변환 함수의 s 대신 $\dfrac{1}{T}\ln z$ 를 대입

② s 평면의 좌반면 : z 평면상에서는 단위원의 내부에 사상(안정)

③ s 평면의 우반면 : z 평면상에서는 단위원의 외부에 사상(불안정)

④ s 평면의 허수축 : z 평면상에서는 단위원의 원주상에 사상(임계)

$f(t)$	$F(s)$	$F(z)$
$\delta(t)$	1	1
$u(t)$	$\dfrac{1}{s}$	$\dfrac{z}{z-1}$
t	$\dfrac{1}{s^2}$	$\dfrac{Tz}{(z-1)^2}$
e^{-at}	$\dfrac{1}{s+a}$	$\dfrac{z}{z-e^{-at}}$

| 11 | 제어기기

1. 변환요소(물리량 → 전기량)

변환량	변환기기
압력 → 변위 변위 → 압력	• 벨로스, 다이어프램, 스프링 • 노즐 플래퍼, 유압 분사관, 스프링
변위 → 임피던스 온도 → 임피던스 광 → 임피던스	• 가변 저항기, 용량형 변환기 • 측온 저항(열선, 서미스터, 백금, 니켈) • 광전관, 광전트랜지스터, 광전지, 광전 다이오드
변위 → 전압 전압 → 변위 광 → 전압 온도 → 전압	• 포텐셜미터, 차동 변압기, 전위차계 • 전자석, 전자 코일 • 광전지, 광전 다이오드 • 열전대

2. 증폭기기 : 증폭기기에는 전기식, 공기식, 유압식이 있다.

구분	전기계	기계계
정지기	진공관, 트랜지스터, 자기증폭기 사이리스터(SCR), 사이러트론	공기식(노즐, 플래퍼, 벨로스), 유압식(안내밸브), 지렛대
회전기	엠플리다인, 로토트롤	−

3. 서보모터(조작기)

① 정역운전이 가능
② 지속적이고 급가감속이 가능
③ 기계적 응답이 우수, 속응성
④ 시정수가 적고, 기동 토크가 클 것
⑤ 직류식과 교류식이 있음
⑥ 적분요소와 2차 요소의 직렬결합

4. 제어에 사용되는 반도체 소자

① **서미스터** : 온도 상승에 따라 저항이 감소하는 특성, 온도 보상용으로 사용
② **바리스터** : 회로의 이상전압(서지전압)에 대한 회로 보호용
③ **제너 다이오드** : 정전압 다이오드
④ **터널 다이오드** : 증폭작용, 발진작용, 개폐작용
⑤ **실리콘정류 제어 소자(SCR)**
   ㉠ 역저지 3극, 단방향성
   ㉡ 위상 조정용
   ㉢ pnpn 구조
   ㉣ 게이트전류에 의하여 방전 개시전압을 제어 SCR을 OFF시키는 방법 : A, K 간 전압 극성 변경
⑥ **증폭기** : 제어 시스템에 가장 많이 사용되는 전자요소

KEC / 전기설비 기술기준 및 판단기준

| 01 | KEC(한국전기설비규정)

1. 주요 내용

2021년 이전 규정			2021년 변경사항(KEC)		
〈저압·고압·특고압 기준〉					
전압 구분	교류	직류	전압 구분	교류	직류
저압	600V 이하	750V 이하	저압	1kV 이하	1.5kV 이하
고압	600V 초과 7kV 이하	750V 초과 7kV 이하	고압	1kV 초과 7kV 이하	1.5kV 초과 7kV 이하
특고압	7kV 초과		특고압	7kV 초과	

〈접지〉					
종별	내용	접지저항	접지선 굵기	• 계통접지 방식 : TN, TT, IT방식 • 보호접지 : 등전위본딩 등 • 피뢰시스템접지	접지선 굵기(상도체방식) • $S \leq 16\text{mm}^2$인 경우 : S
제1종 접지공사	고압 특고압설비	10Ω 이하	6mm² 이상		• $16 < S \leq 35\text{mm}^2$인 경우 : 16mm^2
특별 제3종 접지공사	400V 이상 저압	10Ω 이하	25mm² 이상		• $36\text{mm}^2 < S$인 경우 : $S \times \dfrac{1}{2}$ 또는 차단시간 5초
제3종 접지공사	400V 미만	100Ω 이하	25mm² 이상		이내인 경우 $S = \dfrac{\sqrt{I^2 t}}{k}$
제2종 접지공사	변압기	계산	16mm² 이상	• 변압기 중성점접지로 변경	• S(상도체의 단면적)

〈절연저항〉					
전로의 사용전압 구분		절연저항[MΩ]	전로의 사용전압[V]	DC 시험전압[V]	절연저항[MΩ]
400V 미만	대지전압이 150V 이하인 경우	0.1	SELV 및 PELV	250	0.1
	대지전압이 150V 초과 300V 이하	0.2	FELV, 500V 이하	500	1.0
	사용전압이 300V 초과 400V 미만	0.3	500V 초과	1,000	1.0
400V 이상		0.4	특별저압(Extra Low Voltage : 2차 전압이 AC 50V, DC 120V 이하)으로 SELV(비접지회로 구성) 및 PELV(접지회로 구성)는 1차와 2차가 전기적으로 절연된 회로, FELV는 1차와 2차가 전기적으로 절연되지 않은 회로		

2. 접지방식의 문자 분류

① 제1문자 : 전력계통과 대지와의 관계
  ㉠ T(Terra) : 전력계통을 대지에 직접접지
  ㉡ I(Insulation) : 전력계통을 대지로부터 절연 또는 임피던스를 삽입하여 접지
② 제2문자 : 설비 노출도전성 부분과 대지와의 관계
  ㉠ T(Terra) : 설비 노출도전성 부분을 대지에 직접접지(기기 등)
  ㉡ N(Neutral) : 설비 노출도전성 부분을 중성선에 접속
③ 제3문자 : 중성선(N)과 보호도체(PE)의 관계
  ㉠ S(Separator) : 중성선(N)과 보호도체(PE)를 분리
  ㉡ C(Combine) : 중성선(N)과 보호도체(PE)를 겸용

3. 계통접지 종류

① TN – S : 계통 내에 별도의 중성선과 보호도체가 계통전체에 시설된 방식
  ㉠ 별도의 PE와 N이 있는 TN – S

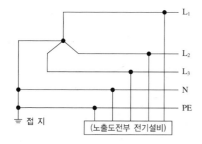

  ㉡ 접지된 보호도체는 있으나 중성선이 없는 배선 TN – S

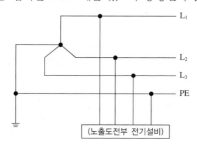

  ㉢ 별도 접지된 선도체와 보호도체가 있는 TN – S

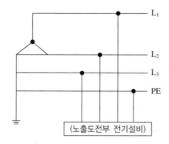

  ※ 설비비가 고가이거나, 노이즈에 예민한 설비(전산설비, 병원 등)에 적합

② TN - C : 계통 전체에 대한 중성선과 보호도체의 기능을 하나의 도선으로 시설

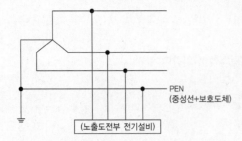

※ 노이즈에 대한 문제가 있음, 배전계통에 사용(지락보호용 과전류차단기는 사용 가능하나, 누전차단기는 설치 불가)

③ TN - C - S : 전원부는 TN - C 방식을 이용, 간선에는 중성선과 보호도체를 분리 TN - S 계통으로 사용

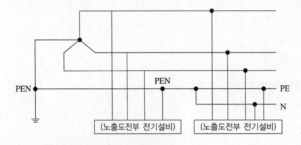

※ 수변전실이 있는 대형 건축물에 사용

④ TT : 변압기와 전기설비측을 개별적으로 접지하는 방식

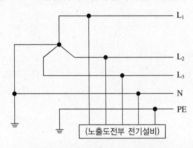

※ 주상변압기 접지선과 수용가접지선이 분리되어 있는 상태
※ 기기 자체를 단독접지할 수 있다.
※ 개별기기 접지방식으로 ELB로 보호

⑤ IT : 비접지방식 또는 임피던스를 삽입접지하고 노출도전성 부분은 개별접지

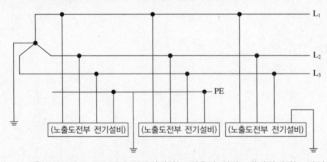

※ 노출도전부가 보호도체에 일괄접지하는 경우와 일괄+개별접지하는 방식이 있다.

| 02 | 총칙

한국전기설비규정(KEC; Korea Electro-technical Code) : 전기설비기술기준 고시에서 정하는 전기설비(발전·송전·변전·배전 또는 전기사용을 위하여 설치하는 기계·기구·댐·수로·저수지·전선로·보안통신선로 및 그 밖의 설비)의 안전성능과 기술적 요구사항을 구체적으로 정한 규정

1. 일반사항

① 통칙

ㄱ 적용범위 : 인축의 감전에 대한 보호와 전기설비 계통, 시설물, 발전용 수력설비, 발전용 화력설비, 발전설비 용접 등의 안전에 필요한 성능과 기술적인 요구사항에 대하여 적용

ㄴ 전압의 구분

구분	교류(AC)	직류(DC)
저압	1kV 이하	1.5kV 이하
고압	1kV 초과 7kV 이하	1.5kV 초과 7kV 이하
특고압	7kV 초과	

② 용어정의

• 발전소 : 발전기, 원동기, 연료전지, 태양전지 등을 시설하여 전기 발생하는 곳(단, 비상용 예비전원, 휴대용 발전기 제외)

• 변전소 : 구외에서 전송된 전기를 변압기, 정류기 등에 의해 변성하여 구외로 전송하는 곳

• 개폐소 : 발전소 상호 간, 변전소 상호 간 또는 발전소와 변전소 간 50kV 이상의 송전선로를 연결 또는 차단하기 위한 전기설비

• 급전소 : 전력계통의 운용에 관한 지시를 하는 곳

• 인입선 : 가공인입선 및 수용장소의 조영물의 옆면 등에 시설하는 전선으로 그 수용장소의 인입구에 이르는 부분의 전선

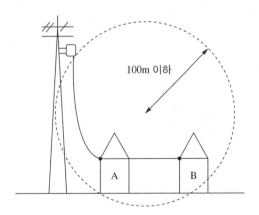

– 가공인입선 : 가공전선의 지지물에서 분기하여 지지물을 거치지 않고 다른 수용장소의 인입구에 이르는 부분의 전선(길이 : 50m 이하)

– 연접인입선 : 한 수용장소의 인입선에서 분기하여 지지물을 거치지 않고 다른 수용장소의 인입구에 이르는 부분의 전선

- 관등회로 : 방전등용 안정기(변압기 포함)로부터 방전관까지의 전로
- 리플프리직류 : 교류를 직류로 변환할 때, 리플성분이 10%(실횻값) 이하를 포함한 직류
- 조상설비 : 무효전력을 조정하는 전기기계기구
- 전기철도용 급전선 : 전기철도용 변전소로부터 다른 전기철도용 변전소 또는 전차선에 이르는 전선
- 전기철도용 급전선로 : 전기철도용 급전선 및 이를 지지하거나 수용하는 시설물
- 지지물 : 목주, 철주, 철근 콘크리트주, 철탑으로 전선, 약전류전선, 케이블을 지지
- 지중관로 : 지중전선로, 지중약전류전선로, 지중광섬유케이블선로, 지중에 시설하는 수관 및 가스관과 이와 유사한 것 및 이들에 부속하는 지중함 등
- 계통연계 : 둘 이상의 전력계통 사이를 전력이 상호 융통될 수 있도록 선로를 통하여 연결하는 것(전력계통 상호 간을 송전선, 변압기 또는 직류 – 교류변환설비 등에 연결)
- 계통외도전부 : 전기설비의 일부는 아니지만 지면에 전위 등을 전해줄 위험이 있는 도전성 부분
- 계통접지 : 전력계통에서 돌발적으로 발생하는 이상현상에 대비하여 대지와 계통을 연결하는 것(중성점을 대지에 접속하는 것)
- 기본보호(직접접촉에 대한 보호) : 정상운전 시 기기의 충전부에 직접 접촉함으로써 발생할 수 있는 위험으로부터 인축의 보호
- 고장보호(간접접촉에 대한 보호) : 고장 시 기기의 노출도전부에 간접 접촉함으로써 발생할 수 있는 위험으로부터 인축을 보호
- 노출도전부 : 충전부는 아니지만 고장 시에 충전될 위험이 있고, 사람이 쉽게 접촉할 수 있는 기기의 도전성 부분
- 단독운전 : 전력계통의 일부가 전력계통의 전원과 전기적으로 분리된 상태에서 분산형전원에 의해서만 가압되는 상태
- 분산형전원 : 중앙급전 전원과 구분되는 것으로서 전력소비지역 부근에 분산하여 배치 가능한 전원(상용전원의 정전 시에만 사용하는 비상용 예비전원은 제외하며, 신재생에너지 발전설비, 전기저장장치 등을 포함)
- 단순 병렬운전 : 자가용 발전설비 또는 저압 소용량 일반용 발전설비를 배전계통에 연계하여 운전하되, 생산한 전력의 전부를 자체적으로 소비하기 위한 것으로서 생산한 전력이 연계계통으로 송전되지 않는 병렬 형태
- 내부 피뢰시스템 : 등전위본딩 또는 외부 피뢰시스템의 전기적 절연으로 구성된 피뢰시스템의 일부
- 등전위본딩 : 등전위를 형성하기 위해 도전부 상호 간을 전기적으로 연결

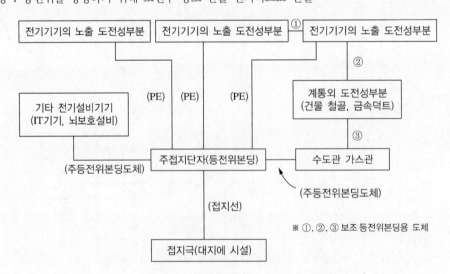

- 외부피뢰시스템 : 수뢰부시스템, 인하도선시스템, 접지극시스템으로 구성된 피뢰시스템의 일종
  - 수뢰부시스템 : 낙뢰를 포착할 목적으로 피뢰침, 망상도체, 피뢰선 등과 같은 금속 물체를 이용한 외부 피뢰시스템의 일부
  - 인하도선시스템 : 뇌전류를 수뢰시스템에서 접지극으로 흘리기 위한 외부 피뢰시스템의 일부
  - 접지시스템 : 기기나 계통을 개별적 또는 공통으로 접지하기 위하여 필요한 접속 및 장치로 구성된 설비
- 서지보호장치(SPD; Surge Protective Device) : 과도 과전압을 제한하고 서지전류를 분류시키기 위한 장치
- 특별저압(ELV; Extra Low Voltage) : 인체에 위험을 초래하지 않을 정도의 저압
  - AC 50V 이하 / DC 120V 이하
  - SELV(Safety Extra Low Voltage)는 비접지회로
  - PELV(Protective Extra Low Voltage)는 접지회로

- T(Terra : 대지)
- I(Insulation : 절연) : 대지와 완전 절연, 저항 삽입 대지와 접지
- N(Neutral : 중성)
- S(Separated : 분리) : 중성선과 보호도체를 분리한 상태로 도체에 포설
- C(Combined : 조합) : 중성선과 보호도체를 묶어 단일화로 포설
- PE(보호도체)
  - Protective 보호하는
  - Equipotential : 등전위
  - Earthing : 접지
- F(Function : 기능)
- S(Satety : 안전)

- 접근상태 : 제1차 접근상태 및 제2차 접근상태
  - 제1차 접근상태 : 가공전선이 다른 시설물과 접근(병행하는 경우를 포함하며, 교차하는 경우 및 동일 지지물에 시설하는 경우를 제외)하는 경우에 가공전선이 다른 시설물의 위쪽 또는 옆쪽에서 수평거리로 가공전선로의 지지물의 지표상의 높이에 상당하는 거리 안에 시설(수평거리로 3m 미만인 곳에 시설되는 것을 제외)됨으로써 가공전선로의 전선의 절단, 지지물의 도괴 등의 경우에 그 전선이 다른 시설물에 접촉할 우려가 있는 상태
  - 제2차 접근상태 : 가공전선이 다른 시설물과 접근하는 경우에 그 가공전선이 다른 시설물의 위쪽 또는 옆쪽에서 수평거리로 3m 미만인 곳에 시설되는 상태
③ 안전을 위한 보호
  ㉠ 감전에 대한 보호
    - 기본 보호 : 직접접촉을 방지하는 것(전기설비의 충전부에 인축이 접촉하여 일어날 수 있는 위험으로부터 보호)
      - 인축의 몸을 통해 전류가 흐르는 것을 방지하여야 한다.
      - 인축의 몸에 흐르는 전류를 위험하지 않는 값 이하로 제한하여야 한다.
    - 고장 보호 : 기본절연의 고장에 의한 간접접촉을 방지(노출도전부에 인축이 접촉하여 일어날 수 있는 위험으로부터 보호)
      - 인축의 몸을 통해 고장전류가 흐르는 것을 방지하여야 한다.
      - 인축의 몸에 흐르는 고장전류를 위험하지 않는 값 이하로 제한하여야 한다.
      - 인축의 몸에 흐르는 고장전류의 지속시간을 위험하지 않은 시간까지로 제한하여야 한다.

ⓒ 과전류에 대한 보호
  - 과전류에 의한 과열 또는 전기·기계적 응력에 의한 위험으로부터 인축의 상해를 방지하고 재산을 보호하여야 한다.
  - 과전류에 대한 보호는 과전류가 흐르는 것을 방지하거나 과전류의 지속시간을 위험하지 않는 시간까지로 제한함으로써 보호하여야 한다.
ⓒ 고장전류에 대한 보호
  - 고장전류가 흐르는 도체 및 다른 부분은 고장전류로 인해 허용온도 상승 한계에 도달하지 않도록 하여야 한다.
  - 도체를 포함한 전기설비는 인축의 상해 또는 재산의 손실을 방지하기 위하여 보호장치가 구비되어야 한다.
  - 고장으로 인해 발생하는 과전류에 대하여 보호되어야 한다.
ⓔ 열영향에 대한 보호
  고온 또는 전기 아크로 인해 가연물이 발화 또는 손상되지 않도록 전기설비를 설치하여야 한다. 또한, 정상적으로 전기기기가 작동할 때 인축이 화상을 입지 않도록 하여야 한다.
ⓗ 과전압, 전자기 장애에 대한 대책
  - 회로의 충전부 사이의 결함으로 발생한 전압에 의한 고장으로 인한 인축의 상해가 없도록 보호하여야 하며, 유해한 영향으로부터 재산을 보호하여야 한다.
  - 저전압과 뒤이은 전압 회복의 영향으로 발생하는 상해로부터 인축을 보호하여야 하며, 손상에 대해 재산을 보호하여야 한다.
  - 설비는 규정된 환경에서 그 기능을 제대로 수행하기 위해 전자기 장애로부터 적절한 수준의 내성을 가져야 한다. 설비를 설계할 때는 설비 또는 설치 기기에서 발생되는 전자기 방사량이 설비 내의 전기사용기기와 상호 연결 기기들이 함께 사용되는 데 적합한지를 고려하여야 한다.
ⓑ 전원공급 중단에 대한 보호
  전원공급 중단으로 인해 위험과 피해가 예상되면 설비 또는 설치기기에 적절한 보호장치를 구비하여야 한다.

2. 전선

① 전선의 식별
  ⓐ 구분

상(문자)	색상
L1	갈색
L2	흑색
L3	회색
N	청색
보호도체	녹색 – 노란색

  ⓑ 색상 식별이 종단 및 연결 지점에서만 이루어지는 나도체 등은 전선 종단부에 색상이 반영구적으로 유지될 수 있는 도색, 밴드, 색 테이프 등의 방법으로 표시해야 한다.
② 전선의 종류
  ⓐ 저압 절연전선
  - 450/750V 비닐절연전선
  - 450/750V 저독난연 (가교)폴리올레핀 절연전선
  - 450/750V 고무절연전선

ⓛ 저압케이블
- 0.6/1kV 연피케이블
- 클로로프렌외장케이블
- 비닐외장케이블
- 폴리에틸렌외장케이블
- 무기물 절연케이블
- 저독성 난연 폴리올레핀외장케이블
- 금속외장케이블
- 300/500V 연질 비닐시스케이블
- 선박용 케이블
- 엘리베이터용 케이블
- 용접용 케이블
ⓒ 고압케이블
- 클로로프렌외장케이블
- 비닐외장케이블
- 폴리에틸렌외장케이블
- 콤바인덕트케이블
- KS에서 정한 성능 이상의 것
ⓔ 특고압케이블
- 특고압인 전로에 사용
  - 절연체가 에틸렌 프로필렌고무혼합물 또는 가교폴리에틸렌 혼합물인 케이블로서 선심 위에 금속제의 전기적 차폐층을 설치한 것
  - 파이프형 압력 케이블
  - 금속피복을 한 케이블
- 특고압 전로의 다중접지 지중 배전계통에 사용하는 동심중성선 전력케이블
  - 최고전압은 25.8kV 이하일 것
  - 도체는 연동선 또는 알루미늄선을 소선으로 구성한 원형 압축연선
  - 절연체는 동심원상으로 동시압출(3중 동시압출)한 내부 반도전층, 절연층 및 외부 반도전층으로 구성하여야 하며, 건식 방식으로 가교할 것
  - 중성선 수밀층은 물이 침투하면 자기부풀음성을 갖는 부풀음 테이프를 사용
  - 중성선은 반도전성 부풀음 테이프 위에 형성하여야 하며, 꼬임방향은 Z 또는 S-Z꼬임으로 할 것(피치는 중성선 층 외경의 6~10배로 꼬임)

③ 전선의 접속법
ⓐ 전선의 전기저항을 증가시키지 않도록 접속한다.
ⓑ 전선의 세기(인장하중)를 20% 이상 감소시키지 않아야 한다.
ⓒ 도체에 알루미늄 전선과 동 전선을 접속하는 경우에는 접속 부분에 전기적 부식이 생기지 않도록 해야 한다.
ⓓ 절연전선 상호·절연전선과 코드, 캡타이어케이블 또는 케이블과 접속하는 경우에는 코드 접속기나 접속함 기타의 기구를 사용해야 한다(단, 10mm^2 이상인 캡타이어케이블 상호 간을 접속하는 경우에는 그러하지 않는다).

◻ 두 개 이상의 전선을 병렬로 사용하는 경우
- 각 전선의 굵기는 동선 50mm² 이상 또는 알루미늄 70mm² 이상으로 한다.
- 전선은 같은 도체, 같은 재료, 같은 길이 및 같은 굵기의 것을 사용한다.
- 병렬로 사용하는 전선에는 각각에 퓨즈를 설치하지 않아야 한다.
- 각 극의 전선은 동일한 터미널러그에 완전히 접속한다(2개 이상의 리벳 또는 2개 이상의 나사로 접속).
- 교류회로에서 병렬로 사용하는 전선은 금속관 안에 전자적 불평형이 생기지 않도록 시설해야 한다.

3. 전로의 절연

① 전로를 절연하지 않아도 되는 곳(전로는 다음의 경우를 제외하고는 대지로부터 절연하여야 한다)
- ㉠ 저압 전로에 접지공사를 하는 경우의 접지점
- ㉡ 전로의 중성점에 접지공사를 하는 경우의 접지점
- ㉢ 계기용 변성기의 2차측 전로에 접지공사를 하는 경우의 접지점
- ㉣ 저압 가공전선이 특별 고압 가공전선과 동일 지지물에 시설되는 부분의 접지공사 접지점
- ㉤ 25kV 이하 다중접지 방식에서 다중접지하는 경우 접지점
- ㉥ 파이프라인 시설에서 소구경관에 접지공사 접지점
- ㉦ 저압 전로와 사용전압 300V 이하의 저압 전로를 결합하는 변압기 2차측 전로 접지공사 접지점
- ㉧ 직류계통에 접지공사를 하는 경우의 접지점
- ㉨ 시험용 변압기, 전력 반송용 결합리액터, 전기울타리 전원장치, X선 발생장치, 전기방식용 양극, 단선식 전기철도의 귀선과 같이 전로의 일부를 대지로부터 절연하지 않고 사용하는 것이 부득이한 경우
- ㉩ 전기욕기, 전기로, 전기보일러, 전해조 등 대지부터 절연이 기술상 곤란한 경우

② 저압 전로의 절연성능

전기사용장소의 사용전압이 저압인 전로의 전선 상호 간 및 전로와 대지 사이의 절연저항은 개폐기 또는 과전류차단기로 구분할 수 있는 전로마다 다음 표에서 정한 값 이상이어야 한다. 다만, 전선 상호 간의 절연저항은 기계기구를 쉽게 분리가 곤란한 분기회로의 경우 기기 접속 전에 측정할 수 있다.

또한, 측정 시 영향을 주거나 손상을 받을 수 있는 SPD 또는 기타 기기 등은 측정 전에 분리시켜야 하고, 부득이하게 분리가 어려운 경우에는 시험전압을 250V DC로 낮추어 측정할 수 있지만 절연저항값은 1MΩ 이상이어야 한다.

전로의 사용전압[V]	DC시험전압[V]	절연저항[MΩ]
SELV 및 PELV	250	0.5
FELV, 500V 이하	500	1.0
500V 초과	1,000	1.0

※ 특별저압(Extra Law Voltage : 2차 전압이 AC 50V, DC 120V 이하)으로 SELV(비접지회로 구성) 및 PELV(접지회로 구성)은 1차와 2차가 전기적으로 절연된 회로, FELV는 1와 2차가 전기적으로 절연되지 않은 회로

※ 사용전압이 저압인 전로에서 정전이 어려운 경우 등 절연저항 측정이 곤란한 경우에는 누설전류를 1mA 이하로 유지하여야 한다.

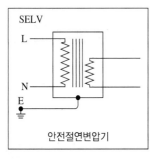
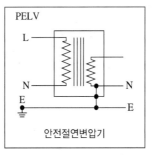
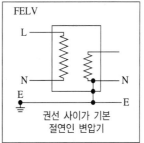

③ 전로의 누설전류

전로	단상 2선식	유희용전차
최대공급전류의 $\frac{1}{2,000}$ 이하	$\frac{1}{1,000}$ 이하	$\frac{1}{5,000}$ 이하

④ 절연내력시험

ㄱ 절연내력시험 : 일정 전압을 가할 때 절연이 파괴되지 않은 한도로서 전선로나 기기에 일정 배수의 전압을 일정 시간(10분) 동안 흘릴 때 파괴되지 않는지 확인하는 시험이다.

ㄴ 절연내력시험 시행 부분

- 고압 및 특고압 전로(전로와 대지 간)
- 개폐기, 차단기, 전력용 콘덴서, 유도전압조정기, 계기용 변성기, 기타 기구의 전로, 발·변전소의 기계기구 접속선, 모선(충전 부분과 대지 간)
- 발전기, 전동기, 조상기(권선과 대지 간)
- 수은정류기(주 양극과 외함 간 경우 2배로 시험, 음극 및 외함과 대지 간인 경우 1배로 시험)

⑤ 시험전압

종류		시험전압	최저시험전압
최대사용전압 7kV 이하		(최대사용전압)×1.5	500V
최대사용전압 7kV 초과 25kV 이하(중성선 다중접지 방식)		(최대사용전압)×0.92	−
최대사용전압 7kV 초과 60kV 이하	비접지	(최대사용전압)×1.25	10.5kV
최대사용전압 60kV 초과 비접지			−
최대사용전압 60kV 초과 중성점 접지식		(최대사용전압)×1.1	75kV
최대사용전압 60kV 초과 중성점 직접접지		(최대사용전압)×0.72	−
최대사용전압 170kV 초과 중성점 직접접지 (발·변전소 또는 이에 준하는 장소 시설)		(최대사용전압)×0.64	−

※ 전로에 케이블을 사용하는 경우에는 직류로 시험할 수 있으며, 시험전압은 교류의 경우 2배가 된다.

ㄱ 정리

종류	비접지	중성점 접지	중성점 직접접지
170kV	×1.25	×1.1	×0.64
60kV	(최저시험전압 10.5kV)	(최저시험전압 75kV)	×0.72
7kV	×1.5(최저시험전압 500V)	(25kV 이하 중성점 다중접지)×0.92	

ⓒ 회전기 및 정류기(회전변류기 제외한 교류 회전기는 교류시험전압에 1.6배의 직류시험 가능)

종류			시험전압	시험방법
회전기	발전기·전동기·조상기·기타회전기 (회전변류기를 제외한다)	최대사용전압 7kV 이하	최대사용전압의 1.5배의 전압 (500V 미만으로 되는 경우에는 500V)	권선과 대지 사이에 연속하여 10분간 가한다.
		최대사용전압 7kV 초과	최대사용전압의 1.25배의 전압 (10,500V 미만으로 되는 경우에는 10,500V)	
	회전변류기		직류측의 최대사용전압의 1배의 교류전압 (500V 미만으로 되는 경우에는 500V)	
정류기	최대사용전압 60kV 이하		직류측의 최대사용전압의 1배의 교류전압 (500V 미만으로 되는 경우에는 500V)	충전부분과 외함 간에 연속하여 10분간 가한다.
	최대사용전압 60kV 초과		교류측의 최대사용전압의 1.1배의 교류전압 또는 직류측의 최대사용전압의 1.1배의 직류전압	교류측 및 직류고전압측 단자와 대지 사이에 연속하여 10분간 가한다.

ⓒ 연료전지 및 태양전지 모듈의 절연내력

연료전지 및 태양전지 모듈은 최대사용전압의 1.5배의 직류전압 또는 1배의 교류전압(500V 미만으로 되는 경우에는 500V)을 충전부분과 대지 사이에 연속하여 10분간 가하여 절연내력을 시험하였을 때 이에 견디는 것이어야 한다.

4. 접지시스템

① 접지시스템의 구분 및 종류
　ⓐ 구분
　　• 계통접지
　　• 보호접지
　　• 피뢰시스템접지 등
　ⓑ 종류

단독접지	공통접지	통합접지
특고 고압 저압 피뢰설비 통신	특고 고압 저압 피뢰설비 통신	특고 고압 저압 피뢰설비 통신

② 접지시스템의 시설

    ㉠ 구성요소 : 접지극, 접지도체, 보호도체

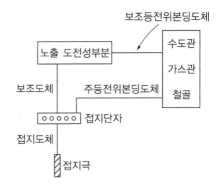

    ㉡ 접지극의 시설 및 접지저항

      • 접지극의 시설은 다음 방법 중 하나 또는 복합하여 시설

        − 콘크리트에 매입 된 기초 접지극

        − 토양에 매설된 기초 접지극

        − 토양에 수직 또는 수평으로 직접 매설된 금속전극(봉, 전선, 테이프, 배관, 판 등)

        − 케이블의 금속외장 및 그 밖에 금속피복

        − 지중 금속구조물(배관 등)

        − 대지에 매설된 철근콘크리트의 용접된 금속 보강재(단, 강화콘크리트는 제외)

      • 접지극의 매설

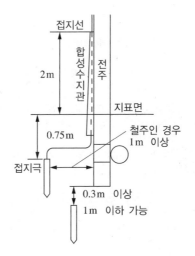

    ㉢ 접지극은 지하 0.75m 이상 깊이 매설해야 한다.

    ㉣ 접지선을 철주 기타의 금속체를 따라서 시설하는 경우 접지극을 금속체로부터 1m 이상 이격해야 한다(밑 0.3m 이상 시는 예외).

    ㉤ 접지선 : IV절연전선(OW 제외), 케이블을 사용한다.

ⓗ 접지선의 지하 0.75m ~ 지표상 2m 부분은 합성수지관 또는 몰드로 덮는다.
- 수도관 등을 접지극으로 사용하는 경우
  - 지중에 매설되어 있고 대지와의 전기저항값이 3Ω 이하의 값을 유지하고 있는 금속제 수도관로가 다음에 따르는 경우 접지극으로 사용이 가능하다.
    ⓐ 접지도체와 금속제 수도관로의 접속은 안지름 75mm 이상인 부분 또는 여기에서 분기한 안지름 75mm 미만인 분기점으로부터 5m 이내의 부분에서 하여야 한다(단, 금속제 수도관로와 대지 사이의 전기저항값이 2Ω 이하인 경우에는 분기점으로부터의 거리는 5m을 넘을 수 있다).
    ⓑ 접지도체와 금속제 수도관로의 접속부를 수도계량기로부터 수도 수용가 측에 설치하는 경우에는 수도계량기를 사이에 두고 양측 수도관로를 등전위본딩 하여야 한다.
    ⓒ 접지도체와 금속제 수도관로의 접속부를 사람이 접촉할 우려가 있는 곳에 설치하는 경우에는 손상을 방지하도록 방호장치를 설치하여야 한다.
    ⓓ 접지도체와 금속제 수도관로의 접속에 사용하는 금속제는 접속부에 전기적 부식이 생기지 않아야 한다.
  - 건축물·구조물의 철골 기타의 금속제는 이를 비접지식 고압전로에 시설하는 기계기구의 철대 또는 금속제 외함의 접지공사 또는 비접지식 고압전로와 저압전로를 결합하는 변압기의 저압전로의 접지공사의 접지극으로 사용할 수 있다(단, 대지와의 사이에 전기저항값이 2Ω 이하인 값을 유지하는 경우에 한한다).

ⓢ 접지도체·보호도체
- 접지도체 최소 굵기

구분		구리	철제
큰 고장전류가 흐르지 않는 경우		$6mm^2$ 이상	$50mm^2$ 이상
피뢰시스템이 접속된 경우		$16mm^2$ 이상	
고장 시 전류를 안전하게 통할 수 있는 것	특고압·고압 전기설비용	$6mm^2$ 이상 연동선	
	중성점 접지용	$16mm^2$ 이상 연동선	
	중성점 접지용 다음 경우 • 7kV 이하 전로 • 25kV 이하 특고압 가공전선로, 중성선 다중접지식 (2초 이내 자동차단장치 시설)	$6mm^2$ 이상 연동선	
이동 사용기계기구 금속제 외함 접지시스템 중 특고압·고압 전기설비용 접지도체 및 중성점 접지도체 • 클로로프렌캡타이어케이블(3종 및 4종) • 클로로설포네이트폴리에틸렌캡타이어케이블(3종 및 4종)의 1개 도체 • 다심 캡타이어케이블의 차폐 • 기타의 금속체		$10mm^2$	
저압 전기설비용 접지도체	다심 코드 또는 다심 캡타이어케이블	$0.75mm^2$	
	유연성이 있는 연동연선	$1.5mm^2$	

- 보호도체
  - 보호도체 종류(다음 중 하나 또는 복수로 구성)
    ⓐ 다심케이블의 도체
    ⓑ 충전도체와 같은 트렁킹에 수납된 절연도체 또는 나도체
    ⓒ 고정된 절연도체 또는 나도체
    ⓓ 금속케이블 외장, 케이블 차폐, 케이블 외장, 전선묶음(편조전선), 동심도체, 금속관

- 보호도체 또는 보호본딩도체로 사용해서는 안 되는 곳

  ⓐ 금속 수도관

  ⓑ 가스·액체·분말과 같은 잠재적인 인화성 물질을 포함하는 금속관

  ⓒ 상시 기계적 응력을 받는 지지 구조물 일부

  ⓓ 가요성 금속배관. 다만, 보호도체의 목적으로 설계된 경우는 예외

  ⓔ 가요성 금속전선관

  ⓕ 지지선, 케이블트레이 및 이와 비슷한 것

- 보호도체의 최소 단면적

상도체의 단면적 $S([\mathrm{mm}^2], 구리)$	보호도체의 최소 단면적($[\mathrm{mm}^2]$, 구리)	
	보호도체의 재질	
	상도체와 같은 경우	상도체와 다른 경우
$S \leq 16$	S	$(k_1/k_2) \times S$
$16 < S \leq 35$	16(a)	$(k_1/k_2) \times 16$
$S > 35$	S(a)/2	$(k_1/k_2) \times (S/2)$

※ k_1 : 도체 및 절연의 재질에 따라 선정된 상도체에 대한 k값

※ k_2 : KS C IEC에서 선정된 보호도체에 대한 k값

※ a : PEN도체의 최소단면적은 중성선과 동일하게 적용한다.

ⓐ 보호도체의 단면적은 다음의 계산 값 이상이어야 한다.

  ㉮ 차단시간이 5초 이하인 경우에만 다음 계산식을 적용한다.

  $$S = \frac{\sqrt{I^2 t}}{k}$$

  여기서 S : 단면적$[\mathrm{mm}^2]$

  I : 보호장치를 통해 흐를 수 있는 예상 고장전류 실횻값[A]

  t : 자동차단을 위한 보호장치의 동작시간[sec]

  k : 보호도체, 절연, 기타 부위의 재질 및 초기온도와 최종온도에 따라 정해지는 계수

  ㉯ 계산 결과가 표의 값 이상으로 산출된 경우, 계산 값 이상의 단면적을 가진 도체를 사용하여야 한다.

ⓑ 보호도체가 케이블의 일부가 아니거나 상도체와 동일 외함에 설치되지 않으면 다음 굵기 이상으로 한다.

구분	구리	알루미늄
기계적 손상에 보호되는 경우	$2.5\mathrm{mm}^2$ 이상	$16\mathrm{mm}^2$ 이상
기계적 손상에 보호되지 않는 경우	$4\mathrm{mm}^2$ 이상	$16\mathrm{mm}^2$ 이상

- 보호도체의 단면적 보강

  ⓐ 보호도체는 정상 운전상태에서 전류의 전도성 경로로 사용되지 않아야 한다.

  ⓑ 전기설비의 정상 운전상태에서 보호도체에 10mA를 초과하는 전류가 흐르는 경우, 보호도체를 증강하여 사용한다.

    ※ 보호도체의 개수나 별도 단자 구비 유무와 상관없이 구리 $10\mathrm{mm}^2$ 이상, 알루미늄 $16\mathrm{mm}^2$ 이상으로 한다.

• 보호도체와 계통도체 겸용

- 겸용도체 종류

  ⓐ 중성선과 겸용(PEN)

  ⓑ 상도체와 겸용(PEL)

  ⓒ 중간도체와 겸용(PEM)

- 겸용도체 사용 조건

   ⓐ 고정된 전기설비에만 사용한다.

   ⓑ 구리 10mm^2, 알루미늄 16mm^2 이상으로 사용한다.

   ⓒ 중성선과 보호도체의 겸용도체는 전기설비의 부하측에 시설하면 안 된다.

   ⓓ 폭발성 분위기 장소는 보호도체를 전용으로 하여야 한다.

- 주접지단자

  - 접지시스템은 주접지단자를 설치하고, 다음의 도체들을 접속하여야 한다.

   ⓐ 등전위본딩도체

   ⓑ 접지도체

   ⓒ 보호도체

   ⓓ 기능성 접지도체

  - 여러 개의 접지단자가 있는 장소는 접지단자를 상호 접속하여야 한다.

  - 주접지단자에 접속하는 각 접지도체는 개별적으로 분리할 수 있어야 하며, 접지저항을 편리하게 측정할 수 있어야 한다.

◎ 전기수용가 접지

- 저압수용가 인입구 접지

  - 수용장소 인입구 부근에서 변압기 중성점 접지를 한 저압전선로의 중성선 또는 접지측 전선에 추가로 접지 공사를 할 수 있다.

접지 대상물	접지 저항값	접지선의 최소 굵기
수도관로, 철골	3Ω 이하	6mm^2 이상 연동선

- 주택 등 저압수용장소 접지

계통접지는 TN-C-S 방식인 경우 구리 10mm^2 이상 알루미늄 16mm^2 이상을 사용한다.

- 변압기 중성점접지(고압·특고압 변압기)

일반	[접지 저항값(R)]$=\dfrac{150}{I_1}$
고압·특고압 전로	• [2초 이내 자동차단장치 시설 시(R)]$=\dfrac{300}{I_1}$
35kV 이하 특고압 전로가 저압측과 혼촉 시 저압 대지전압 150V 초과하는 경우	• [1초 이내 자동차단장치 시설 시(R)]$=\dfrac{600}{I_1}$

- 공통접지 및 통합접지

고압 및 특고압과 저압 전기설비의 접지극이 서로 근접하여 시설되어 있는 변전소 또는 이와 유사한 곳에서는 다음과 같이 공통접지시스템으로 할 수 있다.

  - 저압 전기설비의 접지극이 고압 및 특고압 접지극의 접지저항 형성영역에 완전히 포함되어 있다면 위험전압이 발생하지 않도록 이들 접지극을 상호 접속하여야 한다.

  - 접지시스템에서 고압 및 특고압 계통의 지락사고 시 저압계통에 가해지는 상용주파 과전압은 다음 표에서 정한 값을 초과해서는 안 된다.

[저압설비 허용 상용주파 과전압]

고압계통에서 지락고장시간[초]	저압설비 허용 상용주파 과전압[V]	비고
>5	$U_0 + 250$	중성선 도체가 없는 계통에서 U_0는 선간전압을 말한다.
≤5	$U_0 + 1,200$	

[비고]
• 순시 상용주파 과전압에 대한 저압기기의 절연 설계기준과 관련된다.
• 중성선이 변전소 변압기의 접지계통에 접속된 계통에서 건축물외부에 설치한 외함이 접지되지 않은 기기의 절연에는 일시적 상용주파 과전압이 나타날 수 있다.

※ 통합접지시스템은 공통접지에 의한다.
※ 낙뢰에 의한 과전압 등으로부터 전기전자기기 등을 보호하기 위해 서지보호장치를 설치하여야 한다.

③ 감전보호용 등전위본딩

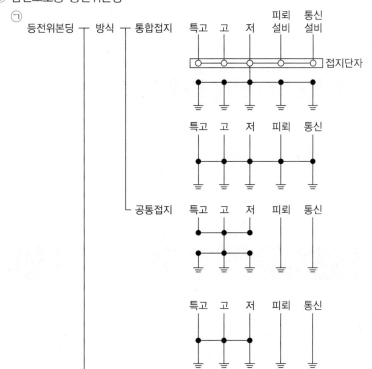

└ 이유 ┬ 보호용 등전위본딩
　　　　│　• 전기기기 노출도전성 부분(기기외함) ┐ 접지단자와 접속
　　　　│　• 계통외도전성 부분(철골, 수도관 등) ┘
　　　　│　　(감전, 화재보호)
　　　　├ 기능용 등전위본딩
　　　　│　서로 다른 전자기기를 연결하여 사용 시 같은 전위 기준점을
　　　　│　갖기 위해 사용(오작동, 측정오류 방지)
　　　　└ 낙뢰보호용 등전위본딩
　　　　　　피뢰침의 접지를 통해 전력계통, 통신설비의 위해 방지
　　　　　　(접지 간 전위차에 의한 뇌전류에 대한 기기 손상 방지)

ⓛ 감전보호용 등전위본딩

등전위본딩의 적용 (건축물, 구조물에서 접지도체, 주접지단자와 다음 부분)	보호등전위본딩
수도관, 가스관 등 외부에서 내부로 인입되는 금속배관	수도관, 가스관 등 외부에서 내부로 인입되는 최초 밸브 후단에서 등전위본딩
건축물, 구조물의 철근, 철골 등의 금속 보강재	건축물, 구조물의 철근, 철골 등의 금속 보강재
일상생활에서 접촉가능한 금속제 난방 배관 및 공조설비 등 계통 외 도전부 ※ 주접지단자에 보호등전위본딩, 접지도체, 기능성 접지도체를 접속하여야 한다.	건축물, 구조물의 외부에서 내부로 들어오는 금속제 배관 • 1개소에 집중하여 인입, 인입구 부근에서 서로 접속하여 등전위 본딩바에 접속한다. • 대형 건축물 등으로 1개소에 집중하기 어려운 경우 본딩도체를 1개의 본딩바에 연결한다.

ⓒ 보호등전위본딩 도체

주접지단자에 접속하기 위한 등전위본딩 도체는 설비 내 가장 큰 보호도체가 $A \times \frac{1}{2}$ 이상이며 다음 단면적 이

상일 것

구리	알루미늄	강철	구리(다른 재질의 동등한 단면적) 초과 필요 없는 굵기
6mm^2	16mm^2	50mm^2	25mm^2 이하

ⓔ 보조 보호등전위본딩
• 보조 보호등전위본딩의 대상은 전원자동차단에 의한 감전보호방식에서 고장 시 자동차단시간이 고장 시 자동
  차단에서 요구하는 계통별 최대차단시간을 초과하는 경우
• 위 경우의 차단시간을 초과하고 2.5m 이내에 설치된 고정기기의 노출도전부와 계통외도전부는 보조 보호등전
  위본딩을 하여야 한대[보조 보호등전위본딩의 유효성에 관해 의문이 생길 경우 동시에 접근 가능한 노출도전부
  와 계통외도전부 사이의 저항값(R)이 다음의 조건을 충족하는지 확인].

교류계통 : $R \leq \dfrac{50 V}{I_a}[\Omega]$	직류계통 : $R \leq \dfrac{120 V}{I_o}[\Omega]$

I_a : 보호장치의 동작전류[누전차단기의 경우 $I_{\Delta n}$(정격감도전류), 과전류보호장치의 경우 5초 이내 동작전류]

– 도체의 굵기
  ⓐ 두 개의 노출도전부를 접속하는 경우 도전성은 노출도전부에 접속된 더 작은 보호도체의 도전성보다 커
    야 한다.
  ⓑ 노출도전부를 계통외도전부에 접속하는 경우 도전성은 같은 단면적을 갖는 보호도체의 1/2 이상이어야
    한다.
  ⓒ 케이블의 일부가 아닌 경우 또는 선로도체와 함께 수납되지 않은 본딩도체는 다음 값 이상이어야 한다.

구분	구리	알루미늄
기계적 보호가 된 것	2.5mm^2	16mm^2
기계적 보호가 없는 것	4mm^2	16mm^2

ⓜ 비접지 국부등전위본딩
• 절연성 바닥으로 된 비접지 장소에서 다음의 경우 국부등전위본딩을 하여야 한다.
  – 전기설비 상호 간이 2.5m 이내인 경우
  – 전기설비와 이를 지지하는 금속체 사이
• 전기설비 또는 계통외도전부를 통해 대지에 접촉하지 않아야 한다.

5. 접지공사 생략이 가능한 장소

① 사용전압이 직류 300V 또는 교류 대지전압이 150V 이하인 기계기구를 건조한 곳에 시설하는 경우
② 저압용의 기계기구를 건조한 목재의 마루 기타 이와 유사한 절연성 물건 위에서 취급하도록 시설하는 경우
③ 저압용이나 고압용의 기계기구, 특고압 배전용 변압기의 시설에서 규정하는 특고압 전선로에 접속하는 배전용 변압기나 이에 접속하는 전선에 시설하는 기계기구 또는 KEC 333.32(25kV 이하인 특고압 가공전선로의 시설)의 1과 4에서 규정하는 특고압 가공전선로의 전로에 시설하는 기계기구를 사람이 쉽게 접촉할 우려가 없도록 목주 기타 이와 유사한 것의 위에 시설하는 경우
④ 철대 또는 외함의 주위에 적당한 절연대를 설치하는 경우
⑤ 외함이 없는 계기용 변성기가 고무·합성수지 기타의 절연물로 피복한 것일 경우
⑥ 전기용품 및 생활용품 안전관리법의 적용을 받는 2중 절연구조로 되어 있는 기계기구를 시설하는 경우
⑦ 저압용 기계기구에 전기를 공급하는 전로의 전원측에 절연변압기(2차 전압이 300V 이하이며, 정격용량이 3kVA 이하인 것에 한한다)를 시설하고 그 절연변압기의 부하측 전로를 접지하지 않은 경우
⑧ 물기 있는 장소 이외의 장소에 시설하는 저압용의 개별 기계기구에 전기를 공급하는 전로에 전기용품 및 생활용품 안전관리법의 적용을 받는 인체감전보호용 누전차단기(정격감도전류가 30mA 이하, 동작시간이 0.03초 이하의 전류동작형에 한한다)를 시설하는 경우
⑨ 외함을 충전하여 사용하는 기계기구에 사람이 접촉할 우려가 없도록 시설하거나 절연대를 시설하는 경우

6. 피뢰시스템(LPS; Lighting Protection System)

구조물 뇌격으로 인한 물리적 손상을 줄이기 위해 사용되는 전체 시스템
① 적용범위
  ㉠ 전기전자설비가 설치된 건축물·구조물로서 낙뢰로부터 보호가 필요한 것 또는 지상으로부터 높이가 20m 이상인 것
  ㉡ 저압 전기전자설비
  ㉢ 고압 및 특고압 전기설비
② 구성
  ㉠ 직격뢰로부터 대상물을 보호하기 위한 외부피뢰시스템
  ㉡ 간접뢰 및 유도뢰로부터 대상물을 보호하기 위한 내부피뢰시스템

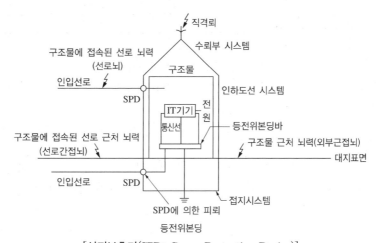

[**서지보호기**(SPD; Surge Protective Device)]

③ 외부피뢰시스템

㉠ 수뢰부시스템

수뢰부시스템 방식	배치
• 돌침, 수평도체, 메시도체 자연적 구성부재 중 한 가지 또는 조합 사용	• 보호각법, 회전구제법, 메시법 중 한 가지 또는 조합사용 • 건축물·구조물의 뾰족한 부분, 모서리 등에 우선

• 60m를 초과하는 건축물·구조물의 측격뢰 보호용 수뢰부시스템
 – 60m를 넘는 경우는 최상부로부터 전체높이의 20% 부분에 한함
 – 코너, 모서리, 중요한 돌출부 등에 우선 배치(피뢰시스템 등급 IV 이상)
 – 수뢰부는 구조물의 철골 프레임 또는 전기적으로 연결된 철골 콘크리트의 금속과 같은 자연부재 인하도선에 접속 또는 인하도선을 설치

• 건축물·구조물과 분리되지 않은 수뢰부시스템의 시설은 다음에 따른다.
 – 지붕 마감재가 불연성 재료로 된 경우 지붕표면에 시설할 수 있다.
 – 지붕 마감재가 높은 가연성 재료로 된 경우 지붕재료와 다음과 같이 이격하여 시설한다.
  ⓐ 초가지붕 또는 이와 유사한 경우 0.15m 이상
  ⓑ 다른 재료의 가연성 재료인 경우 0.1m 이상

보호각법	회전구체법	메시법
일반적 건물에 적용	뇌격거리 개념 도입 (회전구체와 접촉하는 모든 부분 설치)	구조물 표면이 평평하고 넓은 지붕 형태

피뢰 레벨	20m	30m	45m	60m
I	25	–	–	–
II	35	25	–	–
III	45	35	25	–
IV	55	45	35	25

등급	R(회전구체의 반경)
I	20m
II	30m
III	45m
IV	60m

등급	메시 치수m
I	5×5
II	10×10
III	15×15
IV	20×20

㉡ 인하도선시스템

• 수뢰부시스템과 접지시스템을 연결하는 것으로 다음에 의한다.
 – 복수의 인하도선을 병렬로 구성해야 한다. 다만, 건축물·구조물과 분리된 피뢰시스템인 경우 예외로 한다.
 – 경로의 길이가 최소가 되도록 한다.
 – 인하도선의 재료는 구리, 주석도금한 구리로 테이프형, 원형단선, 연선의 형상으로 최소 단면적 50mm^2 이상이어야 한다.

• 수뢰부시스템과 접지극시스템 사이에 전기적 연속성이 형성되도록 다음에 따라 시설한다.
 – 경로는 가능한 한 최단거리로 곧게 수직으로 시설하되, 루프 형성이 되지 않아야 하며, 처마 또는 수직으로 설치된 홈통 내부에 시설하지 않아야 한다.
 – 전기적 연속성이 보장되어야 한다(전기적 연속성 적합성은 해당하는 금속부재의 최상단부와 지표레벨 사이의 직류전기저항 0.2Ω 이하).

– 시험용 접속점을 접지극시스템과 가까운 인하도선과 접지극시스템의 연결부분에 시설하고, 이 접속점은 항상 폐로되어야 하며 측정 시에 공구 등으로만 개방할 수 있어야 한다. 다만, 자연적 구성부재를 이용하는 경우는 제외한다.

- 배치방법
  - 건축물·구조물과 분리된 피뢰시스템
    ⓐ 뇌전류의 경로가 보호대상물에 접촉하지 않도록 하여야 한다.
    ⓑ 별개의 지주에 설치되어 있는 경우 각 지주마다 1조 이상의 인하도선을 시설한다.
    ⓒ 수평도체 또는 메시도체인 경우 지지 구조물마다 1조 이상의 인하도선을 시설한다.
  - 건축물·구조물과 분리되지 않은 피뢰시스템
    ⓐ 벽이 불연성 재료로 된 경우에는 벽의 표면 또는 내부에 시설할 수 있다. 다만, 벽이 가연성 재료인 경우에는 0.1m 이상 이격하고, 이격이 불가능한 경우에는 도체의 단면적을 100mm^2 이상으로 한다.
    ⓑ 인하도선의 수는 2조 이상으로 한다.
    ⓒ 보호대상 건축물·구조물의 투영에 다른 둘레에 가능한 한 균등한 간격으로 배치한다. 다만, 노출된 모서리 부분에 우선하여 설치한다.
    ⓓ 병렬 인하도선의 최대 간격은 피뢰시스템 등급에 따라 I·II등급은 10m, III등급은 15m, IV등급은 20m로 한다.

- 자연적 구성부재
  - 전기적 연속성이 있는 구조물 등의 금속제 구조체(철골, 철근 등)
  - 구조물 등의 상호 접속된 강제 구조체
  - 장식벽재, 측면레일 및 금속제 장식 벽의 보조재로서, 치수가 인하도선에 대한 요구조건에 적합하거나 두께가 0.5mm 이상인 금속관. 다만, 수직방향 전기적 연속성이 유지되도록 접속한다.
  - 구조물 등의 상호 접속된 철근·철골 등을 인하도선으로 이용하는 경우 수평 환상도체는 설치하지 않아도 된다.

ⓒ 접지극시스템

방식	수평 또는 수직접지극(A형)	환상도체접지극 또는 기초접지극(B형)
배치	수평 또는 수직접지극(A형)은 2개 이상을 동일간격 배치	환상도체접지극 또는 기초접지극(B형)은 접지극 면적을 환산한 평균반지름이 등급별 접지극 최소길이 이상(단, 미만인 경우 수직·수평접지극 2개 이상 추가 시설)
접지저항	$10\,\Omega$ 이하인 경우 접지극 최소길이 이하로 시설 가능	
접지극	• 지표하 0.75m 이상 • 암반지역(대지저항 큰 곳), 전자통신시스템이 많은 곳은 환상도체접지극 또는 기초접지극 사용 • 재료는 환경오염 및 부식 우려가 없어야 한다. • 철근 또는 금속제 지하구조물 등 자연적 구성부재는 접지극으로 사용 가능	

※ 고압·특고압 전기설비의 피뢰시스템도 위의 규정과 같다.

④ 내부피뢰시스템
  ㉠ 전기전자설비 보호용 피뢰시스템
    • 뇌서지(낙뢰)에 대한 보호
      - 접지·본딩
      - 자기차폐와 서지유입경로 차폐
      - 서지보호장치 설치
      - 절연인터페이스 구성

- 전기적 절연

  수뢰부 또는 인하도선과 건축물·구조물의 금속부분 사이의 전기적인 절연은 수뢰부시스템의 배치에 의한 이격거리

- 접지·본딩으로 보호
  - 뇌서지전류를 대지로 방류시키기 위한 접지를 시설
  - 전위 차를 해소하고 자계를 감소시키기 위한 본딩을 구성

    ※ 접지극은 환상도체접지극 또는 기초접지극으로 한다.
    ⓐ 메시접지망을 5m 이내의 간격
    ⓑ 기초철근콘크리트 바닥, 철근 등이 메시망을 형성하거나 접지극에 5m 이내마다 연결되는 경우는 접지극으로 본다.
    ⓒ 복수의 건축물·구조물 등이 각각 접지를 구성, 각각의 접지 상호 간은 병행 설치된 도체로 연결한다(단, 차폐케이블인 경우는 차폐선을 양끝에서 각각의 접지시스템에 등전위본딩하는 것으로 한다).
  - 전자·통신설비에서 위험한 전위차를 해소하고 자계를 감소시킬 경우 등전위본딩망 시설한다.
    ⓐ 건축물·구조물의 도전성 부분 또는 내부설비 일부분을 통합한다.
    ⓑ 등전위본딩망은 메시 폭이 5m 이내, 구조와 구조물 내부의 금속부분은 다중으로 접속한다(단, 금속 부분이나 도전성 설비가 피뢰구역의 경계를 지나가는 경우에는 직접 또는 서지보호장치를 통하여 본딩한다).
    ⓒ 도전성 부분의 등전위본딩은 방사형, 메시형 또는 이들의 조합형으로 한다.

- 서지보호장치 시설
  - 건축물·구조물은 하나 이상의 피뢰구역을 설정하고 각 피뢰구역의 인입 선로에는 서지보호장치를 설치한다.
  - 지중 저압수전의 경우 내부 전기전자기기의 과전압범주별 임펄스내전압이 규정값에 충족하는 경우 서지보호장치를 생략할 수 있다.

ⓛ 피뢰시스템 등전위본딩

- 일반사항

  외부피뢰시스템의 도체부분은 다음의 금속성 부분과 등전위본딩을 하여야 한다.
  - 금속제 설비
  - 구조물에 접속된 외부 도전성 부분
  - 내부피뢰시스템

- 등전위본딩 상호접속
  - 자연적 구성부재로 인한 본딩으로 전기적 연속성을 확보할 수 없는 장소는 본딩도체로 연결한다.
  - 본딩도체로 직접접속이 적합하지 않거나 허용되지 않는 장소는 서지보호장치로 연결한다.
  - 본딩도체로 직접접속이 허용되지 않는 장소는 절연방전갭을 사용한다.

- 금속제설비의 등전위본딩

외부피뢰시스템이 보호대상 건축물·구조물에서 분리된 독립형인 경우	외부피뢰시스템이 보호대상 건축물·구조물에 접속된 경우
지표레벨 부근에 시설	• 지표레벨 부근 시설(기초부분) 　- 등전위본딩도체는 등전위본딩바에 접속 　- 등전위본딩바는 접지시스템에 접속 　- 쉽게 점검 가능 • 절연 요구조건에 따른 안전거리 미확보 시 피뢰시스템과 건조물, 내부설비 도전성 부분은 등전위본딩하여 직접접속 또는 충전부인 경우 서지보호장치 설치(서지보호장치 시설 시 보호레벨은 기기 임펄스내전압보다 낮을 것)

- 건조물 등전위본딩
    ⓐ 높이 20m 이상인 경우 지표면 및 높이 20m 부분에 환상형 등전위본딩바 설치 또는 두 개 이상의 등전위본딩바를 충분히 이격하여 설치하고 서로 접속한다.
    ⓑ 높이 30m 이상인 경우 지표면 및 높이 20m 지점과 그 이상 20m마다 두 개 이상의 등전위본딩바를 충분히 이격하여 설치하고 서로 접속한다.
    ⓒ 등전위본딩 연결은 가능한 한 직선으로 연결한다.
- 인입설비의 등전위본딩
    - 건조물의 외부에서 내부로 인입되는 설비의 도전성 부분은 인입구 부근에서 등전위본딩을 한다.
    - 전원선은 서지보호장치를 경유하여 등전위본딩을 한다.
    - 통신 및 제어선은 내부와의 위험한 전위차 발생을 방지하기 위해 직접 또는 서지보호장치를 통해 등전위본딩을 한다.
    - 저압 수전하는 경우 인입용 배전반 또는 분전함 가까운 지점에서 등전위본딩을 한다.
    - 저압 접지계통이 TN계통인 경우 보호도체는 직접 또는 서지보호장치를 통하여 본딩바에 접속한다.
- 등전위본딩바
    - 짧은 경로로 접지시스템에 접속할 수 있는 위치에 설치한다.
    - 저압 수전계통인 경우 주배전반에 가까운 지표면 근방 내부 벽면에 설치한다.
    - 외부 도전성 부분, 전원선과 통신선의 인입점이 다른 경우 여러 개의 등전위본딩바를 설치할 수 있다.
    - 건조물이 낮은 레벨의 서지내전압이 요구되는 전자·통신설비용인 경우 시설하는 내부 환상도체는 5m마다 보강재에 접속하여야 한다.

| 03 | 전선로

1. 가공전선로 지지물 및 전선에 가해지는 풍압하중

① 갑종 풍압하중 : 고온계(봄, 여름, 가을)에 풍속 40m/sec 이상일 때의 하중

풍압을 받는 구분			구성재의 수직 투영면적 $1m^2$에 대한 풍압
지지물	목주, 철주, 철근 콘크리트주, 철탑의 원형		588Pa
	철주	삼각형 또는 마름모형의 것	1,412Pa
		강관에 의하여 구성되는 4각형의 것	1,117Pa
		기타의 것	복재(腹材)가 전·후면에 겹치는 경우에는 1,627Pa, 기타의 경우에는 1,784Pa
	철근 콘크리트주	원형 이외의 것	882Pa
	철탑	단주 원형 이외의 것(완철류는 제외함)	1,117Pa
		강관으로 구성되는 것	1,255Pa
전선, 기타 가섭선	다도체(구성하는 전선이 2가닥마다 수평으로 배열되고 또한 그 전선 상호 간의 거리가 전선의 바깥지름의 20배 이하인 것)		666Pa
	단도체		745Pa
특고압 애자장치			1,039Pa
목주·철주(원형의 것에 한한다) 및 철근 콘크리트주의 완금류 (특별 고압 전선로용의 것에 한한다)			단일재 1,196Pa
			기타 1,627Pa

※ 표에 정한 구성재의 수직 투영면적 $1m^2$에 대한 풍압을 기초로 하여 계산한 것이다.

② 을종 풍압하중

전선 기타의 가섭선 주위에 두께 6mm, 비중 0.9의 빙설이 부착된 상태에서 수직투영면적 372Pa(다도체를 구성하는 전선은 333Pa), 갑종 풍압하중의 2분의 1을 기초로 하여 계산한 것이다.

③ 병종 풍압하중

빙설이 적은 지역으로 인가 밀집한 장소이며 35kV 이하의 가공전선로, 갑종 풍압하중의 2분의 1을 기초로 하여 계산한 것이다.

④ 풍압하중의 적용

지역		고온계절	저온계절
빙설이 많은 지방 이외의 지방		갑종	병종
빙설이 많은 지방	일반지역	갑종	을종
	해안지방, 기타 저온의 계절에 최대풍압이 생기는 지역	갑종	갑종과 을종 중 큰 값 선정
인가가 많이 연접되어 있는 장소		병종	병종

2. 지지물의 종류와 안전율, 매설깊이

① **지지물의 기초 안전율** : 2 이상(이상 시 철탑에 대한 안전율 : 1.33 이상)
  ⊙ 목주 : 풍압하중에 대한 안전율(저압 : 1.2, 고압 : 1.3, 특고압 : 1.5)
  ⓛ 철주 : A종과 B종으로 구분
  ⓒ 철근 콘크리트주 : A종과 B종으로 구분
  ⓒ 철탑 : 지선이 필요없음

② **철근 콘크리트주 매설깊이**

설계하중	전주길이		매설깊이
6.8kN 이하	15m 이하		l = 전장 × 1/6m 이상
	15m 초과 16m 이하		2.5m
	16m 초과 20m 이하		2.8m
6.8kN 초과 9.8kN 이하	14m 이상 20m 이하	15m 이하	l + 30[cm]
		15m 초과	2.8m
9.81kN 초과 14.72kN 이하	14m 이상 20m 이하	15m 이하	l + 0.5m
		15m 초과 18m 이하	3m 이상
		18m 초과	3.2m 이상

③ **특별 고압 가공전선로용 지지물(B종 및 철탑)**
  ⊙ 직선형 : 전선로의 직선 부분(3° 이하인 수평각도를 이루는 곳을 포함)
  ⓛ 각도형 : 전선로 중 3°를 초과하는 수평각도를 이루는 곳
  ⓒ 인류형 : 전가섭선을 인류하는 곳(맨 끝)에 사용하는 것
  ⓒ 내장형 : 전선로의 지지물 양쪽의 경간의 차가 큰 곳에 사용하는 것
  ⓤ 보강형 : 전선로의 직선 부분에 그 보강을 위하여 사용하는 것
  ※ 직선주는 목주, A종 철근 콘크리트주 5° 이하, B종 철근 콘크리트주 철탑은 3° 이하, 이를 넘는 경우는 각도형을 사용한다.

④ **가공전선로 지지물의 철탑오름 및 전주오름방지**
  가공전선로 지지물에 취급자가 오르고 내리는 데 사용하는 발판 볼트 등 : 지지물의 발판 볼트는 지상 1.8m 이상부터 설치해야 한다.

3. 지선의 시방세목

지선은 지지물의 강도를 보강하고, 전선로의 안전성을 증가시키며, 불평형 장력을 줄이기 위해 시설한다.

① 가공전선로 지지물로 사용하는 철탑은 지선을 사용하여 그 강도를 분담시켜서는 안 된다.

② 가공전선로의 지지물로 사용하는 철주 또는 철근 콘크리트주는 지선을 사용하지 않는 상태에서 2분의 1 이상의 풍압하중에 견디는 강도를 가지는 경우 이외에는 지선을 사용하여 그 강도를 분담시켜서는 안 된다.

③ 가공전선로의 지지물에 시설하는 지선은 다음에 의하여야 한다.

    ㉠ 지선의 안전율은 2.5 이상일 것. 이 경우에 허용 인장하중의 최저는 4.31kN으로 한다.

    ㉡ 지선에 연선을 사용할 경우에는 다음에 의하여야 한다.

        • 지름 2.6mm 이상인 소선 3가닥 이상의 연선을 사용한 것이어야 한다. 다만, 소선의 지름이 2mm 이상인 아연도강연선으로서 소선의 인장강도가 $0.68kN/mm^2$ 이상인 것을 사용하는 경우에는 그러하지 않는다.

        • 지중부분 및 지표상 0.3m까지의 부분에는 내식성이 있는 것 또는 아연도금을 한 철봉을 사용해야 한다.

    ㉢ 지선근가는 지선의 인장하중에 충분히 견디도록 시설해야 한다.

④ 도로를 횡단하여 시설하는 지선의 높이는 지표상 5m 이상으로 하여야 한다. 다만, 기술상 부득이한 경우로서 교통에 지장을 초래할 우려가 없는 경우에는 지표상 4.5m 이상, 보도의 경우에는 2.5m 이상으로 할 수 있다.

⑤ 시설목적

    ㉠ 지지물의 강도 보강

    ㉡ 전선로의 안전성 증가

    ㉢ 불평형 장력이 큰 개소에 시설

    ㉣ 가공전선로가 건물과 접근하는 경우에 접근하는 측의 반대편에 보안을 위해 시설

⑥ 고압·특고압 가공전선로의 지지물에 지선 시설

    ㉠ 목주, A종 철주, A종 콘크리트주(5° 이하, 직선형)

        • 5기 이하마다, 직각 방향 양쪽에 시설한다.

        • 15기 이하마다, 전선로 방향으로 양쪽에 지선을 시설한다.

    ㉡ B종 철주, B종 콘크리트주(3° 이하, 직선형)

        • 10기 이하마다 장력에 견디는 형태 1기(수평각도 5° 넘는 것)를 시설한다.

        • 5기 이하마다 보강형 1기를 시설한다.

    ㉢ 철탑 : 직선부분에 10기 이하마다 내장애자장치를 갖는 철탑 1기를 시설한다.

4. 가공전선의 굵기·안전율·높이

① 전선 굵기

구분	전선 굵기	보안공사
저압 400V 미만	3.2mm 경동선(2.6mm 절연전선)	4.0mm
400V 이상 저압 또는 고압	시가지 5.0mm 경동선 시가지 외 4.0mm 경동선	5.0mm
특별고압 가공전선	$25mm^2$ 경동연선 이상 시가지 내 : 100kV 미만 $-55mm^2$ 100kV 이상 $-150mm^2$	—

※ 동복강선 : 3.5mm

② 안전율

    ㉠ 경동선 및 내열 동합금선 : 2.2 이상

    ㉡ ACSR(기타) : 2.5 이상

③ 저압·고압·특고압 가공전선의 높이

장소	저압	고압	특고압[kV]		
			35kV 이하	~160kV 이하	160kV 초과
횡단보도교	3.5m (절연전선인 경우 3m)	3.5m	절연 또는 케이블 4m	케이블 5m	불가
일반	5m(교통지장 없음 4m)	5m	5m	6m	6m+N×0.12
도로 횡단	6m			–	불가
철도 횡단	6.5m				6.5m+N×0.12
산지	–		–	5m	5m+N×0.12

    ※ 일반(도로 방향 포함), (케이블), N=160kV 초과 / 10kV(반드시 절상 후 계산)

④ 특별 고압 시가지의 가공전선의 높이(지지물에 위험을 표시하고, 목주 사용 불가)

    ㉠ 35kV 이하 : 10m(절연전선 : 8m)

    ㉡ 35kV 초과 : 10+(1단수×0.12m)

                     8+(1단수×0.12m)

5. 케이블에 의한 가공전선로 시설

조가용선	인장강도	굵기	접지	간격	
				행거	금속제테이프
저·고압	5.93kN 이상	22mm² 이상 아연도강연선	케이블 피복의 금속체 KEC 140(접지시스템)의 규정에 준하여 접지공사	0.5m 이하	0.2m 이하, 나선형
특고압	13.93kN 이상	25mm² 이상 아연도강연선			

    ※ 100kV 초과의 경우로 지기발생, 단락 시 1초 이내에 자동으로 차단하는 장치를 시설한다.

6. 특고압 가공전선과 지지물과의 이격거리

특별 고압 가공전선(케이블은 제외한다)과 그 지지물·완금류·지주 또는 지선 사이의 이격거리는 표에서 정한 값 이상이어야 한다(단, 기술상 부득이한 경우에 위험의 우려가 없도록 시설한 때에는 표에서 정한 값의 0.8배까지 감할 수 있다).

사용전압	이격거리[m]	사용전압	이격거리[m]
15kV 미만	0.15	70kV 이상 80kV 미만	0.45
15kV 이상 25kV 미만	0.2	80kV 이상 130kV 미만	0.65
25kV 이상 35kV 미만	0.25	130kV 이상 160kV 미만	0.9
35kV 이상 50kV 미만	0.3	160kV 이상 200kV 미만	1.1
50kV 이상 60kV 미만	0.35	200kV 이상 230kV 미만	1.3
60kV 이상 70kV 미만	0.4	230kV 이상	1.6

7. 가공전선로 경간의 제한

① 가공전선로 경간의 제한[KEC 332.9(고압), 333.1(시가지), 333.21(특고압)]

구분	표준경간	전선굵기에 따른 장경간 사용		시가지
		고압 25mm^2	특고압 50mm^2	
목주·A종	150m	300m 이하		75m(목주 사용 불가)
B종	250m	500m 이하		150m
철탑	600m	–		400m

② 보안공사[KEC 222.10(저압), 332.10(고압), 333.22(특고압)]

구분	보안공사			사용전선 굵기에 따른 표준경간을 사용할 수 있는 경우				
	저·고압	제1종 특고압	제2,3종 특고압	저압	고압	제1종 특고압	제2종 특고압	제3종 특고압
				22mm^2	38mm^2	150mm^2	95mm^2	목주, A종 38mm^2 B종, 철탑 55mm^2
목주, A종	100m	사용 불가	100m	150m	150m	–	100m	150m
B종	150m	150m	200m	250m	250m	250m	250m	250m
철탑	400m	400m(단주 300m)		600m	600m	600m	600m	600m

③ 일반공사 목주안전율 및 보안공사 전선굵기

	저압	고압	특고압		
일반공사 목주안전율	1.2	1.3	1.5		
보안공사 목주안전율	1.5	1.5	• 제1종 특고압 : 사용불가 • 제2종 특고압 보안공사 : 2		
보안공사 전선굵기	• 400V 미만 : 5.26kN 이상, 지름 4mm 이상 경동선 • 400V 이상 : 8.01kN, 지름 5mm 이상 경동선 • 동복강선 : 3.5mm		1종 특고압 보안공사(시가지)		제2종, 3종 특고압 보안공사
			100kV 미만	인장강도 21.67kN 이상, 55mm^2 이상 경동연선	인장강도 8.71kN 이상 또는 25mm^2 이상 경동선
			100 이상 300kV 미만	인장강도 58.84kN 이상, 150mm^2 이상 경동연선	
			300kV 이상	인장강도 77.47kN 이상, 200mm^2 이상 경동연선	

※ 제1, 2, 3종 특고압 보안공사 구분

제1종 특고압 보안공사	제2종 특고압 보안공사	제3종 특고압 보안공사
2차 접근 상태		1차 접근 상태
35kV 초과	35kV 이하	

* 제1종 특고압 보안공사
  • 지락 또는 단락 시 3초(100kV 이상 2초) 이내에 차단하는 장치를 시설한다.
  • 애자는 1련으로 하는 경우는 50% 충격섬락전압이 타 부분의 110% 이상이어야 한다(사용전압이 130kV를 넘는 경우 105% 이상이거나, 아크혼 붙은 2련 이상).

8. 가공전선의 병행설치, 공용설치, 첨가 통신선 : 동일 지지물 시설

① 병행설치 : 동일 지지물(별개 완금류)에 전력선과 전력선을 동시에 시설하는 것이다(KEC 222.9 / 332.8, 333.17).

구분	고압	35kV 이하	35kV 초과 60kV 이하	60kV 초과
저압 고압(케이블)	0.5m 이상(0.3m)	1.2m 이상(0.5m)	2m 이상(1m)	2m(1m)$+N\times0.12$m
기타	<ul><li>35kV 이하 - 상부에 고압측을 시설하며 별도의 완금에 시설할 것</li><li>35 ~ 100kV 이하의 특고압 - $N=\dfrac{(60kV\ 초과)}{10kV}$(반드시 절상하여 계산) - 21.67kN 금속선, 50mm² 이상의 경동연선을 시설할 것 - 특고압 가공전선로는 제2종 특고압 보안공사 시설할 것</li></ul>			

② 공용설치 : 동일 지지물(별개 완금류)에 전력선과 약전선을 동시에 시설하는 것이다(KEC 222.21 / 332.21, 333.19).

구분	저압	고압	특고압
약전선(케이블)	0.75m 이상(0.3m)	1.5m 이상(0.5m)	2m 이상(0.5m)
기타	<ul><li>저·고압 - 전선로의 지지물로서 사용하는 목주의 풍압하중에 대한 안전율은 1.5 이상일 것 - 상부에 가공전선을 시설하며 별도의 완금에 시설할 것</li><li>특고압 - 제2종 특고압 보안공사에 의할 것 - 사용전압 35kV 이하에서만 시설할 것 - 21.67kN 이상의 연선, 50mm² 이상인 경동연선 사용할 것</li></ul>		

③ 첨가 : 가공전선로의 지지물에 통신선을 동시에 시설하는 것이다.

구분	저·고압		특고압		22.9kV - Y
	나선	절연·케이블	나선	절연·케이블	
통신선	0.6m 이상	0.3m 이상	1.2m 이상	0.3m 이상	0.75m 이상 중성선 0.6m 이상

9. 가공전선과 약전선(안테나)의 접근교차 시 이격거리

KEC 222.13 / 332.13, 222.14 / 332.14[저·고압 가공전선과 약전선(안테나)의 접근 또는 교차]

구분	저압			고압			※ 추가 : 25kV 이하 특고압 가공전선		
	일반	고압 절연	케이블	일반	고압 절연	케이블	일반	특고압 절연	케이블
접근, 교차, 안테나	0.6m	0.3m	0.3m	0.8m	–	0.4m	1.5m	1.0m	0.5m

10. 가공약전류전선로의 유도장해 방지

저압 또는 고압 가공전선로와 기설 가공약전류전선로가 병행하는 경우에는 유도작용에 의하여 통신상의 장해가 생기지 않도록 전선과 기설 약전류전선 간의 이격거리는 2m 이상이어야 한다.

11. 유도장해의 방지

특고압 가공전선로는 기설가공전화선로에 대하여 상시 정전유도 작용에 의한 통신상의 장해가 없도록 시설하고 유도전류를 다음과 같이 제한한다.

① 사용전압이 60kV 이하인 경우에는 전화선로의 길이 12km마다 유도전류가 2μA를 넘지 않도록 해야 한다.

② 사용전압이 60kV 초과인 경우에는 전화선로의 길이 40km마다 유도전류가 3μA를 넘지 않도록 해야 한다.

12. 가공전선과 건조물(조영재)의 이격거리

① 저·고압 가공전선 이격거리

<table>
<tr><th colspan="3" rowspan="2">구분</th><th colspan="3">저압 가공전선</th><th colspan="3">고압 가공전선</th></tr>
<tr><th>일반</th><th>고압 절연</th><th>케이블</th><th>일반</th><th>고압 절연</th><th>케이블</th></tr>
<tr><td rowspan="2">건조물</td><td rowspan="2">상부
조영재</td><td>상방</td><td>2m</td><td>1m</td><td></td><td>2m</td><td>-</td><td>1m</td></tr>
<tr><td>측·하방,
기타 조영재</td><td>1.2m</td><td colspan="2">0.4m</td><td>1.2m</td><td>-</td><td>0.4m</td></tr>
<tr><td rowspan="3">기타</td><td colspan="2">삭도(지주), 저압 전차선</td><td>0.6m</td><td colspan="2">0.3m</td><td colspan="2">0.8m</td><td>0.4m</td></tr>
<tr><td colspan="2">저·고압 가공전선의 지지물</td><td colspan="3">0.3m</td><td colspan="2">0.6m</td><td>0.3m</td></tr>
<tr><td colspan="2">식물</td><td colspan="6">상시 부는 바람에 접촉하지 않도록 한다.</td></tr>
</table>

② 특고압 가공전선과 각종 시설물의 접근 또는 교차

㉠ 특고압 가공전선과 건조물의 접근(KEC 333.23)

<table>
<tr><th colspan="3" rowspan="2">구분</th><th colspan="4">이격거리</th></tr>
<tr><th>일반</th><th>특고압 절연</th><th>케이블</th><th>35kV 초과</th></tr>
<tr><td rowspan="2">건조물</td><td rowspan="2">상부
조영재</td><td>상방</td><td>3m</td><td>2.5m</td><td>1.2m</td><td rowspan="2">(규정값)$+N\times0.15$m</td></tr>
<tr><td>측·하방,
기타 조영재</td><td>3m</td><td>☆1.5m</td><td>0.5m</td></tr>
<tr><td colspan="3"></td><td colspan="4">☆전선에 사람이 쉽게 접촉할 수 없는 경우 1m</td></tr>
</table>

㉡ 특고압 가공전선과 도로 등의 접근 또는 교차(KEC 333.24)

<table>
<tr><th rowspan="2">구분</th><th colspan="2">이격거리</th></tr>
<tr><th>35kV 이하</th><th>35kV 초과</th></tr>
<tr><td>이격거리</td><td>3m</td><td>3m+(단수)$\times0.15$m</td></tr>
<tr><td colspan="3">보호망(1.5m 격자, 8.01kN, 5mm 금속선 사용)을 설치하면 보안공사는 생략 가능</td></tr>
</table>

$$(단수)=\frac{(35\text{kV 초과분})}{10\text{kV}} \text{ (반드시 절상 후 계산)}$$

㉢ 특고압 가공전선과 기타 시설물의 접근 또는 교차(KEC 333.25 / 333.26 / 333.27 / 333.30)

<table>
<tr><th rowspan="3">구분</th><th colspan="5">이격거리</th></tr>
<tr><th colspan="3">35kV 이하</th><th rowspan="2">35kV 초과 60kV 이하</th><th rowspan="2">60kV 초과</th></tr>
<tr><th>일반</th><th>절연</th><th>케이블</th></tr>
<tr><td>삭도(지지물)</td><td>2m</td><td>1m</td><td>0.5m</td><td>2m</td><td>2m+N</td></tr>
<tr><td rowspan="2">특고압 가공전선</td><td>-</td><td>1m</td><td>0.5m</td><td>2m</td><td>2m+N</td></tr>
<tr><td colspan="5">상부, 측면, 제3종 특고압 보안공사</td></tr>
<tr><td>저·고압 가공전선</td><td colspan="4">2m</td><td>2m+N</td></tr>
<tr><td>식물</td><td colspan="3">0.5m</td><td>2m</td><td>2m+N</td></tr>
<tr><td colspan="6" align="center">$N=$ (단수)$\times0.12$m</td></tr>
</table>

③ 25kV 이하인 특고압 가공전선로의 시설(KEC 333.32)

   ㉠ 다중접지한 중성선은 저압 가공전선의 규정에 준하여 시설

   ㉡ 접지도체는 공칭단면적 $6mm^2$ 이상의 연동선

   ㉢ 접지 상호 간의 거리

      • 15kV 이하 : 300m 이하

      • 15kV 초과 25kV 이하 : 150m 이하

   ㉣ 접지 저항값[Ω]

전압	분리 시 개별 접지 저항값	1km마다 합성 접지 저항값
15kV 이하	$300\,\Omega$	$30\,\Omega$
15kV 초과 25kV 이하	$300\,\Omega$	$15\,\Omega$

   ㉤ 경간

지지물의 종류	경간
목주·A종 철주 또는 A종 철근 콘크리트주	100m
B종 철주 또는 B종 철근 콘크리트주	150m
철탑	400m

   ㉥ 전선 상호 간 이격거리

구분	나전선	특고압 절연전선	케이블 특고압 절연전선
나전선	1.5m	–	–
특고압 절연전선	–	1.0m	–
케이블	–	–	0.5m

   ㉦ 식물 사이의 이격거리는 1.5m 이상

13. 농사용 저압 가공전선로의 시설

① 사용전압은 저압이어야 한다.

② 전선은 인장강도 1.38kN 이상의 것 또는 지름 2mm 이상의 경동선이어야 한다.

③ 지표상의 높이는 3.5m 이상이어야 한다(다만, 사람이 출입하지 아니하는 곳은 3m).

④ 목주의 굵기는 말구 지름 0.09m 이상이어야 한다.

⑤ 전선로의 경간은 30m 이하이어야 한다.

⑥ 다른 전선로에 접속하는 곳 가까이에 그 저압 가공전선로 전용의 개폐기 및 과전류차단기를 각 극(과전류차단기는 중성극을 제외한다)에 시설해야 한다.

14. 구내에 시설하는 저압 가공전선로(400V 미만)

① 저압 가공전선은 인장강도 1.38kN 이상의 것 또는 지름 2mm 이상의 경동선이어야 한다(단, 경간 10m 미만 : 0.62kN 이상의 것 또는 공칭단면적 $4mm^2$ 이상의 연동선).

② 경간은 30m 이하이어야 한다.

③ 전선과 다른 시설물과의 이격거리 : 상방 1m, 측방 / 하방 0.6m(케이블 0.3m)

15. 옥측전선로

① **저압** : 애자사용배선, 합성수지관배선, 케이블배선, 금속관배선(목조 이외), 버스덕트배선(목조 이외)

    ㉠ 애자사용 시 전선의 공칭단면적 : $4mm^2$ 이상

    ㉡ 애자사용 시 이격거리

다른 시설물	접근상태	이격거리
조영물의 상부 조영재	위쪽	2m (전선이 고압 절연전선, 특고압 절연전선 또는 케이블인 경우 1m)
조영물의 상부 조영재	옆쪽 또는 아래쪽	0.6m (전선이 고압 절연전선, 특고압 절연전선 또는 케이블인 경우 0.3m)
조영물의 상부 조영재 이외의 부분 또는 조영물 이외의 시설물		0.6m (전선이 고압 절연전선, 특고압 절연전선 또는 케이블인 경우 0.3m)

    ※ 애자사용배선에 의한 저압 옥측전선로의 전선과 식물과의 이격거리는 0.2m 이상이어야 한다.

② **고압** : 케이블배선[KEC 140(접지시스템)의 규정에 준하여 접지공사]

③ **특고압** : 100kV를 초과할 수 없다.

16. 옥상전선로

① 저압

구분	이격거리
지지물	15m 이내
조영재	2m(케이블 1m) 이상
약전류전선, 안테나	1m(케이블 0.3m) 이상

- 2.6mm 이상 경동선
- 다른 시설물과 접근하거나 교차하는 경우 시 이격거리 0.6m(고압 절연전선, 특고압 절연전선, 케이블 0.3m) 이상

② **특고압** : 시설 불가

17. 지중전선로의 시설

① **사용전선** : 케이블, 트라프를 사용하지 않을 경우는 CD(콤바인덕트)케이블을 사용한다.

② **매설방식**

    ㉠ 직접 매설식

    ㉡ 관로식

    ㉢ 암거식(공동구)

장소	매설깊이		관로식
	직접 매설식		
	차량, 기타 중량물의 압력	기타 (차량, 압박받을 우려 없는 장소)	
길이	1.2m 이상	0.6m 이상	1m 이상

③ 케이블 가압장치

냉각을 위해 가스를 밀봉한다(1.5배 유압 또는 수압, 1.25배 기압에 10분간 견딜 것, KEC 223.3 / 334.3).

④ 지중전선의 피복금속체 접지 : KEC 140 / 223.4 / 334.4

⑤ 지중전선과 지중약전류전선 등 또는 관과의 접근 또는 교차(KEC 223.6 / 334.6)

구분	약전류전선	유독성 유체 포함 관
저·고압	0.3m 이하	1m(25kV 이하, 다중접지방식 0.5m) 이하
특고압	0.6m 이하	

⑥ 지중함의 시설

㉠ 지중함은 견고하고 차량 기타 중량물의 압력에 견디는 구조여야 한다.

㉡ 지중함은 그 안의 고인 물을 제거할 수 있는 구조로 되어 있어야 한다.

㉢ 폭발성 또는 연소성의 가스가 침입할 우려가 있는 것에 시설하는 지중함으로서 그 크기가 $1m^3$ 이상인 것에는 통풍장치 기타 가스를 방산시키기 위한 적당한 장치를 시설해야 한다.

㉣ 지중함의 뚜껑은 시설자 이외의 자가 쉽게 열 수 없도록 시설해야 한다.

18. 터널 안 전선로의 시설

① 철도·궤도 또는 자동차 전용 터널 내 전선로

전압	전선의 굵기	애자사용공사 시 높이	시공방법
저압	2.6mm 이상	노면상, 레일면상 2.5m 이상	• 합성수지관배선 • 금속관배선 • 가요전선관배선 • 케이블배선 • 애자사용배선
고압	4mm 이상	노면상, 레일면상 3m 이상	• 케이블배선 • 애자사용배선

② 사람이 상시 통행하는 터널 안 전선로

㉠ 저압 전선은 차량 전용 터널 내 공사 방법과 같다.

㉡ 고압 전선은 케이블공사에 의하여 시설할 수 있다.

㉢ 특고압 전선은 시설하지 않는 것을 원칙으로 한다.

19. 인입선의 시설

① 저압 인입선(KEC 221.1), 고압 인입선(KEC 331.12)

구분	저압				고압
	일반	도로	철도	횡단보도	
높이 (케이블)	4m (교통 지장 없을 시 2.5m)	5m (교통 지장 없을 시 3m)	6.5m	3m	최저높이 5m (위험표시 3.5m)
사용 전선	15m 이하 : 1.25kN/2.0mm 이상 인입용 비닐절연전선, 케이블				• 8.01kN/5mm 이상 경동선, 케이블
	15m 초과 : 2.30kN/2.6mm 이상 인입용 비닐절연전선, 케이블				• 연접인입선 불가

※ 저압 연접인입선의 시설(KEC 221.1)
• 인입선에서 분기하는 점으로부터 100m를 초과하지 말 것
• 도로 폭 5m 초과 금지
• 옥내 관통 금지

② 특고압 가공인입선(KEC 331.12)

구분	일반	도로	철도	횡단보도		
35kV 이하	5m (케이블 4m)	6m	6.5m	4m (케이블 / 특고압 절연전선 사용)		
35kV 초과 160kV 이하	6m	–	6.5m	5m(케이블 사용)		
	사람 출입이 없는 산지 : 5m 이상					
160kV 초과	일반	6m+N	철도	6.5m+N	산지	5m+N

• (단수)=(160kV 초과) / 10kV (반드시 절상), N=(단수)×0.12m
• 변전소 또는 개폐소에 준하는 곳 이외 곳에서는 사용전압 100kV 이하
• 연접인입선 불가

20. 수상전선로(KEC 224.3 / 335.3)

저압	고압	수면상에 접속점이 있는 경우	접속점이 육상에 있는 경우
케이블			
3. 4종 캡타이어 (클로로프렌)	고압용 캡타이어케이블	저압 4m 이상 고압 5m 이상	5m 이상 도로 이외 4m 이상

| 04 | 저압, 고압, 특고압 전기설비

1. 통칙

① 전기설비 적용범위

저압	고압 · 특고압
• 교류 1kV 또는 직류 1.5kV 이하인 저압의 전기를 공급하거나 사용하는 전기설비에 적용하며 다음의 경우를 포함한다. 　– 전기설비를 구성하거나 연결하는 선로와 전기기계 기구 등의 구성품 　– 저압 기기에서 유도된 1kV 초과 회로 및 기기 　　(예 저압 전원에 의한 고압방전등, 전기집진기 등)	• 교류 1kV 초과 또는 직류 1.5kV를 초과하는 고압 및 특고압 전기를 공급하거나 사용하는 전기설비에 적용한다. 고압 · 특고압 전기설비에서 적용하는 전압의 구분은 다음에 따른다. 　– 고압 : 교류는 1kV를, 직류는 1.5kV를 초과하고, 7kV 이하인 것 　– 특고압 : 7kV를 초과하는 것

② 저압 배전방식

ㄱ) 교류회로
- 3상 4선식의 중성선 또는 PEN도체는 충전도체는 아니지만 운전전류를 흘리는 도체이다.
- 3상 4선식에서 파생되는 단상 2선식 배전방식의 경우 두 도체 모두가 선도체이거나 하나의 선도체와 중성선 또는 하나의 선도체와 PEN도체이다.
- 모든 부하가 선간에 접속된 전기설비에서는 중성선의 설치가 필요하지 않을 수 있다.

ㄴ) 직류회로

PEL과 PEM도체는 충전도체는 아니지만 운전전류를 흘리는 도체이다. 2선식 배전방식이나 3선식 배전방식을 적용한다.

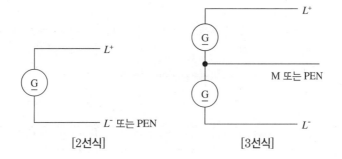

[2선식]　　　　　　[3선식]

③ 계통접지 방식

ㄱ) 저압
- 분류
  - TN계통
  - TT계통
  - IT계통
- 문자정의
  - 제1문자 : 전원계통과 대지의 관계
    - ⓐ T : 한 점을 대지에 직접 접속
    - ⓑ I : 모든 충전부를 대지와 절연시키거나 높은 임피던스를 통하여 한 점을 대지에 직접 접속
  - 제2문자 : 전기설비의 노출도전부와 대지의 관계
    - ⓐ T : 노출도전부를 대지로 직접 접속, 전원계통의 접지와는 무관

ⓑ N : 노출도전부를 전원계통의 접지점(교류계통에서는 통상적으로 중성점, 중성점이 없을 경우는 선도체)에 직접 접속

– 그 다음 문자(문자가 있을 경우) : 중성선과 보호도체의 배치

ⓐ S : 중성선 또는 접지된 선도체 외에 별도의 도체에 의해 제공되는 보호 기능

ⓑ C : 중성선과 보호 기능을 한 개의 도체로 겸용(PEN도체)

• 심벌 및 약호

– 심벌

기호 설명	
	중성선(N), 중간도체(M)
	보호도체(PE)
	중성선과 보호도체겸용(PEN)

– 약호

T	Terra	대지(접지)
I	Isolated	절연(대지 사이에 교유임피던스 사용)
N	Neutral	중성
S	Separate	분리
C	Combined	결합

• 결선도

– TN계통

ⓐ TN–S : TN–S계통은 계통 전체에 대해 별도의 중성선 또는 PE도체를 사용한다. 배전계통에서 PE도체를 추가로 접지할 수 있다.

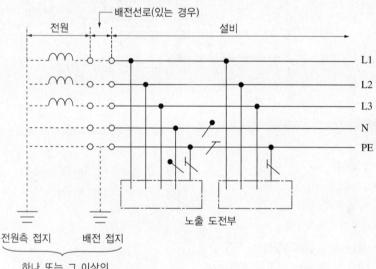

[계통 내에서 별도의 중성선과 보호도체가 있는 TN–S계통]

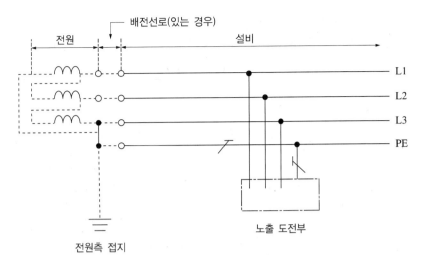

[계통 내에서 별도의 접지된 선도체와 보호도체가 있는 TN – S계통]

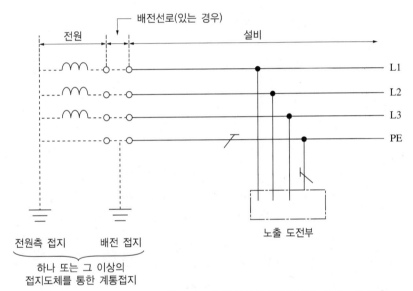

[계통 내에서 접지된 보호도체는 있으나 중성선의 배선이 없는 TN – S계통]

ⓑ TN - C : 그 계통 전체에 대해 중성선과 보호도체의 기능을 동일도체로 겸용한 PEN도체를 사용한다.
배전계통에서 PEN도체를 추가로 접지할 수 있다.

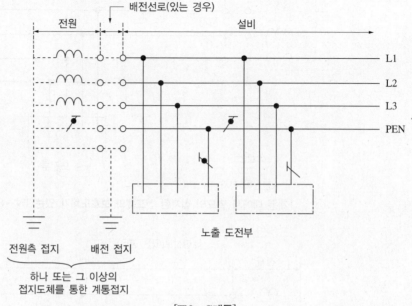

[TN - C계통]

ⓒ TN - C - S : 계통의 일부분에서 PEN도체를 사용하거나 중성선과 별도의 PE도체를 사용하는 방식이
있다. 배전계통에서 PEN도체와 PE도체를 추가로 접지할 수 있다.

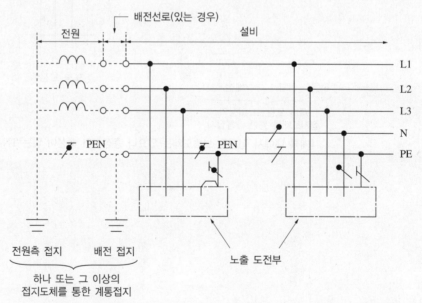

[설비의 어느 곳에서 PEN이 PE와 N으로 분리된 3상 4선식 TN - C - S계통]

- TT계통 : 전원의 한 점을 직접 접지하고 설비의 노출도전부는 전원의 접지전극과 전기적으로 독립적인 접지
극에 접속시킨다. 배전계통에서 PE도체를 추가로 접지할 수 있다.

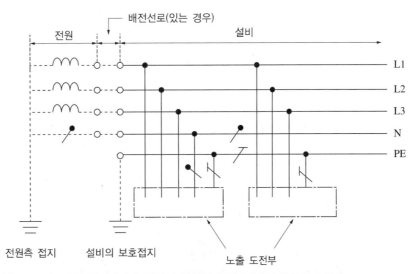

[설비 전체에서 별도의 중성선과 보호도체가 있는 TT계통]

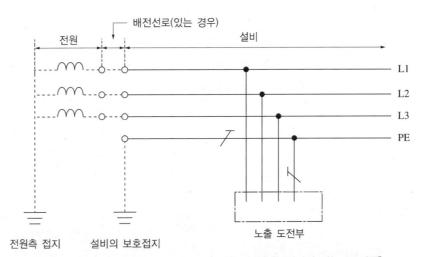

[설비 전체에서 접지된 보호도체가 있으나 배전용 중성선이 없는 TT계통]

- IT계통
  ⓐ 충전부 전체를 대지로부터 절연시키거나 한 점을 임피던스를 통해 대지에 접속시킨다. 전기설비의 노출 도전부를 단독 또는 일괄적으로 계통의 PE도체에 접속시킨다. 배전계통에서 추가접지가 가능하다.
  ⓑ 계통은 충분히 높은 임피던스를 통하여 접지할 수 있다. 이 접속은 중성점, 인위적 중성점, 선도체 등에 서 할 수 있다. 중성선은 배선할 수도 있고, 배선하지 않을 수도 있다.

PART 1
PART 2
PART 3
PART 4

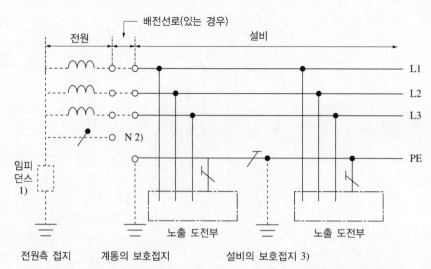

[계통 내의 모든 노출도전부가 보호도체에 의해 접속되어 일괄 접지된 IT계통]

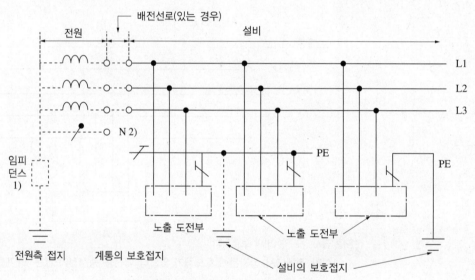

[노출도전부가 조합으로 또는 개별로 접지된 IT계통]

2. 안전을 위한 보호(감전, 과전류, 과도 · 과전압, 열영향)

① 감전에 대한 보호

　　㉠ 전압 – 교류 : 실횻값

　　　　　 – 직류 : 리플프리

　　㉡ 보호대책

　　　• 전원의 자동차단

　　　• 이중절연 또는 강화절연

- 한 개의 전기사용기기에 전기를 공급하기 위한 전기적 분리
- SELV와 PELV에 의한 특별저압

ⓒ 전원자동차단
- 요구사항
  - 기본보호는 충전부의 기본절연 또는 격벽이나 외함에 의한다.
  - 고장보호는 보호등전위본딩 및 자동차단에 의한다.
  - 추가적인 보호로 누전차단기를 시설할 수 있다.
- 고장 시 자동차단

보호장치는 고장의 경우 다음에서 규정된 차단시간 내에서 회로의 선도체 또는 설비의 전원을 자동으로 차단하여야 한다.

[32A 이하 분기회로의 최대 차단시간]

[단위 : 초]

계통	$50V < U_0 \leq 120V$		$120V < U_0 \leq 230V$		$230V < U_0 \leq 400V$		$400V < U_0$	
	교류	직류	교류	직류	교류	직류	교류	직류
TN	0.8	☆	0.4	5	0.2	0.4	0.1	0.1
TT	0.3	☆	0.2	0.4	0.07	0.2	0.04	0.1

- TT 계통에서 차단은 과전류보호장치에 의해 이루어지고 보호등전위본딩은 설비 안의 모든 계통외도전부와 접속되는 경우 TN 계통에 적용 가능한 최대차단시간이 사용될 수 있다.
- U_0는 대지에서 공칭교류전압 또는 직류 선간전압이다.
- ☆ 차단은 감전보호 외에 다른 원인에 의해 요구될 수도 있다.

※ TN 계통에서 배전회로(간선)와 위 표의 경우를 제외하고는 5초 이하의 차단시간을 허용한다.
※ TT 계통에서 배전회로(간선)와 위 표의 경우를 제외하고는 1초 이하의 차단시간을 허용한다.

- 누전차단기 시설(추가적인 보호)
  - 금속제 외함을 가지는 사용전압이 50V를 초과하는 저압의 기계기구로서 사람이 쉽게 접촉할 우려가 있는 곳에 시설하는 것

> ※ **적용 제외**
> - 기계기구를 발전소·변전소·개폐소 또는 이에 준하는 곳에 시설하는 경우
> - 기계기구를 건조한 곳에 시설하는 경우
> - 대지전압이 150V 이하인 기계기구를 물기가 있는 곳 이외의 곳에 시설하는 경우
> - 이중 절연구조의 기계기구를 시설하는 경우
> - 그 전로의 전원측에 절연변압기(2차 전압이 300V 이하인 경우에 한한다)를 시설하고 또한 그 절연변압기의 부하측의 전로에 접지하지 아니하는 경우
> - 기계기구가 고무·합성수지 기타 절연물로 피복된 경우
> - 기계기구가 유도전동기의 2차측 전로에 접속되는 것일 경우

  - 주택의 인입구 등 다른 절에서 누전차단기 설치를 요구하는 전로
  - 특고압전로, 고압전로 또는 저압전로와 변압기에 의하여 결합되는 사용전압 400V 이상의 저압전로 또는 발전기에서 공급하는 사용전압 400V 이상의 저압전로(발전소 및 변전소와 이에 준하는 곳에 있는 부분의 전로를 제외한다)
  - 다음의 전로에는 자동복구 기능을 갖는 누전차단기를 시설할 수 있다.
    ⓐ 독립된 무인 통신중계소·기지국

　　　　ⓑ 관련법령에 의해 일반인의 출입을 금지 또는 제한하는 곳

　　　　ⓒ 옥외의 장소에 무인으로 운전하는 통신중계기 또는 단위기기 전용회로. 단, 일반인이 특정한 목적을 위해 지체하는(머물러 있는) 장소로서 버스정류장, 횡단보도 등에는 시설할 수 없다.

　　　　ⓓ 누전차단기를 저압전로에 사용하는 경우 일반인이 접촉할 우려가 있는 장소(세대 내 분전반 및 이와 유사한 장소)에는 주택용 누전차단기를 시설하여야 한다.

• TN계통

　– TN계통에서 설비의 접지 신뢰성은 PEN도체 또는 PE도체와 접지극과의 효과적인 접속에 의한다.

　– TN계통에서 과전류보호장치 및 누전차단기는 고장보호에 사용할 수 있다. 누전차단기를 사용하는 경우 과전류보호 겸용의 것을 사용해야 한다.

　– TN – C계통에는 누전차단기를 사용해서는 안 된다. TN – C – S계통에 누전차단기를 설치하는 경우에는 누전차단기의 부하측에는 PEN도체를 사용할 수 없다. 이러한 경우 PE도체는 누전차단기의 전원측에서 PEN도체에 접속하여야 한다.

• TT계통

　– 전원계통의 중성점이나 중간점은 접지하여야 한다. 중성점이나 중간점을 이용할 수 없는 경우, 선도체 중 하나를 접지하여야 한다.

　– 누전차단기를 사용하여 고장보호를 하여야 한다. 다만, 고장 루프임피던스가 충분히 낮을 때는 과전류보호장치에 의하여 고장보호를 할 수 있다.

• IT계통 : 노출도전부 또는 대지로 단일고장이 발생한 경우에는 고장전류가 작기 때문에 자동차단이 절대적 요구사항은 아니다. 그러나 두 곳에서 고장 발생 시 동시에 접근이 가능한 노출도전부에 접촉되는 경우에는 인체에 위험을 피하기 위한 조치를 하여야 한다.

[각 계통의 동작조건 사항]

TN계통	TT계통	IT계통		
$U_0 \geq I_a Z_s$	$U_0 \geq I_a Z_s$ (과전류보호장치 사용)	1차 고장 후 다른 2차 고장 발생 시		
• Z_s : 고장루프임피던스 　– 전원의 임피던스 　– 고장점까지의 상도체 임피던스 　– 고장점과 전원 사이의 보호도체 임피던스 • I_a : 차단시간 내에 차단장치 또는 누전차단기를 자동으로 동작하게 하는 전류[A] • U_0 : 공칭대지전압[V]	• Z_s : 고장루프임피던스 　– 전원 　– 고장점까지 선도체 　– 노출도전부 보호도체 　– 접지도체 　– 설비접지극 　– 전원접지극 • I_a : 차단시간 내에 차단장치 또는 누전차단기를 자동으로 동작하게 하는 전류[A] • U_0 : 공칭대지전압[V] ※ 누전차단기 사용 　$50V > I_{\triangle n} R_A$ 　• R_A : 노출도전부에 접속된 보호도체와 접지극저항의 합[Ω] 　• $I_{\triangle n}$: 누전차단기의 정격 동작전류	**1차 고장이 발생 후 다른 곳에 2차 고장 발생 시 자동차단조건**		
		노출도전부가 같은 접지계통에 집합적으로 접지된 보호도체와 접촉 시		노출도전부가 그룹별 또는 개별접지 시
		$U \geq 2I_a Z_s$ (비접지계통)	$U_0 \geq 2I_a Z_s'$ (접지계통)	$50[V] \geq I_d R_A$ (교류) $120[V] \geq I_d R_A$ (직류)
		• I_a : 차단시간 내에 차단장치 또는 누전차단기를 자동으로 동작하게 하는 전류[A] • U : 선간 공칭전압[V] • U_0 : 선도체와 대지 간 공칭전압[V] • R_A : 접지극과 노출도전부에 접속된 보호도체저항의 합 • I_d : 하나의 선도체와 노출도전부 사이에서 무시할 수 있는 임피던스로 1차 고장이 발생했을 때의 고장전류[A]로 전기설비의 누설전류와 총 접지임피던스를 고려한 값		

ⓔ 기능적 특별저압(FELV) : 기능상의 이유로 교류 50V, 직류 120V 이하인 공칭전압을 사용하지만, SELV 또는 PELV에 대한 모든 요구조건이 충족되지 않고 SELV와 PELV가 필요치 않은 경우에는 기본보호 및 고장보호의 보장을 위해 다음을 따라야 한다. 이러한 조건의 조합을 FELV라 한다.

• 기본보호는 기본절연, 격벽, 외함 중 하나에 따른다.

• FELV계통의 전원은 최소한 단순분리형 변압기에 의한다.

• 적용

    – 플러그를 다른 전압계통의 콘센트에 꽂을 수 없어야 한다.

    – 콘센트는 다른 전압계통의 플러그를 수용할 수 없어야 한다.

    – 콘센트는 보호도체에 접속하여야 한다.

ⓜ 이중절연 또는 강화절연에 대한 보호 : 이중 또는 강화절연은 기본절연의 고장으로 인해 전기기기의 접근 가능한 부분에 위험전압이 발생하는 것을 방지하기 위한 보호대책

ⓗ 전기적 분리에 의한 보호

• 고장보호를 위한 요구사항

    – 분리된 회로는 최소한 단순 분리된 전원을 통하여 공급되어야 하며, 분리된 회로의 전압은 500V 이하이어야 한다.

    – 분리된 회로의 충전부는 어떤 곳에서도 다른 회로, 대지 또는 보호도체에 접속되어서는 안 되며, 전기적 분리를 보장하기 위해 회로 간에 기본절연을 하여야 한다.

    – 가용 케이블과 코드는 기계적 손상을 받기 쉬운 전체 길이에 대해 육안으로 확인이 가능하여야 한다.

    – 분리된 회로들에 대해서는 분리된 배선계통의 사용이 권장된다. 다만, 분리된 회로와 다른 회로가 동일 배선계통 내에 있으면 금속외장이 없는 다심케이블, 절연전선관 내의 절연전선, 절연덕팅 또는 절연트렁킹에 의한 배선이 되어야 하며 다음의 조건을 만족하여야 한다.

        ⓐ 정격전압은 최대 공칭전압 이상일 것

        ⓑ 각 회로는 과전류에 대한 보호를 할 것

    – 분리된 회로의 노출도전부는 다른 회로의 보호도체, 노출도전부 또는 대지에 접속되어서는 안 된다.

ⓢ SELV(Safety Extra-Low Voltage)와 PELV(Protective Extra-Low Voltage)를 적용한 특별저압에 의한 보호

• 요구사항

    – 특별저압계통의 전압한계는 교류 50V 이하, 직류 120V 이하이어야 한다.

    – 특별저압회로를 제외한 모든 회로로부터 특별저압계통을 보호분리하고, 특별저압계통과 다른 특별저압계통 간에는 기본절연을 하여야 한다.

    – SELV계통과 대지 간의 기본절연을 하여야 한다.

• SELV와 PELV회로에 대한 요구사항

    – 충전부와 다른 SELV와 PELV회로 사이에 기본절연이 필요하다.

    – 이중절연 또는 강화절연 또는 최고전압에 대한 기본절연 및 보호차폐에 의한 SELV 또는 PELV 이외의 회로들의 충전부로부터 보호분리해야 한다.

    – SELV회로는 충전부와 대지 사이에 기본절연이 필요하다.

    – PELV회로 및 PELV회로에 의해 공급되는 기기의 노출도전부는 접지한다.

    – SELV와 PELV 계통의 플러그와 콘센트는 다음에 따라야 한다.

        ⓐ 플러그는 다른 전압계통의 콘센트에 꽂을 수 없어야 한다.

        ⓑ 콘센트는 다른 전압계통의 플러그를 수용할 수 없어야 한다.

ⓒ SELV계통에서 플러그 및 콘센트는 보호도체에 접속하지 않아야 한다.
- SELV회로의 노출도전부는 대지 또는 다른 회로의 노출도전부나 보호도체에 접속하지 않아야 한다.
- 건조한 상태에서 다음의 경우는 기본보호를 하지 않아도 된다.
  ⓐ SELV회로에서 공칭전압이 교류 25V 또는 직류 60V를 초과하지 않는 경우
  ⓑ PELV회로에서 공칭전압이 교류 25V 또는 직류 60V를 초과하지 않고 노출도전부 및 충전부가 보호도체에 의해서 주접지단자에 접속된 경우
- SELV 또는 PELV 계통의 공칭전압이 교류 12V 또는 직류 30V를 초과하지 않는 경우에는 기본보호를 하지 않아도 된다.

ⓞ 추가보호
  • 누전차단기
  • 보조 보호등전위본딩

ⓩ 기본보호방법
  • 충전부의 기본절연
  • 격벽 또는 외함

ⓩ 장애물 및 접촉범위 밖에 배치

ⓣ 숙련자와 기능자의 통제 또는 감독이 있는 설비에 적용 가능한 보호대책
  • 비도전성 장소
  • 비접지 국부 등전위본딩에 의한 보호
  • 두 개 이상의 전기사용기기에 전원 공급을 위한 전기적 분리

※ SELV, PELV, FELV 정리

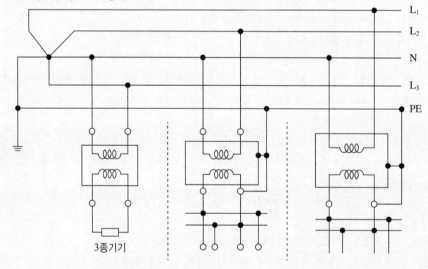

3종기기

구분	SELV	PELV	FELV
전원	• 안전절연변압기 • 안전절연변압기와 동등한 전원 • 축전지 • 독립전원		• 단순분리형 변압기 • SELV, PELV용 전원 • 단권변압기
회로분리	구조적 분리 있음		구조적 분리 없음
특징	• 비접지회로 • 노출도전부는 비접지	• 접지회로 • 회로접지는 보호도체에 접속을 허용 • 노출도전부는 접지	• 접지회로 • 노출도전부는 보호도체에 접속

② 과전류에 대한 보호

㉠ 요구사항 : 과전류로 인하여 회로의 도체, 절연체, 접속부, 단자부 또는 도체를 감싸는 물체 등에 유해한 열적 및 기계적인 위험이 발생되지 않도록 그 회로의 과전류를 차단하는 보호장치를 설치해야 한다.

㉡ 회로의 특성에 따른 요구사항

• 선도체의 보호 : 과전류검출기 설치

• 중성선의 보호

　– TT계통 또는 TN계통

　　ⓐ 중성선의 단면적이 선도체의 단면적과 동등 이상의 크기이고, 그 중성선의 전류가 선도체의 전류보다 크지 않을 것으로 예상될 경우, 중성선에는 과전류검출기 또는 차단장치를 설치하지 않아도 된다.

　　ⓑ 중성선의 단면적이 선도체의 단면적보다 작은 경우 과전류검출기를 설치할 필요가 있다. 검출된 과전류가 설계전류를 초과하면 선도체를 차단해야 하지만 중성선을 차단할 필요까지는 없다.

　　ⓒ ⓐ · ⓑ의 경우 모두 단락전류로부터 중성선을 보호해야 한다.

　　ⓓ 중성선에 관한 요구사항은 차단에 관한 것을 제외하고 중성선과 보호도체 겸용(PEN) 도체에도 적용한다.

　– IT계통 : 중성선을 배선하는 경우 중성선에 과전류검출기를 설치해야 하며, 과전류가 검출되면 중성선을 포함한 해당 회로의 모든 충전도체를 차단해야 한다. 다음의 경우에는 과전류검출기를 설치하지 않아도 된다.

　　ⓐ 설비의 전력 공급점과 같은 전원측에 설치된 보호장치에 의해 그 중성선이 과전류에 대해 효과적으로 보호되는 경우

　　ⓑ 정격감도전류가 해당 중성선 허용전류의 0.2배 이하인 누전차단기로 그 회로를 보호하는 경우

　– 중성선의 차단 및 재폐로 : 중성선에 설치하는 개폐기 및 차단기는 차단 시에는 중성선이 선도체보다 늦게 차단되어야 하며, 재폐로 시에는 선도체와 동시 또는 그 이전에 재폐로 되는 것을 설치하여야 한다.

• 보호장치의 종류 및 특성

　– 과부하전류 및 단락전류 겸용 보호장치 : 예상되는 단락전류를 포함한 모든 과전류를 차단 및 투입할 수 있다.

　– 과부하전류 전용 보호장치 : 차단용량은 그 설치점에서의 예상 단락전류값 미만으로 할 수 있다.

　– 단락전류 전용 보호장치 : 예상 단락전류를 차단할 수 있어야 하며, 차단기인 경우에는 이 단락전류를 투입할 수 있다.

㉢ 과부하전류에 대한 보호

• 도체와 과부하 보호장치 사이의 협조

과부하에 대해 케이블(전선)을 보호하는 장치의 동작특성은 다음의 조건을 충족해야 한다.

$$I_B \leq I_n \leq I_Z$$

$$I_2 \leq 1.45 \times I_Z$$

I_B : 회로의 설계전류

I_Z : 케이블의 허용전류

I_n : 보호장치의 정격전류

I_2 : 보호장치가 규약시간 이내에 유효하게 동작하는 것을 보장하는 전류

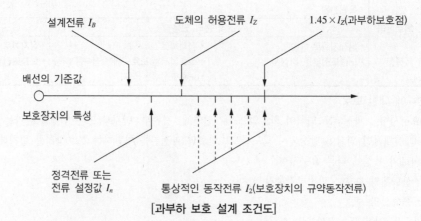

[과부하 보호 설계 조건도]

• 과부하 보호장치의 설치위치 : 과부하 보호장치는 전로 중 도체의 단면적, 특성, 설치방법, 구성의 변경으로 도체의 허용전류값이 줄어드는 곳(이하 분기점이라 함)에 설치한다.

　– 보호장치(P_2)는 분기회로의 분기점(O)으로부터 3m 이내 설치한다.

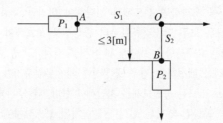

[분기회로(S_2)의 분기점(O)에서 3m 이내에 설치된 과부하보호장치(P_2)]

　– 과부하보호장치의 생략

　　ⓐ 분기회로의 전원측에 설치된 보호장치에 의하여 분기회로에서 발생하는 과부하에 대해 유효하게 보호되고 있는 분기회로

　　ⓑ 단락보호가 되고 있으며, 분기점 이후의 분기회로에 다른 분기회로 및 콘센트가 접속되지 않는 분기회로 중, 부하에 설치된 과부하보호장치가 유효하게 동작하여 과부하전류가 분기회로에 전달되지 않도록 조치를 하는 경우

　　ⓒ 통신회로용, 제어회로용, 신호회로용 및 이와 유사한 설비

　　※ 안전을 위해 과부하보호장치를 생략

　　　사용 중 예상치 못한 회로의 개방이 위험 또는 큰 손상을 초래할 수 있는 다음과 같은 부하에 전원을 공급하는 회로에 대해서는 과부하보호장치를 생략할 수 있다.

　　　• 회전기의 여자회로
　　　• 전자석 크레인의 전원회로
　　　• 전류변성기의 2차 회로
　　　• 소방설비의 전원회로
　　　• 안전설비(주거침입경보, 가스누출경보 등)의 전원회로

ⓔ 단락전류에 대한 보호 : 이 기준은 동일회로에 속하는 도체 사이의 단락인 경우에만 적용하여야 한다.

- 설치위치 : 과부하보호장치 설치위치와 동일
- 단락보호장치의 생략 : 배선을 단락위험이 최소화할 수 있는 방법과 가연성 물질 근처에 설치하지 않는 조건이 모두 충족되면 다음과 같은 경우 단락보호장치를 생략할 수 있다.
  - 발전기, 변압기, 정류기, 축전지와 보호장치가 설치된 제어반을 연결하는 도체
  - 전원차단이 설비의 운전에 위험을 가져올 수 있는 회로
  - 특정 측정회로
- 단락보호장치의 특성
  - 차단용량 : 정격차단용량은 단락전류보호장치 설치점에서 예상되는 최대 크기의 단락전류보다 커야 한다.
  - 케이블 등의 단락전류 : 회로의 임의의 지점에서 발생한 모든 단락전류는 케이블 및 절연도체의 허용온도를 초과하지 않는 시간 내에 차단되도록 해야 한다. 단락지속시간이 5초 이하인 경우, 통상 사용조건에서의 단락전류에 의해 절연체의 허용온도에 도달하기까지의 시간 t 는 다음과 같이 계산할 수 있다.

$$t = \left(\frac{kS}{I} \right)^2$$

t : 단락전류 지속시간[sec]

S : 도체의 단면적[mm^2]

I : 유효 단락전류[A, rms]

k : 도체 재료의 저항률, 온도계수, 열용량, 해당 초기온도와 최종온도를 고려한 계수

ⓜ 저압전로 중의 개폐기 및 과전류차단장치의 시설
- 저압전로 중의 개폐기의 시설
  - 저압전로 중에 개폐기를 시설하는 경우 그 곳의 각 극에 설치하여야 한다.
  - 사용전압이 다른 개폐기는 상호 식별이 용이하도록 시설하여야 한다.
- 저압 옥내전로 인입구에서의 개폐기의 시설
  - 저압 옥내전로에는 인입구에 가까운 곳으로서 쉽게 개폐할 수 있는 곳에 개폐기를 각 극에 시설하여야 한다.
  - 사용전압이 400V 미만인 옥내전로로서 다른 옥내전로(정격전류가 16A 이하인 과전류차단기 또는 정격전류가 16A를 초과하고 20A 이하인 배선용 차단기로 보호되고 있는 것에 한한다)에 접속하는 길이 15m 이하의 전로에서 전기의 공급을 받는 것은 1번째의 규정에 의하지 않을 수 있다.
  - 저압 옥내전로에 접속하는 전원측의 전로의 그 저압 옥내전로의 인입구에 가까운 곳에 전용의 개폐기를 쉽게 개폐할 수 있는 곳의 각 극에 시설하는 경우에는 1번째의 규정에 의하지 않을 수 있다.
- 저압전로 중의 과전류차단기의 시설
  - 퓨즈(gG)의 용단특성

정격전류의 구분	시간	정격전류의 배수	
		불용단전류	용단전류
4A 이하	60분	1.5배	2.1배
4A 초과 16A 미만	60분	1.5배	1.9배
16A 이상 63A 이하	60분	1.25배	1.6배
63A 초과 160A 이하	120분	1.25배	1.6배
160A 초과 400A 이하	180분	1.25배	1.6배
400A 초과	240분	1.25배	1.6배

– 배선용 차단기

과전류트립						순시트립(주택용)	
정격전류의 구분	시간	정격전류의 배수(모든 극에 통전)				형	트립범위
		부동작전류		동작전류		B	$3I_n$ 초과 $5I_n$ 이하
		산업용	주택용	산업용	주택용	C	$5I_n$ 초과 $10I_n$ 이하
63A 이하	60분	1.05배	1.13배	1.3배	1.45배	D	$10I_n$ 초과 $20I_n$ 이하
63A 초과	120분	1.05배	1.13배	1.3배	1.45배	• B, C, D : 순시트립전류에 다른 차단기 분류 • I_n : 차단기 정격전류	

• 저압전로 중의 전동기 보호용 과전류보호장치의 시설
  – 과부하보호장치, 단락보호전용 차단기 및 단락보호전용 퓨즈는 다음에 따라 시설할 것
    ⓐ 과부하보호장치로 전자접촉기를 사용할 경우에는 반드시 과부하계전기가 부착되어 있을 것
    ⓑ 단락보호전용 차단기의 단락동작설정 전류값은 진동기의 기동방식에 따른 기동돌입전류를 고려할 것
    ⓒ 단락보호전용 퓨즈는 용단 특성에 적합한 것일 것

[단락보호전용 퓨즈(aM)의 용단특성]

정격전류의 배수	불용단시간	용단시간
4배	60초 이내	–
6.3배	–	60초 이내
8배	0.5초 이내	–
10배	0.2초 이내	–
12.5배	–	0.5초 이내
19배	–	0.1초 이내

  – 옥내에 시설하는 전동기(정격출력이 0.2kW 이하인 것을 제외한다)에는 전동기가 손상될 우려가 있는 과전류
    가 생겼을 때에 자동적으로 이를 저지하거나 이를 경보하는 장치를 하여야 한다. 다만, 다음의 어느 하나에
    해당하는 경우에는 그러하지 아니하다.
    ⓐ 전동기를 운전 중 상시 취급자가 감시할 수 있는 위치에 시설한 경우
    ⓑ 전동기의 구조나 부하의 성질로 보아 전동기가 손상될 수 있는 과전류가 생길 우려가 없는 경우
    ⓒ 단상전동기로써 그 전원측 전로에 시설하는 과전류차단기의 정격전류가 16A(배선용 차단기는 20A) 이
      하인 경우

※ **과전류차단기용 퓨즈**
  • 고압
    – 포장 퓨즈 : 정격전류 1.3배에 견디고, 2배 전류로 120분 이내 용단
    – 비포장 퓨즈 : 정격전류 1.25배에 견디고, 2배 전류에 2분 이내에 용단
  • 과전류차단기의 시설 제한
    고압 또는 특별고압의 전로에는 기계, 기구 및 전선을 보호하기 위하여 필요한 곳에 과전류차단기를 시설
    한다. 다음 경우는 시설을 금한다.
    – 접지공사의 접지도체
    – 다선식 전로의 중성선
    – 변압기 중성점접지한 저압 가공전선로 접지측 전선
  • 지락차단 장치 등의 시설
    – 사용전압 50V 넘는 금속제 외함을 가진 저압 기계기구로서 사람 접촉 우려 시 전로에 지기가 발생한 경우

－ 특고압 전로, 고압 전로 또는 저압 전로가 변압기에 의해서 결합되는 사용전압 400V 이상의 저압 전로에 지락이 생긴 경우(전로를 자동 차단하는 장치 시설)
－ 지락차단장치 설치 예외 장소
    ⓐ 기계기구를 발·변전소, 개폐소, 이에 준하는 곳에 시설하는 경우
    ⓑ 기계기구를 건조한 곳에 시설하는 경우
    ⓒ 대지전압 150V 이하를 습기가 없는 곳에 시설하는 경우
    ⓓ 전로전원측에 절연 변압기(2차 300V 이하) 시설, 부하측 비접지의 경우
    ⓔ 2중 절연 구조
    ⓕ 기계기구 내 누전차단기를 설치한 경우
    ⓖ 기계기구가 고무·합성수지 기타 절연물로 피복된 경우

• 분기회로의 시설
－ 분기 개폐기는 각 극에 시설할 것
－ 분기회로의 과전류차단기는 각 극에 시설할 것
－ 정격전류가 50A를 초과하는 하나의 전기사용기계기구(전동기 등은 제외)에 이르는 저압전로는 다음에 의하여 시설할 것
    ⓐ 저압 옥내전로에 시설하는 분기회로의 과전류차단기는 그 정격전류가 그 전기사용기계기구의 정격전류를 1.3배 한 값을 넘지 않는 것
    ⓑ 저압전로에 그 전기사용기계기구 이외의 부하를 접속시키지 않을 것

③ 과도전압에 대한 보호

[기기에 요구되는 정격 임펄스 내전압]

설비의 공칭전압[V]		요구되는 임펄스 내전압$_a$[kV]			
3상계통	중성선이 있는 단상계통	설비 전력 공급점에 있는 기기 (과전압 범주 IV)	배전 및 회전기기 (과전압 범주 III)	전기제품 및 전류-사용 기기 (과전압 범주 II)	특별히 보호된 기기 (과전압 범주 I)
–	120~240	4	2.5	1.5	0.8
(220/380)^d 230/400 277/480	–	6	4	2.5	1.5
400/690	–	8	6	4	2.5
1,000	–	12	8	6	4

a : 이 임펄스 내전압은 활성도체와 PE 사이에 적용된다.

④ 열영향에 대한 보호

[접촉 범위 내에 있는 기기에 접촉 가능성이 있는 부분에 대한 온도 제한]

접촉할 가능성이 있는 부분	접촉할 가능성이 있는 표면의 재료	최고 표면온도[℃]
손으로 잡고 조작시키는 것	금속	55
	비금속	65
손으로 잡지 않지만 접촉하는 부분	금속	70
	비금속	80
통상 조작 시 접촉할 필요가 없는 부분	금속	80
	비금속	90

⑤ 과열에 대한 보호
  ㉠ 강제 공기 난방시스템
  ㉡ 온수기 또는 증기발생기
  ㉢ 공기난방설비

3. 옥내배선

저압 옥내배선은 합성수지관배선, 금속관배선, 가요전선관배선, 케이블배선에 의해 시설할 수 있다. 특수장소는 다음에 따라 시설한다.

시설장소	사용전압	400V 미만	400V 이상
전개된 장소	건조한 장소	애자사용배선, 합성수지몰드배선, 금속몰드배선, 금속덕트배선, 버스덕트배선, 라이팅덕트배선	애자사용, 금속덕트, 버스덕트배선
	기타의 장소	애자사용배선, 버스덕트배선	애자사용배선
점검할 수 있는 은폐 장소	건조한 장소	애자사용, 합성수지몰드, 금속몰드, 금속덕트, 버스덕트, 셀룰라덕트, 라이팅덕트배선	애자사용, 금속덕트, 버스덕트 배선
	기타의 장소	애자사용배선	애자사용배선
점검할 수 없는 은폐 장소	건조한 장소	플로어덕트배선, 셀룰러덕트배선	–

※ 모든 옥내배선 공통 사항
• 옥외용 비닐절연전선 제외
• 단선 10mm^2, 알루미늄 16mm^2 이하만 사용. 넘는 경우 연선 사용
• 관 안에는 접속점, 나전선 사용 금지

① 저압 애자사용배선
  ㉠ 구비조건 : 절연성, 난연성, 내수성
  ㉡ 전선 : 절연전선[옥외용 비닐절연전선(OW), 인입용 비닐절연전선(DV) 제외]
  ㉢ 전선 상호 간격 : 0.06m 이상
  ㉣ 전선 – 조영재 이격거리
    • 400V 미만 : 25mm 이상
    • 400V 이상 : 45mm(건조장소 : 25mm) 이상
  ㉤ 지지점 간 거리 : 2m 이하(400V 이상으로 조영재에 따르지 않는 경우 6m 이하)
  ㉥ 약전류전선, 수관, 가스관, 다른 옥내배선과의 이격거리 0.1m(나선일 때는 0.3m)

② 합성수지관배선
  ㉠ 특징
    • 장점 : 내부식성과 절연성이 뛰어나고, 시공이 용이하다.
    • 단점 : 열과 충격에 약하다.
  ㉡ 1본의 길이 : 4m
  ㉢ 전선 : 절연전선[단선 10mm^2, 알루미늄 16mm^2 이하(OW 제외) 연선 사용]
  ㉣ 관 내부에는 전선의 접속점이 없을 것
  ㉤ 관 상호 및 관과 박스와 삽입 깊이 : 관 외경의 1.2배(접착제 : 0.8) 이상
  ㉥ 지지점 간 거리 : 1.5m 이하

    ⓐ 관에 넣을 수 있는 전선의 수용량(피복을 포함한 단면적)

       • 전선의 굵기가 다를 때 : 합성수지관 총면적의 32%

       • 전선의 굵기가 같을 때 : 합성수지관 총면적의 48%

    ⓞ 습하거나 물기있는 장소에는 방습장치 설치

③ 금속관배선

    ㉠ 장점 : 전기, 기계적 안전, 단락, 접지사고 시 화재 위험 감소

       단점 : 부식성, 무겁다, 가격이 비싸다.

    ㉡ 1본의 길이 : 3.66m

    ㉢ 전선 : 절연전선(OW 제외)

    ㉣ 연선사용 : 단선 $10mm^2$, 알루미늄 $16mm^2$ 이하

    ㉤ 관 내부에는 전선의 접속점이 없을 것

    ㉥ 콘크리트에 매설 시 관 두께 : 1.2mm 이상[노출 시 1mm 이상(길이 4m 이하인 단소관 : 0.5mm)]

    ㉦ 수도관 접지 클램프 : 3Ω

    ※ 접지공사 생략

       – 길이 4m 이하 건조장소에 시설하는 경우

       – DC 300V, AC 150V 이하로 8m 이하인 것을 사람 접촉의 우려가 없도록 하거나 건조 장소에 시설할 경우

④ 금속몰드배선

    ㉠ 전선 : 절연전선(OW 제외)

    ㉡ 몰드 안에는 전선의 접속점이 없을 것

    ㉢ 폭 50mm 이하, 두께 0.5mm 이상(합성수지몰드 폭 : 35mm 이하)

⑤ 가요전선관배선

    ㉠ 크기 : 안지름에 가까운 홀수(15, 19, 25)

    ㉡ 길이 : 10, 15, 30m

    ㉢ 지지점 간의 거리 : 1m

    ㉣ 구부림 : 반경의 6배

    ㉤ 연결 시

       • (가요관)+(가요관)=(플렉시블 커플링)

       • (가요관)+(금속관)=(콤비네이션 커플링)

    ㉥ 전선 : 절연전선(OW 제외)

    ㉦ 연선사용 : 단선 $10mm^2$, 알루미늄 $16mm^2$ 이하

    ㉧ 제2종 금속제 가요전선관을 사용(단, 전개되거나 점검가능한 은폐장소에는 1종 가요전선관 사용가능)

⑥ 금속덕트배선

    ㉠ 전선 : 절연전선(OW 제외)

    ㉡ 전선 삽입 정도 : 덕트 내 단면적의 20% 이하(전광표시장치, 출퇴표시등, 제어회로 등의 배선만 넣는 경우 : 50% 이하)

    ㉢ 덕트 폭 5cm를 넘고, 두께 1.2mm 이상 철판

    ㉣ 지지점 간 거리 : 3m 이하, 수직 6m

⑦ 버스덕트배선

    ⊙ 종류

       • 피더 : 도중에 부하접속 불가

       • 플러그인 : 도중에 접속용 플러그

       • 트롤리 : 이동 부하 접속

    ⓛ 덕트 및 전선 상호 간 견고하고 전기적으로 완전하게 접속

    ⓒ 지지점 간 거리 : 3m 이하(수직 6m)

    ⓔ 끝부분을 먼지가 침입하지 않도록 폐쇄

⑧ 라이팅덕트배선

    ⊙ 지지 간격 : 2m 이하

    ⓛ 끝부분을 막고, 개구부는 아래로 향해 시설

⑨ 셀룰러덕트배선

    ⊙ 전선은 절연전선(옥외용 비닐절연전선 제외)일 것

    ⓛ 연선일 것. 단, 10mm^2 이하(알루미늄은 16mm^2)일 때 예외

    ⓒ 판 두께

덕트의 최대폭	덕트의 판 두께
150 mm 이하	1.2mm
150mm 초과 200mm 이하	1.4mm
200mm 초과	1.6mm

⑩ 플로어덕트배선

    ⊙ 전선은 절연전선(옥외용 비닐절연전선 제외)일 것

    ⓛ 연선일 것. 단, 10mm^2 이하(알루미늄은 16mm^2)일 때 예외

    ⓒ 점검할 수 없는 은폐 장소(바닥)

⑪ 케이블배선

    ⊙ 지지 간격 : 2m 이하(캡타이어케이블 : 1m 이하)

    ⓛ 직접 콘크리트 내 매입 경우 : MI 케이블, 직매용 케이블, 강대개장 케이블

    ⓒ 전선 및 지지 부분의 안전율 : 4 이상

⑫ 고압 옥내배선의 시설

    ⊙ 공사 : 케이블배선, 애자사용배선(건조하고 전개 장소), 케이블트레이배선

    ⓛ 외피 : 접지시스템

    ⓒ 고압 애자사용배선(사람이 접촉할 우려가 없도록 시설)

    ⓔ 전선 : 단면적 6mm^2 연동선 이상 절연전선, 인하용 고압 절연전선

    ⓜ 지지 간격 : 6m 이하(조영재면 따라 시설 시 : 2m)

    ⓗ 전선 상호 간격 : 0.08m 이상, 전선 – 조영재 이격거리 : 0.05m 이상

⑬ 특별 고압 옥내배선

    ⊙ 사용전압 : 100kV 이하(케이블트레이배선 시 35kV 이하)

    ⓛ 사용전선 : 케이블은 철재, 철근 콘크리트관, 덕트 등의 기타 견고한 장치에 시설

⑭ 옥내배선과 약전류전선 또는 관과의 접근, 교차

  ⊙ 저압 – 약전선, 수도관, 가스관 : 0.1m 이상(나전선 0.3m)

  ⓒ 고압 – 저압, 고압, 약전선, 수도관, 가스관 : 0.15m 이상

  ⓒ 저압, 고압 – 특고압 : 0.6m 이상

  ⓔ 특고압 – 약전선, 수도관, 가스관 : 접촉하지 않게 시설

⑮ 옥내 저압용 전구선 시설

  코드, 캡타이어케이블 0.75mm^2 이상

⑯ 옥내 이동전선의 시설

  ⊙ 저압 : 코드, 캡타이어케이블 0.75mm^2 이상

  ⓒ 고압 : 고압용 캡타이어케이블

⑰ 케이블트레이배선

구분	수평트레이		수직트레이
	다심	단심	다심, 단심
벽면	20mm 이상	20mm 이상	가장 굵은 전선 바깥지름 0.3배 이상
트레이 간(수직)	• 300mm 이상 • 6단 이하	• 300mm 이상 • 3단 이하	(수평)간격 225mm 이상 삼각포설 시 단심케이블 지름의 2배 이상 이격

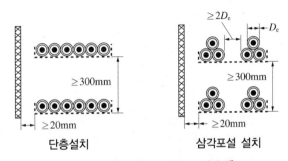

[수평트레이의 단심케이블 공사방법]

  ⊙ 저압 옥내배선은 다음에 의한다.

    • 전선은 연피케이블, 알루미늄피케이블 등 난연성 케이블 또는 금속관 혹은 합성수지관 등에 넣은 절연전선 사용한다.

    • 케이블트레이 내에서 전선을 접속하는 경우 그 부분을 절연한다.

  ⓒ 케이블트레이는 다음에 적합하게 시설한다.

    • 케이블트레이의 안전율은 1.5 이상으로 시설한다.

    • 전선의 피복 등을 손상시킬 수 있는 돌기 등이 없이 매끈하여야 한다.

    • 금속제 케이블트레이 계통은 기계적 또는 전기적으로 완전하게 접속하여야 한다.

  ⓒ 구조물 : 사다리형, 편칭형, 메시형, 바닥밀폐형 기타 이와 유사한 구조물

4. 배선설비

① 배선방법의 분류

설치방법	배선방법
전선관시스템	합성수지관배선, 금속관배선, 가요전선관배선
케이블트렁킹시스템	합성수지몰드배선, 금속몰드배선, 금속덕트배선(a)
케이블덕트시스템	플로어덕트배선, 셀룰러덕트배선, 금속덕트배선(b)
애자사용방법	애자사용배선
케이블트레이시스템(래더, 브래킷 포함)	케이블트레이배선
고정하지 않는 방법, 직접 고정하는 방법, 지지선 방법(c)	케이블배선

- a : 금속본체와 커버가 별도로 구성되어 커버를 개폐할 수 있는 금속덕트를 사용한 배선방법을 말한다.
- b : 본체와 커버 구분없이 하나로 구성된 금속덕트를 사용한 배선방법을 말한다.
- c : 비고정, 직접고정, 지지선의 경우 케이블의 시설방법에 따라 분류한 사항이다.

② 배선설비 적용 시 고려사항

ㄱ 회로 구성
- 하나의 회로도체는 다른 다심케이블, 다른 전선관, 다른 케이블덕팅시스템 또는 다른 케이블트렁킹시스템을 통해 배선해서는 안 된다.
- 여러 개의 주회로에 공통 중성선을 사용하는 것은 허용되지 않는다.
- 여러 회로가 하나의 접속 상자에서 단자 접속되는 경우 각 회로에 대한 단자는 단자블록에 관한 것을 제외하고 절연 격벽으로 분리해야 한다.
- 모든 도체가 최대공칭전압에 대해 절연되어 있다면 여러 회로를 동일한 전선관시스템, 케이블덕트시스템 또는 케이블트렁킹시스템의 분리된 구획에 설치할 수 있다.

ㄴ 병렬접속

두 개 이상의 선도체(충전도체) 또는 PEN도체를 계통에 병렬로 접속하는 경우 다음에 따른다.
- 병렬도체 사이에 부하전류가 균등하게 배분될 수 있도록 조치를 취한다.
- 절연물의 허용온도에 적합하도록 부하전류를 배분하는 데 특별히 주의한다. 적절한 전류분배를 할 수 없거나 4가닥 이상의 도체를 병렬로 접속하는 경우에는 부스바트렁킹시스템의 사용을 고려한다.

ㄷ 전기적 접속

접속 방법은 다음 사항을 고려하여 선정한다.
- 도체와 절연재료
- 도체를 구성하는 소선의 가닥수와 형상
- 도체의 단면적
- 함께 접속되는 도체의 수

ㄹ 교류회로 – 전기자기적 영향(맴돌이전류 방지)

ㅁ 하나의 다심케이블 속의 복수회로

모든 도체가 최대공칭전압에 대해 절연되어 있는 경우, 동일한 케이블에 복수의 회로를 구성할 수 있다.

ㅂ 화재의 확산을 최소화하기 위한 배선설비의 선정과 공사

ⓢ 배선설비와 다른 공급설비와의 접근

• 다른 전기 공급설비와의 접근

저압 옥내배선이 다른 저압 옥내배선 또는 관등회로의 배선과 접근하거나 교차 시 애자사용공사에 의하여 시설하고 저압 옥내배선과 다른 저압 옥내배선 또는 관등회로의 배선 사이의 이격거리는 0.1m(애자사용공사 시 나전선인 경우에는 0.3m) 이상이어야 한다.

• 통신 케이블과의 접근

– 지중통신케이블과 지중전력케이블이 교차・접근하는 경우 100mm 이상 이격하여야 한다.

– 지중전선이 지중약전류전선 등과 접근하거나 교차하는 경우에 상호 간의 이격거리가 저압 지중전선은 0.3m 이하(내화성 격벽)이어야 한다.

ⓞ 금속 외장 단심케이블

ⓩ 수용가 설비에서의 전압강하

• 다른 조건을 고려하지 않는다면 수용가 설비의 인입구로부터 기기까지의 전압강하는 다음 표의 값 이하이어야 한다.

[수용가설비의 전압강하]

설비의 유형	조명[%]	기타[%]
A – 저압으로 수전하는 경우	3	5
B – 고압 이상으로 수전하는 경우(a)	6	8

a : 가능한 한 최종회로 내의 전압강하가 A유형의 값을 넘지 않도록 하는 것이 바람직하다. 사용자의 배선설비가 100m를 넘는 부분의 전압강하는 m당 0.005% 증가할 수 있으나 이러한 증가분은 0.5%를 넘지 않아야 한다.

• 다음의 경우에는 위의 표보다 더 큰 전압강하를 허용할 수 있다.

– 기동시간 중의 전동기

– 돌입전류가 큰 기타 기기

• 다음과 같은 일시적인 조건은 고려하지 않는다.

– 과도과전압

– 비정상적인 사용으로 인한 전압 변동

③ 배선설비의 선정과 설치에 고려해야 할 외부영향

• 주위온도
• 외부 열원
• 물의 존재(AD) 또는 높은 습도(AB)
• 침입고형물의 존재(AE)
• 부식 또는 오염 물질의 존재(AF)
• 충격(AG)
• 진동(AH)
• 그 밖의 기계적 응력(AJ)
• 식물, 곰팡이와 동물의 존재(AK)
• 동물의 존재(AL)
• 태양 방사(AN) 및 자외선 방사
• 지진의 영향(AP)
• 바람(AR)
• 가공 또는 보관된 자재의 특성(BE)
• 건축물의 설계(CB)

④ 도체 및 중성선의 단면적

　㉠ 도체의 단면적

　　교류회로 선도체와 직류회로 충전용 도체의 최소 단면적은 다음 표에 나타낸 값 이상이어야 한다.

[도체의 최소 단면적]

배선설비의 종류		사용회로	도체	
			재료	단면적[mm^2]
고정설비	케이블과 절연전선	전력과 조명회로	구리	2.5
			알루미늄	KS C IEC 60228에 따라 10
		신호와 제어회로	구리	1.5
	나전선	전력회로	구리	10
			알루미늄	16
		신호와 제어회로	구리	4

　㉡ 중성선의 단면적

　　• 중성선 단면적 ≥ 선도체 단면적

　　　－ 2선식 단상회로

　　　－ 선도체 구리 16mm^2, 알루미늄 25mm^2 이하 다상회로

　　　－ 3고조파 및 그 배수파 시 왜형률 15 ~ 33%인 3상 회로

　　• 선도체 구리 16mm^2, 알루미늄 25mm^2 이상 다상회로인 경우

　　　－ 다음의 경우에는 중성선 < 선도체 단면적

　　　　ⓐ 3고조파 및 그 배수파 시 전류가 선도체전류의 15% 이하

　　　　ⓑ 중성선 보호원칙에 따라 과전류보호 시

　　　　ⓒ 중성선 단면적이 구리 16mm^2, 알루미늄 25mm^2 이상 시

⑤ 옥내 시설하는 저압 접촉전선배선

	애자	버스덕트	절연 트롤리배선
높이	3.5m 이상	－	－
전선 굵기	• 11.2kN 이상 • 6mm 또는 2.8mm^2 이상	• 20mm^2 이상 띠모양 • 5mm 이상 긴 막대모양	6mm 또는 28mm^2 이상
상호 간격	• 수평 : 0.14m • 은폐 시 : 0.12m • 구부리기 어려운 경우 : 0.28m	－	－

⑥ 엘리베이터・덤웨이터 등의 승강로 안의 저압 옥내배선 등의 시설

　엘리베이터・덤웨이터 등의 승강로 내에 시설하는 사용전압이 400V 미만인 저압 옥내배선, 저압의 이동전선 및 이에 직접 접속하는 리프트케이블은 비닐리프트케이블 또는 고무리프트케이블을 사용하여야 한다.

⑦ 조명설비

　㉠ 설치 요구사항

　　등기구는 다음을 고려하여 설치하여야 한다.

　　• 기동전류

　　• 고조파전류

　　• 보상

　　• 누설전류

- 최초 점화전류
- 전압강하

ⓛ 열영향에 대한 주변의 보호

등기구의 주변에 발광과 대류 에너지의 열영향은 다음을 고려하여 선정 및 설치하여야 한다.

- 램프의 최대 허용 소모전력
- 인접 물질의 내열성
- 등기구 관련 표시
- 가연성 재료로부터 적절한 간격 유지(스포트라이트나 프로젝터는 모든 방향에서 가연성 재료로부터 다음의 최소 거리를 두고 설치)

정격용량	최소거리
100W 이하	0.5m
100W 초과 300W 이하	0.8m
300W 초과 500W 이하	1.0m
500W 초과	1.0m 초과

ⓒ 코드 또는 캡타이어케이블과 옥내배선과의 접속

코드 또는 캡타이어케이블과 옥내배선과의 접속은 다음에 의하여 시설하여야 한다.

- 점검할 수 없는 은폐장소에는 시설하지 않아야 한다.
- 옥내에 시설하는 저압의 이동전선과 저압 옥내배선과의 접속에는 꽂음 접속기 기타 이와 유사한 기구를 사용하여야 한다. 다만, 이동전선을 조가용선에 조가하여 시설하는 경우에는 그러하지 않는다.
- 접속점에는 조명기구 및 기타 전기기계기구의 중량이 걸리지 않도록 한다.

ⓔ 점멸장치와 타임스위치의 시설

- 여관, 호텔의 객실입구등 : 1분 이내
  일반주택 및 아파트 각 호실의 현관등 : 3분 이내
- 가로등, 경기장, 공장, 아파트 단지 등의 일반조명용 고압 방전등 효율은 70lm/W 이상일 것

ⓜ 네온방전등

- 대지전압 300V 이하
- 시설방법
  - 전선 : 네온전선
  - 배선은 외상을 받을 우려가 없고 사람이 접촉될 우려가 없는 노출장소 또는 점검할 수 있는 은폐장소에 시설할 것
  - 전선은 자기 또는 유리제 등의 애자로 견고하게 지지하여 조영재의 아랫면 또는 옆면에 부착

선 – 선	60mm		
선 – 조영재	노출 시	6kV 이하	20mm 이상
		6kV 초과 9kV 이하	30mm 이상
		9kV 초과	40mm 이상
	점검할 수 있는 은폐장소	60mm 이상	
지지점	1m		

• 전선을 넣은 유리관

두께	1mm
지지점	0.5m
관 끝과 지지점	0.08m 이상 0.12m 이하

⑧ 고압·특고압 안전보호
  ㉠ 절연수준의 선정
    절연수준은 기기최고전압 또는 충격내전압을 고려하여 결정하여야 한다.
  ㉡ 직접 접촉에 대한 보호
    • 전기설비는 충전부에 무심코 접촉 또는 근처의 위험구역에 무심코 도달하는 것을 방지한다.
    • 계통의 도전성 부분에 대한 접촉을 방지한다.
    • 보호는 그 설비의 위치가 출입제한 전기운전구역 여부에 의하여 다른 방법으로 이루어질 수 있다.
  ㉢ 간접 접촉에 대한 보호
    고장 시 충전으로 인한 인축의 감전을 방지하여야 하며, 그 보호방법은 접지설비에 따른다.
  ㉣ 아크고장에 대한 보호
  ㉤ 직격뢰에 대한 보호
    피뢰설비를 시설하고, 그 밖의 적절한 조치를 한다.
  ㉥ 화재에 대한 보호
    낙뢰 등을 위한 피뢰시스템을 시설하여야 한다.
  ㉦ 절연유 누설에 대한 보호
    • 옥내
      − 누설되는 절연유가 스며들지 않는 바닥에 유출방지 턱을 시설한다.
      − 건축물 안에 지정된 보존구역으로 집유한다.
    • 옥외
      − 절연유 유출 방지설비의 선정 : 절연유의 양, 우수 및 화재보호시스템의 용수량, 근접 수로 및 토양조건을 고려한다.
      − 집유조 및 집수탱크 시설 시 최대 용량 변압기의 유량에 대한 집유능력이 있어야 한다.
      − 관련 배관은 액체가 침투하지 않는 것이어야 한다.
      − 집수탱크의 용량은 물의 유입으로 지나치게 감소되지 않아야 하며, 자연배수 및 강제배수가 가능하여야 한다.
      − 수로 및 지하수를 보호
        ⓐ 집유조 및 집수탱크는 바닥으로부터 절연유 및 냉각액의 유출을 방지하여야 한다.
        ⓑ 배출된 액체는 유수분리장치를 통하여야 하며 이 목적을 위하여 액체의 비중을 고려하여야 한다.
  ㉧ SF6의 누설에 대한 보호
  ㉨ 식별 및 표시
⑨ 접지설비
  ㉠ 고압·특고압 접지계통
    • 일반사항
      − 고압 또는 특고압 기기가 출입제한 된 전기설비 운전구역 이외의 장소에 설치 시 저압한계 50V를 초과하는 고압측 고장으로부터의 접촉전압을 방지할 수 있도록 통합접지를 하여야 한다.
      − 모든 케이블의 금속시스(Sheath) 부분은 접지를 시행하여야 한다.
    • 접지시스템 : 고압 또는 특고압 전기설비의 접지는 원칙적으로 공통접지, 통합접지에 적합하여야 한다.

ⓒ 혼촉에 의한 위험방지시설

접지공사(사용전압 35kV 이하로 지기발생 시 1초 이내에 자동차단하거나 25kV 이하의 중성점 다중접지 전로 경우 이외에는 10Ω 이하)를 시행한다.

- 접지공사는 변압기 시설장소마다 시행한다.
- 접지저항을 얻기 어려운 토지 상황의 경우 : 가공접지선(동복강선 3.5mm, 인장강도 5.26kN, 동선 4.0mm)을 사용하여 변압기 시설장소에서(200m) 떼어 놓을 수 있다.
- 변압기 시설장소에서 떼어 놓아도 얻기 어려운 경우 : 가공공동지선을 이용하여 각 변압기 중심으로 직경 400m 이내 지역으로 그 변압기에 접속되는 전선로 바로 아랫부분에서 각 변압기의 양쪽에 있도록 하고, 가공공동지선과 대지 간 합성 저항치는 지름(1[km])지역 안에서 접지저항치를 갖도록 한다.
- 접지선을 가공공동지선으로 분리할 경우 단독 접지저항치가 300Ω 이하가 되도록 한다.

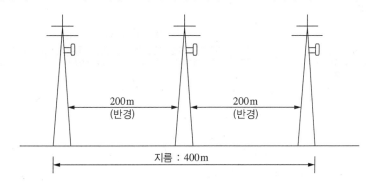

ⓒ 혼촉방지판이 있는 변압기에 접속하는 저압 옥외전선의 시설
- 저압 전선은 1구 내에만 시설한다.
- 저압 가공전선로 또는 저압 옥상전선로의 전선은 케이블이어야 한다.
- 저압 가공전선과 고압 또는 특별 고압 가공전선을 동일 지지물에 시설하지 않는다(단, 고압, 특고압 가공전선이 케이블인 경우는 예외).

ⓒ 특별고압과 고압의 혼촉에 의한 위험방지 시설
특별고압을 고압으로 변성하는 변압기의 고압 전로에는 고압측(사용전압의 3배) 이하인 전압이 가해진 경우, 방전하는 장치를 변압기 단자 가까운 1극에 설치하고 접지공사를 실시한다(단, 고압측 사용전압의 3배 이하에서 동작하는 피뢰기를 고압 모선에 시설한 경우는 생략 가능, 접지저항 10Ω 이하).

⑩ 전로의 중성점접지
ⓒ 접지목적
- 전로의 보호 장치의 확실한 동작의 확보
- 이상 전압의 억제
- 대지전압의 저하
ⓒ 시설기준
- 접지도체는 공칭단면적 16mm² 이상의 연동선(저압 전로의 중성점에 시설 : 공칭단면적 6mm² 이상의 연동선)을 사용한다.
- 접지도체에 접속하는 저항기·리액터 등은 고장 시 흐르는 전류를 안전하게 통할 수 있는 것을 사용한다.

ⓒ 고저항 중성점접지계통(지락전류 제한, 고저항 접지계통, 300V ~ 1kV 이하)
- 접지저항기는 계통의 중성점과 접지극 도체와의 사이에 설치한다.
- 변압기 또는 발전기의 중성점에서 접지저항기에 접속하는 점까지의 중성선은 동선 $10mm^2$ 이상, 알루미늄선 또는 동복 알루미늄선은 $16mm^2$ 이상의 절연전선으로서 접지저항기의 최대정격전류 이상이어야 한다.
- 계통의 중성점은 접지저항기를 통하여 접지하여야 한다.
- 기기 본딩 점퍼의 굵기
  - 접지극 도체를 접지저항기에 연결할 때는 기기 접지 점퍼는 다음의 예외사항을 제외하고 표에 의한 굵기이어야 한다.
  - 접지극 전선이 접지봉, 관, 판으로 연결될 때는 $16mm^2$ 이상이어야 한다.
  - 콘크리트 매입 접지극으로 연결될 때는 $25mm^2$ 이상이어야 한다.
  - 접지링으로 연결되는 접지극 전선은 접지링과 같은 굵기 이상이어야 한다.

[기기 접지 점퍼의 굵기]

상전선 최대 굵기[mm^2]	접지극 전선[mm^2]
30 이하	10
38 또는 50	16
60 또는 80	25
80 초과 175 이하	35
175 초과 300 이하	50
300 초과 550 이하	70
550 초과	95

  - 접지극 도체가 최초 개폐장치 또는 과전류장치에 접속될 때는 기기 본딩 점퍼의 굵기는 $10mm^2$ 이상으로서 접지저항기의 최대전류 이상의 허용전류를 갖는다.

5. 고압·특고압 시설

① 특별 고압 옥외배전용 변압기의 시설(발·변전소 개폐소 내 25kV 이하에 접속하는 것은 제외)
  ㉠ 특별 고압 절연전선, 케이블 사용
  ㉡ 변압기 1차 : 35kV 이하, 2차 : 저압, 고압
  ㉢ 총출력 : 1,000kVA 이하(가공전선로에 접속 시 500kVA 이하)
  ㉣ 변압기 특별 고압 : 개폐기, 과전류차단기 시설
  ㉤ 2차측이 고압 경우 : 개폐기 시설(쉽게 개폐할 수 있도록)
② 특별 고압을 직접 저압으로 변성하는 변압기는 다음에 한하여 시설한다.
  ㉠ 전기로 등 전류가 큰 전기를 소비하기 위한 변압기
  ㉡ 발·변전소, 개폐소 또는 이에 준하는 곳에 시설하는 소내용 변압기
  ㉢ 25kV 이하의 중성점 다중접지식 전로에 접속하는 변압기
  ㉣ 교류식 전기철도 신호용 변압기
  ㉤ 사용전압 35kV 이하인 변압기로 특별 고압과 저압 혼촉 시 자동차단장치가 있는 경우
  ㉥ 사용전압 100kV 이하인 변압기로 특별 고압과 저압 전선 간에 접지공사를 한 금속제 혼촉방지판 있는 경우(접지 저항값 10Ω 이하)
  ※ 사용전압 25,000V 이하의 특별 고압 전선로에 접속하는 변압기를 공장 또는 이와 유사한 산업용 설비와 주거용 건물 이외에 시설하는 경우 시설용량의 합계가 500kVA 초과 시는 동력용 변압기를 조명 및 전열용 변압기와 별도로 시설한다.

③ 동작 시 아크발생 기계기구 이격거리(피뢰기, 개폐기, 차단기)

목재의 벽, 천장, 기타의 가연성의 물체로부터 고압 : 1m 이상, 특고압 : 2m 이상이어야 한다.

※ 35kV 이하 특고, 화재 발생 우려가 없도록 제한 시 1.0m 이상 이격한다.

④ 개폐기의 시설

㉠ 전로 중 개폐기는 각 극에 설치한다.

㉡ 고압용, 특별 고압용 개폐기 : 개폐상태 표시 장치가 있어야 한다.

㉢ 고압, 특별 고압용 개폐기로 중력 등에 의해 자연동작 우려가 있는 것 : 자물쇠 장치, 기타 방지장치를 시설한다.

㉣ 고압, 특별 고압용 개폐기로 부하전류를 차단하기 위한 것이 아닌 DS(단로기)는 부하전류가 흐를 때 개로할 수 없도록 시설하지만 보기 쉬운 곳에 부하전류 유무 표시장치, 전화 지령장치, 태블릿을 사용하는 경우 예외이다.

※ 개폐기 설치 예외 개소
• 저압 분기회로용 개폐기로서 중성선, 접지측 전선의 경우
• 사용전압 400V 미만 저압 2선식의 점멸용 개폐기는 단극에서 시설하는 경우
• 25kV 이하 중성점 다중접지식 전로의 중성선에 설치하는 경우
• 제어회로에 조작용 개폐기 시설하는 경우

⑤ 피뢰기 시설 장소(고압, 특고압 전로)

㉠ 발·변전소 또는 이에 준하는 장소의 가공전선 인입구, 인출구

㉡ 가공전선로에 접속하는 배전용 변압기 고압 및 특고압측

㉢ 고압, 특고압 가공전선로에서 공급받는 수용장소 인입구

㉣ 가공전선로와 지중전선로가 접속되는 곳

※ 피뢰기의 접지저항 : 10Ω 이하
단, 고압 가공전선로에 시설하는 피뢰기 접지공사의 접지극을 변압기 중성점 접지용 접지극으로부터 1m 이상 격리하여 시설하는 경우에는 30Ω 이하이어야 한다.

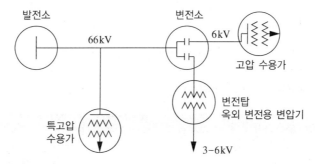

| 05 | 전기 사용 장소의 시설

1. 옥내전로의 대지전압 제한

대지전압은 300V 이하(단, 대지전압 150V 이하 전로인 경우 제외)로 제한한다.

※ 백열전등 또는 방전등
- 방전등은 사람이 접촉될 우려가 없도록 시설해야 한다.
- 방전등용 안정기는 옥내배선과 직접 접속하여 시설해야 한다.

2. 저압 옥내배선의 사용전선(KEC 231.3)

전선의 굵기는 $2.5mm^2$ 이상 연동선, $1mm^2$ 이상의 미네랄인슐레이션(MI)케이블을 사용한다.

※ 400V 미만인 경우 다음에 의하여 시설할 수 있다.
- 전광표시장치, 출퇴근표시등, 제어회로 : $1.5mm^2$ 이상의 연동선
- 과전류차단장치 시설 : $0.75mm^2$ 이상의 캡타이어케이블
- 진열장 : $0.75mm^2$ 이상의 코드, 캡타이어케이블

3. 옥내에 시설하는 저압 전선은 나전선 사용을 제한(다음의 경우는 예외)

① 애자사용배선의 경우로 전기로용 전선, 절연물이 부식하는 장소 전선, 취급자 이외의 자가 출입할 수 없도록 설비한 장소에 시설하는 전선일 경우
② 버스덕트 또는 라이팅덕트배선에 의하는 경우
③ 이동 기중기, 유희용 전차선 등의 접촉전선을 시설하는 경우

4. 설치방법에 해당하는 배선방법의 종류

설치방법	배선방법
전선관시스템	합성수지관배선, 금속관배선, 가요전선관배선
케이블트렁킹시스템	합성수지몰드배선, 금속몰드배선, 금속덕트배선(a)
케이블덕트시스템	플로어덕트배선, 셀룰러덕트배선, 금속덕트배선(b)
애자사용방법	애자사용배선
케이블트레이시스템(래더, 브래킷 포함)	케이블트레이배선
고정하지 않는 방법, 직접 고정하는 방법, 지지선 방법(c)	케이블배선

a : 금속본체와 커버가 별도로 구성되어 커버를 개폐할 수 있는 금속덕트를 사용한 배선방법을 말한다.
b : 본체와 커버 구분없이 하나로 구성된 금속덕트를 사용한 배선방법을 말한다.
c : 비고정, 직접고정, 지지선의 경우 케이블의 시설방법에 따라 분류한 사항이다.

5. 고주파 전류에 의한 장해의 방지

전기기계기구는 무선설비의 기능에 계속적이고 중대한 장해를 주는 고주파 전류가 생길 우려가 있는 경우에는 다음의 시설을 한다.

① 형광 방전등에는 정전 용량 $0.006\mu\mathrm{F}$ 이상 $0.5\mu\mathrm{F}$ 이하(예열시동식의 것으로 글로우램프에 병렬로 접속하는 것은 $0.006 \sim 0.01\mu\mathrm{F}$ 이하)인 커패시터를 시설한다.

② 저압에 정격출력 1kW 이하인 전기드릴용 소형교류직권전동기의 단자 상호 간에 정전용량이 $0.1\mu\mathrm{F}$인 무유도형 커패시터, 대지 사이에 $0.003\mu\mathrm{F}$의 관통형 커패시터를 시설한다.

③ 전기드릴용을 제외한 소형교류직권전동기의 단자 상호 간에 $0.1\mu\mathrm{F}$, 각 단자와 대지와의 사이에 $0.003\mu\mathrm{F}$의 커패시터를 시설한다.

④ 네온점멸기에 전원 상호 간 및 접점의 근접하는 곳에서 고주파전류를 방지하는 장치를 시설한다.

6. 저압 옥내간선의 시설

저압 옥내간선은 손상을 받을 우려가 없는 곳에 다음에 의해 시설해야 한다.

① 전동기 정격전류 합계 ≤ 전등, 전열(기타 기계기구) 정격전류의 합계인 경우

[간선의 허용전류(I_a)] $= \sum I_M + \sum I_H$

② 전동기 정격전류 합계 > 기타 기계기구의 정격전류 합계 경우

　㉠ 전동기 정격이 50A 이하 : (전동기 정격전류×1.25배)+(기타 정격전류합계)

$$I_a \geq \sum I_M \times 1.25 + \sum I_H$$

　㉡ 전동기 정격이 50A 초과 : (전동기 정격전류×1.1배)+(기타 정격전류합계)

$$I_a \geq \sum I_M \times 1.1 + \sum I_H$$

　※ $\sum I_M$: 전동기 정격전류의 합
　　$\sum I_H$: 전열기 정격전류의 합
　　I_a : 간선의 허용전류
　　I_B : 과전류차단기의 정격전류
　　예 $\sum I_M = 10+30 = 40\mathrm{A}$, $\sum I_H = 20+10 = 30\mathrm{A}$
　　　　$\sum I_M > \sum I_H$이며 $\sum I_M$이 50A 이하이므로 $k=1.25$
　　　　$I_a = kI_M + I_H = 1.25 \times 40 + 30 = 80\mathrm{A}$

7. 분기회로의 시설

① 각 극에 분기 개폐기 및 과전류차단기를 시설한다.
② 간선에서 분기하여 3m 이내

8. 특수장소의 저압 옥내배선

① 특수장소의 저압 옥내배선

종류		특징
폭연성 분진 KEC 242.2	금속관배선	• 박강전선관 이상, 패킹 사용, 분진방폭형 유연성 부속 • 관 상호 및 관과 박스 등은 5턱 이상의 나사 조임 접속
	케이블배선	• 개장된 케이블, MI • 이동전선 : 고무절연 클로로프렌 캡타이어케이블
가연성 분진 KEC 242.2	금속관배선	• 폭연성 분진에 준함
	케이블배선	
	합성수지관배선	• 부식 방지, 먼지가 침투 방지, 두께 2mm 이상
가연성 가스 KEC 242.3	금속관배선	• 폭연성 분신에 준함
	케이블배선	
	• 전기기계기구 : 내압, 유압 방폭구조 또는 다른 성능의 방폭구조일 것	
위험물 / 석유류 KEC 242.4	• 개폐기, 차단기로부터 저장소까지는 케이블 사용 • 전열기구 이외의 전기기구는 전폐형일 것	
화약류 저장소 KEC 242.5	• 개폐기, 차단기로부터 저장소까지는 케이블 사용 • 전로의 대지전압 300V 이하일 것 • 전기기계기구는 전폐형일 것 • 전용의 과전류 개폐기 및 과전류차단기는 화약류 저장소 이외의 곳에 시설하고 누전차단기 · 누전경보기를 시설하여야 한다.	

전시회, 쇼 및
공연장
KEC 242.6
	• 사용전압 : 400V 미만
	• 배선용 케이블 : 1.5mm^2
	• 무대마루 밑 전구선 : 300/300V 편조 고무코드, 0.6/1kV EP 고무절연 클로로프렌캡타이어케이블
	• 이동전선 : 0.6/1kV EP 고무절연 클로로프렌캡타이어케이블, 0.6/1kV 비닐절연 비닐캡타이어케이블
	• 조명설비 : 높이 2.5m 이하
	• 저압발전장치의 접지
	  – 중성선 또는 발전기의 중성점은 발전기의 노출도전부에 접속시키지 말 것
	  – TN계통 : 보호도체를 이용하여 발전기에 접속
	• 개폐기 및 과전류 차단기 시설 : 조명용 분기회로 및 정격 32A 이하의 콘센트용 분기회로는 정격감도전류
	  30mA 이하의 누전차단기로 보호(비상조명 제외)	

진열장 KEC 234.8	• 사용전압이 400V 미만일 것 • 0.75mm^2 이상의 코드 또는 캡타이어케이블	

저압 접촉전선 배선
KEC 232.31
	• 전개된 장소 또는 점검할 수 있는 은폐된 장소(기계기구에 시설하는 경우 이외) : 애자사용배선, 버스덕트배
	  선, 절연트롤리배선
	• 전선의 바닥에서의 높이는 3.5m 이상
	• 전선은 11.2kN, 지름 6mm 경동선(단면적이 28mm^2 이상[단, 400V 미만 : 3.44kN, 지름 3.2mm 경동선
	  (단면적 8mm^2 이상)]	

<table>
<tr>
<td>의료장소
KEC 242.10</td>
<td>
• 의료용 절연변압기 : 2차 전압교류 250V 이하, 단상 2선식, 10kVA 이하
• 의료장소 및 접지계통
※ 의료장소에 TN 계통을 적용할 때에는 주배전반 이후의 부하 계통에는 TN－C 계통으로 시설하지 말 것
<table>
<tr><th></th><th>접지계통</th><th>의료장소</th></tr>
<tr><td>그룹 0</td><td>TT 또는 TN 계통</td><td>진찰실, 일반병실, 검사실, 처치실, 재활치료실 등 장착부를 사용하지 않는 의료장소</td></tr>
<tr><td>그룹 1</td><td>TT 또는 TN 계통
단, 전원자동차단에 의한 보호가 의료행위에 중대한 지장을 초래할 우려가 있는 의료용 전기기기를 사용하는 회로에는 의료 IT를 적용</td><td>분만실, X선 검사실, MRI실, 회복실, 구급처치실, 인공투석실, 내시경실 등 장착부를 환자의 신체 외부 또는 심장 부위를 제외한 환자의 신체 내부에 삽입시켜 사용하는 의료장소</td></tr>
<tr><td>그룹 2</td><td>의료 IT 계통
단, 이동식 X－레이 장치, 정격출력이 5kVA 이상인 대형 기기, 생명유지 장치가 아닌 일반 의료용 전기기기 회로 등에는 TT 또는 TN계통을 적용</td><td>관상동맥질환 처치실, 심혈관조영실, 중환자실, 수술실, 마취실, 회복실 등 장착부를 환자의 심장 부위에 삽입 또는 접촉시켜 사용하는 의료장소</td></tr>
</table>
• 의료장소 내의 비상전원
－ 절환시간 0.5초 이내에 비상전원을 공급하는 장치 또는 기기 : 수술실 등
－ 절환시간 15초 이내에 비상전원을 공급하는 장치 또는 기기
－ 절환시간 15초를 초과하여 비상전원을 공급하는 장치 또는 기기
</td>
</tr>
<tr>
<td>이동식 숙박차량
정박지, 야영지 및
이와 유사한 장소
KEC 242.8</td>
<td>
• 표준전압 : 220/380V 이하
• 정박지 전원배선 : 지중케이블, 가공케이블, 가공절연전선
• 가공전선의 높이 : 이동지역에서 지표상 6m(그 외 지역에서는 4m)
• 고장보호장치
－ 콘센트는 정격감도전류가 30mA 이하인 누전차단기에 의하여 개별적으로 보호 시설
－ 과전류에 대한 보호장치 : 모든 콘센트는 과전류에 대한 보호 규정
• 콘센트
－ 정격전압 200～250V, 정격전류 16A 단상 콘센트
－ 설치 높이 : 0.5～1.5m
</td>
</tr>
<tr>
<td>마리나 및
이와 유사한 장소
KEC 242.9</td>
<td>
• 놀이용 수상 기계기구 또는 선상가옥에 전원을 공급하는 회로
• TN계통의 사용 시 TN－S계통만을 사용
• 육상의 절연변압기를 통하여 보호하는 경우를 제외하고 누전차단기를 사용
• 표준전압 : 220/380V 이하
• 하나의 콘센트는 하나의 놀이용 수상 기계기구 또는 하나의 선상가옥에만 전원을 공급
• 정격전압 : 200～250V, 정격전류 16A 단상 콘센트
• 마리나 내의 배선 : 지중케이블, 가공케이블, 가공절연전선, 무기질 절연케이블, 열가소성 또는 탄성재료 피복의 외장케이블
</td>
</tr>
</table>

② 특수시설

종류	특징
전기울타리 KEC 241.1	• 사용전압 : 250V 이하 • 전선 굵기 : 1.38kN, 2.0mm 이상 경동선 • 이격거리 : 전선과 기둥 사이(25mm 이상), 전선과 수목 사이(0.3m 이상)
유희용 전차 KEC 241.8	• 사용전압 AC : 40V 이하, DC : 60V 이하 • 접촉전선은 제3레일 방식으로 시설 • 누설전류 : AC 100mA/km, $\dfrac{\text{최대공급전류}}{5{,}000}$ 이하 • 변압기의 1차 전압은 400V 미만일 것 • 전차 내 승압 시 2차 전압 150V 이하
전격살충기 KEC 241.7	• 지표상 높이 : 3.5m 이상(단, 2차측 전압이 7kV 이하 - 1.8m), 2차 단락전류 25mA 이하 • 장치와 식물(공작물)과 이격거리 : 0.3m 이상
교통신호등 KEC 234.15	• 사용전압 : 300V 이하(단, 150V 초과 시 자동차단장치 시설) • 공칭단면적 2.5mm² 연동선, 450/750V 일반용 단심 비닐절연전선(내열성에틸렌아세테이트 고무절연전선) • 전선의 지표상의 높이는 2.5m 이상일 것 • 전원측에는 전용 개폐기 및 과전류차단기를 각 극에 시설 • 조가용선 4mm 이상의 철선 2가닥
전기온상 KEC 241.5	• 대지전압 : 300V 이하, 발열선 온도 : 80℃를 넘지 않도록 시설 • 발열선의 지지점 간 거리는 1.0m 이하 • 발열선과 조영재 사이의 이격거리 0.025m 이상
전극식 온천온수기 KEC 241.4	• 온천온수기 사용전압 : 400V 미만 • 차폐장치와 온천온수기 이격거리 : 0.5m 이상(차폐장치와 욕탕 사이 이격거리 1.5m 이상)
전기욕기 KEC 241.2	• 변압기의 2차측 전로의 사용전압이 10V 이하(유도코일 파고값 30V 이하) • 전극 간의 이격거리 : 1m 이상 • 절연저항 : 0.1MΩ 이상 ※ 은이온 살균장치
전기부식방지 KEC 241.16	• 전기부식방지회로의 사용전압은 직류 60V 이하일 것 • 지중에 매설하는 양극의 매설깊이는 0.75m 이상일 것 • 양극과 그 주위 1m 이내의 거리에 있는 임의점과의 사이의 전위차는 10V를 넘지 않을 것 • 지표 또는 수중에서 1m 간격의 임의의 2점 간의 전위차가 5V를 넘지 않을 것

수중조명등
KEC 234.14
	• 1차 전압 : 400V 미만
	• 2차 전압 : 150V 이하(2차측을 비접지식)
	  - 30V 이하 : 금속제 혼촉 방지판 설치
	  - 30V 초과 : 전로에 지락이 생겼을 때에 자동적으로 전로를 차단하는 장치(정격감도전류 30mA 이하)

옥외등 KEC 234.9	• 대지전압 : 300V 이하 • 공사방법 : 애자사용 시 2m 이상, 금속관, 합성수지관, 케이블배선
전기자동차 전원설비 KEC 241.17	• 전기자동차 전원공급설비로 접지극이 있는 콘센트를 사용하여 접지 • 충전장치 시설 • 충전 케이블 및 부속품 시설 • 충전장치 등의 방호장치 시설
비행장 등화배선 KEC 241.13	• 직매식에 의한 매설깊이(항공기 이동지역) : 0.5m(그 외 0.75m) 이상 • 전선 : 공칭단면적 4mm² 이상의 연동선을 사용한 450/750V 일반용 단심 비닐절연전선 또는 450/750V 내열성 에틸렌아세테이트 고무절연전선

소세력회로 KEC 241.14	• 전자개폐기 조작회로, 초인벨, 경보벨 등, 최대사용전압 60V 이하 전로 • 절연변압기 사용 : 1차 전압(300V 이하), 2차 전압(60V 이하) • 절연변압기 2차 단락전류 <table><tr><th>최대사용전압</th><th>2차 단락전류</th><th>과전류차단기 정격전류</th></tr><tr><td>15V 이하</td><td>8A 이하</td><td>5A 이하</td></tr><tr><td>15V 초과 30V 이하</td><td>5A 이하</td><td>3A 이하</td></tr><tr><td>30V 초과 60V 이하</td><td>3A 이하</td><td>1.5A 이하</td></tr></table>• 전선 굵기 : $1mm^2$ 이상 연동선 사용(단, 케이블 사용 시 제외, 가공으로 시설 시 1.2mm 이상, 지지점거리 15m 이하로 사용)
출퇴근표시등 KEC 234.13	• 대지전압 : 300V 이하, 2차 전압 60V 이하 • 사용전선 : $1.0mm^2$ 이상 연동선 이상의 코드, 케이블, 캡타이어케이블, 지름 0.65mm 이상 통신용 케이블 • 공사 방법 : 합성수지몰드, 합성수지관, 금속관, 금속몰드, 가요전선관, 금속덕트, 플로어덕트
전기집진장치 KEC 241.9	• 변압기의 1차측 전로에는 쉽게 개폐할 수 있는 곳에 개폐기를 시설 • 변압기로부터 전기집진응용장치에 이르는 전선은 케이블을 사용
아크용접기 KEC 241.10	• 절연변압기 : 1차 전압 300V 이하
X선 발생장치 KEC 241.6	<table><tr><th>구분</th><th>100kV 이하</th><th>100kV 초과</th></tr><tr><td>전선 높이</td><td>2.5m</td><td>2.5+(단수)×0.02m</td></tr><tr><td>전선 – 조영재 이격거리</td><td>0.3m</td><td>0.3+(단수)×0.02m</td></tr><tr><td>전선 – 전선 상호 간격</td><td>0.45m</td><td>0.45+(단수)×0.03m</td></tr></table>(단수)=100kV 초과분 / 10kV, 반드시 절상

PART 1

PART 2

PART 3

PART 4

| 06 | 전력보안통신설비

1. 통신선의 시설

① 통신케이블의 종류

광케이블, 동축케이블 및 차폐용 실드케이블(STP)

② 시설기준

㉠ 가공통신케이블은 반드시 조가선에 시설한다.

㉡ 통신케이블은 강전류전선 또는 가로수나 간판 등 타 공작물과는 최소 이격거리 이상 이격하여 시설한다.

㉢ 전력구 내에 시설하는 지중통신케이블은 케이블 행거를 사용하여 시설한다.

2. 가공통신선의 높이

[배전주(배전용 전주)의 공가 통신케이블의 지상고]

구분	지상고	비고
도로(인도)에 시설 시	5.0m 이상	경간 중 지상고 (교통에 지장을 줄 우려가 없는 경우 : 4.5m)
도로횡단 시	6.0m 이상	–
철도 궤도 횡단 시	6.5m 이상	레일면상
횡단보도교 위	3.0m 이상	그 노면상
기타	3.5m 이상	–

[배전설비와의 이격거리]

구분	이격거리	비고
7kV 초과	1.2m 이상	–
1kV 초과 7kV 이하	0.6m 이상	–
저압 또는 특고압 다중접지 중성도체	0.6m 이상	–

3. 특고압 가공전선로의 첨가통신선과 도로, 철도, 횡단보도교 및 다른 선로와의 접근, 교차 시설

① 전선 : $16mm^2$ 이상 절연전선, 8.01kN 이상 또는 $25mm^2$ 이상 경동선이어야 한다.

② 삭도나 다른 가공약전류전선과의 이격거리 : 0.8m(케이블 0.4m) 이상이어야 한다.

4. 가공통신 인입선 시설

노면상의 높이는 4.5m 이상, 조영물의 붙임점에서의 지표상의 높이는 2.5m 이상이어야 한다.

5. 특고압 가공전선로 첨가설치 통신선의 시가지 인입 제한

시가지에 시설하는 통신선은 특별 고압 가공전선로의 지지물에 시설하여서는 안 된다. 단, 통신선이 5.26kN 이상, 단면적 $16mm^2$(지름 4mm) 이상의 절연전선 또는 광섬유 케이블인 경우 그러하지 않는다.

6. 전력선 반송 통신용 결합장치의 보안장치

① CC : 결합 커패시터
② CF : 결합 필터
③ DR : 배류 선륜(전류용량 2A 이상)
④ FD : 동축 케이블
⑤ S : 접지용 개폐기

7. 무선용 안테나 등을 지지하는 철탑 등의 시설

무선통신용 안테나나 반사판을 지지하는 지지물들의 안전율은 1.5 이상이어야 한다.

8. 지중통신선로설비의 시설

① 지중 공용설치 시 통신케이블의 광케이블 및 동축케이블은 $400mm^2$ 이하일 것
② 전력구내 통신케이블의 시설은 다음 시설에 준한다.
  ㉠ 전력구내에서 통신용 행거는 최상단에 시설하여야 한다.
  ㉡ 난연성 재질이 아닌 통신케이블 및 내관을 사용하는 경우에는 난연처리를 하여야 한다.
  ㉢ 통신용 행거 끝단에는 행거 안전캡(야광)을 씌워야 한다.
  ㉣ 전력케이블이 시설된 행거에는 통신케이블을 같이 시설하지 않아야 한다.

| 07 | 발·변전소, 개폐소 및 이에 준하는 곳의 시설

1. 발·변전소, 개폐소 및 이에 준하는 곳의 시설

① 발·변전소 시설 원칙(KEC 351.1)
  ㉠ 울타리, 담 등을 시설한다.
  ㉡ 출입구에는 출입금지의 표시한다.
  ㉢ 출입구에는 자물쇠 장치 기타 적당한 장치를 한다.
② 울타리·담 등의 높이와 충전 부분까지의 거리의 합계(KEC 351.1)

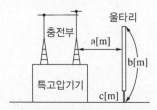

특고압	이격거리(a+b)	기타
35kV 이하	5.0m 이상	• 울타리에서 충전부까지 거리(a)
160kV 이하	6.0m 이상	• 울타리의 높이(b) : 2m 이상
160kV 초과	6.0m+H 이상	• 지면과 하부(c) : 15cm 이하

$N =$ (160kV 초과분) / 10kV(반드시 절상), $H = N \times 0.12$m
고압 또는 특고압 가공전선(케이블 제외함)과 금속제의 울타리·담 등이 교차하는 경우 좌, 우로 45m 이내의 개소에 KEC 140(접지시스템)의 규정에 의한 접지공사를 하여야 한다.

※ 고압용 기계기구의 시설
  • 고압용 기계기구 : 지표상 4.5m 이상(시가지 외 4m 이상)
  • 울타리높이와 충전부분까지의 거리 합계 : 5m 이상(위험 표시할 것)
③ 발전기 보호장치[고장 시 자동 차단(KEC 351.3)]
  ㉠ 발전기에 과전류나 과전압이 생긴 경우
  ㉡ 압유장치 유압이 현저히 저하된 경우
    • 수차발전기 : 500kVA 이상
    • 풍차발전기 : 100kVA 이상
  ㉢ 수차발전기의 스러스트 베어링의 온도가 현저히 상승한 경우 : 2,000kVA를 초과
  ㉣ 내부고장이 발생한 경우 : 10,000kVA 이상(10,000kW를 넘는 증기터빈 스러스트 베어링 온도)
④ 특고압용 변압기의 보호장치(KEC 351.4)

뱅크용량의 구분	동작조건	장치의 종류
5,000kVA 이상 10,000kVA 미만	변압기 내부고장	자동차단장치 또는 경보장치
10,000kVA 이상	변압기 내부고장	자동차단장치
타냉식 변압기 (변압기의 권선 및 철심을 직접 냉각 – 냉매강제순환)	냉각장치 고장, 변압기 온도의 현저히 상승	경보장치

⑤ 무효전력 보상장치의 보호장치(KEC 351.5)

설비종별	뱅크용량의 구분	자동적으로 전로로부터 차단하는 장치
전력용 커패시터 및 분로리액터	500kVA 초과 15,000kVA 미만	내부고장, 과전류가 생긴 경우에 동작하는 장치
	15,000kVA 이상	내부고장, 과전류 및 과전압이 생긴 경우에 동작하는 장치
조상기	15,000kVA 이상	내부고장이 생긴 경우에 동작하는 장치

기기의 종류	용량	사고의 종류	보호장치
발전기	모든 발전기	과전류, 과전압	자동차단장치
	500kVA 이상	수차의 유압 및 전원 전압이 현저히 저하	자동차단장치
	2,000kVA 이상	베어링 과열로 온도가 상승	자동차단장치
	10,000kVA 이상	발전기 내부 고장	자동차단장치
특별 고압 변압기	5,000kVA 이상 10,000kVA 미만	변압기의 내부고장	경보장치, 자동차단장치
	10,000kVA 이상	변압기의 내부고장	자동차단장치
	타냉식 특별 고압용 변압기	냉각 장치의 고장, 온도상승	경보장치
전력콘덴서 및 분로리엑터	500kVA 초과 15,000kVA 미만	내부고장 및 과전류	자동차단장치
	15,000kVA 이상	내부고장, 과전류 및 과전압	자동차단장치
조상기	15,000kVA 이상	내부고장	자동차단장치

⑥ 계측장치

  ㉠ 발전기, 연료전지 또는 태양전지 모듈, 동기조상기

  • 전압, 전류, 전력

  • 베어링 및 고정자 온도(발전기, 동기조산기)

  • 정격출력 10,000kW를 넘는 증기터빈 발전기 진동진폭

  ㉡ 변압기

  • 주변압기의 전압, 전류, 전력

  • 특고 변압기의 온도

  ㉢ 동기발전기, 동기조상기 : 동기검정장치(용량이 현저히 작을 경우는 생략)

⑦ 상주 감시를 하지 않는 변전소의 시설

  ㉠ 변전소의 운전에 필요한 지식 및 기능을 가진 자(기술원)가 그 변전소에 상주하여 감시를 하지 않는 변전소는 다음에 따라 시설하는 경우에 한한다.

  • 사용전압이 170kV 이하의 변압기를 시설하는 변전소로서 기술원이 수시로 순회하거나 그 변전소를 원격감시 제어하는 제어소(변전제어소)에서 상시 감시하는 경우

  • 사용전압이 170kV를 초과하는 변압기를 시설하는 변전소로서 변전제어소에서 상시 감시하는 경우

  ㉡ 다음의 경우에는 변전제어소 또는 기술원이 상주하는 장소에 경보장치를 시설한다.

  • 운전조작에 필요한 차단기가 자동적으로 차단한 경우(차단기가 재폐로한 경우 제외)

  • 주요 변압기의 전원측 전로가 무전압으로 된 경우

  • 제어회로의 전압이 현저히 저하한 경우

  • 옥내변전소에 화재가 발생한 경우

  • 출력 3,000kVA를 초과하는 특고압용 변압기는 그 온도가 현저히 상승한 경우

  • 특고압용 타냉식변압기는 그 냉각장치가 고장난 경우

  • 조상기는 내부에 고장이 생긴 경우

- 수소냉각식 조상기는 그 조상기 안의 수소의 순도가 90% 이하로 저하한 경우, 수소의 압력이 현저히 변동한 경우 또는 수소의 온도가 현저히 상승한 경우
- 가스절연기기(압력의 저하에 의하여 절연파괴 등이 생길 우려가 없는 경우 제외)의 절연가스의 압력이 현저히 저하한 경우

ⓒ 수소냉각식 조상기를 시설하는 변전소는 그 조상기 안의 수소의 순도가 85% 이하로 저하한 경우에 그 조상기를 전로로부터 자동적으로 차단하는 장치를 시설한다.

ⓔ 전기철도용 변전소는 주요 변성기기에 고장이 생긴 경우 또는 전원측 전로의 전압이 현저히 저하한 경우에 그 변성기기를 자동적으로 전로로부터 차단하는 장치를 설치한다(단, 경미한 고장이 생긴 경우에 기술원주재소에 경보하는 장치를 하는 때에는 그 고장이 생긴 경우에 자동적으로 전로로부터 차단하는 장치의 시설을 하지 않아도 된다).

⑧ 압축공기장치 시설

최고사용압력의 1.5배의 수압, 1.25배의 기압 : 연속 10분간 견뎌야 한다.

㉠ 공기탱크는 개폐기, 차단기의 투입 및 차단 : 연속 1회 이상 가능해야 한다.

㉡ 주공기 탱크 압력계 최고눈금 : 사용압력의 1.5배 이상 3배 이하이어야 한다.

㉢ 절연가스는 가연성, 부식성 도는 유독성이 아니어야 한다.

㉣ 절연가스 압력의 저하 시 : 경보장치 또는 압력계측장치를 시설한다.

| 08 | 전기철도설비

1. 용어정의

① 급전선 : 전기철도차량에 사용할 전기를 변전소로부터 합성전차선에 공급하는 전선
② 급전방식 : 전기철도차량에 전력을 공급하기 위하여 변전소로부터 급전선, 전차선, 레일, 귀선으로 구성되는 전력 공급방식
③ 가선방식 : 전기철도차량에 전력을 공급하는 전차선의 가선방식으로 가공식, 강체식, 제3궤조식으로 분류한다.
④ 귀선회로 : 전기철도차량에 공급된 전력을 변전소로 되돌리기 위한 귀로

2. 전기철도 전기방식의 일반사항

① 전력수급조건
  수전선로의 전력수급조건 : 다음의 공칭전압(수전전압)으로 선정하여야 한다.

[공칭전압(수전전압)]

공칭전압(수전전압)[kV]	교류 3상 22.9, 154, 345

② 전차선로의 전압
  직류방식과 교류방식으로 구분
  ㉠ 직류방식 : 사용전압과 각 전압별 최고, 최저전압은 다음 표에 따라 선정하여야 한다.

[직류방식의 급전전압]

구분	지속성 최저전압[V]	공칭전압[V]	지속성 최고전압[V]	비지속성 최고전압[V]	장기 과전압[V]
DC(평균값)	500	750	900	950[1]	1,269
	900	1,500	1,800	1,950	2,538

[1]회생제동의 경우 1,000[V]의 비지속성 최고전압은 허용 가능하다.
  ㉡ 교류방식 : 사용전압과 각 전압별 최고, 최저전압은 다음 표에 따라 선정하여야 한다.

[교류방식의 급전전압]

주파수 (실효값)	비지속성 최저전압[V]	지속성 최저전압[V]	공칭전압[V][2]	지속성 최고전압[V]	비지속성 최고전압[V]	장기 과전압[V]
60[Hz]	17,500	19,000	25,000	27,500	29,000	38,746
	35,000	38,000	50,000	55,000	58,000	77,492

[2]급전선과 전차선간의 공칭전압은 단상교류 50kV(급전선과 레일 및 전차선과 레일 사이의 전압은 25kV)를 표준으로 한다.

3. 전기철도 변전방식의 일반사항

① 변전소의 용량 : 변전소의 용량은 급전구간별 정상적인 열차부하조건에서 1시간 최대출력 또는 순시 최대출력을 기준으로 결정하고, 연장급전 등 부하의 증가를 고려하여야 한다.

② 변전소의 설비

   ⊙ 급전용 변압기는 직류 전기철도의 경우 3상 정류기용 변압기, 교류 전기철도의 경우 3상 스코트결선 변압기의 적용을 원칙으로 하고, 급전계통에 적합하게 선정하여야 한다.

   ⓛ 제어용 교류전원은 상용과 예비의 2계통으로 구성하여야 한다.

   ⓒ 제어반의 경우 디지털계전기방식을 원칙으로 하여야 한다.

4. 전기철도 전차선로의 일반사항

① 전차선로의 충전부와 건조물 간의 절연이격

   ⊙ 건조물과 전차선, 급전선 및 집전장치의 충전부 비절연 부분 간의 공기 절연이격 거리는 다음 표에 제시되어 있는 정적 및 동적 최소 절연이격거리 이상을 확보하여야 한다. 동적 절연이격의 경우 팬터그래프가 통과하는 동안의 일시적인 전선의 움직임을 고려하여야 한다.

   ⓛ 해안 인접지역, 열기관을 포함한 교통량이 과중한 곳, 오염이 심한 곳, 안개가 자주 끼는 지역, 강풍 또는 강설 지역 등 특정한 위험도가 있는 구역에서는 최소 절연이격거리보다 증가시켜야 한다.

[전차선과 건조물 간의 최소 절연이격거리]

시스템 종류	공칭전압[V]	동적[mm]		정적[mm]	
		비오염	오염	비오염	오염
직류	750	25	25	25	25
	1,500	100	110	150	160
단상 교류	25,000	170	220	270	320

② 전차선로의 충전부와 차량 간의 절연이격

   ⊙ 차량과 전차선로나 충전부 비절연 부분 간의 공기 절연이격은 다음 표에 제시되어 있는 정적 및 동적 최소 절연이격거리 이상을 확보하여야 한다. 동적 절연이격의 경우 팬터그래프가 통과하는 동안의 일시적인 전선의 움직임을 고려하여야 한다.

   ⓛ 해안 인접지역, 안개가 자주 끼는 지역, 강풍 또는 강설 지역 등 특정한 위험도가 있는 구역에서는 최소 절연이격거리보다 증가시켜야 한다.

[전차선과 차량 간의 최소 절연이격거리]

시스템 종류	공칭전압[V]	동적[mm]	정적[mm]
직류	750	25	25
	1,500	100	150
단상 교류	25,000	190	290

③ 전차선 및 급전선의 높이

전차선과 급전선의 최소 높이는 다음 표의 값 이상을 확보하여야 한다. 다만, 전차선 및 급전선의 최소 높이는 최대 대기온도에서 바람이나 팬터그래프의 영향이 없는 안정된 위치에 놓여 있는 경우 사람의 안전 측면에서 건널목, 터널 내 전선, 공항 부근 등을 고려하여 궤도면상 높이로 정의한다. 전차선의 최소높이는 항상 열차의 통과 게이지보다 높아야 하며, 전기적 이격거리와 팬터그래프의 최소 작동높이를 고려하여야 한다.

[전차선 및 급전선의 최소 높이]

시스템 종류	공칭전압[V]	동적[mm]	정적[mm]
직류	750	4,800	4,400
	1,500	4,800	4,400
단상 교류	25,000	4,800	4,570

④ 전차선로 설비의 안전율

하중을 지탱하는 전차선로 설비의 강도는 작용이 예상되는 하중의 최악 조건 조합에 대하여 다음의 최소 안전율이 곱해진 값을 견뎌야 한다.

㉠ 합금전차선의 경우 2.0 이상

㉡ 경동선의 경우 2.2 이상

㉢ 조가선 및 조가선 장력을 지탱하는 부품에 대하여 2.5 이상

㉣ 지지물 기초에 대하여 2.0 이상

5. 전기철도의 원격감시제어설비

① 원격감시제어시스템(SCADA)

㉠ 원격감시제어시스템은 열차의 안전운행과 현장 전철전력설비의 유지보수를 위하여 제어, 감시대상, 수준, 범위 및 확인, 운용방법 등을 고려하여 구성하여야 한다.

㉡ 중앙감시제어반의 구성, 방식, 운용방식 등을 계획하여야 한다.

㉢ 변전소, 배전소의 운용을 위한 소규모 제어설비에 대한 위치, 방식 등을 고려하여 구성하여야 한다.

② 중앙감시제어장치

㉠ 변전소 등의 제어 및 감시는 관제센터에서 이루어지도록 한다.

㉡ 원격감시제어시스템(SCADA)는 중앙집중제어장치(CTC), 통신집중제어장치와 호환되도록 하여야 한다.

㉢ 전기시설 관제소와 변전소, 구분소 또는 그 밖의 관제 업무에 필요한 장소에는 상호 연락할 수 있는 통신 설비를 시설하여야 한다.

6. 전기철도의 전기철도차량 설비

① 절연구간
  ㉠ 교류 구간 : 변전소 및 급전구분소 앞에서 서로 다른 위상 또는 공급점이 다른 전원이 인접하게 될 경우 전원이 혼촉되는 것을 방지
  ㉡ 교류 – 교류 절연구간을 통과하는 방식
    • 역행 운전방식
    • 타행 운전방식
    • 변압기 무부하 전류방식
    • 전력소비 없이 통과하는 방식
  ㉢ 교류 – 직류(직류 – 교류) 절연구간 : 교류구간과 직류 구간의 경계지점에 시설[이 구간에서 노치 오프(Notch Off) 상태로 주행]
  ㉣ 절연구간의 소요길이는 다음에 따라 결정한다.
    • 아크 시간
    • 잔류전압의 감쇄시간
    • 팬터그래프 배치간격
    • 열차속도

② 회생제동
  ㉠ 전기철도차량은 다음과 같은 경우에 회생제동의 사용을 중단해야 한다.
    • 전차선로 지락이 발생한 경우
    • 전차선로에서 전력을 받을 수 없는 경우
    • 전차선로의 전압에서 규정된 선로전압이 장기 과전압 보다 높은 경우
  ㉡ 회생전력을 다른 전기장치에서 흡수할 수 없는 경우에는 전기철도차량은 다른 제동시스템으로 전환되어야 한다.
  ㉢ 전기철도 전력공급시스템은 회생제동이 상용제동으로 사용이 가능하고 다른 전기철도차량과 전력을 지속적으로 주고받을 수 있도록 설계되어야 한다.

③ 전기위험방지를 위한 보호대책
  ㉠ 감전을 일으킬 수 있는 충전부는 직접접촉에 대한 보호가 있어야 한다.
  ㉡ 간접 접촉에 대한 보호대책은 노출된 도전부는 고장 조건하에서 부근 충전부와의 유도 및 접촉에 의한 감전이 일어나지 않아야 한다.
    • 보호용 본딩
    • 자동급전 차단
  ㉢ 주행레일과 분리되어 있거나 또는 공동으로 되어있는 보호용 도체를 채택한 시스템에서 최소 2개 이상의 보호용 본딩 연결로가 있어야 하며, 한쪽 경로에 고장이 발생하더라도 감전 위험이 없어야 한다.
  ㉣ 차체와 주행 레일과 같은 고정설비의 보호용 도체 간의 임피던스

[전기철도차량별 최대임피던스]

차량 종류	최대임피던스[Ω]
기관차	0.05
객차	0.15

• 측정시험
  – 전압 50V 이하
  – 50A 일정 전류

7. 전기철도의 설비를 위한 보호

① 피뢰기 설치장소

　㉠ 변전소 인입측 및 급전선 인출측

　㉡ 가공전선과 직접 접속하는 지중케이블에서 낙뢰에 의해 절연파괴의 우려가 있는 케이블 단말

　※ 피뢰기는 가능한 한 보호하는 기기와 가깝게 시설하되 누설전류 측정이 용이하도록 지지대와 절연하여 설치한다.

② 피뢰기의 선정 : 밀봉형 사용

8. 전기철도의 안전을 위한 보호

① 감전에 대한 보호조치

　㉠ 공칭전압이 교류 1kV 또는 직류 1.5kV 이하인 경우 사람이 접근할 수 있는 보행표면의 경우 가공 전차선의 충전부뿐만 아니라 전기철도차량 외부의 충전부(집전장치, 지붕도체 등)와의 직접접촉을 방지하기 위한 공간거리 이상을 확보하여야 한다(단, 제3궤조 방식에는 적용되지 않는다).

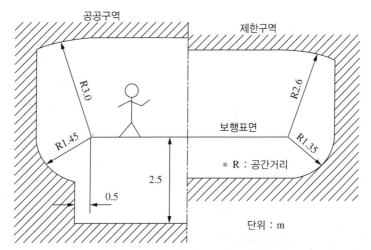

[공칭전압이 교류 1kV 또는 직류 1.5kV 이하인 경우 사람이 접근할 수 있는 보행표면의 공간거리]

　㉡ 공간거리를 유지할 수 없는 경우 장애물을 설치, 장애물 높이는 장애물 상단으로부터 1.35m의 공간거리를 유지하여야 하며, 장애물과 충전부 사이의 공간거리는 최소한 0.3m로 하여야 한다.

　㉢ 공칭전압이 교류 1kV 초과 25kV 이하인 경우 또는 직류 1.5kV 초과 25kV 이하인 경우 공간거리 이상을 유지하여야 한다.

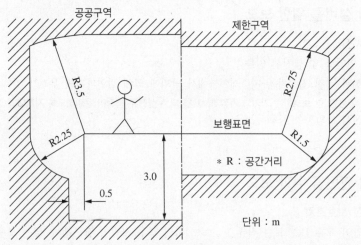

**[공칭전압이 교류 1kV 초과 25kV 이하인 경우 또는 직류 1.5kV 초과 25kV 이하인 경우
사람이 접근할 수 있는 보행표면의 공간거리]**

　　ⓔ 공간거리를 유지할 수 없는 경우 충전부와의 직접 접촉에 대한 보호를 위해 장애물을 설치하여야 한다.

　　ⓜ 장애물 높이는 장애물 상단으로부터 1.5m의 공간거리를 유지하여야 하며, 장애물과 충전부 사이의 공간거리는 최소한 0.6m로 한다.

② 레일 전위의 접촉전압 감소 방법

　ㄱ 교류 전기철도 급전시스템은 다음 방법을 고려하여 접촉전압을 감소시켜야 한다.

　　• 접지극 추가 사용

　　• 등전위본딩

　　• 전자기적 커플링을 고려한 귀선로의 강화

　　• 전압제한소자 적용

　　• 보행 표면의 절연

　　• 단락전류를 중단시키는 데 필요한 트래핑 시간의 감소

　ㄴ 직류 전기철도 급전시스템은 다음 방법을 고려하여 접촉전압을 감소시켜야 한다.

　　• 고장조건에서 레일 전위를 감소시키기 위해 전도성 구조물 접지의 보강

　　• 전압제한소자 적용

　　• 귀선 도체의 보강

　　• 보행 표면의 절연

　　• 단락전류를 중단시키는 데 필요한 트래핑 시간의 감소

③ 전식방지대책

　ㄱ 주행레일을 귀선으로 이용하는 경우 : 누설전류에 의하여 케이블, 금속제 지중관로 및 선로 구조물 등에 영향을 미치는 것을 방지하기 위한 적절한 시설을 하여야 한다.

　ㄴ 전기철도측 전식방식 또는 전식예방을 위해서는 다음 방법을 고려하여야 한다.

　　• 변전소 간 간격 축소

　　• 레일본드의 양호한 시공

　　• 장대레일채택

　　• 절연도상 및 레일과 침목 사이에 절연층의 설치

　　• 기타

ⓒ 매설금속체측 누설전류에 의한 전식의 피해가 예상되는 곳은 다음 방법을 고려하여야 한다.
- 배류장치 설치
- 절연코팅
- 매설금속체 접속부 절연
- 저준위 금속체를 접속
- 궤도와의 이격거리 증대
- 금속판 등의 도체로 차폐

※ 직류 전기철도시스템이 매설 배관 또는 케이블과 인접할 경우 누설전류를 피하기 위해 최대한 이격시켜야 하며, 주행레일과 최소 1m 이상의 거리를 유지하여야 한다.

| 09 | 분산형전원설비

1. 전기 공급방식

분산형전원설비의 전기 공급방식, 접지 또는 측정 장치 등은 다음과 같은 기준에 따른다.
① 분산형전원설비의 전기 공급방식은 전력계통과 연계되는 전기 공급방식과 동일하여야 한다.
② 분산형전원설비의 접지는 전력계통과 연계되는 설비의 정격전압을 초과하는 과전압이 발생하거나 전력계통의 보호협조를 방해하지 않도록 시설하여야 한다.
③ 분산형전원설비 사업자의 한 사업장의 설비 용량 합계가 250kVA 이상일 경우에는 송·배전계통과 연계지점의 연결 상태를 감시 또는 유효전력, 무효전력 및 전압을 측정할 수 있는 장치를 시설하여야 한다.

2. 전기저장장치

① 설치장소의 요구사항
　㉠ 전기저장장치의 축전지, 제어반, 배전반의 시설은 기기 등을 조작 또는 보수·점검할 수 있는 충분한 공간을 확보하고 조명설비를 시설하여야 한다.
　㉡ 폭발성 가스의 축적을 방지하기 위한 환기시설을 갖추고 적정한 온도와 습도를 유지하도록 시설하여야 한다.
　㉢ 침수의 우려가 없도록 시설하여야 한다.
② 설비의 안전 요구사항
　㉠ 충전부분은 노출되지 않도록 시설하여야 한다.
　㉡ 고장이나 외부 환경요인으로 인하여 비상상황 발생 또는 출력에 문제가 있을 경우 전기저장장치의 비상정지스위치 등 안전하게 작동하기 위한 안전시스템이 있어야 한다.
　㉢ 모든 부품은 충분한 내열성을 확보하여야 한다.
③ 대지전압 제한
주택의 전기저장장치의 축전지에 접속하는 부하측 옥내배선을 다음에 따라 시설하는 경우에 주택의 옥내전로의 대지전압은 직류 600V 이하이어야 한다.
　㉠ 전로에 지락이 생겼을 때 자동적으로 전로를 차단하는 장치를 시설한 경우
　㉡ 사람이 접촉할 우려가 없는 은폐된 장소에 합성수지관배선, 금속관배선 및 케이블배선에 의하여 시설하거나 사람이 접촉할 우려가 없도록 케이블배선에 의하여 시설하고 전선에 적당한 방호장치를 시설한 경우

3. 전기저장장치의 시설

① 전기배선의 굵기 : 2.5mm^2 이상의 연동선
② 충전 및 방전 기능
  ㉠ 충전기능
   • 전기저장장치는 배터리의 SOC특성(충전상태 : State of Charge)에 따라 제조자가 제시한 정격으로 충전할 수 있어야 한다.
   • 충전할 때에는 전기저장장치의 충전상태 또는 배터리상태를 시각화하여 정보를 제공해야 한다.
  ㉡ 방전기능
   • 전기저장장치는 배터리의 SOC특성에 따라 제조자가 제시한 정격으로 방전할 수 있어야 한다.
   • 방전할 때에는 전기저장장치의 방전상태 또는 배터리상태를 시각화하여 정보를 제공해야 한다.
③ 전기저장장치의 이차전지는 다음에 따라 자동으로 전로로부터 차단하는 장치를 시설하여야 한다.
  ㉠ 과전압 또는 과전류가 발생한 경우
  ㉡ 제어장치에 이상이 발생한 경우
  ㉢ 이차전지 모듈의 내부 온도가 급격히 상승할 경우
④ 계측장치
  전기저장장치를 시설하는 곳에는 다음의 사항을 계측하는 장치를 시설하여야 한다.
  ㉠ 축전지 출력단자의 전압, 전류, 전력 및 충·방전상태
  ㉡ 주요변압기의 전압, 전류 및 전력

4. 태양광발전설비

※ 주택의 전기저장장치의 축전지에 접속하는 부하측 옥내배선을 시설하는 경우에 주택의 옥내전로의 대지전압은 직류 600V까지 적용할 수 있다.
① 설치장소의 요구사항
  ㉠ 인버터, 제어반, 배전반 등의 시설은 기기 등을 조작 또는 보수점검할 수 있는 충분한 공간을 확보하고 필요한 조명설비를 시설하여야 한다.
  ㉡ 인버터 등을 수납하는 공간에는 실내온도의 과열 상승을 방지하기 위한 환기시설을 갖추어야 하며, 적정한 온도와 습도를 유지하도록 시설하여야 한다.
  ㉢ 배전반, 인버터, 접속장치 등을 옥외에 시설하는 경우 침수의 우려가 없도록 시설하여야 한다.
② 설비의 안전 요구사항
  ㉠ 태양전지 모듈, 전선, 개폐기 및 기타 기구는 충전부분이 노출되지 않도록 시설하여야 한다.
  ㉡ 모든 접속함에는 내부의 충전부가 인버터로부터 분리된 후에도 여전히 충전상태일 수 있음을 나타내는 경고가 붙어 있어야 한다.
  ㉢ 태양광설비의 고장이나 외부 환경요인으로 인하여 계통연계에 문제가 있을 경우 회로분리를 위한 안전시스템이 있어야 한다.
③ 태양광설비의 시설
  ㉠ 간선의 시설기준(전기배선)
   • 모듈 및 기타 기구에 전선을 접속하는 경우는 나사로 조이고, 기타 이와 동등 이상의 효력이 있는 방법으로 기계적·전기적으로 안전하게 접속하고, 접속점에 장력이 가해지지 않아야 한다.

- 배선시스템은 바람, 결빙, 온도, 태양방사와 같이 예상되는 외부 영향을 견디도록 시설하여야 한다.
- 모듈의 출력배선은 극성별로 확인할 수 있도록 표시하여야 한다.
- 기타 사항은 KEC 512.1.1(전기저장장치의 전기배선)에 따라야 한다.
ⓛ 전력변환장치의 시설 : 인버터, 절연변압기 및 계통 연계 보호장치 등 전력변환장치의 시설은 다음에 따라 시설하여야 한다.
- 인버터는 실내·실외용을 구분하여야 한다.
- 각 직렬군의 태양전지 개방전압은 인버터 입력전압 범위 이내이어야 한다.
- 옥외에 시설하는 경우 방수등급은 IPX4 이상이어야 한다.
ⓒ 태양광설비의 계측장치 : 태양광설비에는 전압, 전류 및 전력을 계측하는 장치를 시설하여야 한다.
ⓔ 제어 및 보호장치 등(어레이 출력 개폐기 등의 시설)
- 중간단자함 및 어레이 출력 개폐기는 다음과 같이 시설하여야 한다.
  - 태양전지 모듈에 접속하는 부하측의 태양전지 어레이에서 전력변환장치에 이르는 전로(복수의 태양전지 모듈을 시설한 경우에는 그 집합체에 접속하는 부하측의 전로)에는 그 접속점에 근접하여 개폐기 기타 이와 유사한 기구(부하전류를 개폐할 수 있는 것에 한한다)를 시설하여야 한다.
  - 모듈을 병렬로 접속하는 전로에는 그 주된 전로에 단락전류가 발생할 경우에 전로를 보호하는 과전류차단기 또는 기타 기구를 시설하여야 한다.
  - 어레이 출력개폐기는 점검이나 조작이 가능한 곳에 시설하여야 한다.
- 역전류 방지기능은 다음과 같이 시설하여야 한다.
  - 1대의 인버터에 연결된 태양전지 직렬군이 2병렬 이상일 경우에는 각 직렬군에 역전류 방지기능이 있도록 설치하여야 한다.
  - 용량은 모듈단락전류의 2배 이상이어야 하며, 현장에서 확인할 수 있도록 표시하여야 한다.

5. 풍력발전설비

① 화재방호설비 시설

500kW 이상의 풍력터빈은 나셀 내부의 화재 발생 시 이를 자동으로 소화할 수 있는 화재방호설비를 시설하여야 한다.

② 제어 및 보호장치 시설의 일반 요구사항

ⓐ 제어장치는 다음과 같은 기능 등을 보유하여야 한다.
- 풍속에 따른 출력 조절
- 출력제한
- 회전속도제어
- 계통과의 연계
- 기동 및 정지
- 계통 정전 또는 부하의 손실에 의한 정지
- 요잉에 의한 케이블 꼬임 제한

ⓛ 보호장치는 다음의 조건에서 풍력발전기를 보호하여야 한다.
- 과풍속
- 발전기의 과출력 또는 고장
- 이상진동
- 계통 정전 또는 사고
- 케이블의 꼬임 한계

③ 접지설비

접지설비는 풍력발전설비 타워기초를 이용한 통합접지공사를 하여야 하며, 설비 사이의 전위차가 없도록 등전위본딩을 하여야 한다.

④ 계측장치의 시설

풍력터빈에는 설비의 손상을 방지하기 위하여 운전상태를 계측하는 다음의 계측장치를 시설하여야 한다.
- ㉠ 회전속도계
- ㉡ 나셀(Nacelle) 내의 진동을 감시하기 위한 진동계
- ㉢ 풍속계
- ㉣ 압력계
- ㉤ 온도계

6. 연료전지설비

① 설치장소의 안전 요구사항
- ㉠ 연료전지를 설치할 주위의 벽 등은 화재에 안전하게 시설하여야 한다.
- ㉡ 가연성 물질과 안전거리를 충분히 확보하여야 한다.
- ㉢ 침수 등의 우려가 없는 곳에 시설하여야 한다.

② 연료전지 발전실의 가스 누설 대책(연료가스 누설 시 위험을 방지하기 위한 적절한 조치)
- ㉠ 연료가스를 통하는 부분은 최고사용 압력에 대하여 기밀성을 가지는 것이어야 한다.
- ㉡ 연료전지 설비를 설치하는 장소는 연료가스가 누설되었을 때 체류하지 않는 구조의 것이어야 한다.
- ㉢ 연료전지 설비로부터 누설되는 가스가 체류 할 우려가 있는 장소에 해당 가스의 누설을 감지하고 경보하기 위한 설비를 설치하여야 한다.

③ 안전밸브(안전밸브의 분출압력 설정)
- ㉠ 안전밸브가 1개인 경우는 그 배관의 최고사용압력 이하의 압력으로 한다. 다만, 배관의 최고사용압력 이하의 압력에서 자동적으로 가스의 유입을 정지하는 장치가 있는 경우에는 최고사용압력의 1.03배 이하의 압력으로 할 수 있다.
- ㉡ 안전밸브가 2개 이상인 경우에는 1개는 과압(통상의 상태에서 최고사용압력을 초과하는 압력)에 준하는 압력으로 하고, 그 이외의 것은 그 배관의 최고사용압력의 1.03배 이하의 압력이어야 한다.

④ 연료전지설비의 보호장치

연료전지는 다음의 경우에 자동적으로 이를 전로에서 차단하고 연료전지에 연료가스 공급을 자동적으로 차단하며, 연료전지 내의 연료가스를 자동적으로 배제하는 장치를 시설하여야 한다.

ⓐ 연료전지에 과전류가 생긴 경우

ⓑ 발전요소의 발전전압에 이상이 생겼을 경우 또는 연료가스 출구에서의 산소농도 또는 공기 출구에서의 연료가스 농도가 현저히 상승한 경우

ⓒ 연료전지의 온도가 현저하게 상승한 경우

⑤ 접지도체

접지도체는 공칭단면적 16mm² 이상의 연동선 또는 이와 동등 이상의 세기 및 굵기의 쉽게 부식하지 않는 금속선 (저압 전로의 중성점에 시설하는 것은 공칭단면적 6mm² 이상의 연동선 또는 이와 동등 이상의 세기 및 굵기의 쉽게 부식하지 않는 금속선)으로서 고장 시 흐르는 전류가 안전하게 통할 수 있는 것을 사용하고 손상을 받을 우려가 없도록 시설하여야 한다.

정답 및 해설 p.18

01 다음 중 보호도체의 종류에 해당되지 않는 것은?

① 다심케이블의 도체
② 충전도체와 같은 트렁킹에 수납된 절연도체 또는 나도체
③ 철골
④ 고정된 절연도체 또는 나도체

02 보호등전위본딩도체는 설비 내 가장 큰 보호도체 단면적(A)의 얼마 이상이어야 하는가?

① $A \times 1$
② $A \times 2$
③ $A \times \dfrac{1}{2}$
④ $A \times \dfrac{1}{4}$

03 다음 중 가로등, 경기장, 공장, 아파트 단지 등의 일반조명을 위하여 시설하는 고압 방전등의 효율은?

① 3lm/W 이상
② 5lm/W 이상
③ 70lm/W 이상
④ 90lm/W 이상

04 다음 중 전로의 중성점접지의 목적이 아닌 것은?

① 기기의 지락사고 방지
② 대지전압의 저하
③ 보호 장치의 동작 확보
④ 이상 전압의 억제

05 저·고압 가공전선이 도로를 횡단하는 경우 지표상 얼마 이상으로 시설하여야 하는가?

① 4m

② 6m

③ 8m

④ 10m

06 저압전로에 사용하는 정격전류가 20A인 전로는 정격전류의 몇 배인 경우 불용단되어야 하는가?

① 1.5배

② 1.25배

③ 1.1배

④ 1배

07 다음 중 금속덕트배선에 의한 저압 옥내배선공사 시설에 대한 설명으로 옳지 않은 것은?

① 전선은 절연전선(옥외용 비닐절연전선은 제외)을 사용한다.

② 금속덕트에 넣은 전선의 단면적의 합계가 덕트의 내부 단면적의 20% 이하가 되도록 한다.

③ 금속덕트는 두께 1.0mm 이상인 철판으로 제작하고, 덕트 상호 간에 완전하게 접속한다.

④ 덕트를 조영재에 붙이는 경우 덕트 지지점 간 거리를 3m 이하로 견고하게 붙인다.

08 배선설비 적용 시 병렬접속인 경우 절연물의 허용온도에 적합하도록 부하전류를 배분하는 데 특별히 주의해야 한다. 적절한 전류분배를 할 수 없거나 몇 가닥 이상의 도체를 병렬로 접속하는 경우에는 부스바트렁킹시스템의 사용을 고려하여야 하는가?

① 3가닥

② 4가닥

③ 5가닥

④ 6가닥

09 저압 옥내배선이 다른 저압 옥내배선 또는 관등회로의 배선과 접근하거나 교차하는 경우의 이격거리는 얼마 이상이어야 하는가?

① 0.1m

② 0.2m

③ 0.3m

④ 0.4m

10 저압으로 수전하는 경우 수용가 설비의 인입구로부터 조명기기까지의 전압강하는 얼마 이하이어야 하는가?

① 2%

② 3%

③ 4%

④ 5%

11 교류회로 선도체와 직류회로 충전용 도체의 전력과 조명회로에 사용한 구리선의 최소 단면적은 얼마 이상이어야 하는가?

① $1.5mm^2$

② $2.5mm^2$

③ $4mm^2$

④ $10mm^2$

12 옥내에 시설하는 관등회로의 사용전압이 1kV를 초과하는 방전등으로서 방전관에 네온방전관을 사용한 관등회로의 배선은?

① MI케이블공사

② 금속관공사

③ 합성수지관공사

④ 애자사용공사

13 특고압을 고압으로 변성하는 변압기의 고압 전로에는 사용전압의 몇 배 이하인 전압이 가해진 경우에 방전하는 장치를 그 변압기의 단자 가까운 1극에 설치하여야 하는가?

① 3배 이하

② 4배 이하

③ 5배 이하

④ 6배 이하

14 다음 중 가반형의 용접전극을 사용하는 아크 용접장치의 시설에 대한 설명으로 옳은 것은?

① 용접변압기의 1차측 전로의 대지전압은 600V 이하일 것

② 용접변압기의 1차측 전로에는 리액터를 시설할 것

③ 용접변압기는 절연변압기일 것

④ 피용접재 또는 이와 전기적으로 접속되는 받침대·정반 등의 금속체에는 비접지로 할 것

15 충전부 전체를 대지로부터 절연시키거나 한 점에 임피던스를 통해 대지에 접속시키고, 전기설비의 노출도전부를 단독 또는 일괄적으로 계통의 PE도체에 접속시키는 접지계통은?

① TT계통
② IT계통
③ TN - C계통
④ TN - S계통

16 다음 중 전류가 전압에 비례하는 것은 어느 것과 관계가 있는가?

① 키르히호프의 법칙
② 옴의 법칙
③ 줄의 법칙
④ 렌츠의 법칙

17 다음 중 "회로상의 한 교차점으로 들어오는 전류의 합은 나가는 전류의 합과 같다."는 어떤 법칙인가?

① 줄의 법칙
② 패러데이의 법칙
③ 쿨롱의 법칙
④ 키르히호프의 제1법칙

18 소세력 회로는 전자개폐기의 조작회로 또는 초인벨·경보벨 등에 접속하는 전로로서 최대사용전압이 60V 이하인 전로이다. 절연변압기 사용 시 1차 전압이 얼마 이하이어야 하는가?

① 100V
② 150V
③ 300V
④ 440V

19 저압 옥내배선의 사용전압이 220V인 출퇴표시등회로를 금속관공사에 의하여 시공하였다. 여기에 사용되는 배선은 단면적이 얼마 이상의 연동선을 사용하여도 되는가?

① 1.5mm^2
② 2.0mm^2
③ 2.5mm^2
④ 3.0mm^2

20 다음 중 전기부식방지시설의 특징으로 옳은 것은?

① 전기부식방지회로의 사용전압은 교류 60V 이하일 것
② 지중에 매설하는 양극(+)의 매설깊이는 0.5m 이상일 것
③ 양극(+)과 그 주위 1m 이내의 전위차는 10V를 넘지 말 것
④ 지표 또는 수중에서 1m 간격의 임의의 2점 간의 전위차가 7V를 넘지 말 것

21 특고압 가공전선로의 지지물에 시설하는 통신선 또는 이것에 직접 접속하는 통신선일 경우에 설치하여야 할 보안장치로 옳은 것을 모두 고르면?

① 특고압용 제2종 보안장치, 고압용 제2종 보안장치
② 특고압용 제1종 보안장치, 특고압용 제3종 보안장치
③ 특고압용 제2종 보안장치, 특고압용 제3종 보안장치
④ 특고압용 제1종 보안장치, 특고압용 제2종 보안장치

22 다음 중 고압용 기계기구를 시설하여서는 안 되는 경우는?

① 발전소, 변전소, 개폐소 또는 이에 준하는 곳에 시설하는 경우
② 시가지 외로서 지표상 3m인 경우
③ 공장 등의 구내에서 기계기구의 주위에 사람이 쉽게 접촉할 우려가 없도록 적당한 울타리를 설치하는 경우
④ 옥내에 설치한 기계 기구를 취급자 이외의 사람이 출입할 수 없도록 설치한 곳에 시설하는 경우

23 다음 중 전력보안 가공통신선의 시설 높이에 대한 기준으로 옳은 것은?

① 철도의 궤도를 횡단하는 경우에는 레일면상 5.0m 이상
② 횡단보도교 위에 시설하는 경우에는 그 노면상 3.0m 이상
③ 도로(차도와 도로의 구별이 있는 도로는 차도) 위에 시설하는 경우에는 지표상 2.0m 이상
④ 교통에 지장을 줄 우려가 없도록 도로(차도와 도로의 구별이 있는 도로는 차도) 위에 시설하는 경우에는 지표상 2.0m까지로 감할 수 있다.

24 다음 그림에서 L1은 어떤 크기로 동작하는 기기의 명칭인가?

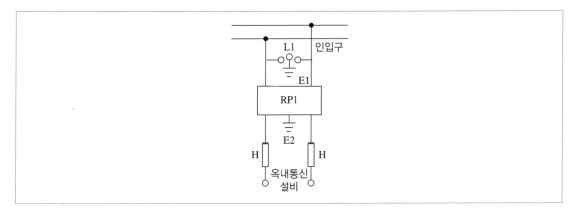

① 교류 1kV 이하에서 동작하는 단로기
② 교류 1kV 이하에서 동작하는 피뢰기
③ 교류 1.5kV 이하에서 동작하는 단로기
④ 교류 1.5kV 이하에서 동작하는 피뢰기

25 전력보안통신설비인 무선용 안테나 등을 지지하는 지지물안전율은 얼마 이상이어야 하는가?

① 1.3
② 1.5
③ 1.8
④ 2.0

26 다음 중 발전기의 용량에 관계없이 자동적으로 이를 전로로부터 차단하는 장치를 시설하여야 하는 경우는?

① 베어링의 과열
② 과전류 인입
③ 압유제어장치의 전원전압
④ 발전기 내부고장

27 특고압의 기계기구·모선 등을 옥외로 시설하는 변전소 구내에 취급자 이외의 자가 들어가지 못하도록 시설하는 울타리·담 등의 높이는 얼마 이상이어야 하는가?

① 2m
② 2.2m
③ 2.5m
④ 3m

28 다음 중 숙련자 또는 기능자의 통제가 있는 설비에 적용 가능한 보호대책으로 적합하지 않은 것은?

① 비도전성 장소
② 비접지 국부 등전위본딩
③ 두 개 이상의 전기사용기기에 전원 공급을 위한 전기적 분리
④ SELV와 PELV에 의한 특별저압

29 다음 중 전력보안통신용 전화설비의 시설장소로 옳지 않은 것은?

① 동일 수계에 속하고 안전상 긴급연락의 필요가 있는 수력발전소 상호 간
② 동일 전력계통에 속하고 안전상 긴급연락의 필요가 있는 발전소 및 개폐소 상호 간
③ 2 이상의 급전소 상호 간과 이들을 총합 운용하는 급전소 간
④ 원격감시제어가 되는 발전소와 변전소 간

30 다음 중 전압 구분에서 고압에 해당되는 것은?

① 직류는 1.5kV를, 교류는 1kV를 초과하고 7kV 이하인 것
② 직류는 1kV를, 교류는 1.5kV를 초과하고 7kV 이하인 것
③ 직류는 0.75kV를, 교류는 0.6kV를 초과하고 9kV 이하인 것
④ 직류는 0.6kV를, 교류는 0.75kV를 초과하고 9kV 이하인 것

31 다음 중 태양전지발전소에 시설하는 태양전기 모듈, 전선 및 개폐기의 시설에 대한 설명으로 옳지 않은 것은?

① 전선은 공칭단면적 2.5mm^2 이상의 연동선을 사용할 것
② 모듈의 출력배선은 극성별로 확인할 수 있도록 표시할 것
③ 태양전지 모듈을 병렬로 접속하는 전로에 과전류차단기를 시설할 것
④ 옥측에 시설하는 경우 금속관공사, 합성수지관공사, 애자사용공사로 배선할 것

32 다음 중 전선 접속 방법이 잘못된 것은?

① 알루미늄과 동을 사용하는 전선을 접속하는 경우에는 접속 부분에 전기적 부식이 생기지 않아야 한다.

② 10mm² 미만인 캡타이어케이블 상호 간을 접속하는 경우에는 접속함을 사용할 수 없다.

③ 전선의 전기저항이 증가하지 않도록 접속시켜야 한다.

④ 나전선 상호 간의 접속인 경우에는 전선의 세기를 20% 이상 감소시키지 않아야 한다.

33 다음 중 옥내에 시설하는 전동기에 과부하보호장치의 시설을 생략할 수 없는 경우는?

① 전동기를 운전 중 상시 취급자가 감시할 수 없는 위치에 시설한 경우

② 전동기의 구조나 부하의 성질로 보아 전동기가 손상될 수 있는 과전류가 생길 우려가 없는 경우

③ 전동기가 단상의 것으로 전원측 전로에 시설하는 배선용 차단기의 정격전류가 20A 이하인 경우

④ 전동기가 단상의 것으로 전원측 전로에 시설하는 과전류차단기의 정격전류가 16A 이하인 경우

34 다음 중 태양전지발전소에 시설하는 태양전지 모듈, 전선 및 개폐기 기타 기구의 시설기준에 대한 내용으로 옳지 않은 것은?

① 충전부분은 노출되지 아니하도록 시설할 것

② 옥내에 시설하는 경우에는 전선을 케이블공사로 시설할 수 있다.

③ 태양전지 모듈의 프레임은 지지물과 전기적으로 완전하게 접속하여야 한다.

④ 태양전지 모듈을 병렬로 접속하는 전로에는 과전류차단기를 시설하지 않아도 된다.

35 다음 중 연료전지 및 태양전지 모듈의 절연내력시험을 하는 경우 충전부분과 대지 사이에 인가하는 시험전압은 얼마인가?(단, 연속하여 10분간 가하여 견디는 것이어야 한다)

① 최대사용전압의 1.25배의 직류전압 또는 1배의 교류전압(500V 미만으로 되는 경우에는 500V)

② 최대사용전압의 1.25배의 직류전압 또는 1.25배의 교류전압(500V 미만으로 되는 경우에는 500V)

③ 최대사용전압의 1.5배의 직류전압 또는 1배의 교류전압(500V 미만으로 되는 경우에는 500V)

④ 최대사용전압의 1.5배의 직류전압 또는 1.25배의 교류전압(500V 미만으로 되는 경우에는 500V)

36 다음 중 케이블트레이배선 적용 시 적합한 사항은?

① 난연성 케이블을 사용한다.
② 케이블트레이의 안전율은 2.0 이상으로 한다.
③ 케이블트레이 안에서 전선접속은 허용하지 않는다.
④ 수평트레이 시설 시 수직 간 이격거리는 200mm 이상 이격하여 설치하여야 한다.

37 다음 중 특수장소에 시설하는 전선로의 기준으로 옳지 않은 것은?

① 교량의 윗면에 시설하는 저압 전선로는 교량 노면상 5m 이상으로 할 것
② 교량에 시설하는 고압 전선로에서 전선과 조영재 사이의 이격거리는 20cm 이상일 것
③ 저압·전선로와 고압 전선로를 같은 벼랑에 시설하는 경우 고압 전선과 저압 전선 사이의 이격거리는 50cm 이상일 것
④ 벼랑과 같은 수직부분에 시설하는 전선로는 부득이한 경우에 시설하며, 이때 전선의 지지점 간의 거리는 15m 이하로 할 것

38 접지선을 사람이 접촉할 우려가 있는 곳에 시설하는 경우, 전기용품 및 생활용품 안전관리법을 적용받는 합성수지관(두께 2mm 미만의 합성수지제 전선관 및 난연성이 없는 콤바인덕트관을 제외한다)으로 덮어야 하는 범위로 옳은 것은?

① 접지선의 지하 0.3m로부터 지표상 1m까지의 부분
② 접지선의 지하 0.5m로부터 지표상 1.2m까지의 부분
③ 접지선의 지하 0.6m로부터 지표상 1.8m까지의 부분
④ 접지선의 지하 0.75m로부터 지표상 2m까지의 부분

39 다음 중 옥내의 네온방전등공사에 대한 설명으로 옳지 않은 것은?

① 방전등용 변압기는 네온변압기일 것
② 관등회로의 배선은 점검할 수 없는 은폐장소에 시설할 것
③ 관등회로의 배선은 애자사용공사에 의하여 시설할 것
④ 전선 상호 간의 간격은 60mm 이상일 것

40 다음 중 의료장소의 수술실에서 전기설비의 시설에 대한 설명으로 옳지 않은 것은?

① 의료용 절연변압기의 정격출력은 10kVA 이하로 한다.

② 의료용 절연변압기의 2차측 정격전압은 교류 250V 이하로 한다.

③ 절연감시장치를 설치하는 경우 누설전류가 5mA에 도달하면 경보를 발하도록 한다.

④ 전원측에 강화절연을 한 의료용 절연변압기를 설치하고 그 2차측 전로는 접지한다.

41 다음 중 연료전지설비 설치장소의 안전 요구사항에 해당하지 않는 것은?

① 연료전지를 설치할 주위의 벽 등은 화재에 안전하게 시설하여야 한다.

② 가연성 물질과 안전거리를 충분히 확보하여야 한다.

③ 침수 등의 우려가 없는 곳에 시설하여야 한다.

④ 옥외개방형 장소인 경우 냉각설비에 대해 고려하여 시설하여야 한다.

42 접지도체에 피뢰시스템이 접속된 경우, 접지도체의 최소 굵기는?(단, 구리도체를 사용하는 경우에 한한다)

① $6mm^2$ ② $10mm^2$

③ $16mm^2$ ④ $50mm^2$

43 다음 중 엘리베이터장치를 시설할 때 승강기 내에서 사용하는 전등 및 전기기계기구에 사용할 수 있는 최대 전압은?

① 110V 미만   ② 220V 미만

③ 400V 미만   ④ 440V 미만

44 다음 중 화약류 저장소에서 백열전등이나 형광등 또는 이들에 전기를 공급하기 위한 전기설비를 시설하는 경우 전로의 대지전압은?

① 150V 이하   ② 200V 이하

③ 250V 이하   ④ 300V 이하

45 일반적으로 분기회로의 개폐기 및 과전류 차단기는 저압 옥내 간선과의 분기점에서 전선의 길이가 얼마 이하인 곳에 시설하여야 하는가?

① 3m ② 4m
③ 5m ④ 8m

46 일반적으로 가공전선로의 지지물에 취급자가 오르고 내리는 데 사용하는 발판 볼트 등은 지표상 얼마 이상부터 시설할 수 있는가?

① 0.75m ② 1.2m
③ 1.8m ④ 2.0m

47 전주의 길이가 16m인 지지물을 건주하는 경우에 땅에 묻히는 최소 깊이는 얼마인가?(단, 설계하중은 6.8kN 이하이다)

① 1.5m ② 2.0m
③ 2.5m ④ 3.0m

48 연피케이블을 직접매설식에 의하여 차량 기타 중량물의 압력을 받을 우려가 있는 장소에 시설하는 경우 매설 깊이는 얼마 이상이어야 하는가?

① 0.6m

② 1.0m

③ 1.2m

④ 1.6m

49 다음 중 전극식 온천온수기 시설에서 적합하지 않은 것은?

① 온수기의 사용전압은 400V 미만일 것

② 차폐장치와 욕탕 사이 이격거리는 2.5m 이상일 것

③ 차폐장치와 온수기의 이격거리는 0.5m 이상일 것

④ 온수기 및 차폐장치의 외함은 절연성 및 내수성이 있는 견고한 것일 것

50 다음 중 마리나 시설 규정으로 옳지 않은 것은?

① TN계통의 사용 시 TN − S계통만 사용할 것

② 표준전압은 220/380V 이하로 할 것

③ 콘센트는 정격전압 200 ~ 250V, 정격전류 16A 단상의 것을 사용할 것

④ 육상의 절연변압기를 통하여 보호하는 경우 이외에는 누전차단기 시설을 금지할 것

PART 2

상식

정답 및 해설 p.30

01 다음 중 클린 에너지(Clean Energy)와 ICT 전력망 등을 통한 효율적 에너지 서비스를 제공하여 사업화하는 새로운 형태의 비즈니스인 에너지신산업의 분야로 보기 어려운 것은?

① 디젤자동차
② 발전소 온배수열
③ 친환경 에너지 타운
④ 태양광 대여

02 한국전력공사는 전력수급의 위험상황에 대해 경계할 수 있도록 예비전력의 양을 기준으로 전력수급 비상단계를 5단계로 나누었다. 다음 중 전력수급 '경계단계'에 해당하는 경우는?

① 예비전력이 400만kW 이상 500만kW 미만인 경우
② 예비전력이 300만kW 이상 400만kW 미만인 경우
③ 예비전력이 200만kW 이상 300만kW 미만인 경우
④ 예비전력이 100만kW 이상 200만kW 미만인 경우

03 한국전력공사는 그동안 관행적으로 사용해 왔지만, 이해하기 어렵고 시대 흐름을 반영하지 못한 전력 분야 전문용어를 알기 쉬운 말로 순화하는 표준화 고시를 추진하고 있다. 다음 중 일본식 한자를 우리말로 순화한 전력 분야 용어로 적절하지 않은 것은?

① 지상고(地上高) → 전선 높이
② 조류(潮流) → 전력 흐름
③ 긍장(亘長) → 선로 길이
④ 연선(延線) → 전선 당기기

다음은 한국전력공사의 윤리경영 브랜드에 대한 자료이다. 빈칸에 들어갈 내용을 〈보기〉에서 바르게 연결한 것은?

'청렴한 빛 한전인'

'청렴한 빛'의 빨간색은 ⑦ 는 의미이며, 노란색은 ⓒ 는 의미이다.

보기
ⓐ '세계 최고의 종합 에너지 기업을 지향한다.'
ⓑ '전력의 안정적 공급을 통하여 국가경제 발전에 이바지한다.'
ⓒ '밝은 세상을 만들기 위해 청렴한 빛을 비춘다.'
ⓓ '투명경영 및 청렴문화 정착을 지향한다.'

	⑦	ⓒ			⑦	ⓒ
①	ⓐ	ⓑ		②	ⓐ	ⓒ
③	ⓑ	ⓐ		④	ⓒ	ⓓ

05 다음 중 한국전력공사가 추구하는 인재상으로 적절하지 않은 것은?

① 기업가형 인재
② 통섭형 인재
③ 도전적 인재
④ 개방형 인재

06 한국전력공사의 발전자회사는 모두 몇 개인가?

① 4개
② 5개
③ 6개
④ 7개

07 다음 중 한국전력공사의 봉사단체인 한전사회봉사단의 심벌마크에 사용된 동물은?

① 독수리
② 매
③ 비둘기
④ 부엉이

08 다음은 한국전력공사의 일자리 창출을 위한 'Fine Jobs'에 대한 자료이다. 다음 빈칸에 공통으로 들어갈 내용으로 적절한 것은?

- 'Fine Jobs'는 한국전력과 에너지밸리 입주기업 등 유관 회사들이 창출하는 에너지 분야 _____를 의미한다.
- 악수하는 모습은 일자리 창출을 위한 사회 구성원들의 '상호협력'을, 근로자는 _____를 상징한다.

① 좋은 일자리
② 양질의 일자리
③ 많은 일자리
④ 행복한 일자리

09 다음 중 한국전력공사의 'KEPCO 119 재난 구조단'에 대한 설명으로 적절하지 않은 것은?

① 국내 공기업 중 2번째로 출범한 전문 구조 기관이다.
② 한국전력공사의 핵심가치인 사회책임과 관련이 있다.
③ 전국 6개 권역으로 나누어져 있다.
④ 1개 권역은 인명구조, 의료지원, 현장지원팀으로 편성되었다.

10 다음 중 태양광 등으로 전기를 자체 생산·소비하는 자가 소비하고 남는 전력을 소비자에게 직접 판매할 수 있게 하는 제도는?

① 소비자 전력거래
② 생산자 전력거래
③ 지역사회 전력거래
④ 프로슈머 전력거래

11 다음 중 한국전력공사 에너지신산업의 주요 사업 중 하나로, AMI(스마트전력계량인프라) 계기가 설치된 고객에게 실시간 전기사용내역 및 다양한 분석, 통계 정보 등을 실시간으로 제공하는 정보 서비스는?

① 전기플래너
② 전기알리미
③ 전기가계부
④ 파워플래너

12 다음 〈보기〉 중 한국전력공사의 전기요금 일반원칙에 해당하는 것을 모두 고르면?

> **보기**
> ㉠ 원가주의 원칙   ㉡ 차등분배의 원칙
> ㉢ 공평의 원칙   ㉣ 공정 보수주의 원칙
> ㉤ 합의의 원칙

① ㉠, ㉣

② ㉡, ㉤

③ ㉠, ㉢, ㉣

④ ㉠, ㉣, ㉤

13 스마트그리드란 전기 및 정보통신 기술을 활용하여 전력망을 지능화·고도화함으로써 고품질의 전력서비스를 제공하고 에너지 이용효율을 극대화하는 전력망이다. 다음 중 스마트그리드가 가져다주는 변화로 적절하지 않은 것은?

① 중앙 집중 및 분산의 발전 형태

② 신재생에너지 사용 확대

③ 양방향으로 흐르는 전력과 정보

④ 화석연료의 대규모 발전

14 다음 중 한국전력공사가 수출촉진 브랜드 사용권을 우수 중소협력사에게 부여하여 협력사의 해외 마케팅 역량을 제고하는 제도는?

① 해외수출시범사업

② 해외지사화 사업

③ KTP 제도

④ 기술개발 촉진 사업

15 다음 중 쉽고 빠른 전기 요금 조회 및 납부 서비스를 제공하는 한국전력공사의 모바일 앱은?

① 스마트한전

② 한전모바일

③ 모바일한전

④ 스마트고객센터

16 다음 중 한국전력공사 에너지신산업의 주요 사업으로 전기, 가스, 열 등 고객의 모든 에너지 사용정보 및 설비를 실시간 모니터링, 분석 · 제어하는 종합에너지관리시스템은?

① K-AMI

② K-Energy

③ K-iEMS

④ 종합관리시스템

17 다음은 한국전력공사의 봉사단체인 한전사회봉사단에 대한 자료이다. 다음 빈칸에 들어갈 내용이 바르게 연결된 것은?

'세상에 빛을, 이웃에 사랑을'이란 슬로건 아래 2004년 5월에 창단된 한전사회봉사단은 다양한 사회공헌활동을 조직화하여 체계적이고 전문화된 사회공헌활동을 펼치고 있다.

한전사회봉사단은 ____㉠____와 ____㉡____를 통해 활동기금을 마련한다. ____㉠____는 전 직원을 대상으로 1계좌 1,000원씩 스스로 가입한 계좌 수에 따라 매월 급여에서 공제되는 사회공헌활동 기금이다. 반면, ____㉡____는 임직원들이 모금한 ____㉠____에 비례하여 회사가 일정비율로 비교하여 후원금을 출연하는 제도이다.

	㉠	㉡
①	러브펀드	스톡그랜트
②	러브펀드	매칭그랜트
③	스톡그랜트	매칭그랜트
④	매칭그랜트	러브펀드

18 다음 자료를 참고할 때, 이번 달 350kWh를 사용한 가정이 납부해야 할 전기요금은 얼마인가?

주택용 요금 누진제란?

누진제도는 사용량이 증가함에 따라 순차적으로 높은 단가가 적용되는 요금으로, 현재 200kWh 단위로 3단계, 최저와 최고 간의 누진율은 3배로 운영되고 있습니다.

기본요금(원/호)		전력량 요금(원/kWh)	
200kWh 이하 사용	910	처음 200kWh까지	93.3
201 ~ 400kWh 사용	1,600	다음 200kWh까지	187.9
400kWh 초과 사용	7,300	400kWh 초과	280.6

① 34,255원

② 48,445원

③ 53,175원

④ 54,145원

19 분산 전원(DR; Distributed Resources)이란 대규모 집중 전원과는 달리 소규모로 전력 소비 지역 부근에 분산하여 배치가 가능한 발전설비를 말한다. 다음 〈보기〉 중 분산 전원의 종류를 모두 고르면?

> **보기**
>
> ㉠ 태양광   ㉡ 풍력
>
> ㉢ 수소에너지   ㉣ 원자력
>
> ㉤ 폐기물 에너지   ㉥ 석탄

① ㉠, ㉡, ㉣   ② ㉡, ㉤, ㉥

③ ㉢, ㉣, ㉥   ④ ㉠, ㉡, ㉢, ㉤

20 다음 중 한국전력공사가 녹색 환경경영을 위해 시행하고 있는 친환경 설비·공법으로 적절하지 않은 것은?

① 친환경 주거용 복합변전소 건설

② 배전용 맨홀 청소 및 오수 처리 장비 개발

③ 환경친화 칼라전주 개발·사용

④ 설비 고장을 자동 제거·복구하는 Self Healing 시스템 개발

정답 및 해설 p.33

01 다음과 같이 왕명을 받아 편찬한 책에 대한 설명으로 옳지 않은 것은?

> 신 부식은 아뢰옵니다. 옛날에는 여러 나라도 각각 사관을 두어 일을 기록하였습니다. 해동의 삼국도 지나온 세월이 장구하니 마땅히 그 사실이 책으로 기록되어야 하므로 마침내 늙은 신에게 명하여 편집하게 하셨사오나, 아는 바가 부족하여 어찌할 바를 모르겠습니다.

① 현존하는 우리나라의 역사서 가운데 가장 오래된 것이다.
② 기전체로 서술되어 본기, 지, 열전 등으로 나누어 구성되었다.
③ 고구려 계승의식보다는 신라 계승의식이 좀 더 많이 반영되었다고 평가된다.
④ 몽골 침략의 위기를 겪으며 우리의 전통 문화를 올바르게 이해하려는 움직임에서 편찬되었다.

02 다음 중 선사 시대에 대한 설명으로 옳지 않은 것은?

① 구석기 시대에는 뗀석기를 사용하였는데, 처음에는 찍개, 주먹도끼 등과 같이 하나의 도구를 여러 용도로 사용했으나 점차 자르개, 밀개, 찌르개 등 쓰임새가 정해진 도구를 만들어 사용하였다.
② 신석기 시대부터 도구와 불을 사용하기 시작했고, 언어를 구사하였다.
③ 신석기 시대에는 사람들이 돌을 갈아 다양한 모양의 간석기를 만들고 조리나 식량 저장에 사용할 수 있는 토기를 만들었다.
④ 청동기 시대에는 일부 지역에서 벼농사가 시작되는 등 농경이 더 발달했으며, 농경의 발달에 따라 토지와 생산물에 대한 사유재산 개념이 발생하면서 빈부의 차가 생기고 계급이 분화되었다.

03 다음 중 조선의 성리학에 대한 설명으로 옳은 것은?

① 조선에 들어온 성리학은 '사람이 곧 하늘이다.'를 강조하는 사상이다.
② 서원은 주세붕이 성리학을 도입한 정몽주를 기리기 위해 세운 백운동 서원이 시초이다.
③ 이이는 도덕적 행위의 근거로서 심성을 중시하고 근본적이며 이상주의적인 성격이 강하였다.
④ 16세기 중반부터 성리학 연구가 심화되면서 서원을 중심으로 학파가 형성되기 시작하였다.

04 다음 중 무신 정변의 결과와 영향에 대한 설명으로 옳지 않은 것은?

① 2성 6부의 기능이 약화되었다.

② 전시과 체제가 무너지고 농장이 발달하였다.

③ 도병마사, 중추원이 권력 기구로 부상하였다.

④ 노비, 천민들의 신분 해방 운동이 활발하게 일어났다.

05 다음 중 1970년대 시행된 정책이 아닌 것은?

① 야간통행금지 해제

② 새마을운동의 추진

③ 원내교섭단체인 유신정우회 출범

④ 수출 주도형 중화학 공업화

06 다음 중 조선 후기의 각 문화의 영역별 특징으로 옳지 않은 것은?

① 그림 – 진경산수화, 풍속화가 유행하였다.

② 문학 – 현실 세계를 주된 소재로 다루었다.

③ 건축 – 거중기를 이용하여 견고한 토성을 축조하였다.

④ 서예 – 고대 금석문에서 서도의 원류를 찾으려는 서체가 나왔다.

07 다음 중 조 · 미 수호 통상 조약에 대한 내용으로 옳지 않은 것은?

① 청의 적극적인 알선으로 이루어졌다.

② 『조선책략』으로 인해 긍정적으로 바뀐 여론의 영향도 있다.

③ 미국의 기회 모색도 배경이 되었다.

④ 중국의 침략을 막기 위해 조약을 체결했다.

08 다음 중 갑오개혁에 대한 설명으로 옳지 않은 것은?

① 태양력을 채택하고 종두법을 실시하였다.

② 일본군의 압력하에 진행되어 비자주적인 면이 있다.

③ 사회 개혁면에서 개화운동의 연장이다.

④ 청의 종주권을 부인하고 개국기원을 사용하였다.

09 다음 중 1920년대 문화 정책에 대한 내용으로 옳지 않은 것은?

① 언론 검열 제도를 제정하고 집회의 성격을 제한했다.

② 참정권과 자치권을 부여하고 지방 자치를 실시했다.

③ 신문지법이 제정되었다.

④ 교육의 기회가 증가했지만, 일본 식민 지배에 순응하는 우민화 교육을 실시했다.

10 다음 중 혁명적 노동조합 및 혁명적 농민조합 운동과 관련이 없는 것은?

① 해방 직후 일어난 건국 운동의 밑거름이 되었다.

② 일제 군부만 주 타격 대상으로 삼았다.

③ 사회주의자들의 당 재건 운동과 깊은 관계를 맺고 전개되었다.

④ 토지 혁명과 노동 소비에트 건설을 내세웠다.

11 다음 중 반민족 행위 처벌법에 대한 설명으로 옳은 것은?

① 미국의 적극적인 지원으로 친일파를 처단하였다.

② 우익단체의 지원으로 친일파를 처단하였다.

③ 남·북 정상 회담을 성사시켰다.

④ 이승만 정권의 반공 정책으로 실패하였다.

12 다음 중 저임금과 장시간 노동을 배경으로 일어난 사건은?

① 광주 대단지 사건　　　　　　② 제주 4 · 3 사건
③ YH 무역 사건　　　　　　　　④ 인혁당 사건

13 다음은 『삼국지』에 기록된 어떤 나라에 대한 설명이다. (가)와 (나)의 나라에 대한 설명으로 옳은 것은?

> (가) 토질은 오곡에 알맞고, 동이 지역 중에서 가장 넓고 평탄한 곳이다.
> (나) 큰 산과 깊은 골짜기가 많고, 사람들의 성품이 흉악하고 노략질을 좋아하였다.

① (가)는 10월에 추수 감사제인 동맹이라는 제천 행사를 지냈다.
② (나)는 자신의 생활권을 침범하면 노비나 소와 말로 변상하게 하였다.
③ (가)는 남의 물건을 훔쳤을 때 물건 값의 12배를 배상하게 하는 법이 있었다.
④ (나)는 가족이 죽으면 시체를 가매장했다가 뼈만 추려서 커다란 목곽에 안치하였다.

14 다음 중 백제 근초고왕의 업적에 대한 설명으로 옳지 않은 것은?

① 남쪽으로 마한을 멸하여 전라남도 해안까지 확보하였다.
② 북쪽으로는 고구려의 평양성까지 쳐들어가 고국천왕을 전사시켰다.
③ 중국의 동진, 일본과 무역활동을 전개하였다.
④ 왕위의 부자상속제를 확립하였다.

15 다음 제시문이 등장하는 시기에 추진한 정책으로 옳지 않은 것은?

> 제1조 대한국은 세계만국에 공인되어온 바 자주독립한 제국이니라.

① 상무사 조직　　　　　　　　② 양전지계사업
③ 외국어학교 설립　　　　　　④ 군국기무처 설치

16 다음 밑줄 친 '이 나라'에 대한 설명으로 옳지 않은 것은?

> <u>이 나라</u>에서 만들어진 두 분의 부처가 나란히 앉아 있는 이불병좌상은 고구려 양식을 계승한 것으로 현재 일본에 있으며, 수도인 상경에는 당의 장안의 도로망을 본뜬 주작대로가 있다.

① 말(馬)이 주요한 수출품이었다.
② 거란의 침략을 받아 멸망하였다.
③ 당과 교류하면서 빈공과의 합격자를 배출하였다.
④ 9세기에 들어서 비로소 신라와 상설교통로를 개설하였다.

17 다음 사건에 대한 설명으로 옳지 않은 것은?

> ㉠ 3 · 1 운동   ㉡ 6 · 10 만세운동
> ㉢ 광주학생 항일운동   ㉣ 소작쟁의

① ㉠은 중국의 5 · 4 운동, 인도의 비폭력 · 불복종 운동 등에 영향을 주었다.
② ㉡은 순종의 장례일에 대규모 만세 시위를 계획하였다.
③ ㉡은 준비과정에서 사회주의 계열과 민족주의 계열이 연대하여 민족유일당을 결성할 수 있는 공감대를 형성하였다.
④ ㉣의 대표적인 사례는 암태도 소작쟁의로 1년여에 걸친 투쟁에도 효과가 없었다.

18 다음은 고려 시대 불교에 관한 내용이다. 옳은 것을 모두 고르면?

> ㉠ 천태종의 지눌은 선종을 중심으로 교종을 포용하는 선교일치를 주장하였다.
> ㉡ 의천은 불교와 유교가 심성 수양이라는 면에서 차이가 없다고 하였다.
> ㉢ 의천이 죽은 뒤 교단은 분열되고 귀족 중심이 되었다.
> ㉣ 요세는 참회수행과 염불을 통한 극락왕생을 주장하며 백련사를 결성했다.

① ㉠, ㉢   ② ㉡, ㉣
③ ㉠, ㉡   ④ ㉢, ㉣

19 다음 중 (가) 정책이 시행된 시기에 있었던 일제의 식민통치 모습으로 옳은 것은?

> 더 많은 쌀을 일본으로 가져가기 위해 추진된 (가) 정책으로 말미암아 소작농들은 수리 조합비나 비료 대금을 비롯한 각종 비용 부담이 늘어나자 소작농 가운데 토지를 잃고 소작농이나 화전민으로 전락하는 농민들이 많아졌다.

① 조선어 교육을 폐지하였다.
② 징병과 징용을 실시하였다.
③ 조선어학회를 강제로 해산시켰다.
④ 회사령이 폐지되어 일본 자본의 침투가 증가했다.

20 다음 밑줄 친 왕과 관련된 설명으로 옳은 것은?

> "<u>왕</u>이 쌍기를 등용한 것을 옛 글대로 현인을 발탁함에 제한을 두지 않은 것이라 평가할 수 있을까. 쌍기가 인품이 있었다면 왕이 참소를 믿어 형벌을 남발하는 것을 왜 막지 못했는가. 과거를 설치하여 선비를 뽑은 일은 왕이 본래 문(文)을 써서 풍속을 변화시킬 뜻이 있는 것을 쌍기가 받들어 이루었으니 도움이 없다고는 할 수 없다."

① 2성 6부제를 중심으로 하는 중앙관제를 마련하였다.
② 국정을 총괄하는 정치 기구인 교정도감을 설치하였다.
③ 『정계』, 『계백료서』 등을 지어 관리가 지켜야 할 규범을 제시하였다.
④ 광덕, 준풍 등의 독자적인 연호를 사용하였다.

PART 3
최종점검 모의고사

제1회
모의고사

취약영역 분석

번호	O/×	영역	번호	O/×	영역	번호	O/×	영역
1			21			41		
2			22			42		
3			23			43		
4			24			44		
5			25			45		
6			26			46		상식
7			27			47		
8			28			48		
9			29			49		
10			30			50		
11		직무능력	31		직무능력			
12			32					
13			33					
14			34					
15			35					
16			36					
17			37					
18			38					
19			39					
20			40					

평가 문항	50문항	평가 시간	50분
시작시간	:	종료시간	:
취약 영역			

FINAL

제 **1** 회

모의고사

모바일 OMR
답안채점 / 성적분석
서비스

🕐 응시시간 : 50분　　📋 문항 수 : 50문항　　　　　정답 및 해설 p.38

| 01 | 직무능력

01 다음 중 전기력선의 성질로 옳지 않은 것은?

① 전기력선은 서로 교차하지 않는다.
② 전기력선은 도체의 표면에 수직이다.
③ 전기력선의 밀도는 전기장의 크기를 나타낸다.
④ 같은 전기력선은 서로 끌어당긴다.

02 다음 중 쿨롱의 법칙(Coulomb's Law)에 대한 설명으로 옳지 않은 것은?

① 힘의 크기는 전하 사이의 거리에 반비례한다.
② 힘의 크기는 두 전하량의 곱에 비례한다.
③ 작용하는 힘의 방향은 두 전하를 연결하는 직선과 일치한다.
④ 작용하는 힘은 두 전하가 존재하는 매질에 따라 다르다.

03 다음 설명 중에서 옳지 않은 것은?

① 코일은 직렬로 연결할수록 인덕턴스가 커진다.
② 콘덴서는 직렬로 연결할수록 정전용량이 커진다.
③ 저항은 병렬로 연결할수록 저항치가 작아진다.
④ 리액턴스는 주파수의 함수이다.

04 코일에 일정한 전류를 흘리는 도중에 코일 내부에 비투자율 20인 철심을 넣으면 자속 밀도는 철심을 넣기 전에 비해 얼마나 증가하는가?

① 20배　　　　　　　　　　　　② 10배
③ 5배　　　　　　　　　　　　④ 3배

05 다음 중 안전을 위한 보호대책이 아닌 것은?

① 감전에 대한 보호

② 과전류에 대한 보호

③ 열영향에 대한 보호

④ 전원공급에 대한 보호

06 다음 전압의 구분 중 교류 저압은 얼마 이하인가?

① 440V

② 600V

③ 1,000V

④ 1,500V

07 고압 지중케이블로서 직접 매설식에 의하여 견고한 트라프 기타 방호물에 넣지 않고 시설할 수 있는 케이블은?[단, 케이블을 개장(鎧裝)하지 않고 시설한 경우이다]

① 미네랄인슐레이션케이블

② 콤바인덕트케이블

③ 클로로프렌외장케이블

④ 고무외장케이블

08 다음 중 전선의 접속법으로 옳지 않은 것은?

① 전선의 세기를 30% 이상 감소시키지 않는다.

② 절연전선 상호 간 접속할 때에는 코드 접속기를 사용해야 한다.

③ 전선의 전기저항을 증가시키지 않도록 접속한다.

④ 알루미늄 도체의 전선과 동 도체의 전선을 접속할 때에는 전기적 부식이 생기지 않도록 한다.

09 다음 중 전선의 식별 표시가 옳지 않은 것은?

① L1 – 백색

② L2 – 흑색

③ L3 – 회색

④ N – 청색

10 다음 그림에서 $R_1 = 10\,\Omega$, $R_2 = 20\,\Omega$, $R_3 = 30\,\Omega$일 때, 직·병렬 접속의 합성 저항은 얼마인가?

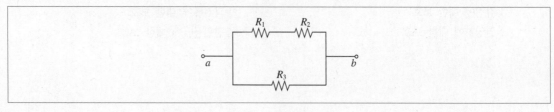

① $5\,\Omega$ ② $15\,\Omega$
③ $25\,\Omega$ ④ $30\,\Omega$

11 200V, 2kW의 전열선 2개를 같은 전압에서 직렬로 접속한 경우의 전력은 병렬로 접속한 경우의 전력보다 어떻게 되는가?

① $\dfrac{1}{2}$로 줄어든다.   ② 2배로 증가된다.

③ $\dfrac{1}{4}$로 줄어든다.   ④ 4배로 증가된다.

12 비유전율 2.5의 유전체 내부의 전속밀도가 $2 \times 10^{-6}\,\text{C/m}^2$이 되는 점의 전기장 세기는 약 얼마인가?

① $18 \times 10^4\,\text{V/m}$ ② $9 \times 10^4\,\text{V/m}$
③ $6 \times 10^4\,\text{V/m}$ ④ $3.6 \times 10^4\,\text{V/m}$

13 단면적 10cm^2인 철심에 200회의 권선을 하여, 이 권선에 60Hz, 60V인 교류 전압을 인가하였을 때 철심의 자속 밀도는?

① $1.126 \times 10^{-3}\,\text{Wb/m}^2$ ② $1.126\,\text{Wb/m}^2$
③ $2.252 \times 10^{-3}\,\text{Wb/m}^2$ ④ $2.252\,\text{Wb/m}^2$

14 다음 중 저압케이블의 종류가 아닌 것은?

① 0.6/1kV 연피케이블　　　　　　　② 클로로프렌외장케이블
③ 비닐외장케이블　　　　　　　　　④ 콤바인덕트케이블

15 다음 중 전로의 절연 원칙에 따라 반드시 절연하여야 하는 것은?

① 수용장소의 인입구 접지점
② 고압과 특별 고압 및 저압과의 혼촉 위험 방지를 한 경우 접지점
③ 저압 가공전선로의 접지측 전선
④ 직류계통에 접지공사를 하는 경우의 접지점

16 다음 중 지선시설에 대한 설명으로 옳지 않은 것은?

① 철탑은 지선을 사용하여 그 강도를 분담시켜야 한다.
② 지선의 안전율은 2.5 이상이어야 한다.
③ 지선에 연선을 사용할 경우 소선 3가닥 이상의 연선이어야 한다.
④ 지선근가는 지선의 인장하중에 충분히 견디도록 시설하여야 한다.

17 다음 중 가공전선로에 사용하는 지지물의 강도 계산 시 구성재의 수직 투영면적 $1m^2$에 대한 풍압을 기초로 적용하는 갑종 풍압하중값의 기준이 잘못된 것은?

① 목주 : 588Pa
② 원형 철주 : 588Pa
③ 철근 콘크리트주 : 1,117Pa
④ 강관으로 구성된 철탑 : 1,255Pa

18 고압 가공전선로의 지지물로서 사용하는 목주의 풍압하중에 대한 안전율은 얼마 이상이어야 하는가?

① 1.2　　　　　　　　　　　　　　② 1.3
③ 2.2　　　　　　　　　　　　　　④ 2.5

19 다음 중 (A) ~ (C)가 설명하고 있는 법칙들을 바르게 연결한 것은?

> (A) 전자유도에 의한 기전력은 자속변화를 방해하는 전류가 흐르도록 그 방향이 결정된다.
> (B) 전류가 흐르고 있는 도선에 대해 자기장이 미치는 힘의 방향을 정하는 법칙으로, 전동기의 회전방향을 결정하는 데 유용하다.
> (C) 코일에 발생하는 유도기전력의 크기는 쇄교자속의 시간적 변화율과 같다.

	(A)	(B)	(C)
①	렌츠의 법칙	플레밍의 왼손법칙	패러데이의 유도법칙
②	쿨롱의 법칙	플레밍의 왼손법칙	암페어의 주회법칙
③	렌츠의 법칙	플레밍의 오른손법칙	암페어의 주회법칙
④	쿨롱의 법칙	플레밍의 오른손법칙	패러데이의 유도법칙

20 어떤 코일에 흐르는 전류가 0.1초 사이에 20A에서 4A까지 일정한 비율로 변하였다. 이때 20V의 기전력이 발생한다면 이 코일의 자기인덕턴스는?

① 0.125H

② 0.25H

③ 0.375H

④ 0.5H

21 선간전압 20kV, 상전류 6A의 3상 Y결선되어 발전하는 교류 발전기를 △결선으로 변경하였을 때, 상전압 V_P [kV]와 선전류 I_l[A]의 값은?(단, 3상 전원은 평형이며, 3상 부하는 동일하다)

	V_P[kV]	I_l[A]		V_P[kV]	I_l[A]
①	$\dfrac{20}{\sqrt{3}}$	$6\sqrt{3}$	②	20	$6\sqrt{3}$
③	20	6	④	$\dfrac{20}{\sqrt{3}}$	6

22 연선 결정에 있어서 중심 소선을 뺀 층수가 3층일 때, 전체 소선수는?

① 91개

② 61개

③ 45개

④ 37개

23 다음 중 변전소로부터 다른 변전소 또는 전차선에 이르는 전선은?

① 급전선
② 전기철도용 급전선
③ 급전선로
④ 전기철도용 급전선로

24 다음 중 방전등용 안정기로부터 방전관까지의 전로는?

① 가섭선
② 가공인입선
③ 관등회로
④ 지중관로

25 다음 중 제2차 접근상태를 바르게 설명한 것은?

① 가공전선이 전선의 절단 또는 지지물의 도괴 등이 되는 경우에 당해 전선이 다른 시설물에 접속될 우려가 있는 상태
② 가공전선이 다른 시설물과 접근하는 경우에 그 가공전선이 다른 시설물의 위쪽 또는 옆쪽에서 수평거리로 3m 미만인 곳에 시설되는 상태
③ 가공전선이 다른 시설물과 접근하는 경우에 가공전선을 다른 시설물과 수평되게 시설되는 상태
④ 가공선로에 접지공사를 하고 보호망으로 보호하여 인축의 감전상태를 방지하도록 조치하는 상태

26 일반적으로 특고압 가공전선과 지지물, 완금류, 지주 또는 지선 사이의 이격거리는 사용전압 15kV 미만인 경우 얼마 이상이어야 하는가?

① 0.15m
② 0.2m
③ 0.3m
④ 0.35m

27 고압 가공전선이 경동선 또는 내열 동합금선인 경우, 안전율의 최솟값은?

① 2.0
② 2.2
③ 2.5
④ 4.0

28 발전기를 정격전압 220V로 전부하 운전하다가 무부하로 운전하였더니 단자전압이 242V가 되었다. 이 발전기의 전압변동률은?

① 6%

② 8%

③ 10%

④ 12%

29 동기 발전기에서 극수 4, 1극의 자속수 0.062Wb, 1분간의 회전 속도를 1,800, 코일의 권수를 100이라고 할 때, 코일의 유기기전력의 실횻값은?(단, 권선 계수는 1.0이다)

① 약 526V

② 약 1,488V

③ 약 1,652V

④ 약 2,336V

30 다음 중 변압기의 결선에서 제3고조파를 발생시켜 통신선에 유도장해를 일으키는 3상 결선은?

① Y - Y

② △ - △

③ Y - △

④ △ - Y

31 다음 중 피뢰기의 약호는?

① PF

② LA

③ SA

④ COS

32 다음 차단기 문자 기호 중 'OCB'는?

① 진공차단기

② 기중차단기

③ 자기차단기

④ 유입차단기

33 다음 중 발전기나 변압기 보호에 사용되는 보호계전기로 옳지 않은 것은?

① 차동 계전기　　　　　　　　② 비율 차동 계전기
③ 반한시 과전류 계전기　　　　④ 방향 계전기

34 다음 중 배전방식에 대한 설명으로 옳지 않은 것은?

① 환상식 방식은 전류 통로에 대한 융통성이 있다.
② 수지식 방식은 전압 변동이 크고 정전 범위가 좁다.
③ 뱅킹 방식은 전압 강하 및 전력 손실을 경감한다.
④ 망상식 방식은 건설비가 비싸다.

35 다음 중 직류 발전기에 있어서 전기자 반작용이 생기는 요인이 되는 전류는?

① 동손에 의한 전류　　　　　　② 전기자 권선에 의한 전류
③ 계자 권선의 전류　　　　　　④ 규소 강판에 의한 전류

36 다음 중 역률 개선의 효과로 볼 수 없는 것은?

① 전력손실 감소　　　　　　　　② 전압강하 감소
③ 감전사고 감소　　　　　　　　④ 설비용량의 효율적 운용

37 다음 중 코일에 발생하는 유기기전력의 크기는 어느 것에 관계가 되는가?

① 코일에 쇄교하는 자속수의 변화에 비례한다.
② 시간의 변화에 비례한다.
③ 시간의 변화에 반비례한다.
④ 코일에 쇄교하는 자속수에 비례한다.

38 다음 중 직류 발전기의 철심을 규소 강판으로 성층하여 사용하는 주된 이유로 옳은 것은?

① 브러시에서의 불꽃방지 및 정류개선
② 맴돌이전류손과 히스테리시스손의 감소
③ 전기자 반작용의 감소
④ 기계적 강도 개선

39 다음 중 직류 발전기의 전기자 반작용을 없애는 방법으로 옳지 않은 것은?

① 보상권선 설치
② 보극 설치
③ 브러시 위치를 전기적 중성점으로 이동
④ 균압환 설치

40 직류 전동기의 회전수를 $\frac{1}{2}$ 로 하려면, 계자 자속을 얼마로 해야 하는가?

① $\frac{1}{4}$ 배
② $\frac{1}{2}$ 배
③ 2배
④ 4배

41 다음 밑줄 친 왕의 시기에 대한 설명으로 옳은 것은?

> 왕이 변발(辮髮)을 하고 호복(胡服)을 입고 전상에 앉아 있었다. 이연종이 간하려고 문 밖에서 기다리고 있었더니 왕이 사람을 시켜 물었다. 이연종이 말하기를 …… "변발과 호복은 선왕(先王)의 제도가 아니오니, 원컨대 전하는 본받지 마소서."

① 성균관을 순수 유교 교육기관으로 개편하였다.
② 최충의 문헌공도를 비롯한 사학 12도가 융성하였다.
③ 독창적 기법인 상감법이 개발되어 상감청자가 유행하였다.
④ 민중의 미적 감각과 소박한 정서를 반영한 그림이 유행하였다.

42 한국전력공사는 전국을 거미줄처럼 연결하는 형식의 송·변전 계통을 구축·운영하고 있다. 다음 중 장거리 전력 수송을 위해 한국전력공사가 사용하는 송전망 형식은?

① 단일방사상   ② 단일환상망
③ 다중환상망   ④ 다중방사상

43 다음 사건을 일어난 순서대로 올바르게 나열한 것은?

> ㉠ 김종직의 무덤을 파헤쳐 시신을 참수하였다.
> ㉡ 조광조가 능주로 귀양가서 사약을 받고 죽었다.
> ㉢ 명종을 해치려 했다는 이유로 윤임 일파가 몰락하였다.
> ㉣ 연산군은 생모 윤씨의 폐비 사건에 관여한 사림을 몰아냈다.

① ㉠ - ㉡ - ㉢ - ㉣   ② ㉠ - ㉣ - ㉡ - ㉢
③ ㉡ - ㉠ - ㉢ - ㉣   ④ ㉡ - ㉢ - ㉣ - ㉠

44 다음 중 조선 시대 과학기술의 발전에 대한 설명으로 옳지 않은 것은?

① 조선 초기 농업기술의 발전성과를 반영한 영농의 기본 지침서는 세종 때 편찬된『농가집성』이다.

② 세종 때 해와 달 그리고 별을 관측하기 위해 간의대(簡儀臺)라는 천문대를 운영하였다.

③ 세종 때 동양 의학에 관한 서적과 이론을 집대성한 의학백과사전인『의방유취』가 편찬되었다.

④ 문종 때 개발된 화차(火車)는 신기전이라는 화살 100개를 설치하고 심지에 불을 붙이는 일종의 로켓포였다.

45 다음 중 한국전력공사의 마스코트 명칭은?

① 에코미(ECOMI)

② 위피(Weepy)

③ 에너지 보이(Energy Boy)

④ 에너지 무버(Energy Mover)

46 다음 중 조선의 통치기구에 대한 설명으로 옳은 것은?

① 의정부는 최고의 행정집행기관으로 그 중요성에 의해 점차 실권을 강화하였다.

② 홍문관은 정치의 득실을 논하고 관리의 잘못을 규찰하고 풍기·습속을 교정하는 일을 담당하였다.

③ 예문관과 춘추관은 대간(臺諫)이라 불렀는데, 임명된 관리의 신분·경력 등을 심의·승인하는 역할을 담당하였다.

④ 지방 양반들로 조직된 향청은 수령을 보좌하고 풍속을 바로 잡고 향리를 규찰하는 등의 임무를 맡았다.

47 다음과 관련이 있는 시험에 대한 설명으로 옳은 것은?

> 이 시험은 식년시, 증광시, 알성시로 나누어 실시하였으며, 소과를 거쳐 대과에서는 초시, 복시, 전시로 합격자를 선발하였다.

① 식년시는 해마다 실시되었다.

② 초시에서 33명을 선발하였다.

③ 백정 농민이 주로 응시하였다.

④ 재가한 여자의 손자는 응시할 수 없었다.

48 다음 (가), (나)의 인물에 대한 설명으로 옳은 것은?

> (가) 이(理)를 강조하였으며 『주자서절요』, 『성학십도』 등을 저술하였다.
> (나) 기(氣)를 강조하였으며 『동호문답』, 『성학집요』 등을 저술하였다.

① (가)의 문인과 성혼의 문인들이 결합해 기호학파를 형성하였다.
② (나)는 근본적이고 이상주의적 성격이 강하였다.
③ (가)의 사상이 일본의 성리학 발전에 큰 영향을 주었다.
④ (나)는 군주 스스로 성학을 따를 것을 주장하였다.

49 다음은 한국전력공사의 심벌마크에 대한 자료이다. 빈칸에 들어갈 내용으로 적절한 것은?

2개 원의 결합은 무한궤도의 영원성을 시각적으로 표현한 것으로
_____ 한전의 불멸성을 상징하고 있다.

① 빛과 희망을 주는
② 진취적이고 미래지향적인
③ 강력하게 결속된
④ 믿음과 사랑받는

50 다음에서 설명하는 사찰과 관련이 있는 것은?

> 이 절은 의상이 세웠으며, 공포가 주심포 양식인 유명한 건축물이 있고, 조사당에는 고려 시대의 사천 왕상 벽화가 유명하다.

① 거대한 미륵보살입상이 있다.
② 신라 양식을 계승한 불상이 있다.
③ 지눌이 수선사 결사운동을 전개하였다.
④ 금속활자인 『직지심체요절』이 간행되었다.

제2회
모의고사

취약영역 분석

번호	O/×	영역	번호	O/×	영역	번호	O/×	영역
1			21			41		
2			22			42		
3			23			43		
4			24			44		
5			25			45		
6			26			46		상식
7			27			47		
8			28			48		
9			29			49		
10		직무능력	30		직무능력	50		
11			31					
12			32					
13			33					
14			34					
15			35					
16			36					
17			37					
18			38					
19			39					
20			40					

평가 문항	50문항	평가 시간	50분
시작시간	:	종료시간	:
취약 영역			

FINAL 제2회 모의고사

🕐 응시시간 : 50분　　📋 문항 수 : 50문항　　　　　정답 및 해설 p.47

| 01 | 직무능력

01 동기 발전기의 병렬운전 중 기전력의 크기가 다를 경우 나타나는 현상이 아닌 것은?

① 권선이 가열된다.
② 동기화전력이 생긴다.
③ 무효순환전류가 흐른다.
④ 고압 측에 감자작용이 생긴다.

02 다음 중 변압기유의 구비조건으로 옳지 않은 것은?

① 냉각효과가 클 것　　　　　　　　② 응고점이 높을 것
③ 절연내력이 클 것　　　　　　　　④ 고온에서 화학반응이 없을 것

03 다음 중 누전차단기의 설치목적으로 옳은 것은?

① 단락　　　　　　　　　　　　　② 단선
③ 지락　　　　　　　　　　　　　④ 과부하

04 용량 10Ah, 기전력 2V인 축전지 6개를 직렬 연결하여 사용할 때의 기전력이 12V일 때, 전지의 용량은?

① $\dfrac{10}{6}$Ah　　　　　　　　　　② 10Ah
③ 60Ah　　　　　　　　　　　　④ 120Ah

05 사용전압 66kV 가공전선과 6kV 가공전선을 동일 지지물에 시설하는 경우, 특고압 가공전선은 케이블인 경우를 제외하고는 단면적이 얼마인 경동연선 또는 이와 동등 이상의 세기 및 굵기의 연선이어야 하는가?

① 22mm^2

② 38mm^2

③ 50mm^2

④ 100mm^2

06 다음 중 사람이 상시 통행하는 터널 안 배선의 시설기준으로 옳지 않은 것은?

① 사용전압은 저압에 한한다.

② 전로에는 터널의 입구에 가까운 곳에 전용 개폐기를 시설한다.

③ 애자사용공사에 의하여 시설하고 이를 노면상 2m 이상의 높이에 시설한다.

④ 공칭단면적 2.5mm^2 연동선과 동등 이상의 세기 및 굵기의 절연전선을 사용한다.

07 저압 가공전선 또는 고압 가공전선이 건조물과 접근상태로 시설되는 경우 상부 조영재의 옆쪽과의 이격거리는 각각 몇 m인가?

① 저압 : 1.2m, 고압 : 1.2m

② 저압 : 1.2m, 고압 : 1.5m

③ 저압 : 1.5m, 고압 : 1.5m

④ 저압 : 1.5m, 고압 : 2.5m

08 다음 중 특고압 가공전선이 건조물과 1차 접근상태로 시설되는 경우에 대한 설명으로 옳지 않은 것은?

① 상부조영재와 위쪽으로 접근 시 케이블을 사용하면 1.2m 이상 이격거리를 두어야 한다.

② 상부조영재와 옆쪽으로 접근 시 특고압 절연전선을 사용하면 1.5m 이상 이격거리를 두어야 한다.

③ 상부조영재와 아래쪽으로 접근 시 특고압 절연전선을 사용하면 1.5m 이상 이격거리를 두어야 한다.

④ 상부조영재와 위쪽으로 접근 시 특고압 절연전선을 사용하면 2.0m 이상 이격거리를 두어야 한다.

09 저압 연접인입선은 폭 얼마를 초과하는 도로를 횡단하지 않아야 하는가?

① 5m

② 6m

③ 7m

④ 8m

10 다음과 같은 정류 회로의 지시값은 전류계에서 얼마로 표시되는가?(단, 전류계는 가동 코일형이고, 정류기의 저항은 무시한다)

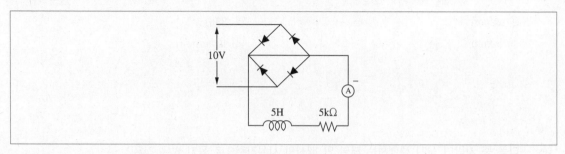

① 9mA   ② 6.4mA

③ 4.5mA   ④ 1.8mA

11 다음 중 사인파 교류 $i = 3.14\sin\omega t$ [A]의 평균값을 구하면?

① 5A   ② 4A

③ 3A   ④ 2A

12 주파수가 50Hz인 4극의 유도 전동기에서 슬립이 4%일 때, 분당 회전수는?

① 1,410rpm   ② 1,440rpm

③ 1,470rpm   ④ 1,500rpm

13 다음 〈보기〉에서 설명하는 내용으로 옳은 것은?

> **보기**
>
> 2개 이상의 기전력을 포함한 회로망에서 어떤 점의 전위 또는 전류는 각 기전력이 각각 단돈으로 존재한다고 생각했을 경우, 그 점의 전위 또는 전류의 합과 같다.

① 테브난의 정리   ② 중첩의 정리

③ 노튼의 정리   ④ 헤르츠의 정리

14 전기부식방지 회로의 전선 중 지중에 시설하는 부분으로 옳지 않은 것은?

① 전선은 공칭단면적 4.0mm²의 연동선 또는 이와 동등 이상의 세기 및 굵기의 것일 것
② 양극에 부속하는 전선은 공칭단면적 2.5mm² 이상의 연동선 또는 이와 동등 이상의 세기 및 굵기의 것을 사용할 수 있을 것
③ 전선을 직접 매설식에 의하여 시설하는 경우 차량 기타의 중량물의 압력을 받을 우려가 없는 곳에 매설깊이를 1.2m 이상으로 할 것
④ 입상 부분의 전선 중 깊이 0.6m 미만인 부분은 사람이 접촉할 우려가 없고 또한 손상을 받을 우려가 없도록 적당한 방호장치를 할 것

15 765kV 가공전선 시설 시 2차 접근상태에서 건조물을 시설하는 경우 건조물 상부와 가공전선 사이의 수직거리는 얼마 이상인가?(단, 전선의 높이가 최저상태로 사람이 올라갈 우려가 있는 개소를 말한다)

① 15m
② 20m
③ 25m
④ 28m

16 다음 중 지중전선로의 전선으로 사용되는 것은?

① 절연전선
② 강심알루미늄선
③ 나경동선
④ 케이블

17 지중전선로는 기설 지중약전류전선로에 대하여 다음의 어느 것에 의하여 통신상의 장해를 주지 않도록 기설 약전류전선로로부터 충분히 이격시키는가?

① 충전전류 또는 표피작용
② 누설전류 또는 유도작용
③ 충전전류 또는 유도작용
④ 누설전류 또는 표피작용

18 다음 중 저압전로의 접지계통 분류에 속하지 않는 것은?

① TN계통
② TT계통
③ IT계통
④ II계통

19 다음에서 V_{ab}가 50V일 때 전류 I는 얼마인가?

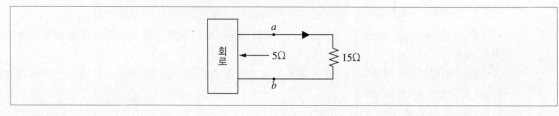

① 1.5A   ② 2.0A

③ 2.5A   ④ 3.0A

20 150Ω의 저항 5개를 조합하여 얻어지는 가장 적은 합성 저항값은 얼마인가?

① 30Ω   ② 40Ω

③ 50Ω   ④ 60Ω

21 저항 4Ω, 유도 리액턴스 3Ω을 병렬 연결하면 합성 임피던스는 얼마가 되는가?

① 2.4Ω   ② 5Ω

③ 7.5Ω   ④ 10Ω

22 다음 중 파고율, 파형률이 모두 1인 파형은?

① 사인파   ② 고조파

③ 구형파   ④ 삼각파

23 저항 4Ω, 유도 리액턴스 5Ω, 용량 리액턴스 2Ω이 직렬로 접속된 회로에서의 역률을 구하면?

① 0.8   ② 0.9

③ 1   ④ 1.1

24 다음 중 지중관로에 대한 정의로 옳은 것은?

① 지중전선로·지중약전류전선로와 지중매설지선 등을 말한다.

② 지중전선로·지중약전류전선로와 복합케이블선로·기타 이와 유사한 것 및 이들에 부속되는 지중함을 말한다.

③ 지중전선로·지중약전류전선로·지중에 시설하는 수관 및 가스관과 지중매설지선을 말한다.

④ 지중전선로·지중약전류전선로·지중광섬유케이블선로·지중에 시설하는 수관 및 가스관과 기타 이와 유사한 것 및 이들에 부속하는 지중함 등을 말한다.

25 다음 중 터널 안 전선로의 시설방법으로 옳은 것은?

① 저압 전선은 지름 2.6mm의 경동선을 사용하였다.

② 고압 전선은 절연전선을 사용하여 합성수지관공사로 하였다.

③ 저압 전선을 애자사용공사에 의하여 시설하고 이를 레일면상 또는 노면상 2.2m의 높이로 시설하였다.

④ 고압 전선을 금속관공사에 의하여 시설하고 이를 레일면상 또는 노면상 2.4m의 높이로 시설하였다.

26 다음 중 저압 가공인입선의 시설이 잘못된 것은?

① 철도로부터 7m 위에 설치된 인입용 비닐절연전선

② 인장강도 2.30kN 이상의 인입용 비닐절연전선

③ 도로 노면으로부터 4.0m 위에 설치된 인입용 비닐절연전선

④ 지름 2.6mm 이상의 인입용 비닐절연전선

27 충전부 전체를 대지로부터 절연시키거나 한 점을 임피던스를 통해 대지에 접속시키며, 전기설비의 노출도전부를 단독 또는 일괄적으로 계통의 PE도체에 접속시키는 방식은?

① TN – C계통

② TN – S계통

③ TT계통

④ IT계통

28 다음 중 도체와 과부하 보호장치 사이의 협조 조건으로 옳지 않은 것은?

① $I_B \leq I_n$

② $I_n \leq I_Z$

③ $I_B \geq I_Z$

④ $I_2 \leq 1.45 I_Z$

29 다음 중 간격이 d이고 도체판의 면적이 A인 두 평행판으로 만들어진 커패시터에 대한 설명으로 옳은 것은?

① 두 평행판의 면적 A를 크게 하면 커패시턴스가 감소한다.
② 두 평행판 사이의 거리 d를 짧게 하면 커패시턴스가 증가한다.
③ 두 개의 커패시터를 직렬보다 병렬로 연결하면 커패시턴스가 감소한다.
④ 두 평행판 사이에 유전율이 작은 물질을 사용하면 커패시턴스가 증가한다.

30 다음 중 비사인파를 많은 사인파의 합성으로 표시하는 전개식은?

① 푸리에(Fourier)   ② 헤르츠(Hertz)
③ 노튼(Norton)   ④ 페러데이(Faraday)

31 다음 중 전압의 구분에서 저압에 대한 설명으로 가장 옳은 것은?

① 직류는 600V, 교류는 750V 이하인 것
② 직류는 750V, 교류는 600V 이하인 것
③ 직류는 1.0kV, 교류는 750V 이하인 것
④ 직류는 1.5kV, 교류는 1kV 이하인 것

32 일정한 속도로 운동하던 어떤 대전 입자가 균일한 자기장 속에, 자기장의 방향과 수직으로 입사하였다. 이때 자기장 안에서 이 입자가 하는 운동으로 옳은 것은?

① 직선 운동을 한다.
② 나선 운동을 한다.
③ 등속 원운동을 한다.
④ 힘을 받지 않는다.

33 가공전선로의 지지물에 하중이 가해지는 경우에 그 하중을 받는 지지물의 기초 안전율은 얼마 이상이어야 하는가?

① 0.5

② 1

③ 1.5

④ 2

34 한국전기설비기준에 의한 고압 가공전선로 철탑의 경간은 얼마 이하로 제한하고 있는가?

① 150m

② 250m

③ 500m

④ 600m

35 지지물이 A종 철주일 때, 고압 가공전선로의 표준경간은 얼마 이하인가?

① 150m

② 250m

③ 400m

④ 600m

36 옥내 배선공사를 할 때, 연동선을 사용할 경우 전선의 최소 굵기는?

① 1.5mm^2

② 2.5mm^2

③ 4mm^2

④ 5mm^2

37 한국전기설비기준에서 교통신호등 회로의 사용전압이 얼마를 초과하는 경우에는 지락 발생 시 자동적으로 전로를 차단하는 장치를 시설하여야 하는가?

① 50V

② 100V

③ 150V

④ 200V

38 다음 중 특고압용 타냉식 변압기에는 냉각장치에 고장이 생긴 경우를 대비하여 어떤 장치를 하여야 하는가?

① 온도시험장치   ② 속도조정장치

③ 경보장치   ④ 냉매흐름장치

39 다음 중 교류 배전반에서 전류가 많이 흘러 전류계를 직접 주회로에 연결할 수 없을 때 사용하는 기기는?

① 전류 제한기   ② 계기용 변압기

③ 계기용 변류기   ④ 전류계용 절환 개폐기

40 다음 중 국내의 전압 종별이 아닌 것은?

① 저압   ② 고압

③ 특고압   ④ 초고압

41 다음 중 성리학에 대한 설명으로 옳은 것은?

① 관학파는 성리학 이외의 학문을 배척하였다.
② 이황은 주리론을 주장하였다.
③ 이이는 기(氣)보다는 이(理)를 중심으로 자신의 이론을 전개하였다.
④ 주기론은 신분 질서를 유지하는 도덕 규범의 확립에 크게 기여하였다.

42 한국전력공사는 전력 소비가 증가함에 따라 대용량 전력 설비 구축의 필요성을 느끼고, 765kV 송전전압 격상 사업을 추진하고 있다. 765kV 송전방식의 경우 기존 345kV에 비해 수송 능력은 약 3.4배 크며, 동일 전력 수송 시 부지면적은 53% 정도로 줄고, 송전손실을 1/7로 감소시킬 수 있다. 다음 중 이러한 765kV 송전전압 격상 사업의 기대효과로 보기 어려운 것은?

① 대규모 전력 수송 용이
② 건설에 필요한 소요 용지 최소화
③ 전력 손실 감소
④ 전력 생산 비용 감소

43 다음 중 남북국시대에 대한 설명으로 옳지 않은 것은?

① 발해는 신라도, 일본도 등의 대외교통로를 이용하여 각국과 교류하였다.
② 발해는 당의 문화를 배척하고 고구려 전통 문화와 말갈 문화만을 계승하였다.
③ 신라는 당, 일본뿐만 아니라 아라비아 상인도 왕래하였다.
④ 장보고는 당나라에 신라인을 위한 불교 사찰을 세우기도 하였다.

44 다음 중 개항 이후 곡물 값이 크게 올라 곡물의 유출을 막기 위해 방곡령을 내렸던 지역이 아닌 것은?

① 평안도   ② 함경도
③ 황해도   ④ 충청도

45 다음 밑줄 친 왕에 대한 설명으로 옳은 것은?

> 왕의 이름은 소(昭)이다. 치세 초반에는 신하에게 예를 갖추어 대우하고 송사를 처리하는 데 현명하였다. 빈민을 구휼하고, 유학을 중히 여기며, 노비를 조사하여 풀어 주었다. 밤낮으로 부지런하여 거의 태평의 정치를 이루었다. 중반 이후로는 신하를 많이 죽이고, 불법(佛法)을 지나치게 좋아하며 절도가 없이 사치스러웠다.
>
> 『고려사절요』

① 쌍기의 건의로 과거제를 실시하였다.

② 12목을 설치하고 지방관을 파견하였다.

③ 호족을 견제하기 위해 사심관과 기인제도를 마련하였다.

④ 승려인 신돈을 등용하여 전민변정도감을 설치하였다.

46 다음 중 3·1 운동의 역사적 의의로 가장 적절한 것은?

① 농민들의 소작 쟁의를 유발했다.

② 윌슨의 민족 자결주의, 중국의 5·4 운동에 자극을 받아 일어난 범세계적 운동이다.

③ 민족주의와 사회주의계의 합작에 의한 단일적 대중 운동이다.

④ 가혹한 식민지 정책에 반발한 전 민족적 민중 구국 운동으로 독립 운동의 방향에 전기를 마련했다.

47 다음 중 한국전력공사의 핵심가치에 대한 설명이 옳지 않은 것은?

① 미래지향 – 우리는 먼저 미래를 준비하고 나아갑니다.

② 도전혁신 – 우리는 먼저 변화와 혁신을 추구합니다.

③ 고객존중 – 우리는 먼저 고객의 가치를 실천합니다.

④ 사회적 가치 – 우리는 사회적 이익 창출을 위해 노력합니다.

48 다음 중 과전법과 그 변화에 대한 설명으로 옳지 않은 것은?

① 수신전, 휼양전을 죽은 관료의 가족에게 지급하였다.
② 공음전을 5품 이상의 관료에게 주어 세습을 허용하였다.
③ 세조 대에 직전법으로 바꾸어 현직 관리에게만 수조권을 지급하였다.
④ 성종 대에는 관수관급제를 실시하여 전주의 직접 수조를 지양하였다.

49 다음 중 1949년에 실시된 농지개혁법 제정에 대한 설명으로 옳지 않은 것은?

① 의도는 지주의 토지 자본을 산업 자본으로 전환하려는 데 있었다.
② 가구당 3정보를 소유 상한으로 국가가 유상 매입하여 농민에게 유상 분배하는 것을 원칙으로 하였다.
③ 지주들이 받은 지가 증권의 현금화가 쉬워 산업 자본 전환에 도움이 되었다.
④ 지주 중심의 토지 소유를 폐지하는 결과를 낳았다.

50 다음 중 독도와 울릉도에 대한 설명으로 옳지 않은 것은?

① 『삼국사기』에 의하면 신라 지증왕 때 이사부가 우산국을 정벌하여 울릉도와 독도를 우리 영토로 편입하였다.
② 『고려사』에는 우산국에서 고려 정부에 토산물을 바친 기록이 수록되어 있다.
③ 조선 숙종 때 안용복은 일본으로 가서 울릉도와 독도가 우리의 영토임을 확인받았다.
④ 일제는 청일전쟁 중 독도를 시마네 현에 편입시켜 일본의 영토로 만들었다.

PART 4

채용 가이드

| 01 | 블라인드 채용

1. 블라인드 채용이란?

채용 과정에서 편견이 개입되어 불합리한 차별을 야기할 수 있는 출신지, 가족관계, 학력, 외모 등의 편견요인은 제외하고, 직무능력만을 평가하여 인재를 채용하는 방식입니다.

2. 블라인드 채용의 필요성

- 채용의 공정성에 대한 사회적 요구
  - 누구에게나 직무능력만으로 경쟁할 수 있는 균등한 고용기회를 제공해야 하나 아직도 채용의 공정성에 대한 불신이 존재
  - 채용상 차별금지에 대한 법적 요건이 권고적 성격에서 처벌을 동반한 의무적 성격으로 강화되는 추세
  - 시민의식과 지원자의 권리의식 성숙으로 차별에 대한 법적 대응 가능성 증가
- 우수 인재 채용을 통한 기업의 경쟁력 강화 필요
  - 직무능력과 무관한 학벌, 외모 위주의 선발로 우수인재 선발기회 상실 및 기업경쟁력 약화
  - 채용 과정에서 차별 없이 직무능력중심으로 선발한 우수인재 확보 필요
- 공정한 채용을 통한 사회적 비용 감소 필요
  - 편견에 의한 차별적 채용은 우수인재 선발을 저해하고 외모·학벌 지상주의 등의 심화로 불필요한 사회적 비용 증가
  - 채용에서의 공정성을 높여 사회의 신뢰수준 제고

3. 블라인드 채용의 특징

편견 요인을 요구하지 않는 대신 직무능력을 평가합니다.

※ 직무능력중심 채용이란?
  기업의 역량기반 채용, NCS기반 능력중심 채용과 같이 직무수행에 필요한 능력과 역량을 평가하여 선발하는 채용방식을 통칭합니다.

4. 블라인드 채용의 평가요소

직무수행에 필요한 지식, 기술, 태도 등을 과학적인 선발기법을 통해 평가합니다.

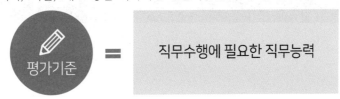

※ 과학적 선발기법이란?
　직무분석을 통해 도출된 평가요소를 서류, 필기, 면접 등을 통해 체계적으로 평가하는 방법으로 입사지원서, 자기소개서, 직무수행능력
　평가, 구조화 면접 등이 해당됩니다.

5. 블라인드 채용 주요 도입 내용

- 입사지원서에 인적사항 요구 금지
  - 인적사항에는 출신지역, 가족관계, 결혼여부, 재산, 취미 및 특기, 종교, 생년월일(연령), 성별, 신장 및 체중, 사진, 전공, 학교명, 학점, 외국어 점수, 추천인 등이 해당
  - 채용 직무를 수행하는 데 있어 반드시 필요하다고 인정될 경우는 제외
    예 특수경비직 채용 시 : 시력, 건강한 신체 요구
    　　연구직 채용 시 : 논문, 학위 요구 등
- 블라인드 면접 실시
  - 면접관에게 응시자의 출신지역, 가족관계, 학교명 등 인적사항 정보 제공 금지
  - 면접관은 응시자의 인적사항에 대한 질문 금지

6. 블라인드 채용 도입의 효과성

- 구성원의 다양성과 창의성이 높아져 기업 경쟁력 강화
  - 편견을 없애고 직무능력 중심으로 선발하므로 다양한 직원 구성 가능
  - 다양한 생각과 의견을 통하여 기업의 창의성이 높아져 기업경쟁력 강화
- 직무에 적합한 인재선발을 통한 이직률 감소 및 만족도 제고
  - 사전에 지원자들에게 구체적이고 상세한 직무요건을 제시함으로써 허수 지원이 낮아지고, 직무에 적합한 지원자 모집 가능
  - 직무에 적합한 인재가 선발되어 직무이해도가 높아져 업무효율 증대 및 만족도 제고
- 채용의 공정성과 기업이미지 제고
  - 블라인드 채용은 사회적 편견을 줄인 선발 방법으로 기업에 대한 사회적 인식 제고
  - 채용과정에서 불합리한 차별을 받지 않고 실력에 의해 공정하게 평가를 받을 것이라는 믿음을 제공하고, 지원자들은 평등한 기회와 공정한 선발과정 경험

| 01 | 채용공고문

1. 채용공고문의 변화

기존 채용공고문	변화된 채용공고문
• 취업준비생에게 불충분하고 불친절한 측면 존재 • 모집분야에 대한 명확한 직무관련 정보 및 평가기준 부재 • 해당분야에 지원하기 위한 취업준비생의 무분별한 스펙 쌓기 현상 발생	• NCS 직무분석에 기반한 채용공고를 토대로 채용전형 진행 • 지원자가 입사 후 수행하게 될 업무에 대한 자세한 정보 공지 • 직무수행내용, 직무수행 시 필요한 능력, 관련된 자격, 직업기초능력 제시 • 지원자가 해당 직무에 필요한 스펙만을 준비할 수 있도록 안내
• 모집 부문 및 응시자격 • 지원서 접수 • 전형절차 • 채용조건 및 처우 • 기타사항	• 채용절차 • 채용유형별 선발분야 및 예정인원 • 전형방법 • 선발분야별 직무기술서 • 우대사항

2. 지원 유의사항 및 지원요건 확인

채용 직무에 따른 세부사항을 공고문에 명시하여 지원자에게 적격한 지원 기회를 부여함과 동시에 채용과정에서의 공정성과 신뢰성을 확보합니다.

구성	내용	확인사항
모집분야 및 규모	고용형태(인턴 계약직 등), 모집분야, 인원, 근무지역 등	채용직무가 여러 개일 경우 본인이 해당되는 직무의 채용규모 확인
응시자격	기본 자격사항, 지원조건	지원을 위한 최소자격요건을 확인하여 불필요한 지원을 예방
우대조건	법정·특별·자격증 가점	본인의 가점 여부를 검토하여 가점 획득을 위한 사항을 사실대로 기재
근무조건 및 보수	고용형태 및 고용기간, 보수, 근무지	본인이 생각하는 기대수준에 부합하는지 확인하여 불필요한 지원을 예방
시험방법	서류·필기·면접전형 등의 활용방안	전형방법 및 세부 평가기법 등을 확인하여 지원전략 준비
전형일정	접수기간, 각 전형 단계별 심사 및 합격자 발표일 등	본인의 지원 스케줄을 검토하여 차질이 없도록 준비
제출서류	입사지원서(경력·경험기술서 등), 각종 증명서 및 자격증 사본 등	지원요건 부합 여부 및 자격 증빙서류 사전에 준비
유의사항	임용취소 등의 규정	임용취소 관련 법적 또는 기관 내부 규정을 검토하여 해당여부 확인

| 02 | 직무기술서

직무기술서란 작무수행의 내용과 필요한 능력, 관련 자격, 직업기초능력 등을 상세히 기재한 것으로 입사 후 수행하게 될 업무에 대한 정보가 수록되어 있는 자료입니다.

1. 채용분야

[설명]

NCS 직무분류 체계에 따라 직무에 대한 「대분류 – 중분류 – 소분류 – 세분류」 체계를 확인할 수 있습니다.
채용직무에 대한 모든 직무기술서를 첨부하게 되며 실제 수행 업무를 기준으로 세부적인 분류정보를 제공합니다.

채용분야	분류체계			
사무행정	대분류	중분류	소분류	세분류
분류코드	02. 경영·회계·사무	03. 재무·회계	01. 재무	01. 예산
				02. 자금
			02. 회계	01. 회계감사
				02. 세무

2. 능력단위

[설명]

직무분류 체계의 세분류 하위능력단위 중 실질적으로 수행할 업무의 능력만 구체적으로 파악할 수 있습니다.

능력단위	(예산)	03. 연간종합예산수립 04. 추정재무제표 작성 05. 확정예산 운영 06. 예산실적 관리
	(자금)	04. 자금운용
	(회계감사)	02. 자금관리 04. 결산관리 05. 회계정보시스템 운용 06. 재무분석 07. 회계감사
	(세무)	02. 결산관리 05. 부가가치세 신고 07. 법인세 신고

3. 직무수행내용

[설명]

세분류 영역의 기본정의를 통해 직무수행내용을 확인할 수 있습니다. 입사 후 수행할 직무내용을 구체적으로 확인할 수 있으며, 이를 통해 입사서류 작성부터 면접까지 직무에 대한 명확한 이해를 바탕으로 자신의 희망직무인지 아닌지, 해당 직무가 자신이 알고 있던 직무가 맞는지 확인할 수 있습니다.

직무수행내용	(예산) 일정기간 예상되는 수익과 비용을 편성, 집행하며 통제하는 일
	(자금) 자금의 계획 수립, 조달, 운용을 하고 발생 가능한 위험 관리 및 성과평가
	(회계감사) 기업 및 조직 내·외부에 있는 의사결정자들이 효율적인 의사결정을 할 수 있도록 유용한 정보를 제공, 제공된 회계정보의 적정성을 파악하는 일
	(세무) 세무는 기업의 활동을 위하여 주어진 세법범위 내에서 조세부담을 최소화시키는 조세전략을 포함하고 정확한 과세소득과 과세표준 및 세액을 산출하여 과세당국에 신고·납부하는 일

4. 직무기술서 예시

태도	(예산) 정확성, 분석적 태도, 논리적 태도, 타 부서와의 협조적 태도, 설득력
	(자금) 분석적 사고력
	(회계 감사) 합리적 태도, 전략적 사고, 정확성, 적극적 협업 태도, 법률준수 태도, 분석적 태도, 신속성, 책임감, 정확한 판단력
	(세무) 규정 준수 의지, 수리적 정확성, 주의 깊은 태도
우대 자격증	공인회계사, 세무사, 컴퓨터활용능력, 변호사, 워드프로세서, 전산회계운용사, 사회조사분석사, 재경관리사, 회계관리 등
직업기초능력	의사소통능력, 문제해결능력, 자원관리능력, 대인관계능력, 정보능력, 조직이해능력

5. 직무기술서 내용별 확인사항

항목	확인사항
모집부문	해당 채용에서 선발하는 부문(분야)명 확인 예 사무행정, 전산, 전기
분류체계	지원하려는 분야의 세부직무군 확인
주요기능 및 역할	지원하려는 기업의 전사적인 기능과 역할, 산업군 확인
능력단위	지원분야의 직무수행에 관련되는 세부업무사항 확인
직무수행내용	지원분야의 직무군에 대한 상세사항 확인
전형방법	지원하려는 기업의 신입사원 선발전형 절차 확인
일반요건	교육사항을 제외한 지원 요건 확인(자격요건, 특수한 경우 연령)
교육요건	교육사항에 대한 지원요건 확인(대졸 / 초대졸 / 고졸 / 전공 요건)
필요지식	지원분야의 업무수행을 위해 요구되는 지식 관련 세부항목 확인
필요기술	지원분야의 업무수행을 위해 요구되는 기술 관련 세부항목 확인
직무수행태도	지원분야의 업무수행을 위해 요구되는 태도 관련 세부항목 확인
직업기초능력	지원분야 또는 지원기업의 조직원으로서 근무하기 위해 필요한 일반적인 능력사항 확인

1. 입사지원서의 변화

기존지원서		능력중심 채용 입사지원서
직무와 관련 없는 학점, 개인신상, 어학점수, 자격, 수상경력 등을 나열하도록 구성	VS	해당 직무수행에 꼭 필요한 정보들을 제시할 수 있도록 구성

직무기술서

직무수행내용

요구지식 / 기술

관련 자격증

사전직무경험

인적사항	성명, 연락처, 지원분야 등 작성(평가 미반영)
교육사항	직무지식과 관련된 학교교육 및 직업교육 작성
자격사항	직무관련 국가공인 또는 민간자격 작성
경력 및 경험사항	조직에 소속되어 일정한 임금을 받거나(경력) 임금 없이(경험) 직무와 관련된 활동 내용 작성

2. 교육사항

- 지원분야 직무와 관련된 학교 교육이나 직업교육 혹은 기타교육 등 직무에 대한 지원자의 학습 여부를 평가하기 위한 항목입니다.
- 지원하고자 하는 직무의 학교 전공교육 이외에 직업교육, 기타교육 등을 기입할 수 있기 때문에 전공 제한 없이 직업교육과 기타교육을 이수하여 지원이 가능하도록 기회를 제공합니다.
  (기타교육 : 학교 이외의 기관에서 개인이 이수한 교육과정 중 지원직무와 관련이 있다고 생각되는 교육내용)

구분	교육과정(과목)명	교육내용	과업(능력단위)

3. 자격사항

- 채용공고 및 직무기술서에 제시되어 있는 자격 현황을 토대로 지원자가 해당 직무를 수행하는 데 필요한 능력을 가지고 있는지를 평가하기 위한 항목입니다.
- 채용공고 및 직무기술서에 기재된 직무관련 필수 또는 우대자격 항목을 확인하여 본인이 보유하고 있는 자격사항을 기재합니다.

자격유형	자격증명	발급기관	취득일자	자격증번호

4. 경력 및 경험사항

- 직무와 관련된 경력이나 경험 여부를 표현하도록 하여 직무와 관련한 능력을 갖추었는지를 평가하기 위한 항목입니다.
- 해당 기업에서 직무를 수행함에 있어 필요한 사항만을 기록하게 되어 있기 때문에 직무와 무관한 스펙을 갖추지 않아도 됩니다.
- 경력 : 금전적 보수를 받고 일정기간 동안 일했던 경우
- 경험 : 금전적 보수를 받지 않고 수행한 활동

※ 기업에 따라 경력 / 경험 관련 증빙자료 요구 가능

구분	조직명	직위 / 역할	활동기간(년 / 월)	주요과업 / 활동내용

> **Tip**
>
> 입사지원서 작성 방법
>
> ○ 경력 및 경험사항 작성
> - 직무기술서에 제시된 지식, 기술, 태도와 지원자의 교육사항, 경력(경험)사항, 자격사항과 연계하여 개인의 직무역량에 대해 스스로 판단 가능
>
> ○ 인적사항 최소화
> - 개인의 인적사항, 학교명, 가족관계 등을 노출하지 않도록 유의
>
> ---
>
> 부적절한 입사지원서 작성 사례
> - 학교 이메일을 기입하여 학교명 노출
> - 거주지 주소에 학교 기숙사 주소를 기입하여 학교명 노출
> - 자기소개서에 부모님이 재직 중인 기업명, 직위, 직업을 기입하여 가족관계 노출
> - 자기소개서에 석·박사 과정에 대한 이야기를 언급하여 학력 노출
> - 동아리 활동에 대한 내용을 학교명과 더불어 언급하여 학교명 노출

| 04 | 자기소개서

1. 자기소개서의 변화

- 기존의 자기소개서는 지원자의 일대기나 관심 분야, 성격의 장·단점 등 개괄적인 사항을 묻는 질문으로 구성되어 지원자가 자신의 직무능력을 제대로 표출하지 못합니다.
- 능력중심 채용의 자기소개서는 직무기술서에 제시된 직업기초능력(또는 직무수행능력)에 대한 지원자의 과거 경험을 기술하게 함으로써 평가 타당도의 확보가 가능합니다.

1. 우리 회사와 해당 지원 직무분야에 지원한 동기에 대해 기술해 주세요.
2. 자신이 경험한 다양한 사회활동에 관해 기술해 주세요.
3. 지원 직무에 대한 전문성을 키우기 위해 받은 교육과 경험 및 경력사항에 대해 기술해 주세요.
4. 인사업무 또는 팀 과제 수행 중 발생한 갈등을 원만하게 해결해 본 경험이 있습니까? 당시 상황에 대한 설명과 갈등의 대상이 되었던 상대방을 설득한 과정 및 방법을 하단에 기술해 주세요.
5. 과거에 있었던 일 중 가장 어려웠던(힘들었었던) 상황을 고르고, 어떤 방법으로 그 상황을 해결했는지를 하단에 기술해 주세요.

Tip

자기소개서 작성 방법

① 자기소개서 문항이 묻고 있는 평가 역량 추측하기

예시

• 팀 활동을 하면서 갈등 상황 시 상대방의 니즈나 의도를 명확히 파악하고 해결하여 목표 달성에 기여했던 경험에 대해서 작성해 주시기 바랍니다.

• 다른 사람이 생각해내지 못했던 문제점을 찾고 이를 해결한 경험에 대해 작성해 주시기 바랍니다.

② 해당 역량을 보여줄 수 있는 소재 찾기(시간×역량 매트릭스)

예시

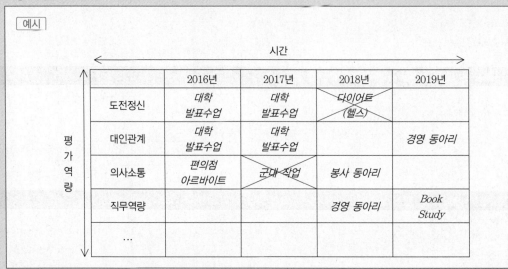

평가역량	2016년	2017년	2018년	2019년
도전정신	*대학 발표수업*	*대학 발표수업*	~~*다이어트 (헬스)*~~	
대인관계	*대학 발표수업*	*대학 발표수업*		*경영 동아리*
의사소통	*편의점 아르바이트*	~~*군대 작업*~~	*봉사 동아리*	
직무역량			*경영 동아리*	*Book Study*
…				

③ 자기소개서 작성 Skill 익히기

• 두괄식으로 작성하기
• 구체적 사례를 사용하기
• '나'를 중심으로 작성하기
• 직무역량 강조하기
• 경험 사례의 차별성 강조하기

| 01 | 인성검사 유형

인성검사는 지원자의 성격특성을 객관적으로 파악하고 그것이 각 기업에서 필요로 하는 인재상과 가치에 부합하는가를 평가하기 위한 검사입니다. 인성검사는 KPDI(한국인재개발진흥원), K-SAD(한국사회적성개발원), KIRBS(한국행동과학연구소), SHR(에스에이치알) 등의 전문기관을 통해 각 기업의 특성에 맞는 검사를 선택하여 실시합니다. 대표적인 인성검사의 유형에는 크게 다음과 같은 세 가지가 있으며, 채용 대행업체에 따라 달라집니다.

1. KPDI 검사

조직적응성과 직무적합성을 알아보기 위한 검사로, 인성검사, 인성역량검사, 인적성검사, 직종별 인적성검사 등의 다양한 검사 도구를 구현합니다. KPDI는 성격을 파악하고 정신건강 상태 등을 측정하고, 직무검사는 해당 직무를 수행하기 위해 기본적으로 갖추어야 할 인지적 능력을 측정합니다. 역량검사는 특정 직무 역할을 효과적으로 수행하는 데 직접적으로 관련 있는 개인의 행동, 지식, 스킬, 가치관 등을 측정합니다.

2. KAD(Korea Aptitude Development) 검사

K-SAD(한국사회적성개발원)에서 실시하는 적성검사 프로그램입니다. 개인의 성향, 지적 능력, 기호, 관심, 흥미도를 종합적으로 분석하여 적성에 맞는 업무가 무엇인가 파악하고, 직무수행에 있어서 요구되는 기초능력과 실무능력을 분석합니다.

3. SHR 직무적성검사

직무수행에 필요한 종합적인 사고 능력을 다양한 적성검사(Paper and Pencil Test)로 평가합니다. SHR의 모든 직무능력검사는 표준화 검사입니다. 표준화 검사는 표본집단의 점수를 기초로 규준이 만들어진 검사이므로 개인의 점수를 규준에 맞추어 해석·비교하는 것이 가능합니다. S(Standardized Tests), H(Hundreds of Version), R(Reliable Norm Data)을 특징으로 하며, 직군·직급별 특성과 선발 수준에 맞추어 검사를 적용할 수 있습니다.

| 02 | 인성검사와 면접

인성검사는 특히 면접질문과 관련성이 높습니다. 면접관은 지원자의 인성검사 결과를 토대로 질문을 하기 때문입니다. 일관적이고 이상적인 답변을 하는 것이 가장 좋지만, 실제 시험은 매우 복잡하여 전문가라 해도 일정 성격을 유지하면서 답변을 하는 것이 힘듭니다. 또한, 인성검사에는 라이 스케일(Lie Scale) 설문이 전체 설문 속에 교묘하게 섞여 들어가 있으므로 겉치레적인 답을 하게 되면 회답태도의 허위성이 그대로 드러나게 됩니다. 예를 들어 '거짓말을 한 적이 한 번도 없다.'에 '예'로 답하고, '때로는 거짓말을 하기도 한다.'에 '예'라고 답하여 라이 스케일의 득점이 올라가게 되면 모든 회답의 신빙성이 사라지고 '자신을 돋보이게 하려는 사람'이라는 평가를 받을 수 있으므로 주의해야 합니다. 따라서 모의테스트를 통해 인성검사의 유형과 실제 시험 시 어떻게 문제를 풀어야 하는지 연습해 보고 체크한 부분 중 자신의 단점과 연결되는 부분은 면접에서 질문이 들어왔을 때 어떻게 대처해야 하는지 생각해 보는 것이 좋습니다.

| 03 | 유의사항

1. 기업의 인재상을 파악하라!

인성검사를 통해 개인의 성격 특성을 파악하고 그것이 기업의 인재상과 가치에 부합하는지를 평가하는 시험이기 때문에 해당 기업의 인재상을 먼저 파악하고 시험에 임하는 것이 좋습니다. 모의테스트에서 인재상에 맞는 가상의 인물을 설정하고 문제에 답해 보는 것도 많은 도움이 됩니다.

2. 일관성 있는 대답을 하라!

짧은 시간 안에 다양한 질문에 답을 해야 하는데, 그 안에는 중복되는 질문이 여러 번 나옵니다. 이때 앞서 자신이 체크했던 대답을 잘 기억해뒀다가 일관성 있는 답을 하는 것이 중요합니다.

3. 모든 문항에 대답하라!

많은 문제를 짧은 시간 안에 풀려다 보니 다 못 푸는 경우도 종종 생깁니다. 하지만 대답을 누락하거나 끝까지 다 못했을 경우 좋지 않은 결과를 가져올 수도 있으니 최대한 주어진 시간 안에 모든 문항에 답할 수 있도록 해야 합니다.

| 04 | KPDI 모의테스트

번호	내용	예	아니오
001	나는 솔직한 편이다.	☐	☐
002	나는 리드하는 것을 좋아한다.	☐	☐
003	법을 어겨서 말썽이 된 적이 한 번도 없다.	☐	☐
004	거짓말을 한 번도 한 적이 없다.	☐	☐
005	나는 눈치가 빠르다.	☐	☐
006	나는 일을 주도하기보다는 뒤에서 지원하는 것을 선호한다.	☐	☐
007	앞일은 알 수 없기 때문에 계획은 필요하지 않다.	☐	☐
008	거짓말도 때로는 방편이라고 생각한다.	☐	☐
009	사람이 많은 술자리를 좋아한다.	☐	☐
010	걱정이 지나치게 많다.	☐	☐
011	일을 시작하기 전 재고하는 경향이 있다.	☐	☐
012	불의를 참지 못한다.	☐	☐
013	처음 만나는 사람과도 이야기를 잘 한다.	☐	☐
014	때로는 변화가 두렵다.	☐	☐
015	나는 모든 사람에게 친절하다.	☐	☐
016	힘든 일이 있을 때 술은 위로가 되지 않는다.	☐	☐
017	결정을 빨리 내리지 못해 손해를 본 경험이 있다.	☐	☐
018	기회를 잡을 준비가 되어 있다.	☐	☐
019	때로는 내가 정말 쓸모없는 사람이라고 느낀다.	☐	☐
020	누군가 나를 챙겨주는 것이 좋다.	☐	☐
021	자주 가슴이 답답하다.	☐	☐
022	나는 내가 자랑스럽다.	☐	☐
023	경험이 중요하다고 생각한다.	☐	☐
024	전자기기를 분해하고 다시 조립하는 것을 좋아한다.	☐	☐
025	감시받고 있다는 느낌이 든다.	☐	☐

026	난처한 상황에 놓이면 그 순간을 피하고 싶다.	☐	☐
027	세상엔 믿을 사람이 없다.	☐	☐
028	잘못을 빨리 인정하는 편이다.	☐	☐
029	지도를 보고 길을 잘 찾아간다.	☐	☐
030	귓속말을 하는 사람을 보면 날 비난하고 있는 것 같다.	☐	☐
031	막무가내라는 말을 들을 때가 있다.	☐	☐
032	장래의 일을 생각하면 불안하다.	☐	☐
033	결과보다 과정이 중요하다고 생각한다.	☐	☐
034	운동은 그다지 할 필요가 없다고 생각한다.	☐	☐
035	새로운 일을 시작할 때 좀처럼 한 발을 떼지 못한다.	☐	☐
036	기분 상하는 일이 있더라도 참는 편이다.	☐	☐
037	업무능력은 성과로 평가받아야 한다고 생각한다.	☐	☐
038	머리가 맑지 못하고 무거운 느낌이 든다.	☐	☐
039	가끔 이상한 소리가 들린다.	☐	☐
040	타인이 내게 자주 고민상담을 하는 편이다.	☐	☐

| 05 | SHR 모의테스트

※ 모의테스트는 질문 및 답변 유형 연습을 위한 것으로 실제 시험과 다를 수 있습니다.

※ 이 성격검사의 각 문항에는 서로 다른 행동을 나타내는 네 개의 문장이 제시되어 있습니다. 이 문장들을 비교하여, 자신의 평소 행동과 가장 가까운 문장을 'ㄱ' 열에 표기하고, 가장 먼 문장을 'ㅁ' 열에 표기하십시오.

01 나는 _____

	ㄱ	ㅁ
A. 실용적인 해결책을 찾는다.	☐	☐
B. 다른 사람을 돕는 것을 좋아한다.	☐	☐
C. 세부 사항을 잘 챙긴다.	☐	☐
D. 상대의 주장에서 허점을 잘 찾는다.	☐	☐

02 나는 _____

	ㄱ	ㅁ
A. 매사에 적극적으로 임한다.	☐	☐
B. 즉흥적인 편이다.	☐	☐
C. 관찰력이 있다.	☐	☐
D. 임기응변에 강하다.	☐	☐

03 나는 _____

	ㄱ	ㅁ
A. 무서운 영화를 잘 본다.	☐	☐
B. 조용한 곳이 좋다.	☐	☐
C. 가끔 울고 싶다.	☐	☐
D. 집중력이 좋다.	☐	☐

04 나는 _____

	ㄱ	ㅁ
A. 기계를 조립하는 것을 좋아한다.	☐	☐
B. 집단에서 리드하는 역할을 맡는다.	☐	☐
C. 호기심이 많다.	☐	☐
D. 음악을 듣는 것을 좋아한다.	☐	☐

05 나는 _____

	ㄱ	ㅁ
A. 타인을 늘 배려한다.	☐	☐
B. 감수성이 예민하다.	☐	☐
C. 즐겨하는 운동이 있다.	☐	☐
D. 일을 시작하기 전에 계획을 세운다.	☐	☐

06 나는 _____

	ㄱ	ㅁ
A. 타인에게 설명하는 것을 좋아한다.	☐	☐
B. 여행을 좋아한다.	☐	☐
C. 정적인 것이 좋다.	☐	☐
D. 남을 돕는 것에 보람을 느낀다.	☐	☐

07 나는 _____

	ㄱ	ㅁ
A. 기계를 능숙하게 다룬다.	☐	☐
B. 밤에 잠이 잘 오지 않는다.	☐	☐
C. 한 번 간 길을 잘 기억한다.	☐	☐
D. 불의를 보면 참을 수 없다.	☐	☐

08 나는 _____

	ㄱ	ㅁ
A. 종일 말을 하지 않을 때가 있다.	☐	☐
B. 사람이 많은 곳을 좋아한다.	☐	☐
C. 술을 좋아한다.	☐	☐
D. 휴양지에서 편하게 쉬고 싶다.	☐	☐

09 나는 _____

	ㄱ	ㅁ
A. 뉴스보다는 드라마를 좋아한다.	☐	☐
B. 길을 잘 찾는다.	☐	☐
C. 주말엔 집에서 쉬는 것이 좋다.	☐	☐
D. 아침에 일어나는 것이 힘들다.	☐	☐

10 나는 _____

	ㄱ	ㅁ
A. 이성적이다.	☐	☐
B. 할 일을 종종 미룬다.	☐	☐
C. 어른을 대하는 게 힘들다.	☐	☐
D. 불을 보면 매혹을 느낀다.	☐	☐

11 나는 _____

	ㄱ	ㅁ
A. 상상력이 풍부하다.	☐	☐
B. 예의 바르다는 소리를 자주 듣는다.	☐	☐
C. 사람들 앞에 서면 긴장한다.	☐	☐
D. 친구를 자주 만난다.	☐	☐

12 나는 _____

	ㄱ	ㅁ
A. 나만의 스트레스 해소 방법이 있다.	☐	☐
B. 친구가 많다.	☐	☐
C. 책을 자주 읽는다.	☐	☐
D. 활동적이다.	☐	☐

CHAPTER 04 면접전형 가이드

| 01 | 면접유형 파악

1. 면접전형의 변화

기존 면접전형에서는 일상적이고 단편적인 대화나 지원자의 첫인상 및 면접관의 주관적인 판단 등에 의해서 입사 결정 여부를 판단하는 경우가 많았습니다. 이러한 면접전형은 면접 내용의 일관성이 결여되거나 식무 관련 타당성이 부족하였고, 면접에 대한 신뢰도에 영향을 주었습니다.

기존 면접(전통적 면접)		능력중심 채용 면접(구조화 면접)
• 일상적이고 단편적인 대화 • 인상, 외모 등 외부 요소의 영향 • 주관적인 판단에 의존한 총점 부여 ⇩ • 면접 내용의 일관성 결여 • 직무관련 타당성 부족 • 주관적인 채점으로 신뢰도 저하	VS	• 일관성 – 직무관련 역량에 초점을 둔 구체적 질문 목록 – 지원자별 동일 질문 적용 • 구조화 – 면접 진행 및 평가 절차를 일정한 체계에 의해 구성 • 표준화 – 평가 타당도 제고를 위한 평가 Matrix 구성 – 척도에 따라 항목별 채점, 개인 간 비교 • 신뢰성 – 면접진행 매뉴얼에 따라 면접위원 교육 및 실습

2. 능력중심 채용의 면접 유형

① 경험 면접
- 목적 : 선발하고자 하는 직무 능력이 필요한 과거 경험을 질문합니다.
- 평가요소 : 직업기초능력과 인성 및 태도적 요소를 평가합니다.

② 상황 면접
- 목적 : 특정 상황을 제시하고 지원자의 행동을 관찰함으로써 실제 상황의 행동을 예상합니다.
- 평가요소 : 직업기초능력과 인성 및 태도적 요소를 평가합니다.

③ 발표 면접
- 목적 : 특정 주제와 관련된 지원자의 발표와 질의응답을 통해 지원자 역량을 평가합니다.
- 평가요소 : 직무수행능력과 인지적 역량(문제해결능력)을 평가합니다.

④ 토론 면접
- 목적 : 토의과제에 대한 의견수렴 과정에서 지원자의 역량과 상호작용능력을 평가합니다.
- 평가요소 : 직무수행능력과 팀워크를 평가합니다.

1. 경험 면접

① 경험 면접의 특징

• 주로 직업기초능력에 관련된 지원자의 과거 경험을 심층 질문하여 검증하는 면접입니다.

• 능력요소, 정의, 심사 기준
  – 평가하고자 하는 능력요소, 정의, 심사기준을 확인하여 면접위원이 해당 능력요소 관련 질문을 제시합니다.
• Opening Question
  – 능력요소에 관련된 과거 경험을 유도하기 위한 시작 질문을 합니다.
• Follow-up Question
  – 지원자의 경험 수준을 구체적으로 검증하기 위한 질문입니다.
  – 경험 수준 검증을 위한 상황(Situation), 임무(Task), 역할 및 노력(Action), 결과(Result) 등으로 질문을 구분합니다.

경험 면접의 형태

[면접관 1] [면접관 2] [면접관 3]   [면접관 1] [면접관 2] [면접관 3]

[지원자]   [지원자 1] [지원자 2] [지원자 3]

〈일대다 면접〉   〈다대다 면접〉

• 직무능력과 관련된 과거 경험을 평가하기 위해 심층 질문을 하며, 이 질문은 지원자의 답변에 대하여 '꼬리에 꼬리를 무는 형식'으로 진행됩니다.

② 경험 면접의 구조

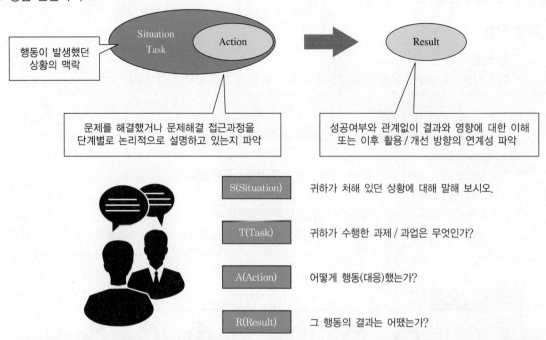

S(Situation)   귀하가 처해 있던 상황에 대해 말해 보시오.

T(Task)   귀하가 수행한 과제 / 과업은 무엇인가?

A(Action)   어떻게 행동(대응)했는가?

R(Result)   그 행동의 결과는 어땠는가?

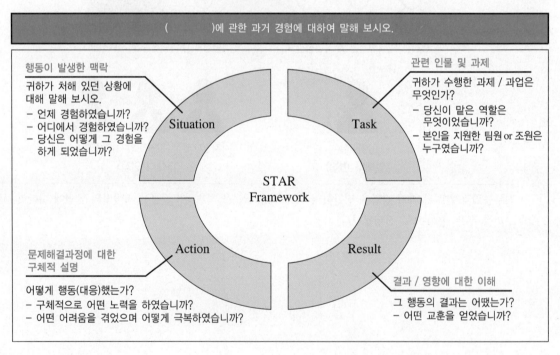

③ 경험 면접 질문 예시(직업윤리)

시작 질문	
1	남들이 신경 쓰지 않는 부분까지 고려하여 절차대로 업무(연구)를 수행하여 성과를 낸 경험을 구체적으로 말해 보시오.
2	조직의 원칙과 절차를 철저히 준수하며 업무(연구)를 수행한 것 중 성과를 향상시킨 경험에 대해 구체적으로 말해 보시오.
3	세부적인 절차와 규칙에 주의를 기울여 실수 없이 업무(연구)를 마무리한 경험을 구체적으로 말해 보시오.
4	조직의 규칙이나 원칙을 고려하여 성실하게 일했던 경험을 구체적으로 말해 보시오.
5	타인의 실수를 바로잡고 원칙과 절차대로 수행하여 성공적으로 업무를 마무리하였던 경험에 대해 말해 보시오.

후속 질문		
상황 (Situation)	상황	구체적으로 언제, 어디에서 경험한 일인가?
		어떤 상황이었는가?
	조직	어떤 조직에 속해 있었는가?
		그 조직의 특성은 무엇이었는가?
		몇 명으로 구성된 조직이었는가?
	기간	해당 조직에서 얼마나 일했는가?
		해당 업무는 몇 개월 동안 지속되었는가?
	조직규칙	조직의 원칙이나 규칙은 무엇이었는가?
임무 (Task)	과제	과제의 목표는 무엇이었는가?
		과제에 적용되는 조직의 원칙은 무엇이었는가?
		그 규칙을 지켜야 하는 이유는 무엇이었는가?
	역할	당신이 조직에서 맡은 역할은 무엇이었는가?
		과제에서 맡은 역할은 무엇이었는가?
	문제의식	규칙을 지키지 않을 경우 생기는 문제점 / 불편함은 무엇인가?
		해당 규칙이 왜 중요하다고 생각하였는가?
역할 및 노력 (Action)	행동	업무 과정의 어떤 장면에서 규칙을 철저히 준수하였는가?
		어떻게 규정을 적용시켜 업무를 수행하였는가?
		규정은 준수하는 데 어려움은 없었는가?
	노력	그 규칙을 지키기 위해 스스로 어떤 노력을 기울였는가?
		본인의 생각이나 태도에 어떤 변화가 있었는가?
		다른 사람들은 어떤 노력을 기울였는가?
	동료관계	동료들은 규칙을 철저히 준수하고 있었는가?
		팀원들은 해당 규칙에 대해 어떻게 반응하였는가?
		규칙에 대한 태도를 개선하기 위해 어떤 노력을 하였는가?
		팀원들의 태도는 당신에게 어떤 자극을 주었는가?
	업무추진	주어진 업무를 추진하는 데 규칙이 방해되진 않았는가?
		업무수행 과정에서 규정을 어떻게 적용하였는가?
		업무 시 규정을 준수해야 한다고 생각한 이유는 무엇인가?

		규칙을 어느 정도나 준수하였는가?
		그렇게 준수할 수 있었던 이유는 무엇이었는가?
	평가	업무의 성과는 어느 정도였는가?
		성과에 만족하였는가?
결과		비슷한 상황이 온다면 어떻게 할 것인가?
(Result)		주변 사람들로부터 어떤 평가를 받았는가?
	피드백	그러한 평가에 만족하는가?
		다른 사람에게 본인의 행동이 영향을 주었다고 생각하는가?
	교훈	업무수행 과정에서 중요한 점은 무엇이라고 생각하는가?
		이 경험을 통해 느낀 바는 무엇인가?

2. 상황 면접

① 상황 면접의 특징

직무 관련 상황을 가정하여 제시하고 이에 대한 대응능력을 직무관련성 측면에서 평가하는 면접입니다.

- 상황 면접 과제의 구성은 크게 2가지로 구분
  - 상황 제시(Description) / 문제 제시(Question or Problem)
- 현장의 실제 업무 상황을 반영하여 과제를 제시하므로 직무분석이나 직무전문가 워크숍 등을 거쳐 현장성을 높임
- 문제는 상황에 대한 기본적인 이해능력(이론적 지식)과 함께 실질적 대응이나 변수 고려능력(실천적 능력) 등을 고르게 질문해야 함

상황 면접의 형태

[면접관 1] [면접관 2]

[연기자 1] [연기자 2]　　　　　　　　　[면접관 1] [면접관 2]

[지원자]　　　　　　　　　　　[지원자 1] [지원자 2] [지원자 3]

〈시뮬레이션〉　　　　　　　　　　〈문답형〉

② 상황 면접 예시

상황 제시	인천공항 여객터미널 내에는 다양한 용도의 시설(사무실, 통신실, 식당, 전산실, 창고 면세점 등)이 설치되어 있습니다.	실제 업무 상황에 기반함
	금년에 소방배관의 누수가 잦아 메인 배관을 교체하는 공사를 추진하고 있으며, 당신은 이번 공사의 담당자입니다.	배경 정보
	주간에는 공항 운영이 이루어져 주로 야간에만 배관 교체 공사를 수행하던 중, 시공하는 기능공의 실수로 배관 연결 부위를 잘못 건드려 고압배관의 소화수가 누출되는 사고가 발생하였으며, 이로 인해 인근 시설물에 누수에 의한 피해가 발생하였습니다.	구체적인 문제 상황
문제 제시	일반적인 소방배관의 배관연결(이음)방식과 배관의 이탈(누수)이 발생하는 원인에 대해 설명해 보시오.	문제 상황 해결을 위한 기본 지식 문항
	담당자로서 본 사고를 현장에서 긴급히 처리하는 프로세스를 제시하고, 보수완료 후 사후적 조치가 필요한 부분 및 재발방지 방안에 대해 설명해 보시오.	문제 상황 해결을 위한 추가 대응 문항

3. 발표 면접

① 발표 면접의 특징

- 직무관련 주제에 대한 지원자의 생각을 정리하여 의견을 제시하고, 발표 및 질의응답을 통해 지원자의 직무 능력을 평가하는 면접입니다.
- 발표 주제는 직무와 관련된 자료로 제공되며, 일정 시간 후 지원자가 보유한 지식 및 방안에 대한 발표 및 후속 질문을 통해 직무적합성을 평가합니다.

- 주요 평가요소
  - 설득적 말하기 / 발표능력 / 문제해결능력 / 직무관련 전문성
- 이미 언론을 통해 공론화된 시사 이슈보다는 해당 직무분야에 관련된 주제가 발표면접의 과제로 선정되는 경우가 최근 들어 늘어나고 있음
- 짧은 시간 동안 주어진 과제를 빠른 속도로 분석하여 발표문을 작성하고 제한된 시간 안에 면접관에게 효과적인 발표를 진행하는 것이 핵심

발표 면접의 형태

[면접관 1] [면접관 2]   [면접관 1] [면접관 2]

[지원자]   [지원자 1] [지원자 2] [지원자 3]

〈개별과제 발표〉   〈팀 과제 발표〉

※ 면접관에게 시각적 효과를 사용하여 메시지를 전달하는 쌍방향 커뮤니케이션 방식
※ 심층면접을 보완하기 위한 방안으로 최근 많은 기업에서 적극 도입하는 추세

② 발표 면접 예시

1. 지시문

당신은 현재 A사에서 직원들의 성과평가를 담당하고 있는 팀원이다. 인사팀은 지난주부터 사내 조직문화관련 인터뷰를 하던 도중 성과평가제도에 관련된 개선 니즈가 제일 많다는 것을 알게 되었다. 이에 팀장님은 인터뷰 결과를 종합하려 성과평가제도 개선 아이디어를 A4용지에 정리하여 신속 보고할 것을 지시하셨다. 당신에게 남은 시간은 1시간이다. 자료를 준비하는 대로 당신은 팀원들이 모인 회의실에서 5분 간 발표할 것이며, 이후 질의응답을 진행할 것이다.

2. 배경자료

〈성과평가제도 개선에 대한 인터뷰〉

최근 A사는 회사 사세의 급성장으로 인해 작년보다 매출이 두 배 성장하였고, 직원 수 또한 두 배로 증가하였다. 회사의 성장은 임금, 복지에 내한 상승 등 긍정적인 영향을 주었으나 업무의 불균형 및 성과보상의 불평등 문제가 발생하였다. 또한 수시로 입사하는 신입직원과 경력직원, 퇴사하는 직원들까지 인원들의 잦은 변동으로 인해 평가해야 할 대상이 변경되어 현재의 성과평가제도로는 공정한 평가가 어려운 상황이다.

[생산부서 김상호]
우리 팀은 지난 1년 동안 생산량이 급증했기 때문에 수십 명의 신규인력이 급하게 채용되었습니다. 이 때문에 저희 팀장님은 신규 입사자들의 이름조차 기억 못할 때가 많이 있습니다. 성과평가를 제대로 하고 있는지 의문이 듭니다.

[마케팅 부서 김흥민]
개인의 성과평가의 취지는 충분히 이해합니다. 그러나 현재 평가는 실적기반이나 정성적인 평가가 많이 포함되어 있어 객관성과 공정성에는 의문이 드는 것이 사실입니다. 이러한 상황에서 평가제도를 재수립하지 않고, 인센티브에 계속 반영한다면, 평가제도에 대한 반감이 커질 것이 분명합니다.

[교육부서 홍경민]
현재 교육부서는 인사팀과 밀접하게 일하고 있습니다. 그럼에도 인사팀에서 실시하는 성과평가제도에 대한 이해가 부족한 것 같습니다.

[기획부서 김경호 차장]
저는 저의 평가자 중 하나가 연구부서의 팀장님인데, 일 년에 몇 번 같이 일하지 않는데 어떻게 저를 평가할 수 있을까요? 특히 연구팀은 저희가 예산을 배정하는데, 저에게는 좋지만….

4. 토론 면접

① 토론 면접의 특징

- 다수의 지원자가 조를 편성해 과제에 대한 토론(토의)을 통해 결론을 도출해가는 면접입니다.
- 의사소통능력, 팀워크, 종합인성 등의 평가에 용이합니다.

> 1. 주요 평가요소
>   - 설득적 말하기, 경청능력, 팀워크, 종합인성
> 2. 의견 대립이 명확한 주제 또는 채용분야의 직무 관련 주요 현안을 주제로 과제 구성
> 3. 제한된 시간 내 토론을 진행해야 하므로 적극적으로 자신 있게 토론에 임하고 본인의 의견을 개진할 수 있어야 함

토론 면접의 형태

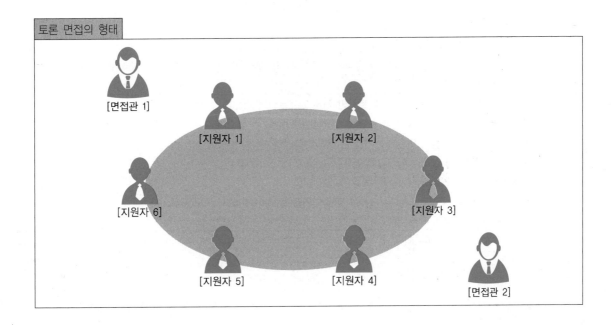

② 토론 면접 예시

고객 불만 고충처리

1. 들어가며

최근 우리 상품에 대한 고객 불만의 증가로 고객고충처리 TF가 만들어졌고 당신은 여기에 지원해 배치받았다. 당신의 업무는 불만을 가진 고객을 만나서 애로사항을 듣고 처리해 주는 일이다. 주된 업무로는 고객의 니즈를 파악해 방향성을 제시해 주고 그 해결책을 마련하는 일이다. 하지만 경우에 따라서 고객의 주관적인 의견으로 인해 제대로 된 방향으로 의사결정을 하지 못할 때가 있다. 이럴 경우 설득이나 논쟁을 해서라도 의견을 관철시키는 것이 좋을지 아니면 고객의 의견대로 진행하는 것이 좋을지 결정해야 할 때가 있다. 만약 당신이라면 이러한 상황에서 어떤 결정을 내릴 것인지 여부를 자유롭게 토론해 보시오.

2. 1분 자유 발언 시 준비사항

• 당신은 의견을 자유롭게 개진할 수 있으며 이에 따른 불이익은 없습니다.

• 토론의 방향성을 이해하고, 내용의 장점과 단점이 무엇인지 문제를 명확히 말해야 합니다.

• 합리적인 근거에 기초하여 개선방안을 명확히 제시해야 합니다.

• 제시한 방안을 실행 시 예상되는 긍정적 · 부정적 영향요인도 동시에 고려할 필요가 있습니다.

3. 토론 시 유의사항

• 토론 주제문과 제공해드린 메모지, 볼펜만 가지고 토론장에 입장할 수 있습니다.

• 사회자의 지정 또는 발표자가 손을 들어 발언권을 획득할 수 있으며, 사회자의 통제에 따릅니다.

• 토론회가 시작되면, 팀의 의견과 논거를 정리하여 1분간의 자유발언을 할 수 있습니다. 순서는 사회자가 지정합니다. 이후에는 자유롭게 상대방에게 질문하거나 답변을 하실 수 있습니다.

• 핸드폰, 서적 등 외부 매체는 사용하실 수 없습니다.

• 논제에 벗어나는 발언이나 지나치게 공격적인 발언을 할 경우, 위에서 제시한 유의사항을 지키지 않을 경우 불이익을 받을 수 있습니다.

| 03 | 면접 Role Play

1. 면접 Role Play 편성

- 교육생끼리 조를 편성하여 면접관과 지원자 역할을 교대로 진행합니다.
- 지원자 입장과 면접관 입장을 모두 경험해 보면서 면접에 대한 적응력을 높일 수 있습니다.

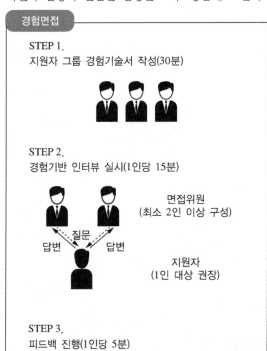

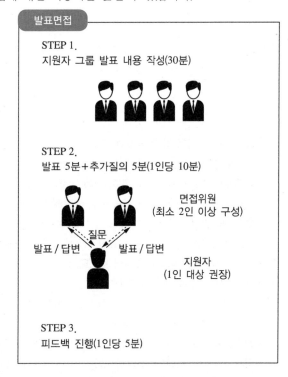

Tip

면접 준비하기

1. 면접 유형 확인 필수
   - 기업마다 면접 유형이 상이하기 때문에 해당 기업의 면접 유형을 확인하는 것이 좋음
   - 일반적으로 실무진 면접, 임원면접 2차례를 거쳐 면접을 실시하는 기업이 많고 실무진 면접과 임원 면접에서 평가 요소가 다르기 때문에 유형에 맞는 준비방법이 필요
2. 후속 질문에 대한 사전 점검
   - 블라인드 채용 면접에서는 주요 질문과 함께 후속 질문을 통해 지원자의 직무능력을 판단
   → STAR 기법을 통한 후속 질문을 미리 대비하는 것이 필요

한국전력공사 송·배전담당의 면접전형은 3차 전형에서 진행된다. 전문성, 경력, 직무적합도, 인성 등을 종합평가하는 방식으로, 실기전형에서 2배수를 선발하여 진행된다.

> ● 기출 엿보기 ●

- 최근의 공사 사업 및 언론 이슈에 대해 말해 보시오. [2022년]
- 전기료 인상에 대한 자신의 생각을 말해 보시오. [2022년]
- 직류송전과 교류송전의 차이점에 대해 말해 보시오. [2022년]
- 효율적인 송·배전을 위한 기술에 대해 말해 보시오. [2022년]
- 고장전류 발생 시 해결 방법에 대해 말해 보시오. [2022년]
- 안전한 근무를 위해 반드시 필요한 자세는 무엇인지 말해 보시오. [2022년]
- 1분간 자기 자신에 대해 소개해 보시오. [2022년]
- 안전하게 작업하려면 어떻게 해야 하는가?
- 주상 작업 시 현장 도착에서부터의 안전요령에 대해 설명해 보시오.
- 본인이 생각하는 안전에 대해 말해 보시오.
- 한국전력공사에서 원하는 인재상과 본인이 다를 경우 어떻게 할 것인가?
- 입사 후 가장 유용하게 쓰일 수 있는 본인의 능력을 말해 보시오.
- 배전 업무에 가장 필요한 능력은 무엇이라고 생각하는가?
- 한국전력공사에 지원하면서 어떤 역량을 쌓아왔는지 말해 보시오.
- 본인의 전공이 한국전력공사의 직무에 어떻게 연관되는지 말해 보시오.
- 현재 한국전력공사가 당면한 문제와 본인이 기여할 수 있는 점에 대해 말해 보시오.
- 한국전력공사가 추진하는 신재생 에너지 사업에 대해 설명해 보시오.
- 접지에 대해 설명해 보시오.
- 본인의 분석력이 어떻다고 생각하는지 말해 보시오.
- 좋은 리더는 무엇이라고 생각하는지 말해 보시오.
- 회식에 가기 싫어하는 동료가 있다면 어떻게 할 것인가?
- 한국전력공사에서 받고 싶은 가치와 한국전력공사에 주고 싶은 자신의 가치는 무엇인지 말해 보시오.
- 입사 후 자기 주도적으로 일할 수 없는 상황일 때 어떻게 할 것인가?
- 실패 가능성이 있거나 불확실한 일을 한 경험과 그 결과를 말해 보시오.
- 송·배전 중 가고 싶은 부서는 어느 곳인가?
- 배전가공 중 어떤 것이 자신 있는가?
- 배전가공 중 어떤 어려움이 있었는가?
- 배전담당 채용에 응시하기 위해 어떠한 노력을 했는가?

- 본인의 업무 스타일에서 신속과 정확이 차지하는 비율은 무엇인가?
- 한국전력공사에 대해 어떻게 생각하는지 말해 보시오.
- 팀워크를 통해 난관을 헤쳐 나간 경험을 말해 보시오.
- 시설 순시 중 까치집을 발견했을 때 혼자서 작업이 가능하겠는가?
- 까다로운 민원인 응대를 해 본 경험을 말해 보시오.
- 본인과 일하고 싶어 했던 동료와 일하기 싫어했던 동료에 대해 말해 보시오.
- 애자의 종류와 목적에 대해 설명해 보시오.
- 10년 후 어떻게 성장할 것인가?
- 기업은 성과 위주로 돌아간다. 적은 노력을 통해 성과를 올린 경험을 말해 보시오.
- 전주 시설 순서에 대해 설명해 보시오.
- 배전표준전압이 어떻게 되는가?
- 직장생활을 함에 있어 가장 싫은 일은 무엇이라고 생각하는가?
- 배전담당 직원으로서 가져야 할 가장 중요한 자세와 경계해야 할 자세는 무엇인가?
- 마지막으로 하고 싶은 말을 해 보시오.
- 직장을 다니며 힘들었던 점과 이를 극복하게 된 계기를 말해 보시오.
- 낙뢰, 외뢰 등으로 이상전압 현상 발생 시 어떻게 대처할 것인가?
- 고압을 다루면서 안전하게 작업할 수 있는 방법은 무엇인가?
- 시설관리 업무에 있어 수변전실에 CB가 트립되어 COS가 차단되었을 때 조치사항은 무엇인가?
- 대외활동을 하며 실패한 경험과 그 교훈을 말해 보시오.
- 좌절했던 경험에 대해 말해 보시오.
- 배전지능화에 대해 설명해 보시오.
- 전기자동차의 급속충전과 완속충전을 비교 설명해 보시오.
- 리더가 된 경험을 말해 보시오.
- (탈락 후 재지원자) 처음에 왜 떨어졌다고 생각하며, 이번에도 떨어진다면 본인에게 부족한 점이 무엇이라고 생각하는가?
- 본인의 장점 1가지, 단점 3가지를 말해 보시오.
- 변압기의 작동 원리에 대해 설명해 보시오.
- 배전담당 업무에 대해 아는 대로 말해 보시오.
- 신재생 에너지에 대해 아는 대로 말해 보시오.
- 변압기의 기계적 보호장치에 대해 설명해 보시오.
- 신재생 에너지와 관련하여 한국전력공사가 나아가야 할 방향을 말해 보시오.
- 한국전력공사가 현재 진행하고 있는 사업 외에 방향성에 대한 본인의 생각을 말해 보시오.
- 다시 선택할 수 있다면 어떤 전공 또는 어떤 직무의 일을 하고 싶은지 말해 보시오.
- 가장 최근에 접한 한국전력공사 관련 뉴스는 어떤 것인지 말해 보시오.
- 한국전력공사에 입사하게 되면 어느 부서에서 일하고 싶은지, 그 이유는 무엇인지 말해 보시오.
- 직무수행으로 다른 장소로 운전 중일 때, 약속된 업무 수행시간에 늦을 것 같다면 어떻게 대처할 것인가?
- 가장 열정적으로 임했던 경험을 말해 보시오.
- 한국전력공사 면접을 준비하면서 어떤 자료를 참고했는지 말해 보시오.
- 상사와 동료의 의견이 다르다면 어떻게 대처할 것인가?
- 본인은 리더형 인재인가, 팔로우형 인재인가?

- 상사가 부당한 일을 하고 있다는 것을 뒤늦게 알았을 때 어떻게 대응할 것인가?
- 피뢰기의 접지 방법에 대해 설명해 보시오.
- 주상 작업자와 지상 작업자 중 누가 더 중요하다고 생각하는가?
- 작업 중 지상 작업자가 가져야 할 중요한 자세는 무엇인가?
- 3상 변압기의 단선을 어떻게 찾고 처리해야 하는가?
- 새로운 방법으로 문제를 해결한 경험을 말해 보시오.
- 사람을 대할 때 무엇을 가장 중요하게 생각하는지 말해 보시오.
- 피뢰기의 정의와 구비조건, 설치개소에 대해 말해 보시오.
- 피뢰기에 대해 설명해 보시오.
- 제한전압에 대해 설명해 보시오.
- 타인과의 갈등 상황이 발생했을 때, 본인만의 헤결 방안이 있는가?
- 징확성과 신속성 중 무엇을 더 중요하게 생각하는지 말해 보시오.
- 본인의 좌우명을 말해 보시오.
- 최근의 시사 이슈를 한 가지를 제시하고, 그에 대한 본인의 생각을 말해 보시오.
- 최근에 겪은 변화에 대하여 말해 보시오.
- 팀 프로젝트에 적극적으로 참여한 것 같은데, 적극성과 신중함 중 어느 쪽에 가깝게 프로젝트를 진행했는가?
- 한국전력공사가 추구하는 가치가 무엇인지 말해 보시오.
- 개인주의와 이기주의의 차이점을 설명하고, 이 두 가지를 조직에 어떻게 적용할 수 있을지 말해 보시오.

현재 나의 실력을 객관적으로 파악해 보자!

모바일 OMR
답안채점 / 성적분석 서비스

도서에 수록된 모의고사에 대한 객관적인 결과(정답률, 순위)를 종합적으로 분석하여 제공합니다.

OMR 입력

성적분석

채점결과

※OMR 답안채점 / 성적분석 서비스는 등록 후 30일간 사용 가능합니다.

참여 방법

도서 내 모의고사 우측 상단에 위치한 QR코드 찍기 → 로그인 하기 → '시작하기' 클릭 → '응시하기' 클릭 → 나의 답안을 모바일 OMR 카드에 입력 → '성적분석 & 채점결과' 클릭 → 현재 내 실력 확인하기

2023 최신판

합격공략

모바일 OMR
답안채점 / 성적분석
서비스

[합격시대]
온라인 모의고사
무료쿠폰

[WiN시대로]
AI면접
무료쿠폰

본 도서는 항균잉크로
인쇄하였습니다.

▲합격의 모든 것!

직무능력 + 상식 + 모의고사 4회 + 무료한국사특강

한국전력공사 송·배전 담당(가)

정답 및 해설

SD에듀
(주)시대고시기획

Add+ 특별부록

정답 및 해설

 도서 관련 최신 정보 및 정오사항이 있는지
우측 QR을 통해 확인해 보세요!

01	02	03	04	05	06	07	08	09	10	11	12	13	14	15	16	17	18	19	20
③	①	②	①	①	⑤	②	④	③	①	②	③	④	①	④	③	②	①	④	④
21	22	23	24	25	26	27	28	29	30										
③	③	①	②	①	④	①	③	④	②										

01
정답 ③

복도체를 사용하게 되면 선로의 허용전류 및 송전용량이 증가한다.

복도체의 특징
- 코로나 방지에 가장 효과적인 방법이다.
- 전선표면의 전위경도가 감소한다.
- 선로의 허용전류 및 송전용량이 증가한다.
- 코로나 임계전압이 증가한다.
- 인덕턴스는 감소하고 정전용량은 증가한다.

02
정답 ①

지선에 연선을 사용할 경우에는 소선 3가닥 이상의 연선이어야 한다.

오답분석
② 지선의 안전율은 2.5 이상일 것
③ 지중 부분 및 지표상 30cm까지의 부분은 내식성 또는 아연도금 철봉을 사용할 것
④ 지선의 허용 인장하중의 최저는 4.31kN일 것
⑤ 도로를 횡단하여 시설하는 지선의 높이는 지표상 5m 이상으로 할 것

KEC 331.11(지선의 시설)
- 지선의 안전율은 2.5 이상일 것(허용 인장하중의 최저는 4.31kN)
- 지선에 연선을 사용할 경우 소선수 3가닥 이상일 것
- 지선에 연선을 사용할 경우 소선의 지름이 2.6mm 이상의 금속선을 사용한 것일 것
- 지중 부분 및 지표상 0.3m까지의 부분은 내식성 또는 아연도금 철봉을 사용하고 쉽게 부식되지 아니하는 근가에 견고하게 붙일 것. 다만, 목주에 시설하는 지선에 대해서는 적용하지 않는다.
- 도로를 횡단하는 지선의 높이는 지표상 5m 이상으로 한다. 다만, 기술상 부득이한 경우로서 교통에 지장을 초래할 우려가 없는 경우에는 지표상 4.5m 이상, 보도의 경우에는 2.5m 이상으로 할 수 있다.

03
정답 ②

교류기 철심재료는 잔류 자속 밀도 및 보자력이 작아서 히스테리시스손이 작아야 좋지만, 영구자석 재료는 보자력 및 잔류 자속 밀도가 모두 커야 한다.

04
정답 ①

무한장 직선전류에 의한 자계의 세기 $H = \dfrac{I}{2\pi r}$ AT/m이므로 거리에 대하여 반비례하므로 쌍곡선의 형태로 감소한다.

05
정답 ①

이도 $D = \dfrac{WS^2}{8T} = \dfrac{20 \times 200^2}{8 \times \dfrac{50,000}{2}} = 4\text{m}$

06
정답 ⑤

주자속 분포를 찌그러뜨려 중성축을 이동시킨다.

전기자 반작용의 영향
- 코일이 자극의 중심축에 있을 때도 브러시 사이에 전압을 유기시켜 불꽃을 발생시킨다.
- 직류 전압이 감소한다.
- 자기저항을 크게 한다.
- 주자속을 감속시켜 유도 전압을 감소시킨다.
- 주자속 분포를 찌그러뜨려 중성축을 이동시킨다.

07
정답 ②

전력용 콘덴서의 용량

$\begin{aligned}
Q_C &= P(\tan\theta_1 - \tan\theta_2) \\
&= P\left(\dfrac{\sqrt{1-\cos^2\theta_1}}{\cos\theta_1} - \dfrac{\sqrt{1-\cos^2\theta_2}}{\cos\theta_2} \right) \\
&= 3,000 \times \left(\dfrac{\sqrt{1-0.75^2}}{0.75} - \dfrac{\sqrt{1-0.93^2}}{0.93} \right) \\
&\fallingdotseq 1,460\text{kVA}
\end{aligned}$

08
정답 ④

무한장 직선 도체에 의한 자계의 세기 $H = \dfrac{I}{2\pi r}$ AT/m이고, 자계는 $H \propto \dfrac{1}{r}$ 이므로 $H_1 = 150$, $r_1 = 0.1$일 때,

$r_2 = 0.3$에 대한 $H_2 = \dfrac{r_1}{r_2} H_1 = \dfrac{0.1}{0.3} \times 150 = 50\text{AT/m}$이다.

09

전력용 콘덴서의 용량

$Q_C = P(\tan\theta_1 - \tan\theta_2)$

$\quad = P_a\cos\theta_1\left(\dfrac{\sqrt{1-\cos^2\theta_1}}{\cos\theta_1} - \dfrac{\sqrt{1-\cos^2\theta_2}}{\cos\theta_2}\right)$

$\quad = 200\times0.8\left(\dfrac{\sqrt{1-0.8^2}}{0.5} - \dfrac{\sqrt{1-0.95^2}}{0.95}\right)$

$\quad \fallingdotseq 67\text{kVA}$

10

물질(매질)의 종류와 관계없이 전하량만큼만 발생한다.

> **전속 및 전속밀도**
> 전기력선의 묶음을 말하며 전하의 존재를 흐르는 선속으로 표시한 가상적인 선으로 Q[C]에서는 Q개의 전속선이 발생하고 1C에서는 1개의 전속선이 발생하며 항상 전하와 같은 양의 전속이 발생한다.
>
> $\Psi = \displaystyle\int Dds = Q$

11

역률이 개선되면 변압기 및 배전선의 여유분이 증가한다.

> **역률 개선 효과**
> • 선로 및 변압기의 부하손실을 줄일 수 있다.
> • 전압강하를 개선한다.
> • 전력요금 경감으로 전기요금을 낮추게 된다.
> • 계통 고조파 흡수효과가 높다.
> • 피상전류 감소로 변압기 및 선로의 여유분이 증가한다.
> • 설비용량에 여유가 생겨 투자비를 낮출 수 있다.
> • 전압이 안정되므로 생산성이 증가한다.

12

$\text{div E} = \nabla \cdot E = \dfrac{\partial Ex}{\partial x} + \dfrac{\partial Ey}{\partial y} + \dfrac{\partial Ey}{\partial y} = 6x^2 + 3z + 2x^2yz$

13

쿨롱의 법칙 $F = \dfrac{Q_1 Q_2}{4\pi\varepsilon_0 r^2} = 9\times10^9\dfrac{Q_1 Q_2}{r^2}$

$r = \sqrt{9\times10^9\times\dfrac{Q_1 Q_2}{F}}$

$Q_1 = 1$, $Q_2 = 10$, $F = 90$이므로,

$r = \sqrt{9\times10^9\times\dfrac{10}{9}} = 10^5\text{m}$

14

정답 ①

원형 코일 중심의 자계의 세기는 $H_0 = \dfrac{NI}{2a}$ 이고, 코일수 N=2회이므로 $H_0 = \dfrac{I}{a}$[AT/m]이다.

15

정답 ④

작용인덕턴스 $L = 0.05 + 0.4605 \log_{10} \dfrac{5,000}{25} ≒ 1.1$mH/km

16

정답 ③

Y결선과 △결선의 비교

구분	Y결선을 △결선으로 변환 시	△결선을 Y결선으로 변환 시
임피던스(Z)	3배	$\dfrac{1}{3}$배
선전류(I)	3배	$\dfrac{1}{3}$배
소비전력(P)	3배	$\dfrac{1}{3}$배

따라서 $Z_Y = \dfrac{Z_\Delta}{3} = \dfrac{30}{3} = 10\,\Omega$ 이다.

17

정답 ②

복합유전체의 경계면 조건은 전계가 수직입사이므로, 전속밀도가 같다. 경계면에는 $f = \dfrac{1}{2}\left(\dfrac{1}{\epsilon_2} - \dfrac{1}{\epsilon_1}\right)D^2$ 의 힘이 작용하고, 작용하는 힘은 유전율이 큰 쪽에서 작은 쪽으로 작용하므로, ϵ_1 에서 ϵ_2 로 작용한다.

18

정답 ①

복소수의 사칙연산

$I_1 = 40\sqrt{2}\sin\left(\omega t + \dfrac{\pi}{3}\right) = 40\left(\cos\dfrac{\pi}{3} + j\sin\dfrac{\pi}{3}\right)$

$I_2 = 20\sqrt{2}\sin\left(\omega t - \dfrac{\pi}{6}\right) = 20\left(\cos\dfrac{\pi}{6} - j\sin\dfrac{\pi}{6}\right)$

$I_1 + I_2 = 40\left(\dfrac{1}{2} + j\dfrac{\sqrt{3}}{2}\right) + 20\left(\dfrac{\sqrt{3}}{2} - j\dfrac{1}{2}\right) = 37.32 + j24.64$

19

정답 ④

화력발전소의 열효율

$\eta = \dfrac{860W}{mH} \times 100 = \dfrac{860 \times 3,900}{1,000 \times 5,000} \times 100 ≒ 67\%$

20

④

TRIAC은 교류위상제어소자로 SCR과 다이오드를 역병렬로 접속한 구조이며, 직류회로의 전압제어 인버터 등에 사용되는 사이리스터이다.

> **TRIAC의 특징**
> • SCR은 한 방향으로만 도통할 수 있지만, TRIAC은 양방향으로 도통이 가능하다.
> • 기능상 SCR 2개를 역병렬 접속한 것과 같다.
> • TRIAC의 게이트에 전류를 흘리면 그 상황에서 어느 방향이건 전압이 높은 쪽에서 낮은 쪽으로 도통한다.
> • 대전류, 고전압의 전기량을 제어할 수 있는 자기소호형 소자이다.

21

정답 ③

$$(\text{연 부하율}) = \frac{(\text{연간사용전력량})\text{kWh}/8,760\text{h}}{(\text{최대전력})\text{kW}} \times 100 = \frac{E}{8,760\,W} \times 100$$

22

정답 ③

배율기의 저항을 R_s, 최대측정한도전압 $V_a = 50\text{V}$, 측정하고자 하는 전압 $V = 100\text{V}$, 전압계 내부저항 $r_a = 5,000\,\Omega$ 이므로, 배율기의 배율 $m = \dfrac{V}{V_a}$

$= 1 + \dfrac{R_s}{r_a}$ 에 주어진 수치를 대입하면, $\dfrac{100}{50} = 1 + \dfrac{R_s}{5,000}$ 이므로 배율기 저항 $R_s = 5,000\,\Omega$ 이 된다.

23

정답 ①

$E = \dfrac{M}{4\pi\epsilon_0 r^3}(\sqrt{1 + 3\cos^2\theta})$ 에서 점 P의 전계는 $\theta = 0°$일 때 최대이고, $\theta = 90°$에서 최소이다.

24

정답 ②

바이패스 다이오드는 인덕터에 축적된 자기 에너지를 스위치 개방 시 전원으로 되돌리기 위한 다이오드이다.

오답분석

① 발광 다이오드 : 전류를 빛에너지로 전환시키는 다이오드
③ 포토 다이오드 : 빛에너지를 전기에너지로 변환하는 다이오드
④ 역류방지 다이오드 : 각각의 태양전지 모듈별 출력에 설치되어 다른 태양 전지 모듈이나 배터리로부터 전류의 유입을 막아 전력을 빼앗아 가는 것을 방지하는 다이오드

25

정답 ①

동기기의 안정도를 증가시키기 위서는 동기화 리액턴스를 작게 해야 한다.

> **동기기의 안정도 증가 대책**
> • 속응 여자 방식을 채택할 것
> • 회전자의 플라이 휠 효과를 크게 할 것
> • 발전기 조속기의 동작을 신속하게 할 것
> • 동기 탈조 계전기를 사용할 것
> • 동기화 리엑턴스를 작게 할 것

26

경계면의 양측에서 자속밀도의 법선성분은 같다.

> **전자파**
> 전자파는 전계와 자계가 서로 동반되며 매질을 통해 파동을 일으키며 일정한 속도로 진행한다. 또한 상이한 매질의 경계면에서 전자파는 다음과 같은 조건을 만족한다.
> • 경계면의 양측에서 전계의 접선성분은 같다.
> • 경계면의 양측에서 전속밀도의 법선성분은 같다.
> • 경계면의 양측에서 자계의 접선성분은 같다.
> • 경계면의 양측에서 자속밀도의 법선성분은 같다.
> • 이상 도체 면에서는 자계의 세기의 접선성분은 표면 전류 밀도가 같다.

27

홀 효과는 도체가 자기장 속에 놓여 있을 때, 그 자기장에 직각방향으로 전류를 흘려주면 자기장과 전류의 수직인 방향으로 전위차가 발생하는 현상이다.

오답분석
② 조셉슨 효과 : 두 장의 초전도체막 사이에 얇은 절연물을 끼워 넣었을 때, 절연물을 통하여 전류가 흐르는 현상
③ 펠티에 효과 : 두 종류 금속 접속면에 전류를 흘리면 접속점에서 열의 흡수, 발생이 일어나는 효과
④ 볼타 효과 : 도체와 도체, 도체와 유전체, 유전체와 유전체를 접촉시키면 전자가 이동하여 양음으로 대전되는 현상

28

동기속도 $N_s = \dfrac{120f}{P} = \dfrac{120 \times 60}{4} = 1,800 \text{rpm}$

$s_2 = \dfrac{1,800 - 1,530}{1,800} = 0.15$

$\dfrac{r_2}{s_1} = \dfrac{r_2 + R}{s_2}$ 에서 $\dfrac{r_2}{0.03} = \dfrac{r_2 + 1.2}{0.15}$

$0.15r_2 = 0.03(r_2 + 1.2)$

$\therefore r_2 = \dfrac{0.03 \times 1.2}{0.12} = 0.3\,\Omega$

29

대전된 도체 표면의 각 점의 전기력선은 표면에 수직이다.

> **도체의 성질과 전하분포**
> • 중공부에 전하를 두면 도체 내부표면에 동량 이부호, 도체 외부 표면에 동량 동부호의 전하가 분포한다.
> • 도체 표면과 내부의 전위는 동일하고(등전위), 표면은 등전위면이다.
> • 중공부에 전하가 없고 대전 도체라면, 전하는 도체 외부의 표면에만 분포한다.
> • 도체 내부의 전계의 세기는 0이다.
> • 도체 표면에서의 전하밀도는 곡률이 클수록 높다.
> • 전하는 도체 내부에는 존재하지 않고, 도체 표면에만 분포한다.
> • 도체 면에서의 전계의 세기는 도체 표면에 항상 수직이다.

30

정답 ②

밀만의 정리를 이용하여 주어진 조건을 대입하면 다음 식과 같다.

$$V_{ab} = \frac{\dfrac{E_1}{R_1} + \dfrac{E_2}{R_2} + \dfrac{E_3}{R_3}}{\dfrac{1}{R_1} + \dfrac{1}{R_2} + \dfrac{1}{R_3}} = \frac{\dfrac{110}{1} + \dfrac{120}{2} + \dfrac{0}{5}}{\dfrac{1}{1} + \dfrac{1}{2} + \dfrac{1}{5}} = \frac{1,700}{17} = 100\text{V}$$

01	02	03	04	05	06	07	08	09	10	11	12	13	14	15	16	17	18	19	20
②	③	④	③	⑤	①	③	④	⑤	④	③	③	①	②	①	④	①	②	⑤	⑤

21	22	23	24	25
③	③	④	③	④

01

정답 ②

유도형 발전기는 동기 발전기와 달리 여자기가 없어 단독 발전이 불가능하다.

유도형 발전기의 특징
- 유도형 발전기는 외부로부터 상용전원을 공급받아야 하는 특성 때문에 독립전원으로 사용하기에는 부적합하며 상용전원과 연계 운전하는 풍력발전설비에 적합하다.
- 유도형 발전기는 회전자의 구조에 따라서 권선형 유도발전기와 농형 유도발전기 2종류가 있다.
- 유도형 발전기는 고정자에 상용전원이 공급된 상태에서 회전자의 회전속도가 동기속도 이상이 되어야 발전이 가능하다.

02

정답 ③

상선(L3)의 전선 색상은 회색이다.

전선의 식별
- 상선(L1) : 갈색
- 상선(L2) : 흑색
- 상선(L3) : 회색
- 중성선(N) : 청색
- 보호도체(PE) : 녹색 – 노란색

03

정답 ④

KEC 112(용어 정의)

접근상태란 제1차 접근상태 및 제2차 접근상태를 말한다.
1. 제1차 접근상태란 가공 전선이 다른 시설물과 접근(병행하는 경우를 포함하며 교차하는 경우 및 동일 지지물에 시설하는 경우를 제외한다. 이하 같다)하는 경우에 가공 전선이 다른 시설물의 위쪽 또는 옆쪽에서 수평거리로 가공 전선로의 지지물의 지표상의 높이에 상당하는 거리 안에 시설(수평 거리로 3m 미만인 곳에 시설되는 것을 제외한다)됨으로써 가공 전선로의 전선의 절단, 지지물의 도괴 등의 경우에 그 전선이 다른 시설물에 접촉할 우려가 있는 상태를 말한다.
2. 제2차 접근상태란 가공 전선이 다른 시설물과 접근하는 경우에 그 가공 전선이 다른 시설물의 위쪽 또는 옆쪽에서 수평 거리로 3m 미만인 곳에 시설되는 상태를 말한다.

나트륨의 원자량은 230이다.

> **나트륨의 물성**
> • 나트륨은 물에 넣으면 격렬하게 반응한다.
> • 나트륨의 불꽃 색상은 노란색이다.
> • 나트륨의 원자량은 230이다.
> • 나트륨의 원자번호는 11번이다.
> • 나트륨의 밀도는 0.968g/cm^3이다.
> • 나트륨의 전기음성도는 0.930이다.

제시된 기호는 단선도용 영상 변류기(ZCT)이다.

구분	단선도용	복선도용
영상 변류기		

단락비가 크면 계자 기자력이 크고 전기자 반작용이 작다.

> **단락비가 큰 기계(철기계)의 특징**
> 단락비란 동기 발전기의 용량을 나타내는 데 중요한 정수이며 무부하 포화특성곡선과 단락곡선의 특성을 이용하여 산정한다.
> • 안정도가 높다.
> • 선로의 충전용량이 크다
> • 공극이 크고 극수가 많다.
> • 돌극형 철기계이다(수차 발전기).
> • 철손이 커져서 효율이 떨어진다.
> • 기계중량이 무겁고 가격이 비싸다.
> • 계자 기자력이 크고 전기자 반작용이 작다.
> • 단락비가 커서 동기 임피던스가 작고 전압 변동률이 작다.

자화의 세기 $J=\dfrac{M[\text{Wb}\cdot\text{m}]}{v[\text{m}^3]}=B-\mu_0 H=\mu_0(\mu_s-1)H=B\left(1-\dfrac{1}{\mu_s}\right)=xH[\text{Wb/m}^2]$이므로

$J=\mu_0(\mu_s-1)H=4\pi\times10^{-7}\times(400-1)\times2,000=1.0\text{Wb/m}^2$이다.

08

정답 ④

T형 회로에서 4단자 정수값 B와 D는 각각 $Z\left(1+\dfrac{ZY}{4}\right)$, $1+\dfrac{ZY}{2}$ 이다.

- 4단자 정수

$$\begin{bmatrix} E_s \\ I_s \end{bmatrix} = \begin{bmatrix} A & B \\ C & D \end{bmatrix} \begin{bmatrix} E_r \\ I_r \end{bmatrix} = \begin{matrix} AE_r + BI_r \\ CE_r + DI_r \end{matrix}$$

- T형 회로와 π형 회로의 4단자 정수값

구분	T형	π형
A	$1+\dfrac{ZY}{2}$	$1+\dfrac{ZY}{2}$
B	$Z\left(1+\dfrac{ZY}{4}\right)$	Z
C	Y	$Y\left(1+\dfrac{ZY}{4}\right)$
D	$1+\dfrac{ZY}{2}$	$1+\dfrac{ZY}{2}$

09

정답 ⑤

EMS는 초기 설치비용이 크다.

> **에너지관리시스템(EMS; Energy Management System)**
> 에너지관리시스템(EMS)은 정보통신(ICT) 기술과 제어 기술을 활용하여 상업용 빌딩, 공장, 주택, 사회 인프라(전력망, 교통망 등) 등을 대상으로 에너지 흐름과 사용의 시각화 및 최적화를 위한 통합 에너지관리 솔루션으로 정의된다.
> EMS를 통해 전력 등 에너지 사용량과 생산량을 모니터링하고, 에너지의 합리적 사용을 위해 설비 및 기기의 제어, 태양광 발전 등 신재생에너지나 에너지저장시스템(ESS)을 제어할 수 있다. 에너지관리시스템(EMS)은 적용 대상에 따라 빌딩 전용 BEMS(Building EMS), 공장 전용 FEMS(Factory EMS), 주택 전용 HEMS(Home EMS) 등으로 구분된다. 각각 적용 대상은 다르지만, 전력 등 에너지의 흐름에 대한 모니터링 기능과 설비·기기 등에 대한 제어 기능을 가지고 있다는 점은 모든 시스템의 공통사항이며, 에너지관리시스템(EMS)은 일반적으로 에너지정보시스템, 에너지제어시스템, 에너지관리 공통기반시스템 등 3종류의 서브시스템으로 구성된다.

10

정답 ④

$$\text{grad } V = \left(\frac{\sigma}{\sigma x}i + \frac{\sigma}{\sigma y}j + \frac{\sigma}{\sigma z}k\right)V = -\frac{20}{(2^2+1^2)^2}\times(2i+j) = -\frac{4}{5}(2i+j)[\text{V/m}]$$

11

정답 ③

$$\text{div E} = \frac{\rho}{\epsilon_0} \text{ 에서 } \rho = \epsilon_0 \cdot \text{div E} = \epsilon_0\left(\frac{\sigma E_x}{\sigma x} + \frac{\sigma E_y}{\sigma y} + \frac{\sigma E_z}{\sigma z}\right) = \epsilon_0\left(\frac{\sigma}{\sigma x}\sin x \cdot e^{-y} + \frac{\sigma}{\sigma y}\cos x \cdot e^{-y}\right) = 0$$

12

정답 ③

반지름이 r이고, 표면적이 r^2인 구의 입체각은 $1sr$이다. 구의 표면적 $S=4\pi r^2$이므로, 구 전체의 입체각은 4π이다. 따라서 반원구의 입체각은 2π이다.

13

얇은 판면에 무수한 자기쌍극자의 집합을 이루고 있는 판상의 자석을 판자석(자기 2중층)이라 한다.

14

워드 레너드 제어방식은 MGM 제어방식으로서 정부하 시 사용하며 광범위한 속도 제어가 가능하다.

직류전동기의 속도 제어법
- 전압 제어법 : 전동기의 외부단자에서 공급전압을 조절하여 속도를 제어하기 때문에 효율이 좋고 광범위한 속도 제어가 가능하다.
  - 워드 레너드 제어방식 : MGM 제어방식으로서 정부하 시 사용하며 광범위한 속도제어가 가능한 방식이다.
  - 일그너 제어방식 : MGM 제어방식으로서 부하변동이 심할 경우 사용하며 플라이휠을 설치하여 속도를 제어하는 방식이다.
  - 직·병렬 제어방식 : 직·병렬 시 전압강하로 속도를 제어하며 직권전동기에만 사용하는 방식이다.
- 저항 제어법 : 전기자 회로에 삽입한 기동저항으로 속도를 제어하는 방법이며 부하전류에 의한 전압강하를 이용한 방법이다. 손실이 크기 때문에 거의 사용하지 않는다.
- 계자 제어법 : 계자저항 조절로 계자자속을 변화시켜 속도를 제어하는 방법이며 계자저항에 흐르는 전류가 적기 때문에 전력손실이 적고 간단하지만 속도 제어범위가 좁다. 출력을 변화시키지 않고도 속도 제어를 할 수 있기 때문에 정출력 제어법이라 부른다.

15

변전소의 위치는 변전소 앞 절연구간에서 전기철도차량의 타행운행이 가능한 곳이어야 한다.

KEC 421.2(변전소 등의 계획)
- 전기철도 노선, 전기철도차량의 특성, 차량운행계획 및 철도망건설계획 등 부하특성과 연장급전 등을 고려하여 변전소 등의 용량을 결정하고, 급전계통을 구성하여야 한다.
- 변전소의 위치는 가급적 수전선로의 길이가 최소화 되도록 하며, 전력수급이 용이하고, 변전소 앞 절연구간에서 전기철도차량의 타행운행이 가능한 곳을 선정하여야 한다. 또한 기기와 시설자재의 운반이 용이하고, 공해, 염해, 각종 재해의 영향이 적거나 없는 곳을 선정하여야 한다.
- 변전설비는 설비운영과 안전성 확보를 위하여 원격 감시 및 제어방법과 유지보수 등을 고려하여야 한다.

16

소호리엑터 접지 방식의 공칭전압은 66kV이다. 송전선로인 154, 345, 765kV 선로는 중성점 직접 접지 방식을, 배전선로인 22.9kV은 중성점 다중 접지 방식을 채택하여 사용하고 있으며, 소호리엑터 접지 방식은 66kV의 선로에서 사용된다.

17

언측법은 직접유량 측정 방식 중 하나로, 유량이 적은 하천에서 차단벽과 수위를 이용하여 측정하는 방법이다.

직접유량을 측정하는 방법
유량의 측정에는 유속과 단면적의 양자를 측정하는 것이 일반적이지만, 직접유량을 측정할 수 있는 특수한 경우가 있다.
- 염분법 : 식염수를 이용해 염분량을 측정하는 방법
- 언측법 : 차단벽과 수위를 이용해 측정하는 방법
- 수위 관측법 : 수위유량도와 양수표를 이용해 측정하는 방법

18

$$N=\frac{AE}{FUM}=\frac{10\times30\times300}{3,800\times0.5\times0.8}\fallingdotseq59.2$$

∴ 60개

19

정답 ⑤

$\mathcal{L}[af_1(t)\pm bf_2(t)]=aF_1(s)\pm bF_2(s)$에 의해서 $\mathcal{L}[\sin\omega t]=\dfrac{\omega}{s^2+\omega^2}$, $\mathcal{L}[\cos\omega t]=\dfrac{s}{s^2+\omega^2}$ 이므로

$$F(s)=\mathcal{L}[f(t)]=\mathcal{L}[\sin t]+\mathcal{L}[2\cos t]=\frac{1}{s^2+1^2}+2\times\frac{s}{s^2+1^2}=\frac{2s+1}{s^2+1}$$

20

정답 ⑤

저항이 증가하기 전 슬립 $s=\dfrac{N_s-N}{N_S}=\dfrac{1,000-950}{1,000}=0.05$

회전자속도 $N=950$rpm

동기속도 $N_s=\dfrac{120f}{p}=\dfrac{120\times50}{6}=1,000$rpm

$s_2\propto r_2$이므로 2차 저항을 3배로 하면 슬립도 3배로 증가한다.

변화된 회전속도 $N=(1-3s)N_s=(1-3\times0.05)\times1,000=850$rpm

21

정답 ③

KEC 332.7(고압 가공전선로의 지지물의 강도)
고압 가공전선로의 지지물로서 사용하는 목주는 다음에 따라 시설하여야 한다.
• 풍압하중에 대한 안전율은 1.3 이상일 것
• 굵기는 말구(末口) 지름 0.12m 이상일 것

22

정답 ③

알칼리축전지의 공칭전압은 1.2V이다.

연축전지와 알칼리축전지의 비교

구분	연축전지	알칼리축전지
공칭전압	2.0V	1.2V
방전종지전압	1.6V	0.96V
기전력	2.05V ~ 2.08V	1.32V
공칭용량	10Ah	5Ah
기계적 강도	약함	약함
충전시간	길다	짧다
수명	5 ~ 15년	15 ~ 20년

23

④

KEC 231.4(나전선의 사용 제한)

옥내에 시설하는 저압전선에는 나전선을 사용하여서는 안 되지만, 다음의 경우에는 예외로 둔다.
- 애자사용공사에 의하여 전개된 곳에 다음의 전선을 시설하는 경우
  - 전기로용 전선
  - 전선의 피복 절연물이 부식하는 장소에 시설하는 전선
  - 취급자 이외의 자가 출입할 수 없도록 설비한 장소에 시설하는 전선
- 버스덕트공사에 의하여 시설하는 경우
- 라이팅덕트공사에 의하여 시설하는 경우
- 접촉 전선을 시설하는 경우

24

③

임피던스가 작아 단락전류가 크다.

단권변압기의 장점 및 단점
- 장점
  - 전압강하, 전압변동률이 작다.
  - 임피던스가 작기 때문에 철손, 동손이 작아 효율이 좋다.
  - 누설자속이 작고 기계기구를 소형화 할 수 있다.
  - 권수비가 1에 접근할수록 부하용량이 증대되고 경제적이다.
- 단점
  - 임피던스가 적어 단락전류가 크다.
  - 1차와 2차 회로가 전기적으로 절연이 어렵다.
  - 충격전압이 거의 직렬권선에 가해져 적절한 절연 설계가 필요하다.

25

④

$AD-BC=1$에서 어드미턴스를 계산한다.

$$C=\frac{AD-1}{B}=\frac{0.9\times0.7-1}{j190}≒j1.95\times10^{-3}$$

직무능력
정답 및 해설

01	02	03	04	05	06	07	08	09	10	11	12	13	14	15	16	17	18	19	20
③	③	③	①	②	②	③	②	①	②	②	④	①	③	②	②	④	③	①	③
21	22	23	24	25	26	27	28	29	30	31	32	33	34	35	36	37	38	39	40
④	②	②	②	②	②	①	④	④	①	④	②	①	④	③	①	②	④	②	④
41	42	43	44	45	46	47	48	49	50										
④	③	③	④	①	③	③	③	②	④										

01
정답 ③

KEC 142.3(접지도체·보호도체) – 보호도체의 종류
• 다심케이블의 도체
• 충전도체와 같은 트렁킹에 수납된 절연도체 또는 나도체
• 고정된 절연도체 또는 나도체
• 금속케이블 외장, 케이블 차폐, 케이블 외장, 전선묶음(편조전선), 동심도체, 금속관

02
정답 ③

KEC 143.3(등전위본딩도체) – 보호등전위본딩도체

주접지단자에 접속하기 위한 등전위본딩도체는 설비 내에 있는 가장 큰 보호접지도체 단면적의 $\frac{1}{2}$ 이상의 단면적을 가져야 하고, 다음의 단면적 이상이어야 한다.
• 구리도체 : 6mm^2
• 알루미늄도체 : 16mm^2
• 강철도체 : 50mm^2

03
정답 ③

가로등, 경기장, 공장, 아파트 단지 등의 일반조명을 위하여 시설하는 고압 방전등의 효율은 70lm/W 이상이어야 한다.

04
정답 ①

전로의 중성점접지의 목적은 대지전압의 저하, 보호 장치의 확실한 동작 확보, 이상 전압의 억제이다.

05
정답 ②

저·고압 가공전선이 도로를 횡단하는 경우 지표상 6m 이상으로 시설해야 한다.

06

정답 ②

KEC 212.6(저압전로 중의 과전류차단장치의 시설) - 퓨즈(gG)의 용단특성

정격전류의 구분	시간	정격전류의 배수	
		불용단전류	용단전류
4A 이하	60분	1.5배	2.1배
4A 초과 16A 미만	60분	1.5배	1.9배
16A 이상 63A 이하	60분	1.25배	1.6배
63A 초과 160A 이하	120분	1.25배	1.6배
160A 초과 400A 이하	180분	1.25배	1.6배
400A 초과	240분	1.25배	1.6배

07

정답 ③

KEC 232.9(금속덕트배선)
• 전선 : 절연전선(옥외용 비닐절연전선은 제외)
• 전선 삽입 정도 : 덕트 내 단면적의 20% 이하(제어회로 등 50% 이하)
• 지지점 간 거리 : 3m 이하, 수직 6m
• 폭 5cm 초과, 두께 1.2mm 이상의 철판

08

정답 ②

KEC 232.16(배선설비 적용 시 고려사항) - 병렬접속
절연물의 허용온도에 적합하도록 부하전류를 배분하는 데 특별히 주의한다. 적절한 전류분배를 할 수 없거나 4가닥 이상의 도체를 병렬로 접속하는 경우에는 부스바트렁킹시스템의 사용을 고려한다.

09

정답 ①

KEC 232.16(배선설비 적용 시 고려사항) - 배선설비와 다른 공급설비와의 접근
저압 옥내배선이 다른 저압 옥내배선 또는 관등회로의 배선과 접근하거나 교차 시 애자사용공사에 의하여 시설하고 저압 옥내배선과 다른 저압 옥내배선 또는 관등회로의 배선 사이의 이격거리는 0.1m(애자사용공사 시 나전선인 경우에는 0.3m) 이상이어야 한다.

10

정답 ②

KEC 232.16(배선설비 적용 시 고려사항) - 수용가 설비에서의 전압강하

설비의 유형	조명[%]	기타[%]
저압으로 수전하는 경우	3	5
고압 이상으로 수전하는 경우	6	8

11

정답 ②

KEC 232.19(도체 및 중성선의 단면적) – 교류회로 선도체와 직류회로 충전용 도체의 최소 단면적

배선설비의 종류		사용회로	도체	
			재료	단면적[mm²]
고정 설비	케이블과 절연전선	전력과 조명회로	구리	2.5
			알루미늄	10
		신호와 제어회로	구리	1.5
	나전선	전력회로	구리	10
			알루미늄	16
		신호와 제어회로	구리	4

12

정답 ④

KEC 234.12(네온방전등)

관등회로의 배선은 애자사용배선에 의하여 시설하고 다음에 의할 것
• 전선의 지지점 간의 거리는 1m 이하일 것
• 전선 상호 간의 간격은 60mm 이상일 것
• 전선은 네온전선일 것
• 전선은 조영재의 옆면 또는 아랫면에 붙일 것

13

정답 ①

KEC 332.3(특고압과 고압의 혼촉 등에 의한 위험방지 시설)

특고압을 고압으로 변성하는 변압기의 고압 전로에는 사용전압의 3배 이하인 전압이 가해진 경우에 방전하는 장치를 그 변압기의 단자 가까운 1극에 설치하여야 한다(단, 사용전압의 3배 이하에서 동작하는 피뢰기를 고압 모선에 시설한 경우에는 생략이 가능하고, 접지저항이 10Ω 이하인 경우에는 그러하지 않는다).

14

정답 ③

KEC 241.10(아크용접기)
• 용접변압기는 절연변압기일 것
• 용접변압기의 1차측 전로의 대지전압은 300V 이하일 것
• 용접변압기의 1차측 전로에는 용접변압기에 가까운 곳에 쉽게 개폐할 수 있는 개폐기를 시설할 것

15

정답 ②

KEC 203.4(IT계통)
• 충전부 전체를 대지로부터 절연시키거나 한 점을 임피던스를 통해 대지에 접속시킨다. 전기설비의 노출도전부를 단독 또는 일괄적으로 계통의 PE도체에 접속시킨다. 배전계통에서 추가접지가 가능하다.
• 계통은 충분히 높은 임피던스를 통하여 접지할 수 있다. 이 접속은 중성점, 인위적 중성점, 선도체 등에서 할 수 있다. 중성선은 배선할 수도 있고, 배선하지 않을 수도 있다.

16

정답 ②

옴의 법칙(Ohm's law) : 전기 회로에 흐르는 전류는 전압(전위차)에 비례하고 도체의 저항(R)에 반비례한다.

$I = \dfrac{V}{R}$ [A] (R : 회로에 따라 정해지는 상수)

17

정답 ④

회로망에 있어서 임의의 1점에 유입·유출되는 전류의 대수의 합이 "0", 즉 $\sum I = 0$인 것은 키르히호프의 제1법칙(전류 평형의 법칙)이다.

18

정답 ③

KEC 241.14(소세력 회로)
- 전자개폐기 조작회로, 초인벨, 경보벨 등, 최대사용전압 60V 이하 전로
- 절연변압기 사용 : 1차 전압 – 300V 이하, 2차 전압 – 60V 이하
- 절연변압기 2차 단락전류

19

정답 ①

KEC 231.3(저압 옥내배선의 사용전선)
- 단면적 2.5mm^2 이상의 연동선 또는 이와 동등 이상의 강도 및 굵기의 것
- 단면적이 1mm^2 이상의 미네랄인슐레이션케이블
- 400 V 미만인 경우
  - 전광표시장치·출퇴표시등 기타 이와 유사한 장치 또는 제어회로 등에 사용하는 배선에 단면적 1.5mm^2 이상의 연동선을 사용하고 이를 합성수지관·금속관·금속몰드·금속덕트·플로어덕트배선 또는 셀룰러덕트배선에 의하여 시설하는 경우
  - 전광표시장치·출퇴표시등 기타 이와 유사한 장치 또는 제어회로 등의 배선에 단면적 0.75mm^2 이상인 다심케이블 또는 다심캡타이어케이블을 사용하고, 과전류가 생겼을 때 자동적으로 전로에서 차단하는 장치를 시설하는 경우
  - 단면적 0.75mm^2 이상인 코드 또는 캡타이어케이블을 사용하는 경우
  - 리프트케이블을 사용하는 경우

20

정답 ③

KEC 241.16(전기부식방지시설)
- 전기부식방지 회로의 사용전압은 직류 60V 이하일 것
- 지중에 매설하는 양극의 매설깊이는 0.75m 이상일 것
- 지표 또는 수중에서 1m 간격의 임의의 2점 간의 전위차가 5V를 넘지 않을 것
- 양극과 그 주위 1m 이내의 거리에 있는 임의의 점과의 사이의 전위차는 10V를 넘지 않을 것

21

정답 ④

KEC 362.9(전력보안통신설비의 보안장치)
- 통신선(광섬유 케이블을 제외한다. 이하 같다)에 직접 접속하는 옥내통신설비를 시설하는 곳에는 통신선의 구별에 따라 표준에 적합한 보안장치 또는 이에 준하는 보안장치를 시설하여야 한다. 다만, 통신선이 통신용 케이블인 경우에 뇌(雷) 또는 전선과의 혼촉에 의하여 사람에게 위험을 줄 우려가 없도록 시설하는 경우에는 그러하지 않는다.
- 특고압 가공전선로의 지지물에 시설하는 통신선 또는 이에 직접 접속하는 통신선에 접속하는 휴대전화기를 접속하는 곳 및 옥외 전화기를 시설하는 곳에는 표준에 적합한 특고압용 제1종 보안장치, 특고압용 제2종 보안장치 또는 이에 준하는 보안장치를 시설하여야 한다.

22

정답 ②

KEC 341.9(고압용 기계기구의 시설)
• 기계기구의 주위에 울타리·담 등을 시설하는 경우
• 기계기구를 지표상 4.5m(시가지 외 4m) 이상의 높이에 시설하고, 사람이 쉽게 접촉할 우려가 없도록 시설하는 경우
• 공장 등의 구내에서 기계기구의 주위에 사람이 쉽게 접촉할 우려가 없도록 적당한 울타리를 설치하는 경우
• 옥내에 설치한 기계기구를 취급자 이외의 사람이 출입할 수 없도록 설치한 곳에 시설하는 경우
• 충전부분이 노출하지 않는 기계기구를 사람이 쉽게 접촉할 우려가 없도록 시설하는 경우

23

정답 ②

KEC 362.2(전력보안통신설비 배전주의 공가 통신케이블의 지상고)

구분	지상고	비고
도로(인도)에 시설 시	5.0m 이상	경간 중 지상고
도로횡단 시	6.0m 이상	–
철도 궤도 횡단 시	6.5m 이상	레일면상
횡단보도교 위	3.0m 이상	그 노면상
기타	3.5m 이상	–

24

정답 ②

KEC 362.5(특고압 가공전선로 첨가설치 통신선의 시가지 인입 제한)
• RP1 : 교류 300V 이하에서 동작하고, 최소감도전류가 3A 이하로서 최소감도전류 때의 응동시간이 1사이클 이하이고, 전류용량이 50A, 20초 이상인 자복성이 있는 릴레이 보안기
• L1 : 교류 1kV 이하에서 동작하는 피뢰기
• E1 및 E2 : 접지
• H : 250mA 이하에서 동작하는 열 코일

25

정답 ②

KEC 364.1(무선용 안테나 등을 지지하는 철탑 등의 시설)
무선통신용 안테나나 반사판을 지지하는 지지물들의 안전율 : 1.5 이상

26

정답 ②

KEC 351.3(발전기 등의 보호장치)
• 발전기에 과전류나 과전압이 생긴 경우
• 압유장치 유압이 현저히 저하된 경우
  – 수차발전기 : 500kVA 이상
  – 풍차발전기 : 100kVA 이상
• 수차발전기의 스러스트 베어링의 온도가 현저히 상승한 경우 : 2,000kVA 초과
• 내부고장이 발생한 경우 : 10,000kVA 이상

27

정답 ①

KEC 351.1(발전소 등의 울타리·담 등의 시설)

특고압	이격거리(a+b)	기타
35kV 이하	5.0m 이상	울타리에서 충전부까지 거리(a)
160kV 이하	6.0m 이상	울타리의 높이(b) : 2m 이상
160kV 초과	6.0m+H 이상	지면과 하부(c) : 15cm 이하

28

정답 ④

KEC 211.9(숙련자와 기능자의 통제 또는 감독이 있는 설비에 적용 가능한 보호대책)
• 비도전성 장소
• 비접지 국부 등전위본딩에 의한 보호
• 두 개 이상의 전기사용기기에 전원 공급을 위한 전기적 분리

29

정답 ④

KEC 362.1(전력보안통신설비의 시설 요구사항)
• 원격감시제어가 되지 않는 발·변전소, 개폐소, 전선로 및 이를 운용하는 급전소 및 급전분소 간
• 2 이상의 급전소(분소) 상호 간과 이들을 총합 운용하는 급전소(분소) 간
• 수력설비 중 필요한 곳, 수력설비의 안전상 필요한 양수소 및 강수량 관측소와 수력발전소 간
• 동일 수계에 속하고 안전상 긴급연락의 필요가 있는 수력발전소 상호 간
• 동일 전력계통에 속하고 또한 안전상 긴급연락의 필요가 있는 발·변전소 및 개폐소 상호 간
• 발·변전소 및 개폐소와 기술원 주재소 간
• 발·변전소, 개폐소, 급전소 및 기술원 주재소와 전기설비의 안전상 긴급연락의 필요가 있는 기상대, 측후소, 소방서 및 방사선 감시계측 시설물 등의 사이

30

정답 ①

KEC 111(총칙)

크기 \ 종류	교류	직류
저압	1kV 이하	1.5kV 이하
고압	1kV 초과 7kV 이하	1.5kV 초과 7kV 이하
특고압	7kV 초과	

31

정답 ④

KEC 520(태양광발전설비)
• 태양전지 모듈, 전선, 개폐기 및 기타 기구는 충전부분이 노출되지 않도록 시설할 것
• 모든 접속함에는 내부의 충전부가 인버터로부터 분리된 후에도 여전히 충전상태일 수 있음을 나타내는 경고를 붙일 것
• 주택의 태양전지모듈에 접속하는 부하측 옥내배선의 대지전압은 직류 600V 이하
  − 전로에 지락이 생겼을 때 자동적으로 전로를 차단하는 장치를 시설할 것
  − 사람이 접촉할 우려가 없는 은폐된 장소에 합성수지관배선, 금속관배선 및 케이블배선에 의하여 시설하거나 사람이 접촉할 우려가 없도록 케이블배선에 의하여 시설하고 전선에 적당한 방호장치를 시설할 것

- 모듈의 출력배선은 극성별로 확인할 수 있도록 표시할 것
- 모듈을 병렬로 접속하는 전로에는 그 주된 전로에 단락전류가 발생할 경우에 전로를 보호하는 과전류차단기 또는 기타 기구를 시설할 것
- 전선은 공칭단면적 2.5mm^2 이상의 연동선 또는 이와 동등 이상의 세기 및 굵기의 것일 것
- 배선설비공사는 옥내에 시설할 경우에는 합성수지관배선, 금속관배선, 가요전선관배선, 케이블배선 규정에 준하여 시설할 것
- 옥측 또는 옥외에 시설할 경우에는 합성수지관배선, 금속관배선, 가요전선관배선 또는 케이블배선의 규정에 준하여 시설할 것
- 단자의 접속은 기계적, 전기적 안전성을 확보할 것

32

KEC 123(전선의 접속법)
- 전선의 전기저항을 증가시키지 않도록 접속할 것
- 전선의 세기(인장하중)를 20% 이상 감소시키지 않을 것
- 도체에 알루미늄 전선과 동 전선을 접속하는 경우에는 접속 부분에 전기적 부식이 생기지 않도록 할 것
- 절연전선 상호 · 절연전선과 코드, 캡타이어케이블 또는 케이블과 접속하는 경우 : 코드 접속기나 접속함 기타의 기구를 사용할 것(단, 10mm^2 이상인 캡타이어케이블 상호 간을 접속하는 경우 그러하지 않음)
- 두 개 이상의 전선을 병렬로 사용하는 경우 : 각 전선의 굵기는 동선 50mm^2 이상 또는 알루미늄 70mm^2 이상으로 할 것

33
정답 ①

KEC 212.6(저압전로 중의 전동기 보호용 과전류보호장치의 시설)
과부하보호장치를 생략하는 경우
- 전동기를 운전 중 상시 취급자가 감시할 수 있는 위치에 시설한 경우
- 전동기의 구조나 부하의 성질로 보아 전동기가 손상될 수 있는 과전류가 생길 우려가 없는 경우
- 단상전동기로 전원측 전로에 시설하는 과전류차단기의 정격전류가 16A(배선용 차단기는 20A) 이하인 경우

34
정답 ④

KEC 520(태양광발전설비)
- 태양전지 모듈, 전선, 개폐기 및 기타 기구는 충전부분이 노출되지 않도록 시설할 것
- 모든 접속함에는 내부의 충전부가 인버터로부터 분리된 후에도 여전히 충전상태일 수 있음을 나타내는 경고를 붙일 것
- 주택의 태양전지모듈에 접속하는 부하측 옥내배선의 대지전압은 직류 600V 이하
  - 전로에 지락이 생겼을 때 자동적으로 전로를 차단하는 장치를 시설할 것
  - 사람이 접촉할 우려가 없는 은폐된 장소에 합성수지관배선, 금속관배선 및 케이블배선에 의하여 시설하거나 사람이 접촉할 우려가 없도록 케이블 배선에 의하여 시설하고 전선에 적당한 방호장치를 시설할 것
- 모듈의 출력배선은 극성별로 확인할 수 있도록 표시할 것
- 모듈을 병렬로 접속하는 전로에는 그 주된 전로에 단락전류가 발생할 경우에 전로를 보호하는 과전류차단기 또는 기타 기구를 시설할 것
- 전선은 공칭단면적 2.5mm^2 이상의 연동선 또는 이와 동등 이상의 세기 및 굵기의 것일 것
- 배선설비공사는 옥내에 시설할 경우에는 합성수지관배선, 금속관배선, 가요전선관배선, 케이블배선 규정에 준하여 시설할 것
- 옥측 또는 옥외에 시설할 경우에는 합성수지관배선, 금속관배선, 가요전선관배선 또는 케이블배선의 규정에 준하여 시설할 것
- 단자의 접속은 기계적, 전기적 안전성을 확보할 것

35
정답 ③

KEC 134(연료전지 및 태양전지 모듈의 절연내력)
연료전지 및 태양전지 모듈은 최대사용전압의 1.5배의 직류전압 또는 1배의 교류전압(500V 미만으로 되는 경우에는 500V)을 충전부분과 대지 사이에 연속하여 10분간 가하여 절연내력을 시험하였을 때에 이에 견디는 것이어야 한다.

36

정답 ①

KEC 232.15(케이블트레이배선)
- 전선은 연피케이블, 알루미늄피케이블 등 난연성 케이블을 사용한다.
- 케이블트레이의 안전율은 1.5 이상일 것
- 케이블트레이 안에서 전선을 접속하는 경우에는 그 부분을 절연해야 한다.
- 금속제 케이블트레이의 종류 : 사다리형, 펀칭형, 메시형, 바닥밀폐형
- 수평트레이에 단심케이블
  - 벽면과의 간격은 20mm 이상 이격하여 설치
  - 트레이 간의 수직 간격은 300mm 이상으로 설치(3단 이하)

37

정답 ②

KEC 224.6 / 335.6[특수장소의 전선로(교량에 시설하는 전선로)]

구분	저압	고압
공사 방법	교량 위 : 케이블 교량 아래 : 합성수지관, 금속관, 가요전선관, 케이블	
전선	2.30kN 이상, 2.6mm 이상 경동선 절연전선	5.26kN 이상의 것, 4mm 이상의 경동선
전선의 높이	노면상 높이 5m 이상	노면상 높이 5m 이상
조영재와 이격거리	0.3m(케이블 0.15m) 이상	0.6m(케이블 0.3m) 이상

38

정답 ④

KEC 142.3(접지도체 · 보호도체)
- 접지도체는 지하 0.75m부터 지표상 2m까지 부분은 합성수지관(두께 2mm 미만의 합성수지제 전선관 및 가연성 콤바인덕트관은 제외한다) 또는 이와 동등 이상의 절연효과와 강도를 가지는 몰드로 덮어야 한다.
- 접지도체는 절연전선(옥외용 비닐절연전선은 제외) 또는 케이블(통신용 케이블은 제외)을 사용하여야 한다. 다만, 접지도체를 철주 기타의 금속체를 따라서 시설하는 경우 이외의 경우에는 접지도체의 지표상 0.6m를 초과하는 부분에 대하여는 절연전선을 사용하지 않을 수 있다.

39

정답 ②

KEC 234.12(네온방전등)
관등회로의 배선은 애자사용배선에 의하여 시설하고 다음에 의할 것
- 전선의 지지점 간의 거리는 1m 이하일 것
- 전선 상호 간의 간격은 60mm 이상일 것
- 전선은 네온전선일 것
- 전선은 조영재의 옆면 또는 아랫면에 붙일 것
- 배선은 외상을 받을 우려가 없고 사람이 접촉될 우려가 없는 노출장소 또는 점검할 수 있는 은폐장소(관등회로에 배선하기 위하여 특별히 설치한 장소에 한하며 보통 천장 안·다락·선반 등은 포함하지 않는다)에 시설할 것

40

정답 ④

KEC 242.10(의료장소)
전원측에 강화절연을 한 비단락보증 절연변압기를 설치하고 그 2차측 전로는 접지하지 않는다.

41

정답 ④

KEC 541.1(연료전지설비 설치장소의 안전 요구사항)
- 연료전지를 설치할 주위의 벽 등은 화재에 안전하게 시설하여야 한다.
- 가연성 물질과 안전거리를 충분히 확보하여야 한다.
- 침수 등의 우려가 없는 곳에 시설하여야 한다.

42

정답 ③

KEC 142.3(접지도체 · 보호도체)
- 큰 고장전류가 접지도체를 통하여 흐르지 않는 경우 접지도체의 최소 굵기
  - 구리 : $6mm^2$ 이상
  - 철제 : $50mm^2$ 이상
- 접지도체에 피뢰시스템이 접속된 경우 접지도체의 최소 굵기
  - 구리 : $16mm^2$ 이상
  - 철 : $50mm^2$ 이상

43

정답 ③

엘리베이터 등의 승강로 내에 시설하는 사용전압은 400V 미만의 저압 옥내배선이어야 한다.

44

정답 ④

화약류 저장소에서 백열전등이나 형광등 또는 이들에 전기를 공급하기 위한 전기설비를 시설하는 경우 전로의 대지전압은 300V 이하이어야 한다.

45

정답 ①

일반적으로 저압 옥내 간선과의 분기점에서 전선의 길이가 3m 이하인 곳에 개폐기 및 과전류 차단기를 시설해야 한다.

46

정답 ③

일반적으로 가공전선로의 지지물에 취급자가 오르고 내리는 데 사용하는 발판 볼트 등은 지표상 1.8m 이상부터 시설해야 한다.

47

정답 ③

전체 길이가 15m 초과인 경우 2.5m 이상의 땅에 묻도록 한다.

48

정답 ③

연피케이블을 직접매설식에 의하여 차량 기타 중량물의 압력을 받을 우려가 있는 장소에 시설하는 경우 1.2m 이상에 매설해야 한다.

49

KEC 241.4(전극식 온천온수기)
- 온수기 사용전압 : 400V 미만
- 차폐장치와 온수기 이격거리 : 0.5m 이상(차폐장치와 욕탕 사이 이격거리 1.5m 이상)
- 전동기에 전기를 공급하기 위해서는 사용전압이 400V 미만인 절연변압기 사용
- 전극식 온천온수기 및 차폐장치의 외함은 절연성 및 내수성이 있는 견고한 것일 것

50

KEC 242.9(마리나 및 이와 유사한 장소)
- TN계통의 사용 시 TN – S계통만을 사용
- 육상의 절연변압기를 통하여 보호하는 경우를 제외하고 누전차단기를 사용
- 표준전압은 220/380V 이하
- 마리나 내의 배선 : 지중케이블, 가공케이블, 가공절연전선, 무기질 절연케이블, 열가소성 또는 탄성재료 피복의 외장케이블
- 콘센트 : 정격전압 200 ~ 250V, 정격전류 16A 단상 콘센트

PART 2

상식

정답 및 해설

01	02	03	04	05	06	07	08	09	10	11	12	13	14	15	16	17	18	19	20
①	④	④	①	④	③	③	②	①	④	④	③	④	③	①	③	②	②	④	④

01
정답 ①

에너지신사업이란 기후변화대응, 에너지 안보, 수요관리 등 에너지 분야의 주요 현안을 효과적으로 해결하기 위한 '문제해결형 산업'으로, 클린 에너지(Clean Energy)와 ICT 전력망 등을 통해 에너지 서비스를 제공한다. 이러한 에너지신산업의 클린 에너지(Clean Energy)는 태양열이나 수소 에너지, 지열, 조력발전 등과 같이 환경오염물질을 발생시키지 않는 에너지를 말한다. 따라서 경유를 사용하는 디젤자동차는 에너지신산업의 분야로 보기 어렵다.

02
정답 ④

경계단계는 예비전력이 100만kW 이상 200만kW 미만인 경우인 전력수급 비상단계의 4단계에 해당한다.

오답분석
① 준비단계(1단계)
② 관심단계(2단계)
③ 주의단계(3단계)

03
정답 ④

'연선(延線)'은 전선을 철탑 등 지지물에 설치하기 위해 펴는 것을 의미하며, 한국전력공사의 전력 분야 전문용어 표준화(안)에 따라 '전선 펴기'로 순화되었다. '전선 당기기'는 전선을 철탑 등 지지물에 설치하기 위해 당기는 것으로, '긴선'의 순화어이다.

04
정답 ①

한국전력공사의 윤리경영 브랜드인 '청렴한 빛 한전인'은 밝은 세상을 만들기 위한 청렴한 빛을 비추는 한전인이 되자는 한국전력공사의 윤리경영 의지를 표현한 것이다. '청렴한 빛'의 빨간색은 세계 최고의 종합 에너지 기업을 지향한다는 의미이며, 노란색은 전력의 안정적 공급을 통하여 국가경제 발전에 이바지한다는 의미이다.

05
정답 ④

한국전력공사의 인재상
• 기업가형 인재 : 회사에 대한 무한 책임과 주인의식을 가지고 개인의 이익보다는 회사를 먼저 생각하는 인재
• 통섭형 인재 : 융합적 사고를 바탕으로 Multi Specialist를 넘어 오케스트라 지휘자와 같이 조직 역량의 시너지를 극대화하는 인재
• 도전적 인재 : 뜨거운 열정과 창의적 사고를 바탕으로 실패와 좌절을 두려워하지 않고 지속적으로 새로운 도전과 모험을 감행하는 역동적 인재
• 가치 창조형 인재 : 현재 가치에 안주하지 않고 글로벌 마인드에 기반한 날카로운 통찰력과 혁신적인 아이디어로 새로운 미래가치를 충족해 내는 인재

06
정답 ③

한국전력공사의 발전자회사는 한국남동발전, 한국중부발전, 한국서부발전, 한국남부발전, 한국동서발전, 한국수력원자력으로 총 6개이다.

07
정답 ③

한전사회봉사단의 심벌마크는 인간에게 희망을 주는 영원한 빛과 꿈과 평화를 상징하는 비둘기를 조합하여 형상화하였다. 이는 미래지향적이고 진취적인 한전의 사회봉사단 활동 정신을 상징하고 있다.

08
정답 ②

• 'Fine Jobs'는 한국전력과 에너지밸리 입주기업 등 유관 회사들이 창출하는 에너지 분야 '양질의 일자리'를 의미한다.
• 악수하는 모습은 일자리 창출을 위한 사회구성원들의 '상호협력'을, 근로자는 '양질의 일자리'를 상징한다.

09
정답 ①

한국전력공사의 'KEPCO 119 재난 구조단'은 국내 공기업 중 최초의 전문 구조단으로 전국 6개 권역으로 나누어 1개 권역 안에 각각 인명구조, 의료지원, 현장지원팀으로 편성하여 출범한 공기업 유일의 전문재난 구조단이다. 한국전력공사의 핵심가치인 사회책임을 구현하고 대내외 대형재난을 대비하기 위하여 평소 인명구조 기본 훈련 및 전문교육을 실시하여 구조 및 구급 분야의 전문성을 강화하였다.

10
정답 ④

프로슈머 전력거래는 태양광 등으로 전기를 자체 생산·소비하는 프로슈머가 남는 전기를 인근 소비자(이웃)에게 직접 판매할 수 있게 하는 제도이다.

11
정답 ④

한국전력공사의 '파워플래너'는 고객에게 전기사용내역, 통계 정보 등을 실시간으로 제공하여 고객의 계획적 전기사용 및 전기요금 절약에 도움을 준다.

오답분석
③ 전기가계부는 주택용 저압 고객(AMI 미부설, 아파트고객 포함)을 대상으로 전기사용내역 및 분석정보, 절전 커뮤니티를 제공하는 에너지사용 컨설팅 서비스이다.

12
정답 ③

전기요금 일반원칙
• 원가주의 원칙
  − 전기요금은 성실하고 창의적인 경영 하에서의 공급 원가를 기준하여 산정
  − 특별손실이나 전력공급과 관련이 없는 사업비용은 원가에서 제외
• 공평의 원칙
  − 결정된 종별요금은 모든 고객에게 공정하고 공평하게 적용
  − 특정 고객에 대한 특례요금 적용은 최대한 배제
• 공정 보수주의 원칙
  − 배당 및 이자 지급과 최소한의 사업확장에 필요한 보수 인정

13

'스마트그리드'는 에너지 효율 향상에 의해 에너지 낭비를 줄이고, 신재생에너지에 바탕을 둔 분산전원의 활성화를 통해 에너지 해외의존도 감소 및 기존의 발전설비에 들어가는 화석연료 사용을 줄인다.

14

'KTP(KEPCO Trusted Partner)'는 한국전력공사의 해외마케팅 지원 사업 중 하나로, 수출역량이 있는 우수 중소기업을 선정하여 한국전력공사의 수출촉진 브랜드 사용권을 부여한다. 또한, 해외 상설홍보관 설치 등의 지원 사업에 우선 선정 기회를 주는 등 수출촉진을 위한 특화 서비스를 제공한다.

15

한국전력공사의 모바일 앱 '스마트한전'은 전기 관련 정보, 전기 요금 조회·납부, 각종 민원상담 등을 제공한다.

16

'K-iEMS(KEPCO Integrated Energy Management System)'는 전기, 가스, 열 등 고객의 모든 에너지 사용정보 및 설비를 실시간 모니터링하고 분석·제어하여 효율 향상 및 비용 절감을 가능하게 하는 종합에너지관리시스템이다.

17

- 러브펀드(Love Fund) : 전 직원을 대상으로 1계좌 1,000원씩 스스로 가입한 계좌 수에 따라 매월 급여에서 공제되는 사회공헌활동 기금
- 매칭그랜트(Matching Grant) : 임직원들이 모금한 러브펀드에 비례하여 회사도 일정비율로 매칭하여 후원금을 출연하는 제도

18

처음 200kWh에 대해서는 93.3원이 적용되므로 $93.3 \times 200 = 18,660$원, 나머지 150kWh에 대해서는 187.9원이 적용되어 $187.9 \times 150 = 28,185$원이므로 총 46,845원의 전력량요금이 부과된다. 또한, 350kWh 사용에 대한 기본요금 1,600원이 적용되므로 총 $46,845 + 1,600 = 48,445$원을 납부해야 한다.

19

분산 전원(신재생에너지) 종류
- 신에너지 : 연료전지, 석탄 액화가스화 및 중질잔사유 가스화, 수소에너지
- 재생에너지 : 태양광, 태양열, 바이오, 풍력, 수력, 해양, 폐기물, 지열

20

④는 고객들에게 전력을 안정적으로 공급하기 위한 한국전력공사의 노력으로, 친환경 설비·공법과 거리가 멀다.

한국전력공사의 친환경 설비·공법
- 친환경 주거용 복합변전소 건설 : 변전소를 지하에 배치시키고 그 위에 한국전력공사 직원을 위한 아파트를 건설하는 사업
- 배전용 맨홀 청소 및 오수 처리 장비 개발 : 맨홀 청소와 오수처리 작업이 동시에 가능한 장비 개발을 통해 기존 작업의 문제점을 해결하고 작업시간을 단축함
- 환경친화 칼라전주 개발·사용 : 자연경관과 조화를 이루도록 녹색, 적갈색의 천연광물로 만든 도료로 색칠한 전주
- 도심미관에 적합한 지상기기 미화 외함 개발 : 변압기, 개폐기 등에 대한 부정적 이미지를 없애고자 기존의 특성과 기능은 유지한 채 미관을 고려하여 새로운 외함을 개발함
- 삭도 및 헬기를 이용한 공사용 자재 운반 : 철탑 설치 시 산림의 훼손을 막기 위해 삭도 및 헬기를 이용하여 공사용 자재를 운반함

01	02	03	04	05	06	07	08	09	10	11	12	13	14	15	16	17	18	19	20
④	②	④	③	①	③	④	①	③	②	④	③	③	②	④	④	④	④	④	④

01

정답 ④

제시문은 고려 중기 김부식이 『삼국사기』를 편찬하기 전 인종에게 올린 「진삼국사기표」의 내용이다. 『삼국사기』는 현존하는 역사서 중 가장 오래된 역사서로 신라 계승의식이 많이 반영된 기전체의 역사서이다. 몽골 침략의 위기를 극복하려는 움직임에서 편찬된 역사서로는 민족적 자주 의식을 담은 일연의 『삼국유사』가 있다.

02

정답 ②

인간이 불을 이용하고 언어를 구사하게 된 것은 신석기 시대가 아니라 구석기 시대부터이다.

오답분석

④ 청동기 시대에 벼농사가 시작되었다는 것은 여주 흔암리 유적과 충남 부여 송국리의 탄화미 유적으로 알 수 있다.

03

정답 ④

성리학은 주로 서원을 중심으로 연구가 심화되는 양상을 띠었다.

오답분석

① '사람이 곧 하늘이다.'라는 인내천 사상은 동학의 교리이다.
② 정몽주를 기리기 위해 세운 것이 아니라 안향을 기리기 위해 세운 것이다.
③ 이기이원론을 주장하고 이상주의적인 경향을 띤 학자는 이황이다.

04

정답 ③

무신 정변 후 최씨 정권은 교정도감, 정방 등을 통하여 정치적 기반을 다졌다.

05

정답 ①

야간통행금지의 해제는 전두환 정부 시절인 1982년 1월의 일이다.

오답분석

② 새마을운동은 박정희 정부 때 1970년부터 시작된 지역사회 개발운동으로 범국민적으로 추진되었다.
③ 유신정우회는 대통령의 추천으로 통일주체국민회의에 의해 선출된 국회의원들이 구성한 준정당의 원내교섭단체이며, 1973년에 출범하였다.
④ 경제 개발 5개년 계획에서 제3차·제4차(1972 ~ 1976, 1977 ~ 1981) 때에 중화학 공업, 광공업의 비중이 높아졌다.

06

정답 ③

거중기를 이용하여 축조한 것은 수원성(화성)으로 토성이 아니라 돌과 벽돌을 적당하게 배합하여 축조한 건축이다.

07

정답 ④

『조선책략』에서 러시아의 남하를 막기 위해 일본, 중국, 미국과 협력하라고 했다. 중국의 침략을 막기 위해 조약을 체결한 것은 아니다.

08

정답 ①

태양력 채택과 종두법 실시는 을미개혁의 주요 내용이다.

09

정답 ③

신문지법은 1910년대 헌병 경찰 통치(무단통치) 시대 정책으로 정기 간행물을 허가 후에 발행하는 허가제이다.

10

정답 ②

혁명적 노동조합과 혁명적 농민조합 운동은 민족 개량주의자들을 주요 타격 대상으로 삼는 등 좌편향의 한계를 드러내기도 했다.

11

정답 ④

반공을 우선시하던 이승만 정부의 소극적인 태도와 미군정 당국의 처벌 반대, 우익 단체의 비협력 등으로 친일파 처벌은 소기의 성과를 거두지 못하였다.

12

정답 ③

YH 무역 사건은 저임금과 장시간 노동을 배경으로 일어났으며, 신민당사에서 농성하던 가발 공장 여성 노동자 1명이 진압 과정에서 숨진 사건이다.

13

정답 ③

(가)는 부여, (나)는 고구려에 대한 설명이다. 절도자를 12배로 처벌하는 1책 12법은 부여와 고구려의 공통점이다.

오답분석
① 고구려, ② 동예, ④ 옥저

14

정답 ②

근초고왕은 고구려의 평양성까지 쳐들어가 '고국원왕'을 전사시켰다.

15

제시문은 대한국 국제(1899)의 제1조이다. 즉, 대한제국에서 추진한 광무개혁의 내용을 묻는 문제이다. 군국기무처는 제1차 갑오개혁(1894) 당시 초기 개화정책을 실시했던 기구이다.

오답분석

① 상무사는 외국상인으로부터 상권을 보호하고자 시전과 보부상단을 통합한 것이다.
② 대한제국은 근대적 토지소유권의 확립, 지세수입 확보를 위해 양지아문, 지계아문을 설치하여 양전지계사업을 실시하였다.
③ 대한제국 시기에 외국어학교 규칙이 제정되어 외국어학교들이 설립되었다.

16

정답 ④

제시문은 발해에 대한 설명이다. 발해와 신라의 교류 사실을 알 수 있는 교통로인 신라도는 8세기경에 개설되었다.

오답분석

① 발해의 수출품은 말과 모피 등이었다.
② 발해는 926년 거란의 침략으로 멸망하였다.

17

정답 ④

암태도 소작쟁의(1923)는 악덕 지주를 상대로 7할 이상의 소작료를 인하해 줄 것을 요구한 대표적인 소작쟁의이다. 1년여의 끈질긴 투쟁 끝에 소작료를 4할로 인하하는 데 성공하였다.

18

정답 ④

ⓒ 해동 천태종을 창시하여 불교계를 통합하고, 폐단을 없애려 했던 의천이 죽은 뒤 교단은 다시 분열되어 귀족 중심의 불교가 지속되게 되었다.
ⓔ 요세는 백련사 결사운동을 통해 자신의 행동을 진정으로 참회하는 법화사상, 정토신앙을 강조하였다.

오답분석

㉠ 지눌은 조계종을 창시한 승려이다. 선종 중심으로 교종을 포용하는 선교일치를 주장한 것은 옳다.
ⓛ 유·불일치설을 주장한 승려는 지눌의 제자인 혜심이다.

19

정답 ④

제시문은 일제가 1920년 착수하여 1935년에 중단한 산미증식계획에 관한 설명이다. 일제가 일본 독점자본의 진출을 위해 회사령을 폐지한 것은 1920년이다.

오답분석

①·②·③ 1930년대 후반부터 추진한 민족말살정책에 관한 것이다.

20

정답 ④

밑줄 친 왕은 고려 시대 광종이다. 광종은 황제를 칭하고 독자적인 연호(광덕, 준풍)를 사용하는 '칭제건원'을 통해 왕권을 강화하였다.

오답분석

① 2성 6부의 중앙관제가 마련된 것은 성종 때이다.
② 교정도감은 무신 최충헌이 설치하였다.
③ 태조 왕건에 대한 설명이다.

PART 3

최종점검 모의고사
정답 및 해설

제1회 모의고사

제2회 모의고사

| 01 | 직무능력

01	02	03	04	05	06	07	08	09	10	11	12	13	14	15	16	17	18	19	20
④	①	②	①	④	③	②	①	①	②	③	②	②	④	③	①	③	②	①	①
21	22	23	24	25	26	27	28	29	30	31	32	33	34	35	36	37	38	39	40
①	④	②	③	②	①	②	③	③	①	②	④	④	②	②	③	①	②	④	③

01
정답 ④

같은 전기력선끼리는 서로 끌어당기지 않고 반발한다.

02
정답 ①

쿨롱의 법칙
정지해 있는 두 개의 점전하 사이에 작용하는 힘은 거리의 제곱에 반비례하고 두 전하량 곱의 비례한다.

03
정답 ②

콘덴서는 직렬이 아닌 병렬로 연결할수록 합성 정전용량이 커진다.
- 직렬 합성 정전용량 : $C_T = \dfrac{1}{\dfrac{1}{C_1} + \dfrac{1}{C_2}} = \dfrac{C_1 \times C_2}{C_1 + C_2}$
- 병렬 합성 정전용량 : $C_T = C_1 + C_2$

04
정답 ①

전류가 일정하면 자기장도 일정하므로 $B = \mu_0 \mu_s H$이다. 따라서 자속 밀도는 비투자율에 비례한다.

05
정답 ④

KEC 113(안전을 위한 보호)
- 감전에 대한 보호
  - 기본보호
  - 고장보호
- 열영향에 대한 보호
- 과전류에 대한 보호
- 고장전류에 대한 보호

- 과전압, 전자기 장애에 대한 대책
- 전원공급 중단에 대한 보호

06

정답 ③

KEC 111(총칙)

크기 \ 종류	교류	직류
저압	1kV 이하	1.5kV 이하
고압	1kV 초과 7kV 이하	1.5kV 초과 7kV 이하
특고압	7kV 초과	

07

정답 ②

KEC 223.1 / 334.1(지중전선로의 시설)

- 사용전선 : 케이블, 트라프를 사용하지 않을 경우는 CD(콤바인덕트)케이블을 사용한다.
- 매설방식 : 직접 매설식, 관로식, 암거식(공동구)
- 직접 매설식의 매설 깊이 : 트라프 기타 방호물에 넣어 시설

장소	차량, 기타 중량물의 압력이 우려	기타
깊이	1.2m 이상	0.6m 이상

08

정답 ①

KEC 123(전선의 접속법)

- 전선의 전기저항을 증가시키지 않도록 접속할 것
- 전선의 세기(인장하중)를 20% 이상 감소시키지 않을 것
- 도체에 알루미늄 전선과 동 전선을 접속하는 경우에는 접속 부분에 전기적 부식이 생기지 않도록 할 것
- 절연전선 상호·절연전선과 코드, 캡타이어케이블 또는 케이블과 접속하는 경우 : 코드 접속기나 접속함 기타의 기구를 사용할 것
- 두 개 이상의 전선을 병렬로 사용하는 경우 : 각 전선의 굵기는 동선 50mm^2 이상 또는 알루미늄 70mm^2 이상으로 할 것

09

정답 ①

KEC 121.2(전선의 식별)

상(문자)	색상
L1	갈색
L2	흑색
L3	회색
N	청색
보호도체	녹색 – 노란색

10

정답 ②

R_1과 R_2는 직렬 접속이므로 R_1과 R_2의 합성 저항 $R_{12}=R_1+R_2=10+20=30\,\Omega$이다.

따라서 $R_{ab}=\dfrac{1}{\dfrac{1}{R_{12}}+\dfrac{1}{R_3}}=\dfrac{R_{12}R_3}{R_{12}+R_3}=\dfrac{30\times30}{30+30}=15\,\Omega$이다.

11

정답 ③

전력 $P=\dfrac{V^2}{R}$으로 저항에 반비례한다. 직렬일 때의 전체 저항은 $2R$이고, 병렬일 때의 전체 저항은 $\dfrac{R}{2}$이므로 직렬 전체 저항은 병렬 전체저항의

4배이다. 따라서 직렬일 때의 전력은 병렬일 때의 전력보다 $\dfrac{1}{4}$로 줄어든다.

12

정답 ②

전속밀도 $\text{D}=\dfrac{Q}{S}=\dfrac{Q}{4\pi r^2}=\epsilon\text{E}[\text{C/m}^2]$이므로 $\text{E}=\dfrac{D}{\epsilon}[\text{V/m}]$를 이용하여 전기장의 세기를 구할 수 있다. 물체의 유전율 $\epsilon=\epsilon_0\epsilon_s$이므로 진공유전율

(ϵ_0)과 비유전율(ϵ_s)의 곱이다. 진공유전율의 값은 8.85×10^{-12}이므로 $\epsilon=\epsilon_0\epsilon_s=8.85\times10^{-12}\times2.5=22.125\times10^{-12}\,\text{C}^2/\text{N}\cdot\text{m}^2$이다.

따라서 전기장의 세기 $\text{E}=\dfrac{D}{\epsilon}=\dfrac{2\times10^{-6}\text{C/m}^2}{22.125\times10^{-12}\text{C}^2/\text{N}\cdot\text{m}^2}\fallingdotseq9\times10^4\,\text{V/m}$이다.

13

정답 ②

자속 밀도 $B=\dfrac{\Phi_m}{A}$이므로 $\Phi_m=\dfrac{E_1}{4.44fN_1}=\dfrac{60}{4.44\times60\times200}=1.126\times10^{-3}$이다.

따라서 자속 밀도 $B=\dfrac{1.126\times10^{-3}}{10\times10^{-4}}=1.126\text{Wb/m}^2$이다.

14

정답 ④

KEC 122.4(저압케이블)
- 0.6/1kV 연피케이블
- 클로로프렌외장케이블
- 비닐외장케이블
- 폴리에틸렌외장케이블
- 무기물 절연케이블
- 금속외장케이블
- 선박용 케이블
- 엘리베이터용 케이블
- 저독성 난연 폴리올레핀외장케이블
- 용접용 케이블
- 300/500V 연질 비닐시스케이블

15
정답 ③

KEC 131(전로의 절연 원칙) - 전로의 절연을 생략하는 경우
- 저압 전로에 접지공사를 하는 경우의 접지점
- 전로의 중성점에 접지공사를 하는 경우의 접지점
- 계기용 변성기의 2차측 전로에 접지공사를 하는 경우의 접지점
- 저압 가공전선의 특고압 가공전선과 동일 지지물에 시설되는 부분에 접지공사를 하는 경우의 접지점
- 중성점이 접지된 특고압 가공선로의 중성선에 따라 다중접지를 하는 경우의 접지점
- 저압 전로와 사용전압이 300V 이하의 저압 전로를 결합하는 변압기의 2차측 전로에 접지공사를 하는 경우의 접지점
- 직류계통에 접지공사를 하는 경우의 접지점

16
정답 ①

KEC 222.2 / 331.11(지선의 시설)

안전율	2.5 이상(목주나 A종 : 1.5 이상)
구조	4.31kN 이상, 3가닥 이상의 연선
금속선	2.6mm 이상(아연도강연선 2.0mm 이상)
아연도금철봉	지중 및 지표상 0.3m까지
도로횡단	5m 이상(교통 지장 없는 장소 : 4.5m)
기타	철탑은 지선으로 그 강도를 분담시키지 않을 것

17
정답 ③

KEC 331.6(풍압하중의 종별과 적용)
갑종 : 고온계에서의 구성재의 수직 투영면적 $1m^2$에 대한 풍압을 기초로 계산

풍압을 받는 구분			풍압하중
지지물	목주, 철주, 철근 콘크리트주	원형	588Pa
	철주	3각	1,412Pa
		4각	1,117Pa
	철근 콘크리트주	원형 이외	882Pa
	철탑	단주(기타)	1,117Pa
		강관	1,255Pa
전선, 기타 가섭선	다도체		666Pa
	단도체		745Pa
	특고압 애자장치		1,039Pa

18
정답 ②

KEC 222.8 / 332.7(저·고압 가공전선로의 지지물의 강도), 333.10(특고압 가공전선로의 목주 시설)
목주의 풍압하중에 대한 안전율(저압 : 1.2, 고압 : 1.3, 특고압 : 1.5)

19

(A) 렌츠의 법칙 : 유도전류에 의한 자기장은 자속의 변화를 방해하는 방향으로 진행한다.

(B) 플레밍의 왼손법칙 : 전동기의 회전방향을 결정한다.

(C) 패러데이의 유도법칙 : $e = -L\dfrac{di}{dt} = -N\dfrac{d\phi}{dt}$ 이다.

20

유기기전력은 $e = L\dfrac{di}{dt}$ [V]이므로 $L = \dfrac{e \times dt}{di}$ [H] $= \dfrac{20 \times 0.1}{16} = 0.125$H이다.

21

Y결선 ⇒ △결선으로 변형 시

• 상전압 $V_p = \dfrac{V_l}{\sqrt{3}} = \dfrac{20}{\sqrt{3}}$ kV

• 선전류 $I_l = \sqrt{3}\,I_p = \sqrt{3} \times 6 = 6\sqrt{3}$ A

22

총 소선수 N=1+3n(n+1)이며, n은 층수를 의미한다. 따라서 전체 소선수는 N=1+3×3×(3+1)=37개이다.

23

KEC 112(용어 정의)

전기철도용 급전선은 전기철도용 변전소로부터 다른 전기철도용 변전소 또는 전차선에 이르는 전선이다.

24

KEC 112(용어 정의)

관등회로는 방전등용 안정기(변압기 포함)로부터 방전관까지의 전로이다.

25

KEC 112(용어 정의)

• 제1차 접근상태 : 가공전선이 다른 시설물과 접근하는 경우에 가공전선이 다른 시설물의 위쪽 또는 옆쪽에서 수평거리로 가공전선로의 지지물의 지표상 높이에 상당하는 거리 안에 시설된 상태(수평거리로 3m 미만인 곳에 시설되는 것을 제외)

• 제2차 접근상태 : 가공전선이 다른 시설물과 접근하는 경우에 가공전선이 다른 시설물의 위쪽 또는 옆쪽에서 수평거리로 3m 미만인 곳에 시설된 상태

26

KEC 333.5(특고압 가공전선과 지지물 등의 이격거리)

사용전압	이격거리[m]
15kV 미만	0.15
15kV 이상 25kV 미만	0.2
25kV 이상 35kV 미만	0.25
35kV 이상 50kV 미만	0.3
50kV 이상 60kV 미만	0.35
60kV 이상 70kV 미만	0.4
70kV 이상 80kV 미만	0.45
80kV 이상 130kV 미만	0.65
130kV 이상 160kV 미만	0.9
160kV 이상 200kV 미만	1.1
200kV 이상 230kV 미만	1.3
230kV 이상	1.6

27

정답 ②

KEC 222.6 / 332.4(고압 가공전선의 안전율)
• 경동선, 내열 동합금선 : 2.2 이상
• 기타 전선 : 2.5 이상

28

정답 ③

전압 변동률 $\epsilon = \dfrac{V_0 - V_n}{V_n} \times 100 = \dfrac{242\text{V} - 220\text{V}}{220\text{V}} \times 100 = 10\%$ 이다.

29

정답 ③

$E = 4.44 f w K_w \left(f = \dfrac{p N_s}{120} = 60\text{Hz} \right) = 4.44 \times 60 \times 100 \times 1 \times 0.062 \fallingdotseq 1,652\text{V}$

30

정답 ①

Y-Y결선에 중성점을 접지할 경우, 외부로 제3고조파 전류가 흐르고 이로 인해 통신 유도장해가 발생할 수 있다.

3상 결선 방식의 특징
• △ - △결선 : 3대 중 1대가 고장나도 나머지 2대를 V결선하여 송전할 수 있다. 고조파 전압이 발생하지 않아 통신선에 장애를 일으키지 않는다.
• △ - Y결선 : 낮은 전압을 높은 전압으로 올릴 때 사용한다.
• Y - Y결선 : 중성점 접지가 가능하다. 권선전압이 선간전압의 $\dfrac{1}{\sqrt{3}}$ 이 되므로 절연이 쉽다. 고조파 전류가 흘러 통신선에 장애를 일으킨다.
• Y - △결선 : 높은 전압을 낮은 전압으로 낮추는 데 사용한다.

31

정답 ②

피뢰기(LA; Lighting Arrester)는 전기시설에 침입하는 낙뢰에 의한 이상전압의 파고값을 감소시켜 기기를 절연 파괴에서 보호하는 장치이다.

오답분석

① 전력퓨즈(PF; Power Fuse) : 퓨즈에 과전류가 일정 시간 이상 흐를 때, 열에 의해 용단되어 전기회로를 개방하는 보호 장치이다.
③ 서지흡수기(SA; Serge Absorber) : 진공 차단기와 같은 큰 개폐서지로부터 기기를 보호하는 장치이다.
④ 컷아웃 스위치(COS; Cut Out Switch) : 과전류 발생 시 퓨즈홀더로부터 튀어나오는 변압기 보호와 개폐를 위한 장치이다.

32

정답 ④

유입차단기(OCB; Oil Circuit Breaker)는 대전류를 차단할 때 생기는 아크가 절연유 속에서는 쉽게 사라지는 점을 이용한 장치이며, 오일차단기라고도 한다.

오답분석

① 진공차단기(VCR; Vacuum Circuit Breaker) : 절연 내력이 매우 높은 것에 착안하여 진공 속에서 전로를 차단하는 장치이다.
② 기중차단기(ACB; Air Circuit Breaker) : 압축공기를 사용하여 아크를 끄는 전기개폐장치이다.
③ 자기차단기(MBB; Magnetic Blow-out circuit Breaker) : 교류 고압 기중 차단기로, 소호에 자기 소호를 응용한 장치이다.

33

정답 ④

방향 계전기는 전류나 전력의 방향을 식별해서 동작하는 계전기로, 사고점의 방향성을 가진 계전기이다.

34

정답 ②

수지식(가지식) 방식은 전압 변동이 크고 정전 범위가 넓다.

오답분석

① 환상식(루프) 방식은 전류 통로에 대한 융통성이 있어 전압 강하 및 전력 손실이 수지식보다 적다.
③ 뱅킹 방식은 전압 강하 및 전력 손실, 플리커 현상 등을 감소시킨다.
④ 망상식(네트워크) 방식은 무정전 공급이 가능하나, 네트워크 변압기나 네트워크 프로텍터 설치에 따른 설비비가 비싸다. 대형 빌딩가와 같은 고밀도 부하 밀집 지역에 적합한 방식이다.

35

정답 ②

전기자 반작용은 전기자 전류에 의한 자속이 계자 권선의 주자속에 영향을 주는 현상을 말한다.

36

정답 ③

역률 개선의 효과에는 전력손실 감소, 전압강하 감소, 설비용량의 효율적 운용, 투자비 경감이 있다. 감전사고 감소는 접지의 효과에 해당한다.

37

정답 ①

패러데이의 전자 유도 법칙(Faraday's Law of Electromagnetic Induction)에 의하여 유기기전력의 크기는 코일을 지나는 자속의 매초 변화량과 코일의 권수에 비례한다.

38

철심을 규소 강판으로 성층하는 주된 이유는 철손을 감소시키기 위함이며, 철손은 와류손(맴돌이전류손)과 히스테리시스손의 합을 말한다.

39

정답 ④

균압환은 중권에서 공극의 불균일에 의한 전압 불평형 발생 시 흐르는 순환전류가 생기지 않도록 하려고 설치한다.

40

정답 ③

$$N = K(\text{기계정수}) \times \frac{E}{\varPhi}, \ \ E = V - I_a R_a, \ \ N = K \times \frac{V - R_a I_a}{\varPhi}$$

식에서 N을 $\frac{1}{2}$로 하기 위해서 $\varPhi$는 2가 되어야 하므로 계자 자속을 2배로 해야 한다.

| 02 | 상식

41	42	43	44	45	46	47	48	49	50										
①	③	②	①	③	④	④	③	④	②										

41

정답 ①

밑줄 친 왕은 고려 말 공민왕이다. 공민왕은 성균관을 순수한 유교 교육기관으로 개편하고 유교 교육을 강화하였다.

오답분석

② 문헌공도(9재 학당)를 세운 최충이 활약한 시기는 고려 문종 때이다.
③ 상감청자는 12세기 중엽에 생산되기 시작하여 원간섭기인 13세기 후반에 퇴화하였다.
④ 민중의 미의식이 반영된 민화가 유행한 것은 조선 후기이다.

42

정답 ③

우리나라는 전기의 생산은 주로 남동부 지역에, 소비는 수도권 지역에 편중됨으로써 장거리 전력 수송을 위한 송전망이 필요하다. 이에 따라 한국전력공사는 전국을 거미줄처럼 연결하는 '다중환상망(Multi-loop)' 형식의 신뢰도 높은 송·변전 계통을 구축·운영하고 있다.

43

정답 ②

조선 시대 사화는 ㉠ 무오사화(1498, 연산군 4년) → ㉣ 갑자사화(1504, 연산군 10년) → ㉡ 기묘사화(1519, 중종 14년) → ㉢ 을사사화(1545, 명종 원년) 순서로 발생하였다.

44

조선 세종 때 편찬된 영농의 기본 지침서는 『농사직설』이다. 『농가집성』은 효종 때 신속이 편찬한 농서로 이앙법과 수전농법에 관한 내용이 실려 있다.

오답분석

② 간의대는 세종 때 서운관에서 경복궁 내에 설립한 천문대이며 간의, 혼천의와 같은 천문관측기구들을 사용하였다.

45

한국전력공사의 마스코트 명칭은 '에너지 보이(Energy Boy)'로, 한국전력공사의 대고객 서비스 정신을 상징하고 있다.

46

향청(향소)은 경재소가 혁파(1603)된 이후의 유향소를 지칭하는 용어이다. 향청은 지방 양반들로 조직되어 수령을 보좌하고 풍속을 바로잡고 향리를 규찰하는 기능을 강화하였다.

오답분석

① 의정부는 최고합의기구이며, 최고의 행정집행기관은 의정부가 아닌 6조이다. 또한, 조선 후기로 갈수록 비변사의 강화로 의정부의 실권은 약해진다.
② 사헌부에 관련된 설명이다. 홍문관은 성종 때 설치되어 경연을 담당하고, 경적을 관리하는 학술 업무를 담당하였다.
③ 사헌부와 사간원을 대간이라고 불렀으며 이들은 서경권을 행사하였다. 예문관은 교서 · 사초작성, 실록 편찬의 업무를 담당하였고, 춘추관은 시정을 기록하는 관청이었다.

47

제시문은 조선 시대 과거인 문과에 대한 설명이다. 조선 시대 재가녀의 자손과 중죄인의 자손, 서얼 등은 과거에 응시할 수 없었다.

오답분석

① 과거의 정기시험인 식년시는 3년마다 실시되었다.
② 문과에서 33명의 합격자를 결정하는 시험은 복시였다.
③ 조선 시대 백정은 도살업자로 천민에 속하였으므로 과거에 응시할 수 없었다. 백정이 양인 신분으로 과거에 응시할 수 있었던 것은 고려 시대이다.

48

(가)는 이황, (나)는 이이에 대한 설명이다. 이황의 학문은 일본 성리학 발전에 영향을 주었다.

49

한국전력공사의 심벌마크에서 2개 원의 결합은 무한궤도의 영원성을 시각적으로 표현한 것으로, '믿음과 사랑받는' 한국전력공사의 불멸성을 상징하고 있다.

50

제시문은 통일신라 승려 의상이 창건한 영주 부석사에 대한 설명이다. 부석사에는 신라 양식을 계승한 소조아미타여래좌상이 있다.

오답분석

① 고려 시대에 조성한 거대한 미륵보살입상이 있는 곳은 논산 관촉사이다.
③ 지눌이 수선사 결사운동을 전개한 곳은 순천 송광사이다.
④ 『직지심체요절』이 간행된 곳은 청주 흥덕사이다.

| 01 | 직무능력

01	02	03	04	05	06	07	08	09	10	11	12	13	14	15	16	17	18	19	20
②	②	③	②	③	③	①	④	①	④	④	②	②	③	④	④	②	④	③	①

21	22	23	24	25	26	27	28	29	30	31	32	33	34	35	36	37	38	39	40
①	③	①	④	①	③	④	③	②	①	④	③	④	④	①	②	③	③	③	④

01
정답 ②

동기 발전기의 병렬운전 시 기전력의 크기는 같아야 하지만 다를 경우 무효순환전류가 흐른다. 이 때문에 전기자 반작용으로 고압 측에 감자작용이 일어나고, 전기자 권선에 저항 손실만 증가하여 권선이 가열된다.

02
정답 ②

변압기유의 구비조건은 절연내력과 냉각효과가 크고, 절연유는 고온에서 화학 반응을 일으키면 안 된다. 또한, 침식이나 침전물이 생기지 않고, 응고점은 낮고 발화점이 높아야 하며, 산화되지 않아야 한다.

03
정답 ③

지락은 전기 회로를 동선(銅線) 따위의 도체로 땅과 연결하는 것이다. 회로와 땅의 전위를 동일하게 유지함으로써 이상 전압의 발생으로부터 기기를 보호하여 인체에 대한 위험을 방지한다. 누전차단기는 지락을 통해 감전, 누전화재 등으로부터 전기설비와 전기기기를 보호한다.

04
정답 ②

전지의 용량은 10Ah이며, 6개를 직렬로 접속하면 전압은 높아지지만 전류는 일정하므로 전지의 용량은 같다.

05
정답 ③

KEC 222.9 / 332.8(저·고압 가공전선 등의 병행설치), 333.17(특고압 가공전선과 저·고압 가공전선의 병행설치)

구분	고압	35kV 이하	35kV 초과 60kV 이하	60kV 초과
저압·고압(케이블)	0.5m 이상(0.3m)	1.2m 이상(0.5m)	2m 이상(1m)	2m(1m)+N×0.12m
기타	• 35kV 이하 - 상부에 고압측을 시설하며 별도의 완금에 시설할 것 • 35 ~ 100kV 이하의 특고압 - $N=\dfrac{(60\text{kV 초과})}{10\text{kV}}$(반드시 절상하여 계산) - 21.67kN 금속선, 50mm² 이상의 경동연선			

06

정답 ③

KEC 242.7(터널, 갱도 기타 이와 유사한 장소) – 사람이 상시 통행하는 터널 안의 배선의 시설

• 사용전압이 저압의 것에 한한다.
• 합성수지관배선, 금속관배선, 가요전선관배선, 케이블배선, 애자사용배선
• 공칭단면적 2.5mm² 의 연동선과 동등 이상의 세기 및 굵기의 절연전선(옥외용 비닐절연전선 및 인입용 비닐절연전선을 제외)
• 노면상 2.5m 이상의 높이로 할 것
• 전로에는 터널의 입구에 가까운 곳에 전용 개폐기를 시설할 것

07

정답 ①

KEC 222.11 / 332.11(저 · 고압 가공전선 이격거리)

구분		저압 가공전선			고압 가공전선		
		일반	고압 절연	케이블	일반	고압 질연	케이블
상부 조영재	상방	2m	1m		2m	–	1m
	측 · 하방 기타 조영재	1.2m	0.4m		1.2m	–	0.4m

08

정답 ④

KEC 333.23(특고압 가공전선과 건조물의 접근)

구분			35kV 이하의 가공전선			35kV 초과의 가공전선
			일반	특고압 절연	케이블	
건조물	상부 조영재	상방	3m	2.5m	1.2m	(표준)＋N＝(표준)＋(35kV 초과분/10kV) ×0.15m
		측 · 하방 기타 조영재	3m	1.5m	0.5m	

09

정답 ①

KEC 221.1(구내인입선) – 저압 연접인입선의 시설

• 인입선에서 분기하는 점으로부터 100m를 초과하는 지역에 미치지 않을 것
• 폭 5m를 초과하는 도로를 횡단하지 않을 것
• 옥내를 통과하지 않을 것

10

정답 ④

그림은 단상 전파 정류 회로이므로, E_d＝0.9E＝9이다. 따라서 전류 $I_d = \dfrac{E_d}{R} = \dfrac{9}{5,000} = 1.8\text{mA}$이다.

11

정답 ④

I_m＝3.14A이므로 $I_{av} = \dfrac{2 \cdot I_m}{\pi} = \dfrac{2 \times 3.14}{3.14} = 2\text{A}$

12

$N=(1-s)N_s$ 에서

$N_s = \dfrac{120f}{p} = \dfrac{120 \times 50}{4} = 1,500 \text{rpm}$

$\therefore N=(1-0.04) \times 1,500 = 1,440 \text{rpm}$

13

중첩의 정리는 다수의 기전력을 포함한 선형 회로망 중의 임의의 점에서 전류는 각 기전력이 단독으로 그 점에 흐르게 하는 전류의 총합과 같다는 원리이다.

[오답분석]

① 테브난의 정리 : 전압원과 저항의 회로가 테브난 등가로 변환될 수 있음을 설명하는 이론으로, 회로 분석에서 단순화 기술로 사용된다.
③ 노튼의 정리 : 테브난의 정리를 확장한 것으로, 노튼의 정리에 따르면 두 개의 단자를 지닌 전압원, 전류원, 저항의 어떠한 조합이라도 이상적인 전류원 I와 병렬저항 R로 변환하여 전기적 등가를 설명할 수 있다.
④ 헤르츠의 정리 : 전자기파를 실험적으로 입증한 것과 관련된 정리이다.

14

KEC 241.16(전기부식방지 시설) – 전기부식방지 회로의 전선 중 지중에 시설하는 부분
- 공칭단면적 4.0mm^2의 연동선 또는 이와 동등 이상의 세기 및 굵기의 것일 것(단, 양극에 부속하는 전선은 공칭단면적 2.5mm^2 이상의 연동선 또는 이와 동등 이상의 세기 및 굵기의 것을 사용할 수 있음)
- 450/750V 일반용 단심 비닐절연전선 · 클로로프렌 외장 케이블 · 비닐외장 케이블 또는 폴리에틸렌 외장 케이블일 것
- 전선을 직접 매설식에 의하여 시설하는 경우에는 차량 기타의 중량물의 압력을 받을 우려가 있는 곳에서는 1.2m 이상, 기타의 곳에서는 0.3m 이상(단, 차량 기타의 중량물의 압력을 받을 우려가 없는 곳은 0.6m 이상)
- 입상 부분의 전선 중 깊이 0.6m 미만인 부분은 사람이 접촉할 우려가 없고, 손상을 받을 우려가 없도록 적당한 방호장치를 할 것

15

KEC 333.23(특고압 가공전선과 건조물의 접근)
전선 높이가 최저상태일 때 가공전선과 건조물 상부(지붕 · 차양 · 옷 말리는 곳 기타 사람이 올라갈 우려가 있는 개소를 말한다)와의 수직거리가 28m 이상일 것

16

KEC 223.1 / 334.1(지중전선로의 시설)
- 사용전선 : 케이블, 트라프를 사용하지 않을 경우는 CD(콤바인덕트)케이블을 사용한다.
- 매설방식 : 직접 매설식, 관로식, 암거식(공동구)
- 직접 매설식의 매설 깊이 : 트라프 기타 방호물에 넣어 시설

장소	차량, 기타 중량물의 압력	기타
깊이	1.2m 이상	0.6m 이상

17

KEC 223.5 / 334.5(지중약전류전선에의 유도장해 방지)
지중전선로는 기설 지중약전류전선로에 대하여 누설전류 또는 유도작용에 의하여 통신상의 장해를 주지 않도록 기설 약전류전선로로부터 충분히 이격시키거나 기타 적당한 방법으로 시설하여야 한다.

18

정답 ④

KEC 203.1(계통접지 구성) – 저압전로의 보호도체 및 중성선의 접속 방식에 따라 접지계통의 분류
- TN계통
- TT계통
- IT계통

19

정답 ③

테브난의 정리에 의하여 부하에 흐르는 전류 $I = \dfrac{V_{ab}}{R_0 + R}$ 이므로, 전류 $I = \dfrac{50}{5+15} = 2.5$A이다.

V_{ab} : R을 제거하였을 때 a, b단자 간에 나타나는 기전력

R_0 : 회로망의 전기 전력을 제거 단락하고 A, B에서 본 회로망의 등가 저항

20

정답 ①

병렬 연결 시 가장 적은 저항값을 얻는다.

같은 값의 저항 N개를 병렬 연결 시 합성 저항 $R_0 = \dfrac{R}{N} = \dfrac{150}{5} = 30\,\Omega$

21

정답 ①

$$Z = \dfrac{1}{\sqrt{\left(\dfrac{1}{R}\right)^2 + \left(\dfrac{1}{\omega L}\right)^2}} = \dfrac{1}{\sqrt{\left(\dfrac{1}{3}\right)^2 + \left(\dfrac{1}{4}\right)^2}}$$

$$A = \dfrac{1}{\sqrt{\dfrac{3^2 + 4^2}{3^2 \times 4^2}}} = 3 \times \dfrac{4}{\sqrt{3^2 + 4^2}} = \dfrac{12}{5} = 2.4\,\Omega$$

22

정답 ③

교류 파형에서 파고율은 최댓값을 실횻값으로 나눈 값이며, 파형률은 실횻값을 평균값으로 나눈 값이다. 파고율과 파형률 모두 1인 파형은 구형파이다.

23

정답 ①

임피던스 $Z = \sqrt{R^2 + (X_L - X_C)^2}$ (X_L : 유도 리액턴스, X_C : 용량 리액턴스)

$Z = \sqrt{4^2 + (5-2)^2} = 5$

$\therefore$ 역률 $\cos\theta = \dfrac{R}{Z} = \dfrac{4}{5} = 0.8$

24

정답 ④

KEC 112(용어 정의)
지중관로란 지중전선로·지중약전류전선로·지중광섬유케이블선로·지중에 시설하는 수관 및 가스관과 기타 이와 유사한 것 및 이들에 부속하는 지중함 등이다.

25

정답 ①

KEC 224.1 / 335.1(터널 안 전선로의 시설)

구분	사람 통행이 없는 경우		사람 상시 통행
	저압	고압	저압과 동일
공사 방법	합성수지관, 금속관, 가요관, 애자, 케이블	케이블, 애자	케이블
전선	2.30kN 이상 절연전선, 2.6mm 이상 경동선	5.26kN 이상 절연전선, 4.0mm 이상 경동선	특고압 시설 불가
높이	노면·레일면 위		
	2.5m 이상	3m 이상	

26

정답 ③

KEC 221.1(구내인입선) – 저압 가공인입선

인장강도 2.30kN 이상의 것 또는 지름 2.6mm 이상의 인입용 비닐절연전선(경간이 15m 이하인 경우는 인장강도 1.25kN 이상의 것 또는 지름 2mm 이상의 인입용 비닐절연전선)을 사용. 도로 횡단 시 노면상 5m 이상, 철도 횡단 시 6.5m 이상, 횡단보도교 위에 시설하는 경우 3m 이상, 일반 장소 4m 이상, 교통에 지장이 없는 경우 2.5m 이상의 높이에 시설한다.

27

정답 ④

KEC 203.4(IT계통)

• 충전부 전체를 대지로부터 절연시키거나 한 점을 임피던스를 통해 대지에 접속시킨다. 전기설비의 노출도전부를 단독 또는 일괄적으로 계통의 PE도체에 접속시킨다. 배전계통에서 추가접지가 가능하다.
• 계통은 충분히 높은 임피던스를 통하여 접지할 수 있다. 이 접속은 중성점, 인위적 중성점, 선도체 등에서 할 수 있다. 중성선은 배선할 수도 있고, 배선하지 않을 수도 있다.

28

정답 ③

KEC 212.4(과부하전류에 대한 보호) – 도체와 과부하 보호장치 사이의 협조

• $I_B \leq I_n \leq I_Z$
• $I_2 \leq 1.45 I_Z$
  - I_B : 회로의 설계전류
  - I_Z : 케이블의 허용전류
  - I_n : 보호장치의 정격전류
  - I_2 : 보호장치가 규약시간 이내에 유효하게 동작하는 것을 보장하는 전류

29

정답 ②

평행판 콘덴서의 정전용량 $C = \dfrac{\varepsilon A}{d}[\text{F}]$

• 면적을 크게 하면 커패시턴스 증가
• 거리를 짧게 하면 커패시턴스 증가
• 병렬로 연결하면 커패시턴스 증가
• 유전율이 작으면 커패시턴스 감소

30

정답 ①

사인 함수에 대한 무한급수는 푸리에 급수이다.

31

정답 ④

저압 : 직류 1.5kV 이하, 교류 1kV 이하
고압 : 직류 1.5kV 초과 7kV 이하, 교류 1kV 초과 7kV 이하
특고압 : 7kV 초과

32

정답 ③

일정한 운동 에너지를 가지고 등속 원운동한다.

33

정답 ④

가공전선 지지물의 기초강도는 주체(主體)에 가해지는 곡하중(曲荷重)에 대하여 안전율은 2 이상으로 하여야 한다.

34

정답 ④

고압 가공전선로의 지지물을 철탑으로 사용하는 경우 경간은 600m 이하로 해야 한다.

지지물 종류에 따른 경간
• 목주, A종 철주 또는 A종 철근 콘크리트주 : 150m 이하
• B종 철주 또는 B종 철근 콘크리트주 : 250m 이하
• 철탑 : 600m 이하

35

정답 ①

KEC 222.10 / 332.9 / 332.10 / 333.1 / 333.21 / 333.22(가공전선로 및 보안공사 경간)

구분	표준경간	시가지	보안공사		
			저·고압	제1종 특고압	제2, 3종 특고압
목주 / A종 철주	150m	75m(목주 불가)	100m	목주 불가	100m
B종 철주	250m	150m	150m	150m	200m
철탑	600m	400m	400m	400m(단주 300m)	
표준경간 적용	• 저압 보안공사 : 22mm²인 경우 • 고압 보안공사 : 38mm²인 경우 • 제1종 특고압 보안공사 : 150mm²인 경우 • 제2, 3종 특고압 보안공사 : 95mm²인 경우 – 목주 / A종 : 제2종(100m), 제3(150m)				

기타	• 고압(25mm²), 특별 고압(50mm²)인 경우
	  – 목주·A종 : 300m 이하
	  – B종 : 500m 이하				

36

정답 ②

저압 옥내배선의 전선은 다음 중 하나에 적합한 것을 사용하여야 한다.

- 굵기 2.5mm² 이상의 연동선 또는 이와 동등 이상의 강도 및 굵기의 것
- 굵기 1mm² 이상의 미네랄인슐레이션케이블

37

정답 ③

교통신호등 회로의 사용 전압이 150V를 초과하는 경우에는 지락 발생 시 자동적으로 전로를 차단하는 장치를 시설해야 한다.

38

정답 ③

KEC 351.4(특고압용 변압기의 보호장치)

뱅크용량의 구분	동작 조건	장치의 종류
5,000kVA 이상 10,000kVA 미만	변압기 내부고장	자동차단장치 또는 경보장치
10,000kVA 이상	변압기 내부고장	자동차단장치
타냉식 변압기	냉각장치 고장, 변압기 온도가 현저히 상승	경보장치

39

정답 ③

교류 배전반에서 전류가 많이 흘러 전류계를 직접 주회로에 연결할 수 없을 때 사용하는 기기는 계기용 변류기로, 높은 전류를 낮은 전류로 바꾸기 위해 많이 사용한다.

오답분석

① 전류 제한기 : 미리 정한 값 이상의 전류가 흘렀을 때 일정 시간 내의 동작으로 정전시키기 위한 장치이다.
② 계기용 변압기 : 계측기와 같은 기기의 오작동을 방지하기 위해 높은 전압을 낮은 전압으로 변화시켜 공급하는 변압기이다.
④ 전류계용 절환 개폐기 : 1대의 전류계로 3선의 전류를 측정하기 위하여 사용하는 절환 개폐기이다.

40

정답 ④

KEC 111(총칙)

크기 \ 종류	교류	직류
저압	1kV 이하	1.5kV 이하
고압	1kV 초과 7kV 이하	1.5kV 초과 7kV 이하
특고압	7kV 초과	

41	42	43	44	45	46	47	48	49	50										
②	④	②	①	①	④	④	②	③	④										

41

정답 ②

오답분석

① 관학파는 성리학 이외의 학문도 포용하였다.
③ 이이는 이(理)보다는 기(氣)를 중심으로 세계를 이해하였고, 불교와 노장 사상에 개방적 태도를 보였다.
④ 주기론은 다방면에 걸친 개혁을 주장하였다.

42

정답 ④

765kV 송·변전 설비사업 효과
• 대규모 전력 수송 용이(345kV의 약 3.4배)
• 건설에 필요한 소요 용지 최소화
• 전력 손실 감소(345kV의 20%)
• 국내 전력 분야 기술도약으로 국제경쟁력 향상
• 고전압 대전력기술 분야의 선진국 진입
• 전력계통의 안정도 향상

43

정답 ②

발해는 8세기 중반부터 당의 문화를 적극적으로 수용하였다. 3성 6부의 중앙정치기구, 수도인 상경용천부의 도시 구조가 당의 수도인 장안과 유사한 점, 관료제도 및 관복제도 등 당의 문화를 상당 부분 수용한 면모를 보여주고 있다.

오답분석

④ 장보고는 당의 산둥 반도에 법화원을 세워 해외 포교원의 역할을 담당하였을 뿐만 아니라 본국인 신라와의 연락기관 역할도 하였다.

44

정답 ①

방곡령은 함경도·황해도·충청도 등지의 지방관이 곡물의 유출을 막기 위해 내렸던 조치이다. 특히 함경도 관찰사 조병식은 개정된 조·일 통상 장정에 따라 1개월 전에 외교 담당 관청에 통고하고 방곡령을 실시하였다(1889).

45

정답 ①

제시문은 고려 시대 광종의 업적에 대해 설명하고 있다. 광종은 쌍기의 건의로 과거제를 실시하였다.

오답분석

② 12목을 설치하고 지방관을 파견한 것은 성종이다.
③ 사심관과 기인제도는 태조의 업적이다.
④ 신돈을 등용하여 전민변정도감을 설치한 것은 공민왕 때이다.

46

정답 ④

가혹한 식민지 정책에 반발한 전 민족적 민중 구국 운동으로 독립 운동의 방향에 전기를 마련했다. 3·1 운동은 민족의 저력을 국내외에 과시, 세계 여러 나라에 우리 민족의 독립 문제를 올바르게 인식시키는 계기를 마련했으며 아시아 및 중동 지역의 민족 운동에 영향을 주었다. 또한, 대한민국 임시정부가 수립되어 독립 운동을 조직적이고 체계적인 운동으로 발전시켰다.

47

정답 ④

한국전력공사의 핵심가치
• 미래지향(Future) : 우리는 먼저 미래를 준비하고 나아갑니다.
• 도전혁신(Innovation) : 우리는 먼저 변화와 혁신을 추구합니다.
• 고객존중(Respect) : 우리는 먼저 고객의 가치를 실천합니다.
• 사회적 가치(Social Value) : 우리는 먼저 사회와 환경을 생각합니다.
• 신뢰소통(Trust) : 우리는 소통을 통한 신뢰를 구축합니다.

48

정답 ②

공음전은 5품 이상의 관료에게 주어 세습이 허용된 제도로, 고려 전시과에 해당한다.

오답분석
① 과전법은 받은 사람이 죽거나 반역을 하면 국가에 반환하도록 정해져 있었으나 수신전, 휼양전은 그 예외로 세습이 가능하였다.
③ 세조는 관리의 토지 세습 등으로 지급할 토지가 부족하게 되자 국가의 재정확보와 중앙 집권화의 일환으로 직전법을 시행하였으며, 현직 관리에게만 토지를 지급하였다.
④ 성종은 지방 관청에서 그 해의 생산량을 조사하고 직접 수조권을 행사하여 세를 거두어 관리에게 다시 나누어 주는 방식의 관수관급제를 시행하였다.

49

정답 ③

농지개혁법은 농지개혁 전에 지주들이 토지를 임의 처분하여 개혁 대상 농지가 축소되었으며, 지주들이 받은 지가 증권의 현금화가 어려워 산업 자본 전환에 한계가 있었다.

50

정답 ④

일제가 독도를 불법적으로 시마네 현에 편입시킨 것은 러일전쟁 중인 1905년의 일이다.

오답분석
② 고려사 1권에 따르면 태조 13년(930) 우릉도(芋陵島, 울릉도)가 백길과 토두를 보내어 토산물을 바쳤다는 기록이 있다.

학습플래너

Date 202 . . .	D-5	공부시간 **3H50M**

◎ 사람으로서 할 수 있는 최선을 다한 후에는 오직 하늘의 뜻을 기다린다.

◎

◎

과목	내용	체크
직무능력	KEC 이론	○

MEMO

학습플래너

| Date | . . . | D- | 공부시간 | H M |

- ◎
- ◎
- ◎

과목	내용	체크

MEMO

〈절취선〉

Date	. . .	D-	공부시간	H M

◎

◎

◎

과목	내용	체크

MEMO

학습플래너

| Date . . . | D- | 공부시간 | H | M |

◎
◎
◎

과목	내용	체크

MEMO

필기전형 답안카드

문번					문번					문번				
1	①	②	③	④	21	①	②	③	④	41	①	②	③	④
2	①	②	③	④	22	①	②	③	④	42	①	②	③	④
3	①	②	③	④	23	①	②	③	④	43	①	②	③	④
4	①	②	③	④	24	①	②	③	④	44	①	②	③	④
5	①	②	③	④	25	①	②	③	④	45	①	②	③	④
6	①	②	③	④	26	①	②	③	④	46	①	②	③	④
7	①	②	③	④	27	①	②	③	④	47	①	②	③	④
8	①	②	③	④	28	①	②	③	④	48	①	②	③	④
9	①	②	③	④	29	①	②	③	④	49	①	②	③	④
10	①	②	③	④	30	①	②	③	④	50	①	②	③	④
11	①	②	③	④	31	①	②	③	④					
12	①	②	③	④	32	①	②	③	④					
13	①	②	③	④	33	①	②	③	④					
14	①	②	③	④	34	①	②	③	④					
15	①	②	③	④	35	①	②	③	④					
16	①	②	③	④	36	①	②	③	④					
17	①	②	③	④	37	①	②	③	④					
18	①	②	③	④	38	①	②	③	④					
19	①	②	③	④	39	①	②	③	④					
20	①	②	③	④	40	①	②	③	④					

※ 본 답안지는 마킹연습용 모의 답안지입니다.

필기 전형 답안 카드

문번	①	②	③	④	문번	①	②	③	④	문번	①	②	③	④	문번	①	②	③	④
1	①	②	③	④	21	①	②	③	④	41	①	②	③	④					
2	①	②	③	④	22	①	②	③	④	42	①	②	③	④					
3	①	②	③	④	23	①	②	③	④	43	①	②	③	④					
4	①	②	③	④	24	①	②	③	④	44	①	②	③	④					
5	①	②	③	④	25	①	②	③	④	45	①	②	③	④					
6	①	②	③	④	26	①	②	③	④	46	①	②	③	④					
7	①	②	③	④	27	①	②	③	④	47	①	②	③	④					
8	①	②	③	④	28	①	②	③	④	48	①	②	③	④					
9	①	②	③	④	29	①	②	③	④	49	①	②	③	④					
10	①	②	③	④	30	①	②	③	④	50	①	②	③	④					
11	①	②	③	④	31	①	②	③	④										
12	①	②	③	④	32	①	②	③	④										
13	①	②	③	④	33	①	②	③	④										
14	①	②	③	④	34	①	②	③	④										
15	①	②	③	④	35	①	②	③	④										
16	①	②	③	④	36	①	②	③	④										
17	①	②	③	④	37	①	②	③	④										
18	①	②	③	④	38	①	②	③	④										
19	①	②	③	④	39	①	②	③	④										
20	①	②	③	④	40	①	②	③	④										

성 명

지원분야

문제지 형별기재란

(형) Ⓐ Ⓑ

수험번호

⓪	①	②	③	④	⑤	⑥	⑦	⑧	⑨
⓪	①	②	③	④	⑤	⑥	⑦	⑧	⑨
⓪	①	②	③	④	⑤	⑥	⑦	⑧	⑨
⓪	①	②	③	④	⑤	⑥	⑦	⑧	⑨
⓪	①	②	③	④	⑤	⑥	⑦	⑧	⑨
⓪	①	②	③	④	⑤	⑥	⑦	⑧	⑨
⓪	①	②	③	④	⑤	⑥	⑦	⑧	⑨

감독위원 확인

(인)

2023 최신판 한국전력공사 송 · 배전담당(가)
직무능력 + 상식 + 모의고사 4회 + 무료한국사특강

개정4판1쇄 발행	2023년 03월 20일 (인쇄 2023년 02월 03일)
초 판 발 행	2019년 05월 03일 (인쇄 2019년 03월 11일)
발 행 인	박영일
책 임 편 집	이해욱
편 저	NCS직무능력연구소
편 집 진 행	하진형 · 구현정
표지디자인	조혜령
편집디자인	김지수 · 곽은슬
발 행 처	(주)시대고시기획
출 판 등 록	제10-1521호
주 소	서울시 마포구 큰우물로 75 [도화동 538 성지 B/D] 9F
전 화	1600-3600
팩 스	02-701-8823
홈 페 이 지	www.sdedu.co.kr

I S B N	979-11-383-4454-8 (13320)
정 가	23,000원

한국전력공사
송·배전담당(가)

직무능력 + 상식 + 모의고사 4회

+ 무료한국사특강

NAVER 카페 취달프(취업 달성 프로젝트)

기업별 맞춤 학습 "기업별 NCS" 시리즈

공기업 취업의 기초부터 합격까지! 취업의 문을 여는 *Hidden Key!*

기업별 기출문제 "기출이 답이다" 시리즈

역대 기출문제와 주요 공기업 기출문제를 한 권에! 합격을 위한 *One Way!*

시험 직전 마무리 "봉투모의고사" 시리즈

실제 시험과 동일하게 마무리! 합격을 향한 *Last Spurt!*